IKEDA
Das Rätsel des Lebens

Daisaku
IKEDA

Das Rätsel des Lebens

Eine buddhistische Antwort

nymphenburger

© 1982 by Daisaku Ikeda. All rights reserved.
LIFE – An Enigma, a Precious Jewel
Published by Kodansha International Ltd., Tokyo, and
Kodansha International/USA Ltd., New York.
Für die deutsche Ausgabe nymphenburger in der F. A. Herbig
Verlagsbuchhandlung GmbH, München 1994.
Alle Rechte, auch der photomechanischen Vervielfältigung und des
auszugsweisen Abdrucks, vorbehalten.
Umschlaggestaltung: Volkmar Schwengle, BuW Berlin
Umschlagfoto: Daisaku Ikeda
Satz: Filmsatz Schröter GmbH, München
Gesetzt aus: 11/12.75 Times auf Linotronic 300
Druck und Bindung: Wiener Verlag, Himberg
Printed in Austria
ISBN 3-485-00695-5

Inhalt

Vorwort

Für jeden Menschen ist die schwierigste Frage die nach der Bedeutung des eigenen Lebens. Die Wissenschaftler widmeten diesem Problem besonderes Augenmerk und entdeckten die Welt der Atome und Elektronen; bei der Erforschung des Unendlichen wurden die Grenzen des Kosmos immer weiter in die Ferne verschoben. Dennoch blieb das Leben an sich – das, was uns am naheliegendsten sein sollte – ein Mysterium, obwohl die Biowissenschaft in den letzten Jahrzehnten rapide Fortschritte gemacht hat.

Warum ist das so? Weil sich das Leben ständig verändert oder weil es unzählige komplexe Ebenen gibt und das Wissen darum eindeutige Klarheit und absolute Weisheit erfordert? Wie viele Philosophen festgestellt haben, gehört das Verstehen vom Leben selbst zu den größten grundlegenden Problemen der Menschheit, aber die sich daraus ergebenden Fragen sind so vielschichtig und verzweigt, daß die meisten philosophischen Spekulationen nur dazu führten, das Geheimnis noch undurchdringlicher erscheinen zu lassen. Das liegt nach meiner Überzeugung daran, daß die Weiterentwicklung des Lebens und die sich vertiefende Weisheit nicht mit der wissenschaftlichen Begabung Schritt gehalten haben.

In Asien gab es einen Mann, der das Geheimnis des Lebens klar durchschaute, die absolute Antwort fand und Gründer der buddhistischen Lehre war: Shakyamuni, der Heilige aus dem Geschlecht der Shakya, Gautama Siddhartha, genannt der Buddha, der Erleuchtete. Leben ist kein abstraktes Konzept – es beinhaltet das Dasein und die Existenz der Welt des Hier und Jetzt, bietet Erleuchtung inmitten der Realität, während man mit Lachen und Leid, mit Freude und Kummer in der gegenwärtigen Welt befaßt ist. Shakyamuni unternahm nicht den Versuch, theoretisches Wissen über das Geheimnis des Lebens zu verbreiten, sondern er verbrachte den größten Teil seines Lebens damit, die Menschen zu lehren, wie sie das Leid dieser Welt überwinden und den Pfad zur Glückseligkeit finden können.

Um die Erleuchtung zu erlangen, die Shakyamuni zuteil wurde, ist es notwendig, das eigene Leben zu läutern und zu reinigen und die höchste Form der Weisheit zu erlangen. Darin besteht die Ausübung des Buddhismus. In den vierzig Jahren nach seiner Erleuchtung war Shakyamuni unentwegt bemüht, seine Anhänger in den Übungen des Buddhismus zu unterweisen, damit sie in die Lage versetzt würden, die Grundlagen seiner Erkenntnisse an spätere Generationen weiterzugeben. Die Erleuchtung an sich verkündete er im Lotos-Sutra.

Ziel des vorliegenden Buches ist, die Beziehung zwischen den buddhistischen Erkenntnissen über das Mysterium des Lebens und den empirischen Lösungen, die die moderne Wissenschaft zu denselben oder ähnlichen Fragestellungen anbietet, deutlich zu machen. Wir versuchen nicht, durch wissenschaftliche Grundsätze den Wahrheitsgehalt des Buddhismus, der über die Wissenschaft hinausgeht, zu beweisen, sondern zeigen nur die Möglichkeiten auf, wie die buddhistische Wahrheit auch vom modernen wissenschaftlichen Standpunkt aus erklärt werden kann.

Keinesfalls können oder wollen wir vortäuschen, den Zustand der Erleuchtung, den Shakyamuni erreicht hat, selbst erlangt zu haben, aber wir sind in der Lage, uns die traditionellen buddhistischen Theorien zunutze zu machen, die solche Genies wie Nagarjuna, Vasubandhu und Chih-i entwickelt haben. Darüber hinaus sind wir mit dem Buddhismus von Nichiren Daishonin vertraut, der die Geheimnisse des Lebens sogar noch deutlicher erklärte als Shakyamuni und eine neue Methode ersonnen hat, mit der unter Berücksichtigung der kosmischen Lebensenergie Erleuchtung erlangt werden kann und gleichzeitig Lösungen für die Probleme, mit denen wir in dieser Welt konfrontiert sind, gefunden werden.

Heutzutage gelingt es Wissenschaftlern auf der ganzen Welt, mehr Licht auf das Phänomen zu werfen, das Leben hervorbringt. Laufend werden neue und wichtige Hinweise auf verschiedene Eigenschaften von Lebensformen entdeckt, und wir können generell sagen, daß uns die Erkenntnisse der modernen Wissenschaft eine Bestätigung liefern für die Lehren, die uns von buddhistischen Denkern der Vergangenheit überliefert sind. Tatsächlich scheinen sich am Ende des zwanzigsten Jahrhunderts die wissenschaftlichen Theorien denen des Buddhismus immer mehr anzunähern.

Der Buddhismus ist eine große, unerschöpfliche Schatzkammer, in der die Menschheit Antworten auf die ewigwährenden Fragen des Lebens finden kann, die jedoch auch Ziele anbietet, für die es sich zu leben lohnt. Gerade wegen dieser ungeheuren Tiefe und enormen Spannweite und dem zu selten unternommenen Versuch, die Lehre in leicht verständlichen Begriffen zu erklären, ist der Buddhismus sogar in Asien eine verborgene Schatzkammer geblieben und läuft leider Gefahr, der Vergessenheit anheim zu fallen.

Die Persönlichkeit, die mir die wunderbaren, reichhaltigen Schätze des Buddhismus offenbart hat, war Josei Toda, mein Mentor und der zweite Präsident der Soka Gakkai. Nach Präsident Todas Tod übernahm ich die Aufgabe und die Verantwortung, die Prinzipien und Grundsätze der Soka Gakkai zu bewahren, auf ihre religiösen Aktivitäten zu achten und den Glauben um des Friedens auf dieser Welt und der universellen Glückseligkeit willen weiter zu verbreiten. Mein Ziel war es, möglichst vielen Menschen von der großen Schatzkammer, die das Gesetz des Buddhas enthält, zu erzählen und meine Zuhörer von der unendlichen Großartigkeit zu überzeugen. Ich studierte, meditierte und war bemüht, mit so vielen Menschen wie möglich ins Gespräch zu kommen, besonders mit Studenten und anderen jungen Leuten. Dieses Buch stellt deshalb so etwas wie eine Frucht meiner Bemühungen dar.

Das zentrale Thema ist natürlich die buddhistische Lebensanschauung. Im ersten Teil, Kosmos und Leben, spreche ich über die räumlichen und zeitlichen Aspekte des Lebens und seine Ausdehnung im Universum. Diese Art Annäherung fällt dem modernen Menschen relativ leicht, da vieles mit Hilfe von wissenschaftlichen Informationen genauer dargelegt werden kann. Zahlreiche gegenwärtig gültige wissenschaftliche Theorien laufen auf eine Übereinstimmung mit traditionellen buddhistischen Konzepten hinaus.

Im zweiten Teil, Die Lebensanschauung im Buddhismus, befasse ich mich mit der Selbstverwirklichung individuellen Lebens, mit verschiedenen Stufen der Freiheit und mit der Wechselbeziehung und den Unterschieden von Glück und Unglück. In diesem zentralen Abschnitt des Buches wird die Tatsache hervorgehoben, daß jegliches Leben einer ständigen Veränderung unterliegt und folglich für eine innere Revolution empfänglich ist, durch die das Individuum Glück und Erfüllung erreichen kann.

Der dritte Teil, Leben und Tod, beschäftigt sich mit der Frage, was mit uns nach dem Tode geschieht. Kehren wir ins Nichts zurück? Existieren wir auf einer Stufe, die für normales Leben nicht wahrnehmbar ist, weiter? Oder werden wir in der einen oder anderen Form wiedergeboren? Diese Fragen stellen sich die Menschen, ob sie nun aus einem östlichen oder westlichen Kulturkreis stammen, immer wieder – kaum jemand kann sich dem entziehen. Gerade aus diesem Grund wurden sie oft nur oberflächlich durchleuchtet und beantwortet, zumindest so lange, bis die Wissenschaft, besonders die Medizin, in den letzten Jahren lebhafteres Interesse an den Fragen von Leben und Tod entwickelte. Anhand neuerer Theorien versuche ich, die buddhistische Deutung des Phänomens Tod zu erklären und aufzuzeigen, was danach folgt.

Im ersten Teil des Buches werden außerdem Begriffe wie Lebenszeit, Lebensraum und Lebenskraft untersucht, während sich der dritte Teil hauptsächlich mit Fragen nach der zeitlichen Kontinuität oder – noch spezifischer – mit dem Fehlen von Diskontinuität zwischen Leben und Tod befaßt. Der zweite Teil ist den verschiedenen Aspekten unseres inneren Lebens und den Lebensaktivitäten gewidmet. Den Begriff Buddhismus habe ich nur in der Überschrift für den zweiten Abschnitt benutzt, aber auch der erste und dritte Teil basiert auf buddhistischem Gedankengut.

Die japanische Ausgabe dieses Buches trägt den Titel *Seimei o Kataru (Dialog über das Leben)* und wurde erstmals 1973 veröffentlicht. Seither haben die Wissenschaftler über viele neue Entdeckungen berichtet, auch über solche, die sehr gut in vorliegendem Band hätten Erwähnung finden können. Aber der Versuch, dieses Buch immer auf dem neuesten Stand der Wissenschaft zu halten, hätte den Übersetzer und den Verlag vor große Probleme gestellt. In Anbetracht der Tatsache, daß keine der neuen Erkenntnisse meinen Ausführungen widerspricht – im Gegenteil, je mehr beweisbares Wissen wir erlangen, desto mehr scheint sich die moderne Wissenschaft einer Übereinstimmung mit der buddhistischen Theorie anzunähern –, entschied ich mich dafür, die Originalfassung in der vorliegenden Form zu veröffentlichen.

I
Kosmos und Leben

1 Körper und Geist

Das seltsame Phänomen des Lebens

Das Buch mit dem Titel *The Physics and Chemistry of Life*, das im Jahre 1956 veröffentlicht wurde, beginnt mit der Aussage: »Es gibt drei Rätsel – drei grundlegende Geheimnisse in der Welt. Das erste lautet: Was ist das Universum? Das zweite: Was ist die Materie? Das dritte: Was ist Leben?« In diesem Band, den die Herausgeber von *Scientific American* zusammengestellt haben, gehen die Autoren der dritten Frage, »Was ist Leben?«, mit all den vielfältigen Möglichkeiten, die der zeitgenössischen Wissenschaft zur Verfügung stehen, auf den Grund und gelangen zu folgender Überzeugung: »Die Wissenschaftler aus der zweiten Hälfte des zwanzigsten Jahrhunderts stellen fest, daß das Mysterium des Lebens und die Mythen, die damit in Zusammenhang stehen, ein Problem sind, das der Vergangenheit angehört.« Dieser Aussage jedoch folgt kurz darauf das Zugeständnis, daß »das Geheimnis des Lebens heute noch, wenn auch in gänzlich neuen Formen, tief und unergründlich« sei.

Es liegt mir fern, die Erkenntnisse und Ausführungen moderner Wissenschaftler zu schmälern, aber mir scheint, daß die Zahl der Mysterien und Geheimnisse immer größer wird, je mehr gewisse Grundbestandteile bestehenden Lebens erforscht und aufgedeckt werden. Es ist beinahe so, als wäre nicht die Lösung der Rätsel das angestrebte Ziel des wissenschaftlichen Fortschritts, sondern die Entdeckung neuer Geheimnisse. Die Binsenweisheit, daß uns durch neue Erkenntnisse immer klarer wird, wie wenig wir im Grunde wissen, hat ihre Gültigkeit noch nicht verloren, und ich bezweifle, daß die Wissenschaft den Schleier, in den alles Lebende gehüllt ist, je ganz lüften wird.

Heute haben wir Kenntnisse von Lebensformen, die noch vor

wenigen Jahrzehnten gänzlich unbekannt waren und die niemand für möglich gehalten hätte. Mikrobiologen der Universität Tokio zum Beispiel entdeckten Organismen in Ölquellen, die sich von Erdöl ernähren. Diese Kleinstlebewesen existieren zweitausend Meter unter der Erdoberfläche in einer Region, in der ihnen kein ungebundener Sauerstoff zur Verfügung steht. Ihr Organismus ist so konstruiert, daß sie den lebensnotwendigen Sauerstoff gewinnen können, indem sie Salpetersäuremoleküle aufspalten. Normalerweise gilt Salpetersäure jedoch als hochätzender Stoff, und man könnte meinen, daß sie für jegliches Leben ein tödliches Gift darstellt. Vor kurzem gelang es dem sowjetischen Geophysiker Tschudinow, Mikroorganismen, die etwa zweihundertfünfzig Millionen Jahre in einer Kalkfelsenformation eingeschlossen waren, wieder zum Leben zu erwecken. Nach einem sozusagen ewigwährenden Schlaf bewegten sich diese winzigen Wesen plötzlich und vermehrten sich sogar durch Zellteilung, als man ihnen den für sie passenden Lebensraum zur Verfügung stellte.

Kenzo Tonomura hat ein Bakterium, das sogenannte K 62, entdeckt, das im Quecksilber gedeiht; und wieder andere Kleinstlebewesen ernähren sich von Eisen oder Mangan. Bei der Erforschung von Viren – Mikroben, die kleiner als Bakterien sind – wurden noch merkwürdigere Phänomene festgestellt: Einige Virengruppen scheinen zwischen organischem und anorganischem Status je nach Belieben und Lebensumständen hin und her wechseln zu können. Ein solcher »Verwandlungskünstler« ist das Tabak-Mosaik-Virus, das eine ernsthafte Krankheit an Tabakpflanzen verursacht. Dieses Virus wurde von W. M. Stanley isoliert – er glaubte, eine kristalline Substanz wie Salz oder Eis vor sich zu haben, aber zu seiner Überraschung beobachtete er, daß sich die »Kristalle« unter bestimmten Umständen ohne Fremdantrieb bewegten. Diese Entdeckung zwang ihn zu dem Schluß, daß das Virus zwischen einer lebenden und einer nicht-lebenden Existenz wählen kann.

In der Tat ist die Anzahl der möglichen Formen, in denen sich Leben manifestiert, unendlich, und ich bin überzeugt, daß durch den Fortschritt der Wissenschaften immer mehr dieser komplexen Manifestationen entdeckt werden, von denen einige nach den Gesetzen der Biologie und Physik erklärbar werden, andere hingegen weiterhin unfaßbar und geheimnisvoll bleiben. Höchstwahrscheinlich werden wir auch auf neue Wirkungen geistiger Natur stoßen, die wir bis jetzt noch als übernatürliche Erscheinungen einstufen.

Viele Aspekte des Lebens, das ist uns heute klar, sind mit dem, was wir einst als »gesunden Menschenverstand« angesehen haben, nicht zu begreifen, und daraus folgt unweigerlich, daß der gesunde Menschenverstand keine besonders zuverlässige Informationsquelle darstellt, sobald es um die wahren Prinzipien des Lebens geht.

Wenn wir innehalten und genauer darüber nachdenken, dann wird uns rasch bewußt, wie mannigfaltig und kompliziert das Leben ist. Leben ist Photosynthese – Pflanzen absorbieren die Energie des Sonnenlichts und benutzen sie, um Wasser und Kohlendioxid in Sauerstoff und organische Substanzen umzuwandeln. Leben ist ein Assimilationskreislauf – mikroskopisch kleine Lebewesen gewinnen Energie aus den Wurzeln von Pflanzen, binden den atmosphärischen Stickstoff und verarbeiten ihn zu Nährstoffen. Leben ist erkennbar in den blühenden Blumen im Frühling, im Heranreifen der Früchte im Herbst, im Rhythmus von Erde und Natur. Leben drückt sich im Zirpen der Zikaden aus, die das Ende des Sommers ankündigen; man erkennt es an den Zugvögeln, die sich in den klaren Herbsthimmel schwingen, um ihre Reise in den Süden anzutreten, und an den ausgelassenen Fischen in den Flüssen und Bächen. Leben ist die Freude, die in uns entfacht wird, wenn wir schöne Musik hören oder den wunderbaren Anblick eines Berges genießen, der bei Sonnenaufgang in rotes Licht getaucht ist – Leben umfaßt all die ungezählten Verbindungen und Permutationen von sichtbaren und unsichtbaren Phänomenen. Leben ist in allen Dingen.

Früher glaubten die Menschen, daß die Sterne ihren festen Platz am Himmel hätten und die Ewigkeiten hindurch im eigenen Licht erstrahlen würden. Heute wissen wir, daß sogar die Sterne mit Menschen und anderen Lebewesen das Schicksal von Geburt und Tod teilen –, und die Astronomen sagen voraus, daß auch unsere Sonne immer dunkler und in fünf Milliarden Jahren »absterben« wird. Genau in diesem Augenblick formiert sich irgendwo im Universum ein neuer Stern, und irgendwo anders zerbirst ein alter in blendendem Licht. Das Universum – dieser Lebenscorpus, der alles umfaßt, angefangen von gigantischen Planeten bis hin zum kleinsten Mikroorganismus – dehnt sich konstant in gewaltigem Maße aus, während jedes Element, das in diesem Raum existiert, seine eigenen Ziele verfolgt. Im gesamten Kosmos spielt sich ein nie endendes Drama von Leben und Sterben ab.

Im räumlichen Sinne erstreckt sich das Universum von Elektronen und Protonen über Atome und Mikroben zu Sternen und Galaxien und dem großen Unbekannten dahinter. Im zeitlichen Sinne umfaßt der Kosmos sowohl unendlich viele Lebensspannen von subatomaren Teilchen als auch die Multimilliarden Jahre währenden Lebenszyklen der großen Galaxien. Was wir Leben nennen, schließt die Unendlichkeit der Bewegung in der gigantischen Ausdehnung von Raum und Zeit mit ein.

Die Rätsel des Universums, der Materie und des Lebens sind unvorstellbar weitreichend und unergründlich. Kein Wunder, daß sich die Denker der Vergangenheit und der Gegenwart angesichts dieses ungeheuren Ausmaßes verloren und winzig vorkommen. Kein Wunder, daß die Wissenschaftler vor Bestürzung und Enttäuschung stöhnen. Einige Forscher, die mit den unbegrenzten Möglichkeiten, in denen sich Leben manifestieren kann, konfrontiert wurden, haben versucht, die Dinge den physikalischen Gesetzen anzugleichen, während andere Lösungen in der Physiologie und Psychologie suchten. Wir schulden ihnen Respekt für ihre Leistungen, denn es ist wichtig, die Auswirkungen des Lebens objektiv zu überprüfen und dabei die Techniken anzuwenden, die wir selbst entwickelt haben. Trotzdem müssen wir bei der Forschung nach dem Geheimnis des Lebens mehr als nur die Erkenntnisse der Wissenschaft nutzen, weil die Wissenschaft uns nicht das grundlegende Prinzip, das den Myriaden von existierenden Phänomenen Leben verleiht, erklären kann.

Was bringt Leben hervor? Welche fundamentale Wirklichkeit bringt das Leben dazu, sich als etwas Lebendiges zu manifestieren? Wenn wir eine Antwort auf diese Fragen kennen – oder besser auf diese eine Frage, denn in Wahrheit gibt es nur eine einzige –, dann haben wir meiner Meinung nach die Lösung der Rätsel des Universums, der Materie und des Lebens gefunden. Im Grunde ist keines der drei Rätsel vom anderen trennbar, sie stehen vielmehr in enger Beziehung zueinander.

Das Ziel von Religion und Philosophie ist es, das Prinzip, das allem Existierenden zugrunde liegt, zu erforschen und gleichzeitig aufzudecken, daß dieses Prinzip in jedem menschlichen Wesen wirkt und allen Menschen sowohl Glückseligkeit schenken kann, als auch ein großes Potential an Kreativität zur Verfügung stellt. Natürlich müssen wir die großartigen intellektuellen Leistungen der Vergangenheit zur Kenntnis nehmen, aber wir müssen auch vorwärts streben und die Wahrheit und die fundamentale Quelle des Lebens und des Universums erforschen.

Der menschliche Körper

Wo »wohnt« menschliches Leben? Diese Frage, die so simpel und eindeutig erscheint, ist schwer zu beantworten. Jedes Kind weiß, wo sein Herz oder sein Gehirn ist, aber wenn man es fragt, wo das Leben sitzt, muß es innehalten und nachdenken – genau wie jeder Erwachsene. Immer noch ist dies eines der fundamentalsten Rätsel des Lebens und das, was am engsten mit unserem persönlichen Verständnis von Realität in Beziehung steht.

Alexis Carrel (1873–1944), dem im Jahre 1912 der Nobelpreis für Medizin (Physiologie) zugesprochen wurde, schrieb in seinem Buch *Man, the Unknown*: »Tatsächlich ist unsere Unwissenheit profund. Die meisten Fragen, die sich diejenigen stellen, die das Wesen der Menschen erforschen, bleiben unbeantwortet.« Carrel fügt hinzu: »Wenn Galileo Galilei, Newton oder Lavoisier ihre Geisteskraft auf die Erforschung des Körpers und des Bewußtseins konzentriert hätten, sähe unsere Welt heute möglicherweise anders aus.«

Im großen und ganzen leben wir mit der Illusion, uns selbst zu kennen, aber Carrel hat recht mit seiner Aussage, daß wir über uns selbst am allerwenigsten wissen. Wenige von uns verstehen, wie das empfindliche Gleichgewicht in unserem Organismus wirkt, um den Körper am Leben zu erhalten, und über den Ursprung von Empfindungen und Wünschen ist kaum etwas bekannt. Solange wir über diese Dinge nicht mehr wissen, bleibt uns eine vernünftige Antwort auf die Frage, »Wo ›wohnt‹ das Leben?«, versagt, und selbst der Versuch, über solche Unwägbarkeiten wie über das Leben nach dem Tod nachzudenken, ist eine Torheit.

Unter diesen Umständen ist es fragwürdig, ob wir überhaupt in der Lage sind, ein erfülltes Leben zu führen oder einen Weg zum menschlichen Glück zu finden, wie Carrel es im Sinn hatte. Meiner Meinung nach ist die Frage nach dem Standort der Lebensessenz der Ansatz einer Philosophie über das Leben, eine Antwort darauf mag aber auch das höchste Ziel dieser Philosophie sein. Zumindest ist das Verstehen des eigenen Lebens eine notwendige Grundvoraussetzung für Erfüllung und Glück.

Wenn wir den Versuch unternehmen, das menschliche Leben

nach realistischen Gesichtspunkten zu analysieren, sollten wir als erstes die Tatsache erwähnen, daß sich der menschliche Körper, der die Lebensfunktion ausführt, aus Materie zusammensetzt. Chemische Analysen beweisen, daß der Körper aus Zellen besteht, die ihrerseits aus Komponenten wie DNS-Molekülen und Proteinen zusammengesetzt sind. Diese beiden Substanzen können wiederum in Kohlenstoff, Sauerstoff und andere Urstoffe, die überall im Universum vorkommen, aufgespalten werden. Es kommt kein einziges chemisches Element im menschlichen Körper vor, das nicht auch irgendwo anders existiert. Obwohl der Organismus in Stoffe zerlegt werden kann, die sich in nichts von denen unterscheiden, aus denen anorganische Materie oder auch Maschinen bestehen, unterscheiden sich die Funktionen und Fertigkeiten des menschlichen Körpers gänzlich von den technisch hergestellten Mechanismen – selbst von den kompliziertesten Computern und Präzisionsgeräten.

Im späten achtzehnten und frühen neunzehnten Jahrhundert herrschte in Europa die Ansicht vor, daß der menschliche Organismus einer Maschine gleichzusetzen sei – das war jedoch, bevor man die gesamte Komplexität seiner Leistungsfähigkeit erfaßte. Vor über zweihundert Jahren behauptete Julien de La Mettrie (1709–1751) – in gewisser Weise ein Nachfolger Descartes' –, daß der menschliche Körper tatsächlich nichts anderes als ein beweglicher Apparat sei. Das Herz ist eine Pumpe, die Zähne sind Scheren, die Lunge ist ein Blasebalg – solcher Art Vergleiche wurden gezogen. Descartes selbst hat die Einmaligkeit des menschlichen Geistes erkannt und sich darauf beschränkt, nur die Tiere als lebende Maschinen zu bezeichnen, aber La Mettrie hielt den Geist nur für eine Emanation des Fleisches und zog daraus den Schluß, daß Menschen Maschinen seien.

Kurz nachdem er seine Auffassung in *L'Homme-machine* (1747) in Holland veröffentlichte, erschien in London ein Buch mit dem Titel *L'Homme-plante* (1750), in dem eine völlig andere

Meinung vertreten wurde. Es stellte sich heraus, daß der Autor dieses Buches auch La Mettrie war. Vermutlich hatte er sich nach seiner logischen Abhandlung über den menschlichen Körper als Maschine anders besonnen und war unsicher genug, seine These selbst zu widerlegen.

Welcher Unterschied besteht zwischen einem menschlichen Organismus und einer Maschine? Birgt nicht gerade dieser Unterschied das Leben in sich? Ich neige zu dieser Ansicht.

Heutzutage sind die Maschinen wesentlich raffinierter und leistungsfähiger als zu Decartes' Zeiten. Einige unserer Computer und Roboter arbeiten fast wie ein menschliches Wesen, und wahrscheinlich werden sie im Laufe der Zeit noch höher entwickelt und präziser sein. Trotzdem – es spielt keine Rolle, wie perfekt die Technologie ist, die Produkte, die sie hervorbringt, unterscheiden sich doch grundlegend von lebenden Wesen.

Zunächst muß ein Apparat von einem menschlichen Geist ersonnen und, wenn er funktionieren soll, von einer Energiequelle gespeist werden, weil er nicht in der Lage ist, die Energien, die er benötigt, selbst hervorzubringen. Noch gibt es kein Perpetuum mobile. Ein Lebewesen hingegen kann Energien aus eigener Kraft freisetzen und die eigenen Bewegungen und Handlungen selbst steuern. Die dazu nötige Kraft und Intelligenz ist dem vorbehalten, was wir Leben nennen. Leben ist also zugleich Schöpfer und Geschöpf.

Der zweite fundamentale Aspekt ist, daß zuerst alle notwendigen Einzelteile zusammengesetzt und fachgerecht montiert werden müssen, ehe eine Maschine funktionstüchtig sein kann. Nur in der Science-fiction gibt es halbfertige Uhren, die die korrekte Zeit angeben, oder Autos, die ohne Motor fahren.

Für den menschlichen Körper gelten diese Grundvoraussetzungen nicht; jede seiner winzigen Zellen ist eine lebendige Wesenheit für sich, und die Zellen und Organe wirken in einer Art kompliziertem Rhythmus zusammen, um ein großes, einheitliches Ganzes hervorzubringen. In dieser Harmonie von individuellen Einzelteilchen und dem gesamten Organismus finden wir den Rhythmus, der allem Leben zugrunde liegt. Anders als eine Maschine ist der menschliche Körper in gewissem Sinne in einem unvollständigen Stadium – er wächst und verändert sich ständig und ist trotzdem in jedem Augenblick ein perfekt funktionierendes Ganzes.

Der menschliche Körper besteht aus etwa sechzig Billionen Zellen, die eine unvorstellbare Vielzahl von Funktionen erfüllen. Normalerweise sind wir uns nur eines winzigen Teils der Leistungen unseres Organismus bewußt. Allein in der Leber laufen über zweihundert verschiedene Arten von Entgiftungs- und Stoffwechselvorgängen ab, und wenn die Leberzellen ihre Aufgaben nicht reibungslos erfüllen, leidet nicht nur der Körper, sondern unter Umständen auch die Psyche. Zum Beispiel kann die mangelnde Verarbeitung von Kupferspuren oder Aminosäuren Schlafwandeln oder Halluzinationen bewirken. Ein japanischer Wissenschaftler hat einmal ausgetüftelt, daß eine Fabrik, die ebenso viele Chemikalien wie die menschliche Leber produzieren wollte, um ein Vielfaches größer sein müßte als das gesamte Industriegebiet von Tokio-Yokahama.

Aber noch viel komplizierter als die Leber ist das Gehirn, wo etwa zwanzig Milliarden Zellen konstant in Aktion sind und uns dazu befähigen zu rechnen, uns zu erinnern, zu denken und Entscheidungen zu treffen. All diese Aktivitäten werden über Nervenstränge von einer grauen Masse weitergegeben, die bei einem Erwachsenen durchschnittlich 1500 Gramm wiegt. Wenn ein Computer all die Funktionen, die ein menschliches Gehirn leisten kann, erfüllen sollte, müßte er – nach dem gegenwärtigen Stand der Technologie – so groß sein, daß er die gesamte Erdoberfläche bedecken würde. Ob er allerdings tatsächlich so wie ein Gehirn arbeiten könnte, steht auf einem anderen Blatt.

Der menschliche Organismus birgt eine erstaunliche Vielzahl von meßbaren Wundern. Die Gesamtlänge der Blutbahnen eines Erwachsenen beträgt beispielsweise 96.000 Kilometer –

das ist mehr als der doppelte Erdumfang. Bei jedem Atemzug aktivieren wir 300 Millionen Lungenzellen. Aber der wunderbarste Aspekt all dieser großartigen Leistungen ist die Harmonie, in der die vielen Zellen und Organe zusammenwirken, um ein lebendes Wesen mit einem eigenen kreativen Geist zu schaffen. Zweifellos hat diese geheimnisvolle verbindende Energie die meisten Denker dazu bewogen, die Idee, der menschliche Körper sei eine Maschine, zu verwerfen und statt dessen der Theorie von einer mysteriösen Lebenskraft den Vorzug zu geben.

Die Griechen der Antike nannten das *pneuma*: irgend etwas, dessen Präsenz den Körper mit Leben erfüllt und dessen Abwesenheit den Tod bedeutet. Da sich die Menschen nicht mit der weitverbreiteten Auffassung, ein menschliches Wesen sei eine hochkomplizierte Apparatur, zufriedengeben konnten, erlebte der Pneumatismus eine Renaissance – diesmal in Form einer fortschrittlichen Wissenschaft. Ein bedeutender moderner Vertreter des Pneumatismus war der deutsche Embryologe Hans A. E. Driesch (1867–1941). Seine Versuche mit der Blase der Seeigel brachten ihn dazu, an ein vitales Prinzip in allem Lebenden zu glauben, das nicht-lebenden Objekten fehlt. Driesch nannte seine Theorie Entelechie. Ob man jedoch nun von *pneuma* oder von Entelechie spricht – beide Denkmodelle setzen voraus, daß eine Energie von außen wirkt und theoretisch getrennt von Materie und Raum existiert. Ich halte diese Theorie für falsch.

Ich glaube, daß das Prinzip oder Gesetz, das die Zellen und Organe zu einem lebendigen Ganzen vereint, *innerhalb* des Lebens und *innerhalb* des Körpers existiert und daß keine Notwendigkeit besteht, einen Gott oder ein *pneuma* für die Erschaffung der Menschheit verantwortlich zu machen. Wenn dem Menschen von einer fremden Macht Leben eingehaucht würde, wäre sein Körper in der Tat nicht mehr als eine Maschine und er selbst eine bloße Marionette. Die Pneumatisten widersprechen denen, die vom Menschen als Maschine sprechen, aber indem sie von einer supramaterialistischen Lebenskraft ausgehen, begehen sie im wesentlichen denselben Irrtum.

Um diesen Circulus vitiosus zu durchbrechen, müssen wir den Körper als eine Manifestation des Lebens betrachten, dem die Lebensenergie innewohnt. Unter anderem bewirkt diese Energie die Harmonisierung der vielen Einzelbestandteile des Körpers und befähigt den Menschen dazu, von außen das aufzunehmen, was er zur Lebenserhaltung braucht. Diese aktive und positive Lebensenergie innerhalb des Körpers ist die elementare Essenz des Lebens, und sie ist eins mit der Lebensenergie des Universums.

Zwei physiologische Phänomene stützen diese These. Eines ist die Fähigkeit des Körpers, sich selbst zu erneuern und sich unter gewissen Umständen selbst zu heilen; das andere ist der Prozeß der Immunisierung.

Die Regenerationsfähigkeit des Körpes ist keineswegs auf den Menschen beschränkt und tritt bei weniger hoch entwickelten Lebensformen sogar noch wesentlich dramatischer in Erscheinung. Wenn man einer Eidechse den Schwanz abschneidet, wächst er nach, und dasselbe Phänomen kann man bei vielen anderen Tieren beobachten. Natürlich wachsen dem Menschen keine Glieder nach, wenn sie verletzt oder verstümmelt sind, aber die Leber zum Beispiel entwickelt sich wieder zur ursprünglichen Größe, wenn nicht mehr als ein Drittel des Organs entfernt wurde. Viel offensichtlicher jedoch wird der Regenerationsprozeß bei einer offenen Wunde: Es bilden sich neue Zellgruppen, die die Wunde verschließen. Die gesamte Chirurgie basiert auf diesem Phänomen.

Bei der Immunisierung beziehe ich mich eher auf die natürliche und nicht so sehr auf die künstliche Immunisierung gegen bestimmte Krankheiten (Impfungen etc.). Unser Blut enthält Leukozyten (weiße Blutkörperchen), die in der Lage sind, fremdartige Keime und andere zerstörerisch wirkende Substan-

zen, die in den Organismus gelangt sind, anzugreifen und sozusagen aufzufressen. Wenn ein Krankheitserreger den Organismus attackiert, machen ihn die weißen Blutkörperchen ausfindig und in kürzester Zeit unschädlich. Im menschlichen Körper
gibt es Zellen, die eine große Anzahl von Antikörpern bilden
können, die meist aus Eiweißverbindungen bestehen. Sie greifen spezifische schädliche Bakterien an und deaktivieren sie.
Paul Ehrlich (1854–1915) hat den Vorgang erforscht und anhand des Vergleichs mit einem Schloß und einem Schlüssel
anschaulich erklärt. Die Antikörper sind die Schlösser und so
konstruiert, daß die Schlüssel, die Erreger, exakt hineinpassen.
Das Schloß umgibt den Schlüssel und setzt ihn außer Gefecht.
Das wirklich Interessante am körpereigenen Abwehrmechanismus ist die Tatsache, daß die Antikörper genau unterscheiden
können, welche Zellen feindliche Absichten hegen und welche
zum Organismus gehören. Wenn die Krankheitserreger in das
System eindringen, formieren sich die Antikörper, um sie zu
vernichten, aber sie greifen nicht die körpereigenen Zellen an,
obwohl sie genau wie die schädlichen Keime aus Proteinen
bestehen. Dieses »Erkennen« ist natürlich entscheidend, denn
wenn die Antikörper die roten Blutzellen angreifen würden,
könnten sie das Leben auslöschen. Es gibt also eine Art Intelligenz, die den Zellmechanismus steuert, da das Immunsystem
nur bei feindlichen Eindringlingen aktiviert wird.
Die Lebensenergie kommt in lebenden Wesen zum Ausdruck.
Sie verkörpert die angeborene Intelligenz im menschlichen Organismus. Damit jedoch diese Lebensenergie – die Essenz des
Lebens – wirksam wird, muß sie physikalische Substanzen aus
dem Kosmos beziehen und sich in einem Körper manifestieren.
Dieser Körper ist dann der Ort, an dem sie sich in ihrer irdischen
Erscheinungsform offenbart. In *Mündlich übertragene Lehren
(Ongi Kuden)* erklärt Nichiren Daishonin das Wort *kimyō*, das
so viel heißt wie: sich Buddha und dem Gesetz hingeben. Er
sagt: »›Hingabe‹ betrifft sowohl das Physikalische als auch das

Spirituelle Gesetz des Lebens. Das höchste Prinzip zeigt, daß diese beiden Gesetze untrennbare Aspekte jedes einzelnen Lebens sind.« Das bedeutet letzten Endes, daß die Hingabe an den Buddha und das Gesetz im Glauben an das eigene Leben gipfelt, das eine vollkommene Einheit des Physikalischen und des Spirituellen Lebensgesetzes darstellt. Ich komme später noch einmal auf Nichiren Daishonins Aussage zu sprechen, an diesem Punkt jedoch möchte ich erst näher auf den Begriff Physikalisches Gesetz des Lebens eingehen, das im Japanischen *shikihō* genannt wird. Beide, das Physikalische Gesetz des Lebens und das Spirituelle Gesetz des Lebens – oder *shimpō* – sind Begriffe aus der buddhistischen Philosophie, und wir sollten das, was sie ausdrücken, möglichst genau definieren.

Unsere Welt und das, was auf ihr existiert, besteht aus Materie, und auch der menschliche Körper bildet da keine Ausnahme. Doch ich glaube nicht, daß Nichiren Daishonin mit dem Physikalischen Gesetz des Lebens die physikalische Materie angesprochen hat. Wie wir gesehen haben, ist der menschliche Körper nicht nur eine Verkettung von verschiedenen physikalischen Stoffen, sondern ein wohlgeordnetes und rhythmisches System, das sich selbst erschafft und erneuert. Jede kleinste Körperzelle ist Teil des Lebens, hat ihre eigene Individualität und wirkt in rhythmischer Harmonie mit den anderen Zellen zusammen.

Die fundamentale Lebensenergie, die im geheimnisvollen Gleichklang mit dem Kosmos schwingt, manifestiert sich in unendlich vielen rätselhaften Formen. Sie wirkt ebenso in nichtfühlenden Objekten wie in lebenden Vögeln und Schmetterlingen. Der menschliche Organismus ist zwar die komplizierteste und wunderbarste Manifestation dieser Lebensenergie, aber das, was wir als Physikalisches Gesetz des Lebens bezeichnen, schließt nicht nur den menschlichen Körper und seine Funktionen ein, sondern die Gesamtheit der Dynamik im Hier und Jetzt dieser Welt, in der sich die Lebensenergie in erkennbaren Formen ausdrückt.

Bei der Erforschung von sichtbaren Phänomenen entdeckt man nicht nur die Lebensenergie, sondern auch das ihr innewohnende Gesetz, das ihre Wirkweise steuert – dies ist ein wesentlicher Teil vom Physikalischen Gesetz des Lebens. Chemiker experimentieren mit anorganischen Stoffen und entdecken chemische Gesetze; Physiologen betreiben Studien an Lebewesen und erkennen die Gesetzmäßigkeiten des Organismus. Wir dürfen nicht vergessen, daß diese Gesetze nur spezifische Manifestationen des Physikalischen Gesetzes des Lebens sind. Die gesamte wahrnehmbare Welt, in der sich die Lebensenergie sowohl als Gesetz als auch als generative Kraft offenbart, ist physikalische Grundsubstanz.

Man darf sich diese physikalische Substanz nicht als passive, statische Materie vorstellen, sondern als Gesamtheit von Materie und Dynamik, die sie ständig im Fluß hält. In einer Erläuterung der *Zehn Faktoren* schreibt Nichiren Daishonin, daß der erste Faktor, die Erscheinung, Farbe und Gestalt des Körpers bestimme. Ich denke, daß die Absicht, die dahintersteckt, folgende ist: Die physikalischen Funktionen unseres Organismus sollen ebenso deutlich gemacht werden wie die Tatsache, daß in unserem Körper auch geistige Aktivitäten stattfinden.

Mit anderen Worten: Das Physikalische Gesetz des Lebens wird am deutlichsten im menschlichen Körper sichtbar, aber wir dürfen nicht außer acht lassen, daß im selben Körper auch geistige Aktivitäten vor sich gehen, die sich beispielsweise in der Intelligenz, in Gewissensregungen und in der Fähigkeit, zwischen Gut und Böse unterscheiden zu können, ausdrücken. Durch Beobachtung des physikalischen Elements erkennen wir auch Manifestationen des spirituellen Elements. Daraus folgt jedoch nicht, daß man automatisch zu den Wurzeln des Spirituellen Gesetzes des Lebens gelangt, indem man die Gehirnfunktionen analysiert.

Ohne die Gehirnzellen gäbe es keine spirituellen Erscheinungsformen, doch die Gehirnzellen sind nicht das Leben an sich. In ihnen manifestiert sich die Lebensenergie, die spirituelle Aktivitäten lenkt. Um die wahre Natur des Spirituellen Gesetzes des Lebens zu verstehen – das ein integraler Bestandteil des Lebens ist –, müssen wir tiefer in das Wesen der Lebensenergie hineinschauen.

Die Tiefe des Bewußtseins

Ein brillanter Geist ist oftmals fähig, erstaunliche und bedeutende Wahrheiten in den alltäglichsten Vorkommnissen zu entdecken. Sigmund Freud, dem Begründer der Psychoanalyse, gelangen solche Entdeckungen. Als typischer Vertreter des neunzehnten Jahrhunderts suchte er, auf alle Fragen eine Antwort zu finden. Dabei beschäftigte er sich auch mit den kleinen Versehen, die den Menschen »zufällig« unterliefen, und überlegte, ob das alles tatsächlich reiner Zufall sein konnte. Gab es wirklich keinen Grund, fragte er sich, für solche Irrtümer wie ein vergessenes Versprechen, ein falsch geschriebenes Wort oder einen stehengelassenen Regenschirm? Er selbst war der Ansicht, daß so etwas nicht aus Zufall geschah. Während seines Studiums der Naturwissenschaften hatte er das Gesetz von Ursache und Wirkung in der Natur kennengelernt und wußte, daß die vielen Phänomene bestimmten unwandelbaren Gesetzmäßigkeiten unterliegen und erklärbar sind: Es gibt logische Gründe dafür, daß sich die Erde um die Sonne dreht und daß ein Stein, den man in die Luft wirft, wieder auf den Boden fällt. Weshalb sollten dann die Handlungsweisen der Menschen von purem Zufall geleitet werden?
Freud kam zu dem Schluß, daß hinter jedem »zufälligen« Versehen verschiedene in der Psyche begründete Ursachen stecken. Ein Mensch, der ein Versprechen bricht, mag das vielleicht nicht absichtlich tun, aber in irgendeinem Winkel seines Bewußtseins ist der Wunsch, es zu brechen, vorhanden und wirkt sich so stark

aus, daß das Gedächtnis aussetzt und der Mensch vergißt, daß er ein Versprechen gegeben hat. Jemand, der ein Wort falsch schreibt, wird von irgendeinem inneren Drang dazu getrieben. Obwohl einige Freuds Art zu denken als verdreht ansahen, bewirkten seine Entdeckungen, daß man sich intensiver mit dem Studium des menschlichen Verhaltens beschäftigte.

Freuds erste Schlußfolgerungen konnten im Laufe der Jahre erhärtet werden, auch wenn andere Wissenschaftler ihm in einigen Punkten widersprachen. Insbesondere seine Entdeckung des Unterbewußten, das unter dem Wachbewußtsein schlummert, wurde zum Grundstein für jede weitere Forschung über den menschlichen Geist und die Psyche – ich erachte diese Entdeckung für seine größte Leistung. Freud erklärt das menschliche Bewußtsein anhand eines Bildes – er vergleicht es mit einem Eisberg in einem Ozean. Der Ozean symbolisiert das Leben an sich, und der größte Teil des Eisbergs, der unter Wasser und unsichtbar ist, entspricht dem Unterbewußtsein – der wache Geist ist nur die Spitze, aber die meiste geistige Aktivität findet unter der Oberfläche statt.

Dieses Bild, so einfach es auch sein mag, erscheint mir sehr reizvoll. Führen wir diesen Gedanken weiter, können wir die Vermutung anstellen, daß in dem tiefen Meer des Lebens, das unsere mentalen Aktivitäten umspült, noch eine ganze Anzahl von wundersamen Geheimnissen darauf wartet, entdeckt zu werden. Sogar in der physikalischen Welt erscheinen uns die Dinge, die neu aufgefunden und erforscht werden, immer fremdartiger, je weiter wir in die Tiefe tauchen. Zweifellos gibt es in diesem Meer noch unzählige unbekannte Korallenbänke, die von Lebewesen bewohnt werden, die wir noch nie gesehen haben.

Im Meer des Lebens liegen Kräfte und Energien verborgen, die uns zu bewußten und unbewußten Aktionen bewegen und auf bestimmte Art auch unsere Körperfunktionen steuern. Einige Empfindungen wie Hunger und Sexualtrieb, sind Instinkte,

30

die wir mit weniger entwickelten Tieren gemein haben; andere wie Angst, Unsicherheit und Freude können als Emotionen klassifiziert werden. Weitaus komplexer sind die Intelligenz, das Gewissen, der Machthunger und die Geldgier, und es mag auch andere groteske Impulse geben, die Gefühlsstürme verursachen, die wir überhaupt nicht bewußt wahrnehmen. Ob wir uns dessen bewußt sind oder nicht – es gibt eine Heerschar von Kräften und Energien, die zusammenwirken und ein Ganzes bilden, das wiederum der Kern unseres inneren Lebens ist. In der buddhistischen Philosophie wird dies das Spirituelle Gesetz des Lebens *(shimpō)* genannt, und es ist das innere Element, das sich beständig in den Bewegungen und Handlungen des Physikalischen Gesetzes des Lebens *(shikihō)* manifestiert und dadurch Leben erschafft. In den »Zehn Faktoren« *(Jūnyoze)* schreibt Nichiren Daishonin: »Der [zweite] Faktor, Natur, ist das Wesen unseres Geistes.« Im allgemeinen versteht man darunter die Persönlichkeit oder den Charakter, aber ich denke, man kann noch weitergehen und behaupten, daß das Wesen des Geistes eine Einheit ist, die bei der Verschmelzung von mentalen und spirituellen Handlungen entsteht.

Jeder Mensch formt seine eigene Geisteswelt. Einigen scheinen starke instinktive Triebe angeboren zu sein, andere leiden ständig unter Gefühlsschwankungen und -störungen, wieder andere sind erfüllt von Liebe und Mitgefühl, die Formen der spirituellen Wünsche darstellen.

Ein Mediziner hat mir einmal von einem bemerkenswerten Beispiel erzählt, bei dem ersichtlich wird, wie sehr mentale Reize nicht nur auf die Handlungen eines Menschen, sondern auch auf seinen physiologischen Zustand Einfluß nehmen können.

In einem Krankenhaus pflegten zwei Frauen ein krankes Kind. Eine war die Mutter des Kindes, die andere eine bezahlte Krankenschwester. Nach einer Reihe von Bluttests, die an den beiden Frauen vorgenommen wurden, kam der Arzt zu dem

Schluß, daß die pH-Werte beider Frauen normal waren, wenn es dem Kind gutging. Sobald der Zustand des Kindes jedoch ein kritisches Stadium erreichte, wurden die Blutwerte der Mutter schlechter. Die Angst und Sorge beeinflußten also die Zusammensetzung ihres Blutes. Bei der Krankenschwester hingegen ergaben sich keinerlei Veränderungen, obwohl es keinen Grund gab, sie für gefühlskalt oder nachlässig zu halten – im Gegenteil, sie tat alles, was in ihrer Macht stand, um dem Kind zu helfen. Es ist nur natürlich für eine Mutter, aufgeregt und ängstlich zu sein, wenn das eigene Kind krank ist, aber interessant ist, daß sich ihr Gefühlszustand auf so bemerkenswerte Weise im Physischen niederschlug. Dieses Beispiel zeigt, wie sich die Kraft des Geistes auch in der physikalischen Welt auswirken kann.

Es wird in diesem Zusammenhang noch von einem anderen Kind berichtet, das bei Medard Boss, einem Arzt, der sich auf Psychosomatik spezialisiert hat, in Behandlung war. Der siebenjährige Junge schien gesund und ausgelassen zu sein, aber er war verrückt nach Schokolade. Um ihn daran zu hindern, zuviel davon zu essen, legte seine Mutter die Schokolade ganz oben in ein Regal, aber in einem unbeobachteten Augenblick kletterte der Junge auf einen Stuhl und holte sie sich. Als seine Mutter dies bemerkte, bestrafte sie ihn, indem sie ihm die Hände zusammenband und ihn auf einen hohen Tisch setzte, von dem aus er die Schokolade sehen, aber nicht erreichen konnte.

Nachdem er ein paarmal auf diese Weise bestraft worden war, wurde die Psyche des Jungen immer labiler, und ein Ausschlag, fast wie Masern, breitete sich auf seinem ganzen Körper aus. Seine wenig einfühlsame Mutter konnte sich nicht vorstellen, was ihm fehlte, aber ein Arzt machte ihr klar, daß die unbefriedigte Gier nach Schokolade, gepaart mit Wut, Angst, Frustration und Unsicherheit, eine ungünstige Wirkung sowohl auf die Psyche als auch auf das körperliche Wohlbefinden des Jungen ausübte. Die Mutter bestrafte ihren Sohn nicht mehr, und es dauerte nicht lange, bis er wieder ganz gesund wurde.

32

Diese Geschichte ist bedrückend. Sie verdeutlicht, wie oft unwissentlich gerade die Psyche von Kindern verletzt wird. Sicherlich hätte die Mutter dem Jungen auf humanere Weise beibringen können, seinen Appetit zu zügeln, aber bevor wir sie verurteilen, sollten wir uns fragen, ob wir selbst ausreichendes Verständnis dafür aufbringen, wie sich das Unbewußte auf die Psyche auswirkt. Wenn wir das Leben nicht von Grund auf verstehen, können wir auch den jungen Menschen nicht vermitteln, wie sie ausreichende Selbstkontrolle entwickeln können, um zu gesunden und ausgeglichenen Erwachsenen zu werden.

Die spirituelle Welt ist nicht auf Dinge wie Intelligenz, Urteilsvermögen und Verlangen beschränkt, und es gibt auch auf niedrigerem Niveau mentale Aktivitäten im Unter- oder Unbewußten – andernfalls wären Handlungen, die von Intelligenz, Gewissen, Urteilsvermögen und Gefühlen geleitet werden, tatsächlich reiner Zufall, und die Quelle, die das alles hervorbringt, würde im dunkeln bleiben.

Die Meinungen über das Wesen dieser mentalen Leistungen auf niedrigem Niveau klaffen auseinander. Freud glaubte, daß instinktives Verlangen die Wurzel von allem sei. Nietzsche und Adler hielten den Drang nach Macht und Perfektion für die Ursache, Herbert Marcuse hingegen machte Lebenswillen oder Todessehnsucht dafür verantwortlich. All diese Männer glaubten jedoch, daß der beschriebene Impuls, oder wie auch immer man diese Kraft nennen will, vom Zeitpunkt der Geburt an im Menschen vorhanden ist. Auch heute besteht kein Zweifel daran, daß diese Impulse, Instinkte und der Trieb nach Macht einen großen Einfluß auf die Geisteskraft oder das Urteilsvermögen ausüben können. Ich glaube, daß es noch tiefer im Unterbewußtsein eine Quelle gibt, der diese instinktiven Triebe entspringen.

Jung, der wie Freud als Koryphäe der Tiefenpsychologie gilt, meinte, daß das Leben aller Menschen ein gemeinsames Fundament habe. Er nannte dieses Fundament das Kollektive Unterbewußtsein und glaubte, daß es ein Erbe in sich birgt, das von allem Beginn der Menschheit an weitergegeben werde. Jung wird als Begründer einer Schule angesehen, die eine Brücke zwischen Psychologie und Religion schlägt, und in der Tat liegt etwas Religiöses in der Idee, daß die Milliarden Menschen, die auf dieser Welt leben, ein gemeinsames Gedächtnis oder Unterbewußtsein haben.

Je mehr Fortschritte die Wissenschaft macht, desto dichter kommt sie an die buddhistische Philosophie heran, aber ich denke, wir müssen noch tiefer gehen, um den gemeinsamen Ursprung aller mentalen Aktivität der Menschen zu finden. Lebende Wesen beziehen ihre Lebenskraft von der elementaren kosmischen Existenz, die die Energien für die rhythmischen Bewegungen des Lebens im ganzen Universum bereitstellt. Die Weisheit des Buddhismus hat schon vor sehr langer Zeit das Vorhandensein dieser Lebensenergie erkannt.

Im Innersten aller Wesen existiert die ursprüngliche Lebensenergie, die ein Wesen erst zum lebenden Wesen macht. Dieselbe Energie versorgt auch anorganische Materie und bewirkt, daß alles mit der großen kosmischen Existenz in Harmonie und im Rhythmus zusammenarbeitet. Im Buddhismus hat diese alles aufrechterhaltende Kraft viele Namen, aber der zutreffendste ist *Myōhō*, das Mystische Gesetz. Es ist die aktive Kraft, die alles Leben benötigt, die Energie, die alles Existierende – Spirituelle und Physikalische – erschafft und erneuert.

Wenn sich diese Energie in der physikalischen Welt manifestiert, erscheint sie in Form der Gesetze, die die anorganische Welt steuern, chemische Verbindungen möglich machen und die physikalischen Schwingungen des Universums kontrollieren. Mit anderen Worten: den Gesetzen der Physik, Chemie und Astronomie, die lediglich spezielle Formen des einen Mystischen Gesetzes sind, das im Kosmos wirkt. Die Lebensenergie gestaltet die geistige Welt – bringt Intelligenz hervor, ruft das Gewissen, Triebe und Instinkte wach und erschafft folglich alle

34

Variationen von geistigen und spirituellen Aktivitäten. Sie ist das, was in anderen Religionen Gott genannt wird, aber sie unterscheidet sich dadurch von Gott, daß sie sowohl dem Kosmos als auch dem menschlichen Leben immanent ist. Die Lebensenergie ist keine Kraft, die sich außerhalb des Kosmos befindet – sie ist der Kosmos selbst. Die wahre Natur des Kosmos und des Lebens ist das Verschmelzen des Physikalischen Gesetzes des Lebens mit dem Spirituellen zu einer Einheit. Durch die Vereinigung dieser beiden Gesetze wird Leben erschaffen und bis in die Unendlichkeit ausgebreitet.

Nichiren Daishonin schreibt in *Mündlich übertragene Lehren (Ongi Kuden)*: »Die Erde ist dem physikalischen Gesetz des Lebens *(shikihō)* vergleichbar; der kosmische Raum ist dem spirituellen Gesetz des Lebens *(shimpō)* vergleichbar. Und beide sind nicht voneinander zu trennen.« Der kosmische Raum – der buddhistische Begriff dafür lautet im Sanskrit *śunyata* und im Japanischen *kū* – wurde auch als »Nichts« oder »die Leere« bezeichnet, ist jedoch das Spirituelle Kosmische Gesetz als Ganzes. Vielleicht kann man die Deutung besser verstehen, wenn man sich vor Augen führt, daß nichts existiert, es sei denn, man setzt es mit etwas anderem in Relation, das heißt mit der Gesamtheit des Kosmos. Das Spirituelle Gesetz des Lebens ist also ein und dasselbe wie das Spirituelle Gesetz des Kosmos.

Nichiren Daishonins Aussage bedeutet, daß das Universum die rhythmische Bewegung vollbringt, in der die physikalische Welt und der kosmische Geist eins sind.

Das Universum mag uns als rein materielle Existenz erscheinen, doch es beinhaltet die Welt der Lebensenergie, die all den physikalischen Wundern des Kosmos innewohnt. Wenn wir das Mystische Gesetz als ursprüngliche Quelle aller Phänomene des Universums betrachten, dann können wir, wie ich meine, auch die Verschmelzung von den Physikalischen und Spirituellen Gesetzen des Lebens verstehen.

Das menschliche Leben ist eine Form der kosmischen Lebensaktivität und ist gleichzeitig verbunden mit der innersten Quelle des kosmischen Seins. Im menschlichen Leben wie im Leben des Kosmos ist die untrennbare Einheit von physikalischen und spirituellen Elementen das Leben. Darauf bezieht sich Nichiren Daishonin meiner Meinung nach, wenn er das Wort *kimyō*, »Sich dem Buddha und dem Gesetz hingeben«, erklärt. »*Ki* bezieht sich auf das Physikalische Gesetz des Lebens, *myō* auf das Spirituelle Gesetz des Lebens.«

Diese Erläuterung führt direkt zu der fundamentalen Beziehung zwischen dem Kosmos und dem menschlichen Leben. Das physikalische Element, das den Körper für das Leben bildet, setzt sich aus allem zusammen, was im Universum ist, aber alles kehrt letztendlich wieder zum kosmischen Leben zurück. Dieser Prozeß ist eine ständige kosmische Umwandlung. Das *ki* in *kimyō* ist der Vorgang, bei dem die physikalischen Elemente in uns zum kosmischen Körper zurückkehren.

Im Gegensatz dazu bleibt das spirituelle Element, das dem sich immer wandelnden physikalischen Element innewohnt, die immerwährende vereinte Harmonie des Lebens, in der das vitale Feuer das Leben erschafft, ewig brennt. Die Kraft, die die ständige Veränderung und Umwandlung der Materie verursacht, ist die innerste Macht des Spirituellen Gesetzes des Lebens und die ursprüngliche Lebensenergie des Kosmos. Räumlich gesehen ist *myō* in *kimyō* das inhärente Leben des Universums.

Das Spirituelle Gesetz allen Lebens wird vom kosmischen Leben selbst hervorgebracht. Das Leben des Universums und das menschliche Leben haben in ihrem Kern die fundamentale Lebensenergie, und beide haben teil an der Verschmelzung und der rhythmischen Bewegung dieser Lebensenergie. In beiden wirkt ein ständiger und beständiger Wandel.

Es ist bewiesen, daß sich die materiellen Elemente des menschlichen Körpers unaufhörlich erneuern und verändern. Wenn man das radioaktive Isotop von Natrium, Na^{24}, in den menschlichen

Organismus injiziert, breitet es sich innerhalb von fünf Sekunden bis zum Herzen, zur Lunge und im Kreislaufsystem aus, aber erst nach fünfundsiebzig Sekunden tritt es mit dem Schweiß aus. Nach einem Monat wird auch der chemische Stoff, der in das Knochensystem und die Zähne gedrungen ist, restlos ausgeschieden.

Etwa die Hälfte des Proteins in der Leber erneuert sich alle zwei Wochen, das Protein in den Muskeln wird in vier Monaten komplett ausgetauscht.

Materie ist immer im Fluß und in Bewegung, und dasselbe gilt auch für spirituelle oder mentale Aktivitäten. Wir alle kennen die Erfahrung, daß ein Gedanke oder ein Gefühl für einen Moment in unser Wachbewußtsein dringt und gleich darauf wieder im Unbewußten versinkt. In unserem Körper werden Materie und Geist zu zwei Aspekten desselben Wesens, sie wirken untrennbar zusammen und drücken unsere eigene Art der Vereinigung und Wechselwirkung zwischen dem Physikalischen und dem Spirituellen Gesetz des Lebens aus. Wenn wir begreifen, wie die Vereinigung und Wechselwirkung in unserem Körper stattfinden, fällt es uns leichter, uns das Leben des Universums auf ähnliche Art vorzustellen.

Nach der Erklärung, daß *kimyō* »sich dem Buddha und dem Gesetz hingeben« bedeutet, führt Nichiren Daishonin aus, daß die beiden Gesetze »voneinander untrennbare Aspekte jedes einzelnen Lebens« sind. Sobald wir über diese Aussage nachdenken und sie unter praktischen Gesichtspunkten betrachten, wird klar, daß wir als menschliche Wesen spezielle Manifestationen der ursprünglichen Lebensenergie des Kosmos sind. Ein Mensch unterscheidet sich vom anderen, doch sollten wir alle bemüht sein, mehr und mehr Energie aus der alles erhaltenden kosmischen Quelle zu ziehen.

Was Nichiren Daishonin »höchstes Prinzip« nennt, ist die Lebensessenz des Kosmos – mit anderen Worten, die Verkörperung des Mystischen Gesetzes. Unser Leben auf den Grundlagen des Mystischen Gesetzes aufzubauen ist der elementare Weg, um Stärke und Glückseligkeit als Mensch zu erlangen, und es ist die einzige angemessene Richtung, der ein Mensch folgen sollte. Heutzutage gibt es zu viele Menschen auf der Welt, die nicht mehr in der Lage sind, entsprechende Energien aus der kosmischen Quelle zu schöpfen und die deshalb beständig unter Not und Unglück leiden. Ich möchte behaupten, daß der grundlegende Sinn des praktizierten Buddhismus darin besteht, diese Menschen wieder dazu zu bringen, eine menschliche Revolution zu vollziehen.

2 Mensch und Natur

Nur ein Kosmos

Es gibt ein Gedicht von Walt Whitman mit dem Titel »Wunder«,
das in einfachen Worten die Schönheit und das Mysterium der
Natur trefflich beschreibt:

Weshalb und wer macht so viel Aufhebens um ein Wunder?
Ich kenne nichts anderes als Wunder,
ob ich auf den Straßen von Manhattan spazierengehe
oder meinen Blick über die Hausdächer zum Himmel erhebe
oder mit bloßen Füßen durch das Wasser an einem Bachufer wate
oder unter den Bäumen im Wald stehe
oder am Tag mit jemandem spreche, den ich liebe,
oder des Nachts in einem Bett mit jemandem schlafe, den ich liebe,
oder mit anderen an einem Tisch beim Abendessen sitze
oder Fremde betrachte, die im Auto an mir vorbeifahren,
oder die Bienen, die an einem Sommervormittag um ein Bienen-
*   haus summen,*
oder fressende Tiere auf der Wiese
oder Vögel oder die Vollkommenheit der Insekten in der Luft
oder die Schönheit des Sonnenuntergangs oder die still und hell
*   schimmernden Sterne*
oder die zarte, dünne Sichel des Neumonds im Frühling;
dies und alles andere sind für mich Wunder,
das Geflecht von allen Dingen, von denen jedes anders und an
*   seinem Platz ist.*

Whitman war nicht der einzige amerikanische Schriftsteller, der
sich mit der Großartigkeit des erwachenden amerikanischen
Kontinents befaßt hat. Emerson, Mark Twain, Thoreau, Mel-

ville und andere spielten in ihren Werken immer wieder auf die große dynamische Harmonie der Natur an. Ich persönlich finde aber, daß von allen Whitman am besten die Theorie von der Lebensenergie, die nicht nur in ihm selbst pulsierte, sondern in allem, was er sah, in Worte faßte. Ich glaube, daß er tief in seinem Inneren die Kraft der vereinigenden Energie spürte, die alles Leben zu einem großen Ganzen vereint. In ihm hallte der Rhythmus der universalen Ordnung wider, und er spürte feinsinnig die geheimnisvolle Verbindung, die ihn mit seinen Mitmenschen, mit den Vögeln und den Insekten, mit der Sonne, dem Mond und den Sternen eins werden ließ.

Keine Lebensform kann in völliger Isolation existieren. Auch wenn die Verbindung zwischen lebenden Wesen und der natürlichen Umgebung nicht offensichtlich ist, deckt eine sorgfältige Untersuchung die Beziehung zwischen beiden auf, und man erkennt den feinen Lebensfaden, der alle Gegenstände und Lebewesen im Universum miteinander verknüpft. Um den Begriff »Lebensfaden« deutlicher erklären zu können, müssen wir gewisse wissenschaftliche Theorien begreifen. Die theoretischen Erkenntnisse der Wissenschaftler fügen sich bemerkenswert gut in die buddhistische Anschauung vom Universum.

Die meisten von uns wissen nur wenig über Bakterien und Mikroorganismen, die in der Erde leben, oder über das Plankton im Meer, aber diese winzigen Lebewesen spielen eine wichtige Rolle bei der Aufrechterhaltung menschlichen Lebens. Für Ökologen ist die Tatsache, daß alles Lebende mit anderen lebenden Wesen in Zusammenhang steht, unumstritten, und ihre Wissenschaft unterstützt meine These von dem Faden, der alles Leben miteinander verbindet.

In den Wäldern existieren zahllose Lebewesen: kleine Vögel zwitschern in den Bäumen, Insekten summen inmitten der Gräser und Blumen, und eine Vielzahl von Würmern, Parasiten und Mikrorganismen leben im Erdboden. Einige Insekten sind sogenannte Schädlinge und vernichten Ernten, andere wiederum erweisen sich als äußerst nützlich. Wenn wir den Waldboden betreten, dann haben wir, laut den Berechnungen eines japanischen Biologen, etwa vierzigtausend Mikroorganismen unter einem Fuß, und jedes einzelne dieser Kleinstlebewesen ist mit dem Lebensfaden verbunden und hat seinen eigenen Platz in dem komplizierten Gesamtbild der gemeinsamen großen Existenz. Insekten ernähren sich von Pflanzen, Vögel und andere Tiere ernähren sich von Insekten, und wenn diese Vögel oder Tiere sterben, verwandeln die Mikroben ihre zerfallenden Kadaver in Pflanzennahrung und Dünger. Im komplexen Schema der Natur vollziehen Pflanzen, Tiere und Insekten ihren Lebenszyklus und erfüllen ihre Aufgaben – man kann mit Fug und Recht behaupten, daß alle lebenden Wesen, der Mensch eingeschlossen, an der Aufrechterhaltung und am Fortbestand des Lebens mitwirken.

Die Nahrungskette im Meer ist ein weiteres Beispiel, das diesen Vorgang verdeutlicht. Im Meer ist alles, was existiert, Nahrung für etwas anderes. Diese Koexistenz mutet irgendwie seltsam an, denn alle Organismen kämpfen unaufhörlich gegen andere Lebewesen. Wenn sie den Kampf aufgeben, sterben sie. Pflanzenartiges Plankton absorbiert Sonnenlicht und wird zur Nahrung von tierischem Plankton, das wiederum von kleinen Fischen gefressen wird. Die kleinen Fische werden von großen Fischen verzehrt, die, wenn sie sterben, verwesen und zur Nahrung für das pflanzenartige Plankton werden. Gelangt jedoch eine große Menge Erdöl auf die Meeresoberfläche, wie es leider heute bei Unfällen des öfteren geschieht, wird die festgefügte Kette unterbrochen, und alle Lebewesen erleiden einen nicht wiedergutzumachenden Schaden.

Andere Substanzen wirken noch heimtückischer als Erdöl, da sie den Nahrungszyklus im Meer nicht direkt attackieren, ihn aber so nachhaltig beeinflussen, daß sie die Nahrung, die der Mensch aus dem Wasser bezieht, schädigen oder sogar vergiften. Stoffe wie PCB, BHC und Quecksilberverbindungen rufen schwere Schädigungen und ernsthafte Krankheiten hervor. Wir haben diese Gifte im Zuge der industriellen Entwicklung mit den Abwässern in die Flüsse und Meere geschwemmt und bis vor noch gar nicht langer Zeit angenommen, daß die schwache Konzentration keinen Schaden anrichten könne. Es hat sich jedoch herausgestellt, daß selbst die kleinste Dosis Auswirkungen hat. Soweit es die Menschen betrifft, können die geringen Dosierungen sogar schädlicher sein als die starken Konzentrationen, weil sie leichter in die Nahrungskette eindringen. Dort sammeln sich dann allmählich immer mehr der giftigen Stoffe an, bis sie eine pathogene Konzentration erreicht haben. Im Wasser werden die giftigen Substanzen zuerst von Pflanzenplankton aufgenommen, und je weiter sie in die Nahrungskette vordringen, desto höher wird die Dosis – in einem großen Fisch kann die Giftkonzentration zehntausend- bis hunderttausendmal höher sein als die ursprüngliche Konzentration im Wasser.

Die ganze Natur lebt: Sie ist ein komplexes Ganzes, in dem alles in ständigem Fluß und in wechselseitiger Bewegung ist – ebenso wunderbar wie im biologischen System eines Menschen. Die Natur ist eine unermeßliche organische Bewegung, die von einer einzigen Lebensenergie wie von einem riesigen Nervensystem gesteuert wird – eine majestätische und harmonische Ordnung, in der ungezählte lebende Organismen nebeneinander und miteinander existieren, sich aber gleichwohl auch gegenseitig vernichten und verschlingen, um das gigantische System am Leben zu erhalten.

In einem Artikel über den Ursprung des Lebens im Universum schreibt der Molekularbiologe Itaru Watanabe: »Jetzt ist es möglich geworden, die gesamte Erde als einen riesigen Organismus zu betrachten – ich glaube zumindest, daß der Tag nicht mehr fern ist, an dem wir die Erde in dieser Weise sehen müssen.« Mein einziger Einwand ist, daß Itaru Watanabe zu zurückhaltend ist. Mir erscheint es – auch ohne wissenschaftliche Daten, die die Aussage unterstützen würden – ganz offensichtlich, daß der Planet Erde ein großer Organismus ist, dem ein eigenes Leben innewohnt.

Und dieser phantastische Organismus dreht sich seit Äonen um die eigene Achse und um die Sonne, bildet Kontinente, versammelt Meere mit lebensspendendem Wasser und bietet den Lebewesen, die seine Oberfläche bewohnen, Luft zum Atmen. Trotz all der vielen Erschütterungen und Katastrophen, wie Hurrikane, die Wälder und Lebewesen vernichten, Erdbeben und -rutsche und Vulkanausbrüche, bei denen sich glühende Lava über die Oberfläche ergießt, hat dieser Organismus überlebt.

Die Erde hat vieles überstanden und war schrecklichen kataklystischen Veränderungen ausgesetzt. Man wundert sich wirklich, wie sie das alles überleben konnte. In der Eiszeit, von vor ungefähr einer Million Jahren bis zu den großen Flutkatastrophen vor nur zehntausend Jahren, waren Meere, Flüsse und die Erde gefroren. In den vergangenen 320.000 Jahren hat sich das Magnetfeld der Erde mindestens fünfmal völlig verschoben – der Nordpol wurde zum südlichen Magnetpol und umgekehrt. Und trotzdem hat der Planet Erde seine Reise durch den unendlichen Raum fortgesetzt. Sein Kern glüht und erreicht eine Temperatur von bis zu 4.000 °C, die Oberfläche ist jedoch kühl genug, um seit drei Milliarden Jahren organisches Leben zu ermöglichen.

Im Juni 1972 fand eine Umwelt-Konferenz in Stockholm statt, bei der Ökologen, Forscher und Mediziner aus der ganzen Welt darüber diskutierten, wie man die Erde vor Verschmutzung und Zerstörung bewahren könne. Bei dieser UN-Konferenz wurde eine Resolution mit mehreren Artikeln verfaßt, und das Thema und Motto wurde in dem Slogan »Wir haben nur diese eine Welt« zusammengefaßt. Ob diese Aussage stimmt oder nicht, ist Ansichtssache, da es sehr wohl noch andere Planeten im Universum geben könnte, die der Erde ähnlich sind und die organisches Leben ermöglichen. Aber soweit es uns, unsere Kinder und

Kindeskinder betrifft, können wir ohne weiteres behaupten, daß unser Planet die einzige Erde ist, die wir haben.

Wir dürfen jedoch nicht zulassen, daß die These »Wir haben nur diese eine Welt« uns vergessen läßt, daß die Erde Teil einer viel größeren Einheit ist. Denn unbestritten ist doch, daß beispielsweise die Sonne Teil unseres organischen Lebens ist, weil sie allem, was auf der Erde existiert, Licht und Energie spendet. Wenn sich die Temperatur der Sonne auch nur geringfügig ändern würde, wäre die gesamte Lebensordnung auf der Welt davon betroffen: Eine größere Erwärmung hätte zur Folge, daß sich die Erdoberfläche erhitzt, die Eiskappen schmelzen und die daraus entstehenden Wassermassen die ganze Erde in einen riesigen Ozean verwandeln. Wenn die Sonne hingegen abkühlen würde, wäre die Erde mit Eis bedeckt. Menschliches Leben ist so eng mit der Sonne verknüpft, daß schon eine geringfügige Veränderung der Sonnenenergie dem Leben auf dieser Welt, so wie wir es kennen, ein Ende setzen würde.

Obwohl es weniger offensichtlich ist, stehen auch die anderen Planeten und Sterne in direktem Zusammenhang mit der Erde. Ähnlich wie die Sonne tragen sie dazu bei, die Formationen und das Gleichgewicht im Universum aufrechtzuerhalten. Der englische Astrophysiker Denis Sciama macht die engen Beziehungen zwischen den Gestirnen folgendermaßen deutlich: »Wenn Sie einen Ball in die Luft werfen, spüren Sie den Widerstand des Balles in den Händen. Der Grund dafür ist, daß all die Sterne am Himmel versuchen, Sie daran zu hindern, ihn zu werfen. Sie bewirken die Kraft der Gravitation.«

Allein in der Milchstraße gibt es mehr als hundert Milliarden Sternensysteme, die durch einen unsichtbaren kosmischen Faden miteinander verbunden sind, den wir Newtonsches Gravitationsgesetz nennen. Das ganze großartige Universum, das der Erde zum Leben verholfen hat, wird durch ökologische Glieder zusammengehalten. Sterne stehen ebenso in Beziehung zu anderen Sternen wie Sonnensysteme zu anderen Sonnensystemen und sind durch komplizierte physikalische Gesetze miteinander verbunden. Ein moderner Physiker betrachtet – ähnlich wie die buddhistische Philosophie – den ganzen Kosmos als einen großartigen, riesigen Komplex, in dem alles in Harmonie zu allem anderen schwingt und sich bewegt.

Man kann das Universum als wohlgeordnete Weiterentwicklung betrachten – vom individuellen menschlichen Leben zu Völkern, zur Sonne, zum Sonnensystem, zur Galaxie –, und man sollte dann die Größe eines einzelnen Menschen im Vergleich zur Galaxie als Ganzes anschauen. Unser Körper besteht aus etwa sechzig Billionen Zellen, aus denen sich unsere Organe, Muskeln, Knochen sowie das Nerven- und das Lymphsystem zusammensetzen. Wenn man sich jeden Menschen und jedes Tier auf der Welt als Zelle vorstellt, dann könnte man die Völker als Zellgruppierungen ansehen und die Erde und das Sonnensystem und seine vielen Gestirne mit dem Herzen, der Leber, den Nieren, der Nase, den Ohren, den Augen oder den Zähnen des Kosmos vergleichen. Und die physikalischen Gesetze, die den kosmischen Lebensfaden verdeutlichen, könnte man mit dem Nerven- und Blutkreislaufsystem gleichsetzen, die die Harmonie und die Ordnung im menschlichen Organismus aufrechterhalten.

Genau wie ein menschliches Leben beeinträchtigt werden kann, wenn eine Hauptschlagader verletzt ist oder das Nervensystem nicht mehr wie ursprünglich vorgesehen arbeitet, nimmt das gesamte Universum unwiderruflich Schaden, wenn der kosmische Lebensfaden an irgendeiner Stelle verletzt wird. Dabei spielt es überhaupt keine Rolle, wie klein oder wie weit entfernt die Verletzung ist – keine einzige der lebenden Zellen, das heißt in diesem Fall: kein Mensch, würde unbeschadet davonkommen.

Wenn man das Universum als allumfassendes einzigartiges Wesen betrachtet, hätte das Motto der Umwelt-Konferenz meiner Meinung nach lauten sollen: »Wir haben nur diesen einen

Kosmos.« Das hätte den Prinzipien, die der These einer einzigen Erde zugrunde liegen, nicht widersprochen, sondern ihnen im Gegenteil eine weitaus größere Bedeutung verliehen. »Ein einziger Kosmos« – das fügt sich nahtlos in die Philosophie, die ich hier darzustellen versuche, und es hat den Klang der Wahrheit, denn eines dürfte klar sein: Wenn der Frieden und das Glück der Menschheit nicht auf die Harmonie und den Rhythmus des Universums gegründet sind, dann sind Frieden und Glück nichts weiter als Paläste, die auf Sand gebaut sind. In Hinsicht auf die Achtung allen Lebens – nicht nur vor dem menschlichen Leben – dürfen wir die weltliche und kosmische Ordnung nicht aus dem Gleichgewicht bringen. Nicht einmal im Allerkleinsten, denn jede Existenz im Universum ist Teil eines großen vereinten Lebenssystems.

Bei dem Vergleich des Universums mit einem menschlichen Körper sollten wir auch an krebsartigen Zellen und Krebsgeschwüre denken, die das Universum ebenso zerstören können wie den menschlichen Organismus. Eine Krebszelle ist tückisch. Sie arbeitet nur für sich allein, stößt andere Zellen beiseite oder tötet sie und wächst mit abnormer Geschwindigkeit. Sie versucht, unsere Nahrung an sich zu reißen, setzt Gifte frei und frißt sich in unsere lebenswichtigen Organe. Nachdem der Krebs uns umgebracht hat, bleibt auch ihm selbst nur noch der Tod. Wegen dieser Eigenschaften wird der Krebs auch als »wahnsinnig gewordene Zelle« beschrieben. Wenn wir uns zum Ziel setzen, das Universum und seine hochkomplizierten Funktionen zu bewahren, dürfen wir als menschliche Wesen nicht wie ein Krebsgeschwür im Organismus des Kosmos wirken. Heutzutage gibt es leider viele Menschen, die ebenso selbstsüchtig wie Krebszellen sind, und wir müssen uns davor hüten, uns ihnen anzuschließen. In jedem Augenblick sollten wir daran denken, daß das Universum mit all seinen systematischen und rhythmischen Bewegungen das einzige Universum ist, das wir haben; und wir müssen jede Anstrengung unternehmen, um sicherzustellen, daß sich die Menschheit nicht zu Krebsgeschwüren und »wahnsinnig gewordenen Zellen« entwickelt.

Umwelt und Anpassungsfähigkeit

In seiner *Geography of Human Life* beschreibt Tsunesaburo Makiguchi, der erste Präsident der Soka Gakkai, auf eindrucksvolle Art den Einfluß der Umwelt auf den menschlichen Geist. Makiguchi beschäftigt sich ausgiebig mit der Natur und der Gesellschaft, und die folgende Passage über die Berge sagt mir persönlich besonders zu: »Berge sind natürliche Lehrer, die den menschlichen Geist besänftigen und das menschliche Herz erhellen. Die Menschen, die von Bergen geliebt und beschützt werden, bringen ihnen ebensolchen Respekt entgegen wie ein Kind seinen Eltern. Könnte es je jemanden geben, der die Berge nicht liebt? Diese Liebe drückt sich aus, wenn ein menschliches Wesen, das einem Berg gegenübersteht, ihn als Mitglied der eigenen Gesellschaft akzeptiert, obwohl er so ganz anders ist. Der Mensch entwickelt eine persönliche Beziehung zu dem Berg und verwandelt ihn dadurch zu einem fühlenden Wesen.«
Über Pflanzen schreibt Makiguchi: »Pflanzen erwecken das ästhetische Empfinden in uns, sie beschwichtigen mörderische Tendenzen, inspirieren zur Poesie und nähren so Herz und Geist.«
Fasziniert von dem Wirken des sozialen Geistes, sagt Makiguchi: »Menschen fürchten die Sanktionen der Gesellschaft, und sie freuen sich, wenn sie Anerkennung finden. Das bedeutet, daß die Menschen den in einer Gesellschaft wirkenden Geist erkennen... Eine Gemeinschaft muß also wie ein menschliches Individuum als etwas angesehen werden, was geistige Fähigkeiten besitzt: Weisheit, Gefühle und Denkvermögen.« Er kommt im folgenden auf die Grundlage allen sozialen Denkens, auf den individuellen Geist, zu sprechen: »Das Gehirn jeder Einzelper-

47

son ist eine Zelle und Teil eines riesigen organischen Gehirns, dem Geist der Gesellschaft. Die individuellen Zellen müssen sich gegenseitig stimulieren und miteinander kommunizieren, bis alle zusammenarbeiten und den sozialen Geist hervorbringen.« Präsident Makiguchis Erklärungen zur Wechselbeziehung zwischen dem Geist der Menschen und ihrem natürlichen, sozialen und kulturellen Umfeld machen deutlich, daß das Wirken des Lebensfadens nicht nur auf rein pysikalische Phänomene beschränkt bleibt, sondern genauso auch spirituelle und emotionale Elemente umfaßt. Wenn wir also nicht sorgfältig darauf achten, welchen geistigen Einfluß wir auf unsere Umwelt nehmen, werden wir, auch wenn wir keinen körperlichen Schaden davontragen, wahrscheinlich unter der geistigen Verunreinigung leiden, die in sozialer Konfusion oder im Aufruhr gipfeln kann.

Bei der Betrachtung der Beziehung zwischen Mensch und Umwelt sollten wir an die berühmten Sätze von Nichiren Daishonin denken, der in *Zuiosō-gosho* (Gute Vorzeichen) sagt:»Die Welt ist das objektive Umfeld, das fühlende Wesen ist eine subjektive Existenz. Wenn beispielsweise das Objektive ein Schatten ist, dann ist das Subjektive der Körper. Wenn es keinen Körper gibt, dann gibt es auch keinen Schatten. Wenn es keine subjektive Existenz gibt, dann gibt es auch kein objektives Umfeld. Aber die subjektive Existenz drückt sich selbst im objektiven Umfeld aus.«

Hier ist mit »die Welt« unsere Umwelt oder der gesamte Weltraum gemeint. Objektives Umfeld *(ehō)* ist ein buddhistischer Begriff und kann alle sichtbaren Elemente der Umwelt bezeichnen. Subjektive Existenz *(shōhō)* ist die Gesamtheit der lebenden Wesen, die im Buddhismus fühlende Wesen *(shujō)* heißen. Wenn wir die subjektive Existenz als menschliche Wesen interpretieren, dann ist das objektive Umfeld die Umwelt der Menschen.

Nichiren Daishonin verdeutlicht seine Ansicht mit dem Bild des

Körpers, der einen Schatten wirft. Der Körper bewegt sich und formt den Schatten durch die Bewegung um, aber gleichzeitig wird der Körper in gewissem Sinn vom Schatten erschaffen, denn der Körper wäre gestaltlos, wenn er keinen Schatten werfen würde. Um es anders auszudrücken: Der Körper erhält seine Gestalt und seine Identität durch das Umfeld und umgekehrt. Meiner Meinung nach können wir nur mit Hilfe dieser Dialektik die Wechselbeziehung zwischen unserem Dasein und unserer Umwelt in vollem Umfang verstehen.

Das lebende Sein, auch das menschliche Leben, wird hervorgebracht und ernährt durch die Harmonie und Einheit von so verschiedenen Kräften wie der großen, allgemein wirksamen Anziehungskraft im Universum, der Energiezufuhr von der Sonne und dem somatologischen Faden, der die ganze Natur wie ein Netz einhüllt.

Ich denke, daß die Aussage von Nichiren Daishonin auch folgendes deutlich ausdrückt: Obwohl menschliches Leben von der materiellen Welt und der spirituellen Aktivität aller Elemente des Universums hervorgebracht wird, muß die Menschheit unbedingt die erhaltende Energie der Umwelt bewahren. Wenn die Menschheit diese Unterstützung der physikalischen Welt, das heißt ihrer Umgebung, nicht annehmen, umwandeln und sich zu eigen machen könnte, würde sie nicht lange am Leben bleiben.

Um das an einem einfachen Beispiel zu verdeutlichen: Man kann bei einem Festmahl alle Speisen essen, aber wenn man nicht verdauen kann, was man zu sich nimmt, wird die Nahrung den Körper weder stärken noch zu seinem Wohlbefinden beitragen. Man kann alle wertvollen Bücher, die es auf der Welt gibt, lesen, aber wenn man nicht genügend geistige Kapazität besitzt, um sie zu verstehen, sind diese Bücher nicht mehr als Papier und Druckerschwärze.

Bei der Ernährung ist bloße Nahrungsaufnahme nicht ausreichend – man muß sie auch verdauen. Für den Laien ist der

Verdauungstrakt ein inneres Organ des Körpers, aber vom medizinischen Standpunkt aus gesehen steht er in engem Zusammenhang mit der freien Natur. Wenn die Nahrung nicht verdaut und umgewandelt wird, dann passiert sie lediglich ein langes, enges Stück der Umwelt – sie bewirkt nichts und bleibt gänzlich unverändert.

Die Beziehung von den aktiven Kräften in unserem Organismus zur Umwelt wird von Ärzten an dem gemessen, was wir Anpassungsfähigkeit nennen. Wir müssen nicht nur fähig sein, Nahrung zu verdauen und umzuwandeln, sondern auch Luft einzuatmen, den Sauerstoff zu verwerten und das Kohlendioxid wieder auszustoßen; wir brauchen verschiedene Abwehrmechanismen, die uns gegen Infektionen schützen; und wir müssen uns den wechselnden Jahreszeiten anpassen. Einem gesunden Körper gelingt all dies ohne große Anstrengung. Im Sommer sorgen die Schweißdrüsen für den Temperaturausgleich der Haut; im Winter verengen sich die Kapillaren unter der Hautoberfläche, um die Körperwärme zu erhalten. Ein gesunder und ordnungsgemäß funktionierender Körper nimmt durch die Augen und Ohren Informationen auf, um angemessen auf die Phänomene, die um uns herum geschehen, reagieren zu können.

Sobald wir die uns innewohnende Lebensenergie genauer untersuchen, fällt auf, daß sie sich auf unzählige verschiedene Arten manifestiert, um sowohl dem Geist als auch dem Körper die Tätigkeiten zu ermöglichen, die für ein kreatives Leben nötig sind. Die Lebensenergie ist die Quelle aller Aktivität, weil sie auf Umweltreize reagiert und bewirkt, daß wir uns anpassen. Der Mensch, der ein aktives Leben führt, wird sich mit allen Bedingungen der Umwelt abfinden und die Dinge auswählen, von denen er lernen und die er verdauen kann. Je nach seinen Taten und Handlungen verändert sich der Sinn der Umwelt auf subtile Weise. Die Lebensenergie im menschlichen Körper macht nicht nur die Manifestation des Lebens möglich, sondern bewirkt auch Veränderung und Erneuerung im objektiven Umfeld.

Kant, dessen philosophische Lehre ich als eines der höchsten Gedankengüter der westlichen Welt erachte, hat einige scharfe Beobachtungen über die Wahrnehmungskraft der Menschen gemacht. Er glaubte, daß dem Menschen die Fähigkeit, die Welt, die ihn umgibt, zu verstehen und zu erkennen, angeboren sei; daß wir mit der Fähigkeit zu sehen geboren sind – zum Beispiel den Tisch neben uns, die Anwesenheit eines anderen Menschen, das Funkeln der Sterne oder einen sich bewegenden Gegenstand. Das heißt zwar nicht, daß uns das Wissen über die Bedeutung der verschiedenen Erscheinungsformen angeboren ist, doch besitzen wir die Fähigkeit zu lernen, was sie sind, und sie in Kantsche Kategorien einzuteilen.

Wenn ich mich nicht irre, war Kant der erste westliche Denker der Moderne, der diese Fähigkeit als etwas dem Leben Inhärentes erkannte. Diese Entdeckung brachte, wie mir scheint, die westliche Kultur dem Buddhismus einen Schritt näher.

Generell kann die westliche Philosophie der modernen Zeit in zwei Strömungen unterteilt werden: den Rationalismus und den Empirismus. Die Rationalisten, zu denen Descartes, Spinoza und Leibniz gehörten, glaubten, daß unser Verstand auf gewissen angeborenen Ideen basiere, also auf angeborener Intelligenz. Die Empiristen, wie Hobbes, Locke, Berkeley und Hume, hielten das Verstehen für etwas, was von außen kommt und erworben wird. Locke zum Beispiel verglich den menschlichen Verstand mit einem leeren Papier, das durch Erlebnisse beschrieben wird. Kant überwand diese Dichotomie, indem er voraussetzte, daß ein lebender Mechanismus im Menschen existiere, der es möglich mache, die empirische Welt zu begreifen. Wenn meine Interpretation korrekt ist, glaubte er, daß das Verstehen von Erfahrungen ein intuitiver Prozeß sei, der auf einer Sensibilität für bestimmte Kategorien beruhe, etwa für Zeit und Raum.

Dafür möchte ich ein einfaches Beispiel anführen: In diesem Moment steht eine Tasse vor mir. Ihre Form erscheint mir räumlich. Mir ist bewußt, daß diese Tasse – zeitlich gesehen – schon länger dort steht. Wenn mir niemals jemand gesagt hätte, daß dies eine Tasse ist, hätte ich trotzdem instinktiv erfaßt, daß der Gegenstand für eine gewisse Zeit den Platz auf meinem Tisch eingenommen hat.

Oder nehmen wir an, es würde draußen schneien. Ich kann die Gestalt und die Größe der Schneeflocken räumlich wahrnehmen. Was die Zeit betrifft, weiß ich, daß die Flocken, die ich jetzt durch das Fenster sehe, vor einem Augenblick noch nicht da waren und daß sie im nächsten Augenblick auf dem Boden liegen werden. Dieses grundlegende Verständnis, das Kant die reine Vernunft nannte, entwickelt sich zu komplizierteren Ideen und Gedanken.

Vom erkenntnistheoretischen Standpunkt aus ist die Sache, die wir begreifen, das objektive Umfeld. Je nach Art der subjektiven Existenz kann das objektive Umfeld unendlich viele Formen und Gestalten haben.

Lebende Wesen erkennen Gegenstände durch die Sinnesorgane, aber was sie sehen und hören, differiert je nach Fähigkeit des Auges oder des Ohrs. Amöben und Regenwürmer beispielsweise erkennen nur das Licht und nehmen lediglich vage Helligkeit und Dunkelheit, die sie umgibt, wahr. Die Facettenaugen der Insekten erkennen kein Gesamtbild wie das menschliche Auge, doch sie sehen jede Bewegung. Eine Wespe kann eine bewegungslose Fliege an der Wand nicht von einem Nagel unterscheiden, aber eine Libelle erkennt auf Anhieb eine Milbe – die für sie Nahrung ist –, wenn sie sich vor ihrem Auge bewegt. Eine sehr rasche Bewegung kann das menschliche Auge nicht exakt erfassen, die meisten Insekten jedoch erkennen die Bewegung. Katzen und einige andere Tiere sehen in der Dunkelheit besser als der Mensch, weil ihre Pupillen in der Dunkelheit viel größer werden als bei Licht. Um es kurz zu machen: Die Art dessen, was gesehen wird, hängt von den Fähigkeiten des Betrachters ab.

Im allgemeinen haben die Menschen von Geburt an dieselben Sinnesorgane und ungefähr dieselbe Begabung, etwas zu erkennen. Sie nehmen die physikalische Außenwelt so ziemlich auf die gleiche Art wahr, zumindest was das Sehen betrifft. Wie sie das Gesehene begreifen und letzten Endes umsetzen, hängt davon ab, wie sich ihre Lebensenergie auswirkt.

In Anbetracht der Tatsache, daß die Menschen bis zu einem hohen Grad dieselben biologischen Eigenschaften haben, reagieren ihre Körper auch mehr oder weniger auf dieselben Reize, und sie haben dieselbe Begabung, ihr Umfeld zu gestalten – wir nennen das Gesellschaft und Kultur. Die Fähigkeit, die Gesellschaft und Kultur zu formen, ist eine einzigartige Eigenschaft aller menschlichen Wesen, nicht jedoch der Tiere oder anderer lebender Wesen. In den Passagen, die ich aus *Geography of Human Life* zitiert habe, macht Tsunesaburo Makiguchi deutlich, daß das, was wir den Geist der Gesellschaft nennen, aus dem Geist einzelner Individuen zusammengesetzt ist. Um es anders auszudrücken: Der Geist einer Gesellschaft, der Teil des Umfelds ist, in dem ein Individuum lebt, wird von der aktiven Lebensenergie geformt, die den vielen individuellen Mitgliedern der Gesellschaft innewohnt. Das heißt auch, daß Menschen, die nicht fähig sind, eine Gesellschaft zu bilden, keinen kollektiven Gesellschaftsgeist hervorbringen können.

Im Kern des menschlichen Geistes existiert die potentielle Liebe für andere Menschen und für die Natur. Außerdem besteht der Drang, die Geheimnisse des Lebens und des Universums aufzudecken und nach ästhetischer Schönheit und exakten Wahrheiten zu suchen. Liebe, die Sehnsucht nach Schönheit, das Verlangen nach einer Religion und nach der Wahrheit – dies sind bedeutende menschliche Energien, und wenn sich diese Energien manifestieren, bewirken sie große Veränderungen im Umfeld der Menschen.

Makiguchi schreibt in *Geography of Human Life*, daß in der Vorstellung der Menschen die Berge zu lebenden Wesen werden können. Damit meint er schlicht und einfach, daß die Kraft der menschlichen Liebe imstande ist, einen kalten, leblosen Berg in einen warmen, pulsierenden und mitfühlenden Geist zu verwandeln. Die Seele, die die Schönheit einer Pflanze zu schätzen weiß, ruht in einer Welt, die selbst in Schönheit und Poesie ruht, und der Mensch, der die Natur, in der er lebt, liebt, ist fähig, dieselbe Lebensenergie und dieselben Gefühle in der Umwelt entstehen zu lassen.

Der Mensch, der die Erde liebt und sich dem Wirken des Planeten anvertraut, trägt zu dem immensen Vorgang, bei dem die Erde zum Geist wird, bei. Der philosophische Geist, der im Schoß des Universums ruht, kann sich ausbreiten und den ganzen Kosmos umfassen. Der Geist, der sich in Liebe der Natur und der Menschheit zuwendet und den unendlichen Schönheiten der Erde und des Kosmos bis zu ihren Quellen folgt, wird von poetischen Empfindungen inspiriert, von der Weisheit der Wissenschaft erleuchtet, von philosophischen Erkenntnissen erfüllt und von dem Drang nach einem religiösen Glauben überwältigt.

Akira Miyawaki, einer der führenden Ökologen, hat das Wesen der Natur mit den Augen und den Wangen eines menschlichen Gesichts verglichen. Die Augen, merkt er an, nehmen leicht Schaden, aber die Wangen sind relativ unempfindlich gegen äußerliche Einflüsse wie Wind, Kälte und Regen. Die Bestandteile der Natur, die mit den Augen gleichgesetzt werden können, sind Flußbetten, sumpfige Ebenen, steile Hänge und Bergschluchten. In einer solchen Landschaft eine Straße zu bauen wäre fast so, als würde man ein brennendes Streichholz an ein Menschenauge halten. Das passende Gelände für Straßen wären die Regionen, die man mit der Wange vergleichen kann und die mehr Widerstandskraft und Stabilität besitzen.

Akira Miyawaki sieht die Erde als einen lebendigen Körper an und diagnostiziert ihre Leiden, wie er es bei einem Menschen tun würde. Für ihn ist die Erde kein lebloses Objekt, sondern ein lebender Organismus mit warmem, fließendem Lebenssaft.

Es ist eine grundlegende Wahrheit, daß das objektive Umfeld auf die Lebensenergie der Menschen reagiert und durch sie verwandelt werden kann. Alle Lebewesen, die Menschen eingeschlossen, besitzen die Lebensenergie, die das Umfeld gestaltet und die sich in ihm widerspiegelt.

Deshalb sagt Nichiren Daishonin: »Wenn es keinen Körper gibt, dann gibt es auch keinen Schatten. Wenn es keine subjektive Existenz gibt, dann gibt es auch kein objektives Umfeld.« Wenn die Lebensenergie den Körper verläßt, löst sich auch seine Reflexion auf. Tiere haben tierische Schatten; Menschen haben menschliche Schatten. Das Umfeld eines jeden Lebewesens gestaltet sich nach dem Zustand seiner eigenen Existenz.

Unglücklicherweise gibt es Menschen, deren Schatten die Gestalt von Bestien haben. Obwohl sie wie menschliche Wesen aussehen, können wir aus ihren Schatten schließen, daß sie in Wahrheit das Leben von Bestien führen. Wir können nur hoffen, daß der Tag kommt, an dem jeder Mensch einen echten menschlichen Schatten wirft.

Aktion und Reaktion im Leben

Im Anschluß an den Abschnitt, den ich weiter oben aus *Zuisō-gosho* zitiert habe, findet sich folgende Aussage: »Folglich, wenn die fünf Sinnesorgane des fühlenden Wesens verletzt werden, schreit alles, was sie umgibt, gepeinigt auf. Wenn das Land zerstört werden soll, künden dies viele unheilvolle Zeichen an: Berge stürzen ein, Pflanzen und Bäume verdorren, und die Flüsse trocknen aus. Wenn die Augen und Ohren und andere Sinne beeinträchtigt sind, geschehen Naturkatastrophen, und wenn der Geist der Menschen nicht beständig ist, bebt die Erde.«

»Fühlende Wesen« sind sowohl Menschen als auch Tiere, aber der Hinweis gilt hauptsächlich den Menschen. Die fünf Sinne sind der menschliche Körper, und das Umfeld, das den Körper umgibt, spiegelt ihn wider. Der Sinn dieser Aussage ist, wie ich denke, folgender: Die Zerstörung eines lebenden Wesens ruft Zerstörung oder gewaltsame Veränderungen in der Umwelt hervor.

Die Ausführungen sagen aber auch, daß die Zerstörung des natürlichen Umfelds (des »Landes«) durch Vorwarnungen angekündigt wird. Wenn das Einstürzen der Berge, das Verdorren der Pflanzen und Bäume und das Austrocknen der Flußläufe Menschen in Verwirrung stürzt, bleiben davon weder Himmel noch Erde verschont. Dies ist meine Interpretation, und mir scheint, daß sie sehr genau auf die Welt, in der wir jetzt leben, zutrifft – auf eine Welt, in der das Übel die Menschheit zu zerstören droht. Man braucht heutzutage nicht lange zu suchen, um einstürzende Berge, verdorrte Pflanzen oder versiegte Flüsse zu finden!

Wenn auch die Veränderungen in der Umwelt eine Bedrohung für die menschliche Existenz darstellen, sollten wir dennoch nicht übersehen, daß die Ursache des Übels sehr oft der Mensch selbst ist. Diejenigen, die sich selbst zu Sklaven der Gier, der Dummheit und des Egoismus gemacht haben und die dabei ihre ursprüngliche Menschlichkeit verloren haben, entreißen der Erde den Nährboden, bewirken eine unnatürliche Verschiebung der Jahreszeiten, stören die normale Bewegung der Meere und vernichten so nach und nach die Grundlagen des Lebens auf unserem Planeten. Ich denke, das meint Nichiren Daishonin, wenn er sagt: »Wenn die fünf Sinnesorgane eines fühlenden Wesens verletzt werden, schreit alles, was sie umgibt, gepeinigt auf.«

Was heißt: »Wenn die Augen und Ohren und andere Sinne

beeinträchtigt sind, geschehen Naturkatastrophen, und wenn der Geist der Menschen nicht beständig ist, bebt die Erde«? Wir kennen bereits die in der physikalischen Welt bestehende enge Verbindung zwischen den Handlungen der Menschen und der natürlichen Umwelt. Können wir also auch diese letzte Aussage auf das menschliche Leben beziehen und annehmen, daß es auch hier eine ähnliche Wechselwirkung zwischen dem Physischen und dem Geistigen gibt? Und wenn das so ist, wie sieht diese Wechselwirkung aus?

Dies sind schwierige Fragen. Es ist verhältnismäßig einfach zu erkennen, wie sich die Einstellung des Menschen zur Natur auf das physikalische Umfeld auswirkt, weil sich diese Einstellung in konkreten, bewußten Handlungen äußert. Geistige Phänomene sind schwerer zu erfassen, obwohl die Lebensenergie, die sich in unserer Einstellung zur Natur und zur Gesellschaft manifestiert, dieselbe ist, die uns zu inneren, geistigen Aktivitäten motiviert. Aus diesem Grund ist es unmöglich, das menschliche Leben in Verbindung zur Umwelt vollständig zu erklären, ohne die Beziehung zwischen subjektiver Existenz und objektivem Umfeld auf der geistigen Ebene miteinzubeziehen.

Eine interessante moderne Ansicht über die Natur legt Martin Heidegger in seiner Existenzphilosophie dar, die ich an dieser Stelle etwas näher erläutern möchte. Heideggers Theorie ist schwer zu verstehen, zum Teil auch deswegen, weil er eine ganz eigene Terminologie benützt, und doch ist seine allgemeine Vorstellung von der Natur relativ einfach zu erklären.

Wir sind immer wieder beeindruckt von der Harmonie der Natur, aber die wenigsten von uns beleuchten die Dinge intensiver, um auch hinter die oberflächlichen Erscheinungen sehen zu können. Heidegger kam zu der Überzeugung, daß der gesamte Kosmos eine lebende Einheit sein muß, weil ansonsten die Bewegungen im Universum nicht nach einer bestimmten Ordnung ablaufen könnten. Er glaubte an eine fundamentale Existenz am Anfang aller Dinge, die die harmonischen

Wechselbeziehungen aller Dinge hervorbringt, und nannte sie Urnatur.

Heidegger war Existentialist, und es muß ihn einige Anstrengungen und Überwindung gekostet haben, diesen Gedanken zu entwickeln. Ich halte den Begriff Urnatur für außergewöhnlich tiefsinnig, aber wenn damit nicht eine immerwährende Existenz, die alles individuelle Leben umfaßt, gemeint ist, kann diese Urnatur, meiner Meinung nach, nicht als der Kern des Universums angesehen werden.

Heidegger schien zu denken, daß die Menschen nach ihrem Tod im Nichts versinken. Folglich glaubte er nicht – obwohl seine Urnatur die Grundlage für die Menschen und die Natur darstellt –, daß die Menschen und andere Lebewesen ewig in der Natur existieren.

Vom buddhistischen Standpunkt aus gesehen befindet sich die Urnatur irgendwo zwischen der Natur und der höchsten Realität, dem Mystischen Gesetz. Das Mystische Gesetz ist das ewige, unzerstörbare kosmische Leben, das der Urnatur zugrunde liegen muß. Einem Durchschnittsmenschen wird die Vorstellung, daß der gesamte Kosmos eine einzige lebende Einheit ist, zunächst fremd sein, aber wenn wir das Mystische Gesetz als immanent in allen Phasen des Lebens betrachten, ist es nicht mehr so schwer, zu erkennen, daß alle Dinge im Kosmos Manifestationen dieses Gesetzes sind.

Der Grund, warum ich vorgeschlagen habe, nicht in solchen Kategorien zu denken wie »Wir haben nur diese eine Welt«, sondern eher die Aussage »Wir haben nur diesen einen Kosmos« vorzuziehen, ist der, daß diese Aussage die absolute Wahrheit trifft: Das Universum ist die Verkörperung des Mystischen Gesetzes, das alles Existierende durchdringt.

In *Shohō Jissō-shō* (Das wahre Wesen des Lebens), einem Brief, den Nichiren Daishonin an einen Schüler schrieb, steht: »Alle Wesen und ihre Umwelt in jeder der Zehn Welten, von der Hölle als der niedrigsten bis zur Buddhaschaft als der höchsten, sind ohne Ausnahme die Manifestationen von *Myōhō-renge-kyō*. Wo es eine Umwelt gibt, existiert auch Leben. Miao-lo stellt fest: ›Sowohl das Leben *(shōhō)* als auch seine Umwelt *(ehō)* sind immer Manifestationen von *Myōhō-renge-kyō*.‹« Ich werde später noch Gelegenheit haben, über das einzigartige buddhistische Konzept der Zehn Welten oder der Zehn Zustände des Seins, von denen die Hölle der niedrigste und die Buddhaschaft der höchste ist, zu sprechen, aber an dieser Stelle genügt es, anzumerken, daß »alle Wesen und ihre Umwelt in jeder der Zehn Welten« alles Leben im Kosmos meint, und die Hauptaussage dieser Sätze ist: Alles, was lebt, ist eine Manifestation des Mystischen Gesetzes.

Um es noch präziser auszudrücken: Man kann aus diesem Zitat erkennen, wie menschliches Leben und seine Umwelt sowohl in der physikalischen als auch in der spirituellen Welt miteinander verknüpft sind. Wie schon früher ausgeführt wurde, kann der Satz »Wo es eine Umwelt gibt, existiert auch Leben« nicht bedeuten, daß diese beiden Phänomene einfach nebeneinander existieren. Die angefügte Erklärung, daß beides »immer Manifestationen von *Myōhō-renge-kyō*« sind, weist kurz und prägnant darauf hin, wie der dynamische Rhythmus des menschlichen Lebens und seiner Umwelt mit dem kosmischen Leben, das wir Mystisches Gesetz nennen, zusammenhängt.

Das Mystische Gesetz ist die Kraft und die Weisheit, die dem gesamten Kosmos innewohnt, der selbst die Quelle aller physikalischen und spirituellen Phänomene ist. Aus den innersten Tiefen des Kosmos heraus manifestiert sich dieses Gesetz in bestimmten Formen, und durch diesen Vorgang erhält ein Menschenleben seine Individualität. Gleichzeitig nimmt die individuelle Umwelt als objektives Umfeld oder als Schatten Gestalt an. Die subjektive Existenz und das objektive Umfeld werden zu einer Einheit, die sich formt, wenn die Lebensenergie des kosmischen Lebens manifest wird. Es ist undenkbar, diese Einheit zu teilen. Die Entstehung des menschlichen Lebens als subjektive Existenz ist identisch mit der Entstehung von dessen Umfeld. Sie können genausowenig voneinander getrennt werden wie das Wachstum und die Entwicklung der Tiere und Pflanzen von der Welt, in der sie leben. Jedes menschliche Leben hat zusammen mit seiner Umwelt teil an der fundamentalen Lebensenergie des gesamten Kosmos. Daraus folgt, daß jede Veränderung des Lebenszustandes eines menschlichen Wesens, auch im allerinnersten Bereich des Lebens, Einfluß auf das Leben anderer Menschen hat. Und da die Natur und der Kosmos lebende Wesenheiten sind, können die Energieströme, die von einem einzigen menschlichen Leben ausgehen, nicht nur den Fundamenten anderen Lebens, sondern auch den Dingen, die wir als leblos betrachten, Schaden zufügen.

Experimente mit außersinnlichen Wahrnehmungen bieten präzise Hinweise darauf, wie sich Menschen gegenseitig auf rein spiritueller Ebene beeinflussen können. Dies sind empirische, wissenschaftliche Experimente, und sie wurden ausnahmslos in der physikalischen Welt durchgeführt, aber trotzdem sind viele Wissenschaftler, die verschiedene Methoden angewandt haben, zu Resultaten gekommen, die den Schluß zulassen, daß auf rein spiritueller Ebene Einflüsse ausgeübt werden. Zumindest können die Ergebnisse nicht mit den bekannten physikalischen Gesetzen erklärt werden.

Für ein Experiment, das des öfteren von Studenten, die sich mit ASW (außersinnlichen Wahrnehmungen) befassen, durchgeführt wird, benutzt man zwei Räume, die zweihundert Meter voneinander entfernt sind. Die beiden Räume sind nur durch einen elektrischen Summer verbunden. In einem Zimmer sitzt ein Lehrer, im anderen ein Student. Wenn der Summer ertönt, nimmt der Lehrer eine Karte aus dem Stapel, der vor ihm auf dem Tisch liegt, und versucht, durch die reine Kraft der Gedanken das Bild oder die Zahl auf der Karte dem Studenten im anderen Raum zu übermitteln. Der Student konzentriert sich darauf und nimmt eine Karte aus seinem Päckchen, die möglichst mit der seines Lehrers übereinstimmen soll. Es gibt keine Möglichkeit, daß die beiden auf konventionelle Weise miteinander kommunizieren: Der Lehrer konzentriert seinen Geist lediglich auf diese eine Karte in seiner Hand und versucht seinem Studenten mit mentaler Energie zu übermitteln, was er sieht. Manchmal deckt der Student die richtige Karte auf, manchmal gelingt der Versuch nicht. Dieses Experiment wird so oft durchgeführt, daß die rein zufälligen Übereinstimmungen vermindert werden.

Wenn eine Übereinstimmung zwischen der Karte des Lehrers und der des Studenten tatsächlich Zufall wäre, auch bei einer langen Versuchsreihe, müßte die Anzahl der Übereinstimmungen den Gesetzen der Statistik entsprechen, aber das ist nicht der Fall. Bei einem ausgedehnten Experiment, an dem mehrere Studenten teilnahmen, gab es deutlich mehr Übereinstimmungen bei Studenten, die den Lehrer respektierten und mochten, als bei denen, die ihn eher ablehnten. Nach einer Wahrscheinlichkeitsrechnung dürfte eine solche Diskrepanz nur einmal bei einer Million Versuchen auftreten, doch die Häufigkeit der tatsächlichen Vorkommnisse läßt zu, daß man hier nicht mehr von reinem Zufall sprechen kann.

Den Parapsychologen zufolge ist die einzig mögliche Erklärung für die Ergebnisse bei diesen Versuchen eine telepathische Verbindung zwischen Lehrer und Studenten. Vor noch gar nicht allzulanger Zeit rief ein ernstes Gespräch über Telepathie Hohn und Spott hervor. Heute hingegen glauben viele Menschen, daß Informationen unter bestimmten Bedingungen von einem Geist zum anderen übermittelt werden können, ohne daß jemand konventionelle Kommunikationsmethoden benutzt.

Parapsychologische Experimente legen auch die Möglichkeit des Hellsehens, der Kinetik und der Zukunftsvoraussage nahe, obwohl die Beweise noch in hohem Maße unschlüssig und noch einige Forschungsarbeiten zu bewältigen sind. Man kann zumindest behaupten, daß wir ein Stadium erreicht haben, in dem die

Wissenschaft eine ganze Anzahl von Phänomenen, die früher als spiritistischer Humbug abgetan wurden, nicht mehr so ohne weiteres von der Hand weisen kann.

Vielleicht zeigt der Versuch mit den Karten nur, daß das Gehirn des Lehrers Wellen aussendet, die das Gehirn des Studenten empfängt. Es könnte aber genausogut sein, daß die innere Lebensenergie des Lehrers die Lebensenergie des Studenten beeinflußt. Wir neigen dazu, Vorahnungen mit unglücklichen Ereignissen wie Tod oder Unfällen in Verbindung zu bringen, aber ich glaube, daß authentische Voraussagen, die ein Resultat der spirituellen Aktivität der Lebensenergie sind, auch erfreuliche Vorahnungen mit einschließen. Sicher hat jeder schon erlebt, daß er sich plötzlich und ohne bestimmten Grund dazu entschließt, einen Freund zu besuchen, und daß er bei seiner Ankunft mit den Worten »Ich hatte so eine Ahnung, daß du heute kommst« begrüßt wird. So etwas kommt häufig vor, und oft gibt es eine ganz plausible Erklärung für diese Vorahnung, doch glaube ich, daß zwischen Freunden eine gewisse mentale oder spirituelle Kommunikation möglich ist, bei der keiner der fünf Sinne oder ein anderes Kommunikationsmittel benutzt wird. Im Lebensinneren zweier Individuen gibt es eine Wechselwirkung von Energien, die aus Liebe und Vertrauen resultieren. Diese Energien bringen sie überhaupt erst dazu, sich einander anzunähern und Freundschaft zu schließen. Im umgekehrten Fall setzen auch Ablehnung und Argwohn Energien frei, die bewirken, daß keine Annäherung stattfindet. Das bedeutet, daß das menschliche Leben und seine Umwelt im wahrsten Sinne des Wortes zu einer Einheit verschmolzen sind und kontinuierlich Einfluß aufeinander nehmen. Die Wechselwirkung zwischen der Lebensenergie eines Menschen und der eines anderen findet nicht nur im physikalischen Bereich des Umfelds, sondern auch auf der spirituellen Ebene statt. Ich bin überzeugt, daß die pulsierende Kraft, die in einem Leben wirkt, auf geradezu übersinnliche Weise auch anderes Leben beeinflussen kann.

Wir dürfen nicht vergessen, verschiedene Faktoren zu berücksichtigen wie die Stärke und Reinheit der Lebensenergie im individuellen menschlichen Dasein und die speziellen Lebensumstände des einzelnen. Außerdem müssen wir an die Einheit und Untrennbarkeit des physikalischen und des spirituellen Bereichs denken und an die ständig wechselseitigen Einflüsse, die auf beiden Ebenen zwischen zwei Individuen ausgetauscht werden. Die Folgen dieser Wechselwirkung sind deshalb nicht immer leicht mit wissenschaftlichen Methoden einzuschätzen. Mir erscheint es trotzdem wichtig, daß die inneren Einflüsse unserer Lebensenergie auf andere Personen, die im Buddhismus schon seit langer Zeit als gegeben angesehen werden, jetzt auch von nicht-buddhistischen Parapsychologen untersucht und demonstriert werden.

Ein Parapsychologe, Whately Carington, hat sich dem buddhistischen Standpunkt bemerkenswert angenähert. Wie Jung glaubt er an ein Kollektives Unterbewußtsein aller Menschen, aber er geht noch weiter und stellt die Hypothese auf, daß dieses kollektive Unterbewußtsein wie ein einziges Wesen wirkt.

Im Weltbild der Griechen aus der Antike, auf das Heidegger seine Philosophie gründet, waren der Mensch und die Natur von gleicher Wesensart, und der Mensch konnte integraler Bestandteil der Natur werden. Die Griechen sprachen von der Natur als *physis* oder dem Kosmos und sahen sie als lebende Wesenheit an, genau wie die Menschen und die Tiere. Wenn Konflikte zwischen Mensch und Natur entstanden, wurde das als notwendiger Schritt bei der Erschaffung einer neuen Harmonie betrachtet. Natur, Menschen und Tiere waren alle lebende Wesen, deren Geist und Essenz die Fähigkeit besaßen, wechselseitig aufeinander einzuwirken. Im großen und ganzen dachten die Griechen nicht viel über die Wechselbeziehung zwischen dem menschlichen Geist und der Natur nach. Dieser Aspekt blieb lange Zeit auch von westlichen Philosophen und Wissenschaftlern unerforscht.

Im Gegensatz dazu führte im Buddhismus die tiefgründige Einheit von subjektiver Existenz und objektivem Umfeld zu der Vorstellung, daß die Lebensenergie eines Menschen auf andere lebende Wesen und sogar auf das fundamentale Sein der Menschheit als Ganzes einwirken kann. Überdies verschmilzt der Geist der Menschheit zu einem Ganzen und übt kontinuierlich sowohl in physikalischer als auch in spiritueller Hinsicht Einfluß auf anderes Leben und auf die gesamte Natur aus. Ich glaube, daß Wissenschaftler und Philosophen im Laufe der Zeit mehr Licht in das Kollektive Unterbewußtsein und seine Beziehung zu nichtmenschlichem Leben und der Natur im weitesten Sinne bringen werden.

Da der Einfluß der Lebensenergie eines Menschen sehr weitreichend ist und sich in den innersten Geist der gesamten Menschheit ausdehnt, beruht die Zukunft der Menschheit letztendlich auf der Akzeptanz des menschlichen Lebens als dem grundlegenden Phänomen in unserer Welt. Die Zukunft hängt vom Lebensmuster eines jeden Individuums und von der Art ab, in der es die Lebensenergie des Kosmos ausdrückt. Wenn die Menschen ihre Augen für den harmonischen Rhythmus des Universums öffnen und friedlich mit allen anderen Lebensformen koexistieren, werden sie die Wirksamkeit des Lebensfadens erhöhen und erheblich zu der Erschaffung eines neuen Universums beitragen, in dem die Menschheit voller Liebe, Vertrauen und Mitgefühl sein und der menschliche Geist bewirken wird, daß das lebende Wesen Natur sein kreatives Werk fortsetzt. Die harmonische Tätigkeit des kosmischen Körpers, die von Wesen unterstützt wird, die diesen einen Kosmos hochschätzen, wird sich zum Segen eines jeden menschlichen Lebens einsetzen, als ob es nur dieses eine Leben gäbe. Auf diese Weise sollte das menschliche Leben und das Verhalten im Einklang mit der subjektiven Existenz und dem objektiven Umfeld sein.

Wenn die Menschen jedoch weiterhin Sklaven der Gier, der Unwissenheit und des Egoismus bleiben, wenn sie sich hassen und gegenseitig töten, wenn der Geist der Menschheit ein schwarzes Krebsgeschwür wird, zerstört die Menschheit anderes Leben und die Natur, indem sie den vitalen Lebensfaden durchschneidet, der alles im Kosmos verbindet. Unser Planet wird sich verdunkeln und ist dem Tode geweiht, und die Menschheit wird die Wurzeln ihres Daseins zerstören.

Wir haben die Freiheit, den Pfad, dem wir folgen wollen, selbst zu wählen. Die Fähigkeit, den richtigen zu beschreiten, ist dem Menschen angeboren. Die Frage ist, wie wir die potentielle Weisheit, die in unserer Lebensenergie enthalten ist, entwickeln können, so daß sie für das Leben und die Kreativität im Universum wirken kann. Selbst wenn ein menschliches Wesen die Fähigkeit zu lieben und zu vertrauen besitzt, ist es nicht in der Lage, Einfluß auf andere Menschen, ganz zu schweigen auf menschliches Leben als Ganzes, zu nehmen, wenn die motivierende Kraft in ihm zu schwach ist. Andererseits ist eine Person, deren motivierende Kraft zwar stark ist, die aber von Zweifeln, Argwohn und Feindseligkeit anderen gegenüber besessen ist, in der Lage, sich selbst und vielleicht sogar die gesamte Menschheit zu vernichten. Wenn wir herausgefunden haben, wie wir unsere Lebensenergie kreativ und lebenserhaltend – sowohl für die Menschheit als auch auf kosmischer Ebene – einsetzen können, und wenn wir es verstehen, in wahrer Harmonie mit dem Universum zu leben, wird die Philosophie von der großen Einheit der subjektiven Existenz und dem objektiven Umfeld zu einer großartigen, erlösenden, praktischen Philosophie der gesamten Menschheit.

3 Augen, die das Leben sehen können

Was sind Träume?

Vor einiger Zeit fand eine literarische Kontroverse darüber statt, ob *Ten Nights of Dreams*, eine Sammlung von Kurzgeschichten des japanischen Schriftstellers Natsume Sōseki, reine Fiktion sei oder auf Sōsekis tatsächlich erlebten Träumen basiere. Die Neurologen und Physiologen, die sich damit beschäftigten, kamen zu dem Schluß, daß es sich zum Großteil um echte Träume handeln müsse. Junij Matsumotto, Professor an der Tokushima Universität, zum Beispiel zitierte solche Redewendungen wie »schneeweiße Wangen«, »eine riesige rote Sonne« und »rote Buchstaben in der schwarzen Finsternis« und argumentierte, daß solche sensorischen Metaphern den Bildern, die man im Traum erlebt, sehr ähnlich seien und daß auch die Häufigkeit der Anwendung ein Hinweis auf authentische Träume sei.

Die wissenschaftliche Analyse eines literarischen Werkes mag allzu nüchtern und gefühllos anmuten, aber sie kann manchmal faszinierende Einblicke in das Unterbewußtsein des Autors bieten. Mit diesem Gedanken im Hinterkopf las ich die *Ten Nights of Dreams* noch einmal und kam wieder über das Wesen der Träume ins Grübeln. Träume entwickeln sich auf unrealistischen Ebenen, springen von einer Handlung zur nächsten und kommen selten zu einem präzisen Schluß, und trotzdem akzeptiert sie der Geist im Schlaf auf irgendeine Weise. Sōsekis *Träume* sind bis zu einem bestimmten Grad Dichtung und haben eine gewisse Kontinuität. In echten Träumen spielt sich so gut wie nie eine zusammenhängende Geschichte ab. Trotzdem dringen sie tief ins Unterbewußtsein ein und enthüllen verborgene Geheimnisse – Geheimnisse, die unser Bewußtsein gern »unter Verschluß« gehalten hätte. Wenn wir aufwachen, erscheint es uns, als hätte der Traum keinerlei Bezug zur Realität gehabt, dem widersprechen jedoch die Psychoanalytiker.

Selbst im Schlaf reagieren wir offensichtlich auf äußerliche Reize. Freud machte diese Entdeckung, als er einen schlafenden Patienten mit einer Feder an der Nase kitzelte und der Patient daraufhin träumte, er würde gefoltert. Der Ton, der beim Zusammenstoß von einer Schere mit einer Zange verursacht wurde, veranlaßte einen anderen Patienten dazu, von einer läutenden Glocke zu träumen. Der äußerliche Reiz und die Reaktion während des Traums sind dabei meist verschieden.

Untersuchungen der Gehirnströme haben ergeben, daß jeder träumt. Menschen, die meinen, sie hätten keine Träume, vergessen sie lediglich sehr schnell beim Aufwachen. Generell sind Träume unvorhersehbar, und sie wurden in der Vergangenheit als Gegenteil der Wirklichkeit angesehen. Tatsächlich heißt »in einer Traumwelt leben«, sich der Realität zu versagen. Freud und seine Anhänger bewiesen dennoch, daß Träume einen grundlegenden Bezug zur Wirklichkeit haben, weil sie eine Art Überprüfung der innersten Gedanken darstellen. Es erscheint paradox: Träume stehen in engem Zusammenhang mit unserer ganz persönlichen Realität, aber sie scheinen keinen direkten Bezug zu der Wirklichkeit im Hier und Jetzt zu haben.

Doch nicht nur Träume sind vielschichtig und entziehen sich einer eindeutigen Erklärung. Viele andere Phänomene im menschlichen Leben können mit gesundem Menschenverstand nicht erfaßt werden. Wie wir schon festgestellt haben, hilft uns der gesunde Menschenverstand wenig bei dem Versuch, so grundlegende Dinge wie das Bewußtsein und den menschlichen Geist zu erklären. Es wird angenommen, daß sich das Bewußtsein im menschlichen Körper befindet, aber wo im Körper? Solche Ausdrücke wie »in meinem Herzen« oder »in meinem tiefsten Inneren« werden oft benutzt, es ist jedoch klar, daß sich das Bewußtsein nicht im Herzen oder in den Eingeweiden befindet. Vielleicht in den Gehirnzellen? Auch nicht. Obwohl viele der Aktivitäten, die mit dem Bewußtsein zusammenhängen, vom Gehirn gesteuert werden, ist das Bewußtsein nicht notwendigerweise auf das Gehirn beschränkt. Es ist unmöglich, einen Platz im Körper zu bestimmen und zu behaupten: »Hier befindet sich das Bewußtsein.« Trotzdem existiert das Bewußtsein auch nicht außerhalb des Körpers. In mancherlei Hinsicht sind die Wirkungsweisen des Bewußtseins, des Verstandes und des Geistes im realen Leben ebenso geheimnisvoll wie in Träumen.

Wenn wir schlafen und uns nicht bewegen, sind wir dann wirklich wir selbst? Während wir träumen, sind unsere Augen in ständiger Bewegung, aber abgesehen davon – ist der ruhige, reglose Körper das wahre Selbst, oder ist das wahre Selbst das Bild, das wir in unseren Träumen von uns haben? Man kann zwar die Behauptung aufstellen, daß ein Traum ein rein mentaler Prozeß ist, der während des Schlafs abläuft, und auch daß die Bilder, die wir im Traum sehen, eine Art Halluzination sind, aber das ist längst nicht alles. Der Traum steht mit unserem wahren Selbst in Verbindung, weil wir im Traum Glück, Trauer und die ganze Palette menschlicher Empfindungen erfahren.

Ich glaube, daß uns die Träume einen Schlüssel zu dem buddhistischen Begriff *kū* bieten. Wie schon erwähnt, wurde *kū* auch als »Nichts« oder »die Leere« bezeichnet, aber *kū* geht über den Dualismus von Existenz und Nicht-Existenz hinaus. Wie der Traum ist *kū* beides und gleichzeitig keines von beiden.

Träume passen nicht in das übliche Schema der Realität, weil sie unabhängig von den zwei maßgeblichen Größen der Realität – Raum und Zeit – sind. Wenn Träume einen eigenen zeitlichen und räumlichen Rahmen haben, dann unterscheidet dieser sich deutlich von dem, den wir aus der Wirklichkeit kennen. Deshalb denke ich, daß Träume ein prätemporales und außerräumliches Chaos darstellen.

Wie erklärt der Buddhismus solche Zustände? Nach den Überlegungen über Träume sind wir an einem Punkt angelangt, an dem wir fragen sollten, wie der Buddhismus mit den verschiedenen Phänomenen des Lebens umgeht, die sich nicht in solche Kategorien wie Zeit und Raum fügen.

Eine Welt im ständigen Wandel

Ein Hauptprinzip in der buddhistischen Philosophie ist, daß alle Dinge aus Elementen bestehen, die sich ständig verändern und sich mit anderen auf verschiedene Arten immer neu verbinden. Eine wichtige Analyse des menschlichen Lebens stellt die Theorie von den *Zehn Faktoren* dar, die Nichiren Daishonin im folgenden Abschnitt zusammenfaßt: »Daß wir das wahre und unzerstörbare absolute Sein der Drei Körper Buddhas in einem sind, wird im Lotos-Sutra erklärt [dort werden die Zehn Faktoren des Lebens aufgeführt, nämlich] Erscheinung, Natur, Wesen, Stärke, Einfluß, innere Ursache, äußere Ursache, verborgene Wirkung, offenkundige Wirkung und Beständigkeit von Anfang bis zum Ende. Der erste Faktor, Erscheinung, meint das Erscheinungsbild unseres Körpers wie Farbe und Gestalt. Er wird auch der Offenbare Buddha *(ōjin nyorai)* genannt, was der zeitweiligen Wahrnehmung *(ketai)* entspricht. Der nächste [der zweite Faktor], Natur, weist auf unseren Geist hin, was auch als Buddha der Belohnung *(hōjin nyorai)* bezeichnet wird. Dies ist die Wahrnehmung des Verborgenen *(kūtai)*. Der dritte, Wesen, ist die Gesamtheit unseres Körpers. Er wird auch der Buddha des Gesetzes *(hosshin nyorai)* oder Wahrnehmung des Mittleren Wegs *(chūtai)* genannt.«
Von den vielen speziellen philosophischen Termini, die ich noch erklären werde, möchte ich mich erst einmal mit den folgenden drei befassen: Zeitweilige Wahrnehmung *(ketai)*, Wahrnehmung des Verborgenen *(kūtai)* und Wahrnehmung des Mittleren Wegs *(chūtai)*. Diese drei grundlegenden Begriffe sind für das Verständnis der buddhistischen Erkenntnistheorie sehr

wichtig und werden gewöhnlich die Drei Wahrnehmungen *(santai)* genannt. Wahrnehmung *(tai)* bezeichnet etwas, was klar und sichtbar ist. Wenn man die Dinge im Hinblick auf diese Drei Wahrnehmungen untersucht, begreift man den grundlegenden Charakter des Lebens und aller Dinge im Universum. Diese Vorstellung basiert auf den Lehren des großen chinesischen Denkers und Buddhisten Chih-i (538–597; auch bekannt als T'ien-t'ai Ta-shih oder in Japan als Tendai Daishi).

Es ist wichtig, anzumerken, daß in der buddhistischen Philosophie im allgemeinen davon ausgegangen wird, daß man so komplexe und unfaßbare Phänomene wie das Leben unmöglich verstehen kann, wenn man sie nur von einem einzigen starren Standpunkt aus untersucht. Statt dessen muß man flexibel sein und sie aus unterschiedlichen Blickwinkeln beleuchten.

Eine solche Annäherung ist ein wesentlicher Bestandteil der modernen Wissenschaft, in der sich immer wieder erweist, daß eine einzelne Theorie nicht alle Fakten umfaßt. Ein einfaches Beispiel dafür findet man in der Mathematik.

Jahrhundertelang wurde als absolute Wahrheit akzeptiert, daß es nur eine einzige mögliche Parallele zu einer Linie gibt, wenn ein Punkt außerhalb dieser Linie vorgegeben ist, durch den die Parallele laufen soll. Dieses fünfte Postulat von Euklid war und ist richtig, wenn man den von Euklid vorausgesetzten Raum als gegeben annimmt. Dennoch sind moderne Wissenschaftler zu der Überzeugung gekommen, daß die Euklidische Geometrie nur eine von vielen möglichen Auffassungen des Räumlichen ist und deshalb nicht vollkommen zufriedenstellend sein kann.

Verwirft man Euklids Postulat und nimmt an, daß es unendlich viele mögliche Parallelen gibt, dann kann man, wenn man logische Schlußfolgerungen zieht, zu einer ganz anderen Geometrie und zu einer anderen Auffassung des Räumlichen gelangen. Dasselbe geschieht, wenn man von der Annahme ausgeht, daß es überhaupt keine mögliche Parallele gibt. Das wäre keinesfalls bloße Spekulation, denn dank unserer unvermeidlichen Unvollkommenheit und unserer Beobachtungsgabe ist es unmöglich, exakt zu demonstrieren, daß zwei Linien parallel zueinander sind, während immer bewiesen werden kann, daß sie nicht parallel verlaufen.

Wenn man voraussetzt, daß die Oberfläche einer Kugel flach ist – was bedeuten würde, daß die Krümmung der Kugel und ein Halbkreis in der Mitte der Kugel als gerade Linie angesehen werden müßten –, dann gibt es keine einzige Parallele auf der Oberfläche, die durch irgendeinen Punkt verläuft, der nicht auf der geraden Linie der Kugeloberfläche liegt.

Im Gegensatz dazu sind auf einer hyperbolisch-paraboloiden Oberfläche, beispielsweise eines Sattels, unendlich viele parallele Linien möglich.

Die nichteuklidische Geometrie wurde aus derartigen Vorstellungen entwickelt. Auf sie stützt sich nicht nur Einsteins Relativitätstheorie, sondern sie bildet heute die Grundlage der Mathematik und der Physik. Generell herrscht die Meinung vor, daß der tatsächliche Raum des Kosmos nichteuklidischen Charakter hat, und Einstein selbst setzte einen vierdimensionalen Raum voraus – endlich, aber unbegrenzt, wie der tatsächliche Raum des Universums.

Dieser Auffassung zufolge würde man, wenn man ganz gerade nach oben gehen würde, zum Rand des Universums gelangen und genau wieder am Ausgangspunkt ankommen, ohne die Richtung gewechselt zu haben. Am leichtesten kann man sich einen endlichen, aber unbegrenzten Raum vorstellen, wenn man an einen Ballon denkt, der sich immer weiter ausdehnt. Der Ballon wird immer größer und größer, aber ein Punkt, der sich »ganz gerade« auf der Oberfläche vorwärtsbewegt, gelangt schließlich wieder genau an die Stelle, von der aus er gestartet ist.

Die moderne Mathematik entwickelte sich erst, nachdem man die traditionellen Standpunkte außer acht gelassen hatte und von einer Vielzahl von möglichen Voraussetzungen ausgegangen war – das war ein wichtiger Schritt.

Auch bei der Erörterung so fundamentaler Themen wie Leben und Universum reicht ein einziger, festgelegter Ausgangspunkt für die Untersuchung nicht aus. Man muß sich stets bewußt sein, daß das, was man zu sehen scheint, nicht notwendigerweise die ganze Wahrheit ist. Ein Mensch, der mit einer unabnehmbaren grünen Sonnenbrille auf die Welt käme, würde vermutlich sein ganzes Leben lang annehmen, daß alles grün ist. Er könnte sich für sich selbst eine wunderschöne Theorie über die Welt ausdenken, aber egal wie großartig diese Theorie auch wäre, sie hätte für niemanden sonst Gültigkeit. Ähnlich wäre es, wenn man das Leben und den Kosmos von einem einzigen starren Standpunkt aus beleuchten würde – man könnte eine geniale Philosophie entwickeln, aber es wäre zweifelhaft, ob sie die Gesamtheit des Lebens und des Universums erklären könnte.

Die Flexibilität der buddhistischen Standpunkte war in der Vergangenheit oft die Ursache dafür, daß die buddhistische Philosophie als vage und unrealistisch abgetan wurde. Möglicherweise liegt die mangelnde Wertschätzung des buddhistischen Gedankenguts zum Teil auch in der Tatsache begründet, daß die buddhistischen Sutras in einer mystischen, poetischen, abstrakten und metaphysischen Sprache verfaßt sind. Im Gegensatz dazu fand die konkrete Argumentationsweise, die stets nur ein Ja oder Nein zuließ und größtenteils in der westlichen Philosophie und in der Wissenschaft der Vergangenheit angewandt wurde, starken Anklang, da diese Geradlinigkeit Gewißheit zu versprechen schien. Trotz der Unterschiede in Ausdruck und Sprache halte ich es für beinahe unausweichlich, daß die Menschen anfangen, die flexible, multipolare und intuitive Sichtweise des Buddhismus neu zu beurteilen. Wir leben in einem Zeitalter, in dem die Wissenschaft viele empfindliche und komplizierte Aspekte des Lebens und des Universums aufgedeckt hat und auf Dinge gestoßen ist, die noch vor wenigen Jahrzehnten gänzlich unbekannt waren und für unvorstellbar gehalten wurden. Deshalb fordert gerade unser gegenwärtiger Wissensstand eine erneute Überprüfung der traditionellen östlichen Weisheit und besonders der relativistischen Ideen des Buddhismus.

In den Abschnitten, in denen ich aus Nichiren Daishonins Schriften zitiert habe, wurde die Erscheinung als Bild unseres Körpers in Farbe und Gestalt definiert. Diese Textstelle könnte auf vielen verschiedenen Ebenen der physikalischen Existenz interpretiert werden, aber die grundlegende Bedeutung liegt darin, daß Erscheinung, die mit dem Begriff zeitweiliger Wahrnehmung gleichgesetzt wird, all das bezeichnet, was wir mit unseren Sinnen wahrnehmen können. Anders ausgedrückt: Der Körper ist der physikalische Aspekt der Existenz, und ich schließe Teilchen und dergleichen, die man nur durch ein elektronisches Mikroskop sehen kann, genauso in dieses Konzept mit ein wie unsichtbare Phänomene, beispielsweise Schallwellen. Kurz gesagt: Alles, was man quantitativ messen kann, gehört dazu. Nach buddhistischer Auffassung sind all diese Dinge temporär oder vergänglich, unterliegen einer ständigen Veränderung, schließen sich zusammen und trennen sich unter bestimmten Voraussetzungen und Bedingungen. In gewissem Sinne kann man sagen, daß nichts existiert, da es vor einem Augenblick ganz anders war als jetzt und einen Augenblick später wieder anders sein wird.

Da alle Aspekte der Realität, so wie wir sie sehen, vergänglich oder temporär sind, muß es eine tiefere, dauerhafte Wahrheit geben. Die Frage erhebt sich, wie wir uns diese Wahrheit vorstellen können.

Nach Meinung der modernen Wissenschaft ist in der Tat alles im Universum ständig in Bewegung und im Wandel, doch beschäftigt sie sich primär mit physikalischer Materie. Der Buddhismus hebt hervor, daß der ständige Wandel auch das menschliche Leben mit einschließt, und betont, daß unser Leben auf dieser Erde beständig Geburt, Reife, Tod und Latenz unterliegt. Demnach bedeutet es für den Buddhismus eine Verletzung der

Wahrheit, wenn man daran festhält, das Leben als immerwährend und unwandelbar zu betrachten. Eine solche Haltung läßt die Menschen leiden.

Wie können wir uns mit der Welt, die uns umgibt, befassen, wenn nach der Lehre des Buddhismus »alles im Fluß ist und es nichts Dauerhaftes gibt«? Entfliehen wir ihr? Nehmen wir die Herausforderung an? Eine Flucht stünde nicht mit dem Buddhismus in Einklang, weil das bedeuten würde, daß die Wahrheit von der Unbeständigkeit auf irgendeine Weise unerträglich sei. Viele Menschen scheinen zu denken, daß ihnen nichts anderes übrigbleibt, als sich der vergänglichen Natur zu überlassen, wenn alles Leben ohnehin vorübergehend ist. Im Japanischen beispielsweise ist das Schriftzeichen für das Wort »Wahrnehmung«, wenn man den Begriff die »Drei Wahrnehmungen« schreiben will, dasselbe wie für die Worte *sich überlassen* oder *aufgeben*. Laut dieser enggefaßten etymologischen Auffassung entsagt ein Mensch allen unrealistischen Wünschen oder Ambitionen, wenn er gewahr wird, wie die Dinge wirklich sind.

Tatsächlich ist die Erkenntnis, daß sich alle Dinge in ständigem Wandel befinden, der Schlüssel zum wahren Glück, denn sie beinhaltet auch, daß sich eine Situation, egal wie schlimm sie ist, ändern wird. Kein Unglück dauert ewig; nichts Böses ist unüberwindlich.

Im Buddhismus gelten alle Dinge des Universums als vergänglich, aber sie schließen sich als Ergebnis von Ursache und Bedingung harmonisch zusammen. Jedes fühlende Wesen, der Mensch eingeschlossen, wird als Verschmelzung der Fünf Daseinsfaktoren Form, Wahrnehmung, Vorstellung, Willenskraft und Bewußtsein angesehen. Sie unterliegen fortwährender Veränderung und verbinden und trennen sich je nach Bedingung. Ich werde in einem späteren Kapitel noch Gelegenheit haben, mich mit diesem Thema näher zu befassen, aber an diesem Punkt gilt es hervorzuheben, daß die Theorie der Fünf Daseinsfaktoren die Präsenz von unzähligen individuellen Leben erklärt, die alle aus denselben essentiellen Stoffen bestehen, aber unterschiedlich sind und sich ständig verändern. An anderer Stelle habe ich das Beispiel von einem radioaktiven Indikator angeführt, um aufzuzeigen, daß die menschlichen Körperzellen an einem konstanten Stoffwechsel beteiligt sind und sich verändern. Der Körper nimmt unaufhörlich Stoffe von außen auf und scheidet Stoffe aus. In gewissem Sinn heißt das, daß sich immer wieder Zellen im Körper verbinden und wieder voneinander lösen. Das buddhistische Konzept der Fünf Daseinsfaktoren ist nicht so exakt wie wissenschaftliche Studien über Zellen, aber es ist profunder, weil es spirituelle Aktivitäten und die Untrennbarkeit von Physischem und Spirituellem miteinbezieht.

Wie wir schon erörtert haben, ist der gesamte Kosmos aus der Sicht der modernen Astronomie in beständigem Fluß. Es gibt einige Theorien über die Entstehung des Universums – die am weitesten verbreitete und akzeptierte ist, daß vor zwanzig Milliarden Jahren alles mit einer großen Explosion begann und sich der Raum seither immer weiter ausgedehnt hat. George Gamow und andere Wissenschaftler haben diese Theorie von der gewaltigen Explosion aufgestellt, die allgemein unter der Bezeichnung »Big Bang« oder »der große Urknall« bekannt geworden ist. Eine Alternative zu dieser Erklärung ist die Oszillationstheorie, der zufolge sich das Universum in zyklischen Intervallen ausdehnt und zusammenzieht. Vertreter dieser Theorie stimmen mit den Anhängern der Urknall-Theorie überein, daß sich das Universum derzeit in einer Phase der Ausdehnung befindet.

Eine Zeitlang favorisierten einige Wissenschaftler die Steady-State-Theorie, die sowohl den Urknall als auch Oszillationstheorien verwarf und statt dessen die These aufstellte, daß sich das Universum in einem Zustand des Gleichgewichts befinde, das durch die ständige Erschaffung von Materie möglich werde. Die Steady-State-Theorie hat nie behauptet, daß das Universum nicht im Wandel begriffen sei, doch die These ist, daß trotz der Veränderungen, die im Inneren stattfinden, das Gesamtbild in relativ stabilem Zustand bleibt. Dieses Konzept birgt einige Ungereimtheiten und hat heutzutage nur noch wenige Befürworter.

Wenn wir die Theorie der Ausdehnung gelten lassen, dann setzen wir auch voraus, daß die Sternbilder, die jetzt sichtbar sind, im Frühstadium des Universums noch nicht vorhanden waren – genauer gesagt vor zwanzig Milliarden Jahren, als sich die Elemente des Kosmos zu einer unglaublich dichten Masse zusammendrängten. Das Erscheinen dieser Gestirne war das Ergebnis späterer Evolution, die während Milliarden von Jahren stattfand. Es steht aber auch fest, daß sich diese Sternbilder in ein paar hundert Millionen Jahren verändert haben oder ganz verschwunden sind.

Nach buddhistischer Ansicht durchlaufen die Sternbilder wie menschliche Geschöpfe die vier Stadien: Geburt, Reife, Tod und Latenz. Zur Zeit können die Astronomen eine Explosion im Nebel des Krebses beobachten, da dieser Nebel jedoch 4.200 Lichtjahre von der Erde entfernt ist, muß diese Explosion vor 4.200 Jahren stattgefunden haben. Wir müßten weitere 4.200 Jahre warten, um herauszufinden, was gerade in diesem Augenblick dort vor sich geht. Dennoch können wir die Vermutung anstellen, daß sich gerade jetzt ähnliche Umbildungen der Gestirne im ganzen Universum ereignen.

Unsere fünf Milliarden Jahre alte Erde befindet sich gegenwärtig in einem entwickelten Stadium der Stabilität, aber letztendlich wird auch sie von der Sonne verschlungen oder auf andere Art vernichtet werden. Interstellare Gase verdichten sich zu Sternen und erleben eine Periode der Stabilität, ehe sie bei einer Explosion, die blendendhelles Licht und Energie freisetzt, zugrunde gehen. Es entbehrt nicht einer gewissen Ironie, daß Sterne, die sich in diesem letzten Stadium befinden, Supernovae genannt werden – eine Bezeichnung, dic cigcntlich besagt, daß sie neu seien, die jedoch sehr gut in die buddhistische Theorie paßt, denn ihr Tod kündet von dem Beginn einer neuen Lebensform.

Im Vergleich zu der Lebensspanne der Gestirne ist die eines menschlichen Wesens winzig klein. Tatsächlich nimmt die gesamte Geschichte der Menschheit nur die allerletzte, kurze Periode in der Evolution des organischen Lebens auf diesem Planeten ein. Wenn wir die Lebensdauer der Erde mit einem Vierundzwanzig-Stunden-Tag vergleichen, wäre die Geschichte der Menschheit gerade erst vierzig Sekunden alt. Solche Vergleiche unterstreichen eine Tatsache: Die Wirklichkeit, wie wir sie kennen, ist nur ein zeitlich begrenzter Zusammenschluß verschiedenartiger Komponenten.

Am kleinsten Ende der Skala ist die Lebensspanne von Elementarteilchen unvorstellbar kurz. Zwischen den einzelnen Teilchen gibt es Abweichungen, aber ihre Lebensdauer beträgt durchschnittlich etwa eine Dreißigmillionstel Sekunde.

Tatsache ist, daß wir, je genauer wir die physikalischen Aspekte des Kosmos beleuchten, um so überzeugendere Beweise dafür finden, daß alles überall im unaufhörlichen Wandel begriffen und im Fluß ist.

Dasselbe kann man auf menschlicher Ebene beobachten. In buddhistischen Schriften werden Asketen ermahnt, sich eine Frau, die sie in Verlockung führen könnte, als Skelett vorzustellen, um nicht schwach zu werden. Dieser Vorschlag ist typisch für die Unnachgiebigkeit des Hinayana-Buddhismus, und doch offenbart er auf knappe Art die Vergänglichkeit des menschlichen Lebens, das den Zyklus von Geburt und Tod vollenden muß.

In Anbetracht der Tatsache, daß alles vorübergehend ist, läuft das Leben fabelhaft harmonisch ab. Moleküle und Atome sind im wesentlichen anorganisch, und Elementarteilchen fehlt es an Individualität, aber sie vereinigen sich zu immer komplexeren Verbindungen, bis sie zu den Genen werden, die das Wesen einer menschlichen Persönlichkeit festlegen. Es wird behauptet, daß ein einzelner Mensch etwa fünf Milliarden Gene habe. Jedes einzelne trägt all die Informationen in sich, die der Mensch für seine individuelle Existenz benötigt. Dank dieser Gene wächst unser Körper zu einer wunderbaren, präzisen Gesamtheit heran – wir besitzen ein Bewußtsein, erfahren Glücksgefühle, Ärger und all die anderen Emotionen. Eine bestimmte Anordnung und die Interaktion von Billiarden von Teilchen entscheidet darüber, wie wir leben und wie wir auf unser Umfeld reagieren werden. Wer könnte behaupten, daß das buddhistische Konzept der Fünf Daseinsfaktoren, die sich für eine gewisse Zeit zusammenschließen, um ein menschliches Wesen zu bilden, keine ausgezeichnete Metapher für dieses Phänomen ist? Die Erde wiederum ist ein Superorganismus, und der Kosmos, der einen endlosen Rhythmus von Bewegungen darstellt, ist der höchste Organismus, der mit seinen unendlichen harmonischen Verschmelzungen allem, was in ihm existiert, Leben schenkt.

Zeit, Raum und Latenzperiode

Mittelpunkt der buddhistischen Philosophie ist der Begriff *kū*. *Kū* wird häufig als »die Leere« oder »Nichts« übersetzt, aber diese Bezeichnungen sind keineswegs zufriedenstellend, da sie auf eine Philosophie des Nihilismus hinweisen – der Buddhismus jedoch ist alles andere als nihilistisch. Einige westliche Studenten des Buddhismus benutzten das Wort »Relativität« für *kū*, was dem Kern schon näher kommt, aber die Assoziation hervorruft, *kū* wäre ein Begriff der Physik und würde demzufolge mit der physikalischen Welt zusammenhängen. Buddhistische Denker erklären im allgemeinen, daß *kū* Existenz und Nicht-Existenz überschreitet. Wenn man versucht, es sich als existent vorzustellen, existiert es nicht; wenn man versucht, es sich als nicht-existent vorzustellen, existiert es, obschon auf einer anderen Ebene als der normalen Realität.

In seiner Darlegung der Zehn Faktoren schreibt Nichiren Daishonin: »Natur weist auf unseren Geist hin, was auch als Buddha der Belohnung bezeichnet wird. Dies ist die Wahrnehmung des Verborgenen *(kūtai)*«, und es sei klar, daß *kū* auf unseren Geist oder die Psyche hindeute.

In weiterem Sinne bedeutet *kū* das Wesen und den Geist aller Dinge – was manchmal als Nurgedankliches *(Noumenon)* bezeichnet wird. Daß dieses Konzept so oft mißverstanden oder mißbraucht wird, ist vielleicht nicht unbedingt erstaunlich, denn es ist unmöglich, es mit einfachen Worten zu erklären. *Kū* ist wahrscheinlich *die* buddhistische Vorstellung, die mehr als jede andere die westlichen Denker zum Kopfschütteln veranlaßt und die Frage aufwirft, was es mit dem Buddhismus überhaupt auf sich hat. Aber nicht nur westliche Denker, sondern auch viele Asiaten haben Schwierigkeiten, *kū* richtig und von Grund auf zu verstehen.

Josei Toda, der zweite Präsident der Soka Gakkai, pflegte eine Geschichte von einem japanischen Buddhismus-Gelehrten zu erzählen, der sich bemühte, einem westlichen Studenten *kū* zu erklären, indem er einen aus Papier gefalteten Kranich in der Hand zusammenknüllte – die Idee war, zu zeigen, daß *kū* der Kranich wäre, der jetzt nicht mehr vorhanden war. Ich bezweifle, daß diese Demonstration dem Studenten sehr viel weitergeholfen hat, weil sie dem Dualismus von Existenz und Nicht-Existenz gefährlich nahe kommt. Dieser Dualismus sagt den Zeitgenossen zwar zu, aber um *kū* zu verstehen, müssen wir von der Idee ausgehen, daß es Dinge wie etwa Träume gibt, die nicht eindeutig in solche Kategorien wie existent oder nichtexistent passen.

Unser gewöhnlicher Maßstab für Existenz oder Nicht-Existenz gründet sich auf unsere Vorstellung von Zeit und Raum. Kant beispielsweise sagte, daß der Mensch die äußere Welt in einem räumlichen und zeitlichen Rahmen wahrnähme. Und Kant hat insofern recht, als wir normalerweise Zeit und Raum benutzen, um etwas zu erkennen, zu messen und zu berechnen. Wenn wir den drei räumlichen Dimensionen, Länge, Breite und Höhe, den Faktor Zeit hinzufügen, stehen uns die Mittel zur Verfügung, die Welt zu beschreiben, die wir sehen, das heißt, die physikalische Welt. Unser spirituelles Wesen geht über den Rahmen von Zeit und Raum hinaus und kann folglich nicht in die üblichen Grenzen von Existenz und Nicht-Existenz eingebunden werden.

Bei dem Versuch, unseren Geist ausfindig zu machen, stoßen wir weder auf Form noch auf Substanz, und trotzdem würden die zahllosen physikalischen Manifestationen seiner Aktivitäten der Vorstellung widersprechen, der Geist sei nicht existent. Vielleicht könnte man Existenz und Nicht-Existenz als zwei Aspekte eines einzelnen Begriffs betrachten – als einen Aspekt des Seins, der physikalischen Welt, die in den Rahmen von Zeit und Raum paßt, und als einen anderen Aspekt, der *kū* ist und auf den das nicht zutrifft.

Kū ist nicht nur der Geist menschlicher Wesen. Es ist die Natur und die Essenz aller Dinge. Als Beispiel könnte man anführen: Diamanten und Kohle bestehen beide aus Kohlenstoff, doch unterscheiden sie sich aufgrund ihrer unterschiedlichen Molekularstruktur ganz erheblich voneinander. *Kū* ist die elementare Natur, die einen Diamanten zum Diamanten und Kohle zu Kohle macht.

Präsident Toda führte manchmal den Ärger als Beispiel an, um *kū* zu erklären. Der Ärger ist ständig in uns, aber wir können ihn nicht sehen, bis er provoziert wird und sich an der Oberfläche manifestiert. Ärger ist also ein angeborenes Potential; er liegt die meiste Zeit im verborgenen, kann jedoch unter bestimmten Umständen Handlungen bewirken. Analog dazu ist *kū* ein bleibendes Substrat, das die Energie hat, unter entsprechenden Umständen Aktivitäten in der sichtbaren Welt auszulösen.

Ausdrucksweisen wie »weder existent noch nicht-existent«
kommen in buddhistischen Schriften ungemein oft vor. Ein
klassisches Beispiel dafür ist das Sutra der Grenzenlosen Bedeutung *(Muryōgi-kyō)*, wo es in einem Abschnitt heißt: »Sein
Wesen ist weder existent noch nicht-existent, weder Ursache
noch Wirkung, weder es selbst noch etwas anderes, weder
quadratisch noch rund, weder lang noch kurz...« Die komplette Liste, die einen Versuch darstellt, Buddha zu erklären,
enthält nicht weniger als vierunddreißig solcher Aufhebungen
oder Negationen. Dieses Verfahren der wiederholten Negationen scheint mir einer der Hauptgründe zu sein, weshalb *kū* so
schwer zu verstehen ist: Obwohl besonders hervorgehoben
wird, daß *kū* keineswegs Nicht-Existenz ist, scheint die Wiederholung der Negation den Eindruck zu erwecken, daß es etwas
sei, was der Nicht-Existenz sehr nahe kommt.

Die wichtigste Grund für die negative Ausdrucksweise ist, daß
sich *kū* einer positiven Beschreibung entzieht. Ein zweiter
Grund ist der Wunsch, Vorurteile zu überwinden und konventionelle Ansichten zu meiden. Wenn man solche Dinge wie das
Unterbewußtsein oder den inneren Geist erklären will, ist man
versucht, von materieller Gier, sexuellen Trieben, von Gehirnzellen oder anderen vorgefertigten Konzepten zu sprechen. Das
mag in manchen Fällen genügen, aber wenn wir über den
spirituellen Bereich von *kū* reden, paßt kein vorgefertigtes
Konzept. Deshalb ist es nötig, aufzuzählen, was *kū* nicht ist –
das war zweifellos die Überlegung, die hinter der langen negativen Auflistung im Sutra der Unendlichen Bedeutung steckt.
Sie ist eine pure Negation aller vorgefertigten Konzepte,
man könnte sogar sagen, eine Negation der konventionellen
Negation.

Wenn man jemandem zum erstenmal vom Buddha erzählt,
möchte der Zuhörer meist zuallererst wissen, wie der Buddha
aussieht. Aber da der Buddha das Leben selbst ist, können
Worte diesen Zustand nicht beschreiben – deshalb haben sich

die Verfasser der alten buddhistischen Texte in die Beschreibung dessen geflüchtet, wie der Buddha *nicht* aussieht. Wenn die Menschen die physikalische Welt als temporär und vergänglich begreifen, neigen sie fast unweigerlich dazu, in Pessimismus zu verfallen. Die Asketen des Hinayana-Buddhismus zum Beispiel tendierten dazu, diese Welt als bloßes Nichts zu betrachten. Sie kannten den Begriff *kū*, aber für sie bedeutete er die vollkommene Leere. Der Mahayana-Buddhismus hingegen kann als Bewegung angesehen werden, die diese These verwirft und ein neues Konzept von *kū* etabliert.

Da die Welt von *kū* im wesentlichen spirituell ist, möchte ich noch einmal auf die Psychologie und unseren unterbewußten Geist zurückkommen. Bei der Erforschung des Unterbewußtseins sind wir in einer ähnlichen Situation, weil die Welt des Unterbewußten auch nicht mit Begriffen von Zeit und Raum oder Existenz und Nicht-Existenz zu fassen ist. Psychoanalytiker benutzen das Wort *Id* (Es), um das innerste Reservoir der unbewußten Triebe und Impulse im Unterbewußtsein zu bezeichnen. Takeo Doi erklärt in *Psychoanalysis (Seishin Bunseki)* dieses Id wie folgt: »Zuerst einmal ist Id vollkommen unorganisiert. Es hat keine Richtung und kennt keine Logik. Es ist, was man ›vormoralisch‹ nennen kann. In ihm herrscht ein Durcheinander von Impulsen, die sich weder gegenseitig ausgleichen noch sich voneinander lösen. Es ist Chaos, aber ohne Unbeständigkeit. Man könnte behaupten, daß es keine zeitliche Abfolge im Id gibt.«

Mit anderen Worten: Id kann nicht mit Begriffen wie Zeit und Raum erklärt werden. Es ist chaotisch, ohne zu sich selbst im Widerspruch zu stehen. Es ist nicht unmoralisch, aber es befindet sich in einem primitiven Zustand, der dem Moralverständnis der Umwelt vorausgeht.

Ich denke, wir könnten sagen, daß Id die ursprünglichen, instinktiven Triebe eines Menschen enthält – die elementare Vitalenergie des menschlichen Lebens. Es liegt außerhalb der lung von Gut und Böse, und es ist zu primitiv, um von Logik beeinflußt zu werden. Es ist reiner Trieb, die beständige Motivation und Energie, die Menschen am Leben erhält. Vielleicht sollten wir es die primitive spirituelle Energie nennen, die für menschliches Leben unabdinglich ist. Für Id ist es ganz natürlich, weder Ordnung noch Organisation zu haben, auch wenn die verschiedenen Impulse, die es enthält, nicht in Konflikt geraten. Trotz des Chaos herrscht Harmonie und Einigkeit in dem Drang zu leben. Es gibt einen »Zusammenschluß« der Triebe. Id ruft die Aktivitäten eines menschlichen Wesens im Kontakt mit der Außenwelt hervor. Kurz gesagt, Id ist nichts anderes als *kū*, soweit es menschliche Individuen betrifft.

Genausogut könnten wir die Informationen, die in den DNS-Molekülen enthalten sind, als *kū* ansehen. Wie wir schon angemerkt haben, hat ein Mensch etwa fünf Milliarden DNS-Teilchen, die ihm eine Unmenge von Erbinformationen übermitteln. Es gibt so viele von diesen Teilchen, daß kein Mensch all ihre Informationen in einem einzigen Leben nutzen kann, und man nimmt an, daß die meisten Menschen nur von einem kleinen Bruchteil Gebrauch machen. Die Informationen, die von den DNS-Genen übermittelt werden, könnten als das bezeichnet werden, was Jung als angehäufte Weisheit oder Erfahrung der Menschheit bezeichnet. Ein Beispiel für dieses angesammelte Wissen könnte die weitverbreitete Angst vor Schlangen sein – eine weitervererbte Erinnerung aus prähistorischen Zeiten, in denen Menschen gegen die Reptilien um die Vorherrschaft auf dieser Welt kämpfen mußten.

Die Informationen, die uns die Gene übermitteln, bleiben zum großen Teil ungenutzt. Selbst bei den größten Genies ist während des ganzen Lebens nur maximal ein Drittel des Großhirns in Aktion. Ein Leben ist nicht lang genug, um das gesamte Potential des Gehirns voll auszunutzen. Die Menschen hätten eine weitaus größere intellektuelle Kapazität, wenn die maximale Leistungsfähigkeit zur Anwendung käme.

Das heißt also, daß es eigentlich im menschlichen Leben unbegrenzte Potentiale gibt. Dabei sollten wir im Auge behalten, daß der Mensch von der Natur mit Fähigkeiten ausgestattet ist, die sowohl für das Gute als auch für das Böse eingesetzt werden können. Er kann wahrhaftig weise oder gerissen und falsch werden. Selbst wenn wir in der Lage wären, unsere angeborenen Kenntnisse maximal auszunützen, würde die Frage, ob wir sie für gute oder für schlechte Ziele einsetzen, bestehen bleiben.

Nur die Information, die in der DNS enthalten ist, ist *kū*. Die Teilchen selbst gehören zur physikalischen Welt, genau wie die Manifestationen, die ausgelöst werden, wenn der Mensch mit der Außenwelt in Berührung kommt.

Es ist interessant, die Theorie von *kū* im Zusammenhang mit der modernen Physik zu überdenken. Bis zum zwanzigsten Jahrhundert hätte die Behauptung, etwas sei weder existent noch nichtexistent, einen Vorstoß gegen die grundlegenden Prinzipien der Physik dargestellt. Isaac Newton und die klassischen Physiker versuchten, aus den Ergebnissen, die sie bei der exakten Vermessung und der Untersuchung der sichtbaren Welt erhielten, die Grundsätze und Gesetze des Universums abzuleiten. Erst Einstein, Niels Bohr und andere Geistesgrößen, die sich mit Kraftfeldern, Elektronen und Elementarteilchen befaßten, haben Grundkonzepte entwickelt, die der Idee von *kū* sehr nahe kommen. (Ob diese Theorien sich als endgültige Lösung der Wissenschaften erweisen, ist eine andere Frage.) Die traditionelle Methode der Physiker war, die Dinge und die Art, wie sie wirken, zu untersuchen und aus den erhaltenen Daten Schlüsse auf ihre Beschaffenheit zu ziehen. Heute ist es nicht unüblich, daß eine theoretische Hypothese über Eigenschaften oder Leistung aufgestellt und erst später physikalische Beweise dafür gefunden werden.

Ein typischer Fall ist die Theorie der Kraftfelder, die entwickelt wurde, als man auf der Suche nach einem Medium war, das Licht weiterleitet. In der klassischen Physik galt es als sicher, daß es ein Medium geben muß, das wellenförmige Energie wie Schall oder Licht weiterleitet. Das berühmte Michelson-Morley-Experiment (1887) bewies jedoch, daß Licht in einem Vakuum übertragen werden kann. Diese Entdeckung war welterschütternd, und man fand ziemlich bald darauf heraus, daß auch elektrische und magnetische Wellen in einem Vakuum weitergeleitet werden können. Das gab Anlaß zur Theorie der Kraftfelder, die einen Zustand voraussetzte und diesen Zustand Feld nannte. Erst danach wurden die elektrischen Felder, Magnet- und Gravitationsfelder erkannt.

Durch die Transmission von elektrischen Impulsen und durch die magnetischen Kraftlinien wurde es offensichtlich, daß etwas im Raum elektrischen oder magnetischen Charakter hat. Im Falle des Magnetismus sind die Kraftlinien durch einen simplen Versuch sichtbar zu machen, bei dem man einen Magneten und Eisenspäne benutzt. Das Interessante an all dem ist folgendes: Wenn es offensichtlich ist, daß eine Eigenschaft im Raum alle Materie beeinflußt, dann hat diese Eigenschaft, die jetzt als Feld bekannt wurde, denselben Charakter wie das, was wir *kū* nennen. Heute sprechen die Physiker im Zusammenhang mit den Kraftfeldern von »der Krümmung des Raums«.

Einstein war der erste, der die Idee von einem Gravitationsfeld aufbrachte. Dieses Konzept veränderte unsere Vorstellungen davon, warum etwas auf den Boden fällt, wenn wir es fallen lassen. Man glaubte bis dahin, daß etwas wegen der Schwerkraft falle. Das ist soweit korrekt, aber das Konzept von Gravitationsfeldern beinhaltet, daß ein Objekt einer Gravitationslinie folgt, die nach traditionellen mathematischen Maßstäben nicht vollkommen gerade ist.

In vielerlei Hinsicht scheinen die Wissenschaftler Theorien zu entwickeln, bei denen die Barriere zwischen Existenz und Nicht-Existenz im traditionellen Sinn niedergerissen wird und sich die physikalischen Vorstellungen vom Universum immer mehr der buddhistischen Ontologie angleichen.

Ich habe vom Licht als von einem Wellen-Phänomen gesprochen, aber vor einiger Zeit wurde der Gedanke in die Überlegungen miteinbezogen, daß Licht nicht nur die Eigenschaften
von Wellen, sondern genauso die von Teilchen zeigt. Obwohl
das allem, was bisher angenommen wurde, widersprach, wurde
diese Hypothese durch Experimente bestätigt. Tatsächlich hat
Licht zwei deutlich unterschiedliche Eigenschaften: Sein pho-
toelektrischer Effekt kann nur unter der Voraussetzung erklärt
werden, daß sich Licht aus Teilchen zusammensetzt, während
der Interferenz-Effekt voraussetzt, daß Licht aus Wellen besteht. Diese dualistischen Merkmale von Licht führten zur
Entwicklung der Quantentheorie, die viele bis dahin lange
aufrechterhaltene Ansichten über Materie und Strahlen zu-
nichte machte.

Shin'ichiro Tomonaga, der 1965 den Nobelpreis für Physik
erhalten hat, faßt in seiner »Untersuchung des Photons« die
Schwierigkeiten, zu erklären, daß ein Photon sowohl Welle als
auch Teilchen sein kann, zusammen und führt den Vergleich mit
einem Strafgerichtsverfahren an. Das Photon ist ein Einbrecher,
der beweisen kann, daß er gleichzeitig durch zwei verschiedene
Fenster in ein Haus eingedrungen ist. Eine solche Aussage
würde bei einem Gericht große Komplikationen hervorrufen,
und in der Tat haben die zwei verschiedenen Eigenschaften des
Lichts auch den Physikern große Schwierigkeiten bereitet. Dennoch legt die Quantentheorie einigen Wissenschaftlern die
Überlegung nahe, daß jede Materie ebenso aus Wellen wie aus
Teilchen besteht. Der französische Physiker Louis de Broglie
entwarf 1924 eine Wellentheorie für Materie.

Einstein unternahm den Versuch, eine einheitliche Feldtheorie
zu entwickeln. Inzwischen hatte man das elektrische Feld und
das Magnetfeld schon zu einem elektromagnetischen Feld vereint. Einstein fügte das Gravitationsfeld hinzu und bemühte
sich, den Kosmos als ein großes einheitliches Feld zu erklären.
Seine Theorie ist nicht unbedingt vollkommen, aber ich denke,

daß sie in die gleiche Richtung zielt wie die buddhistische Kosmologie. Einsteins Theorie beinhaltet, daß starke Energiekonzentrationen von uns als Materie und geringere Konzentrationen als Felder wahrgenommen werden.

Wenn Einstein recht hat, ist die traditionelle absolute Dichotomie (Zweiteilung) zwischen Materie und Feld ausgelöscht, und wir gelangen zu dem Schluß, daß sie zwei Manifestationen derselben Sache darstellen. Wenn das der Fall ist, könnte man behaupten, daß der Raum weder existent noch nicht-existent ist, und daß er etwas besitzt, was die unerschöpfliche Kapazität hat, Materie zu erschaffen.

Im weitesten Sinne kann man dann das Wesen des Kosmos als den Zustand von *kū* betrachten. Was die Elementarteilchen betrifft, so sind sie erst vor ein paar Jahrzehnten entdeckt worden, aber seither haben die Wissenschaftler einige hundert verschiedene Typen ausfindig gemacht, und sie suchen noch nach dem wirklich elementarsten Teilchen. Ein paar Wissenschaftler gelangen allmählich zu der Überzeugung, daß das absolut Elementarste gar kein Teilchen ist. Der Physiker und Nobelpreisträger (1949) Hideki Yukawa forderte eine neue grundlegende Sphärentheorie. Seine Idee ist, einfach ausgedrückt, daß es nicht möglich ist, sich das Elementarste als Einheit oder physikalischen Körper vorzustellen. Statt dessen sollten wir uns eine Sphäre denken, die er oft als »Kreis« bezeichnet.

Durch die Untersuchungen und Experimente wird offenkundig, daß die elementarste Form von Materie und von physikalischen Körpern dem Begriff *kū* immer näher kommt. Gleichzeitig beschreiben die Tiefenpsychologen den innersten Kern des menschlichen Geistes mit Bezeichnungen, die auf *kū* hindeuten. Es wird sich erweisen, daß es unmöglich ist, auf ein Konzept wie *kū* zu verzichten, wenn man grundlegende und tiefgehende Überlegungen zu Materie und Geist anstellt. Wie auch immer, die Idee von *kū* – das heißt, der Gedanke, die traditionelle

Unterscheidung zwischen Existenz und Nicht-Existenz aufzubrechen – kann nicht mehr als unklar oder vage angesehen
werden. Wenn *kū* als Konzept tatsächlich vage sein sollte, dann
ist der vage Zustand des Chaos, in dem weder Ordnung noch
Harmonie herrschen, die wahre Natur des Kosmos, und die
Wissenschaftler fangen an, dies als Wahrheit anzuerkennen.

Das beständige und unveränderliche Selbst

Wir haben uns mit dem der Zeit und ständigem Wandel unter-
worfenen physikalischen Aspekt des Lebens und mit dem Begriff von *kū* befaßt, der die dualistische Unterscheidung zwischen Existenz und Nicht-Existenz überschreitet. Aber selbst
diese beiden Aspekte des Lebens reichen nicht aus, um uns eine
vollkommene Ansicht von der Natur der Dinge zu gewähren.
Um zur letztendlichen Wahrheit zu gelangen, müssen wir noch
den Begriff *chū*, den Mittleren Weg, miteinbeziehen. Als Warnung möchte ich vorausschicken, daß der Terminus *Mittlerer
Weg*, oder *chūdō* auf Japanisch, sehr oft falsch interpretiert
wird. Manchmal wird er als noch unklarer angesehen als *kū*, und
weniger gründliche Studenten verwechseln ihn meist mit dem
konfuzianischen Gedanken des ethischen mittleren Wegs
(chūyō).
In einer seiner Schriften sagt Nichiren Daishonin: »Der dritte
[der Zehn Faktoren], Wesen, ist dieser, mein Körper. Er wird
auch der Buddha des Gesetzes *(hosshin nyorai)* oder der Mittlere Weg oder die Natur des Gesetzes oder Nirvana genannt.«
»Dieser, mein Körper«, meint nicht den physischen Körper; es
bezieht sich auf die Essenz des Lebens, die den physikalischen
Aspekt und den spirituellen Aspekt, *ke* und *kū*, aufrechterhält
und beide in sich vereinigt. Die fundamentalen Schätze unseres
Lebens in der physikalischen Welt sind unsere materielle Gestalt und Form; in der Welt des *kū* sind es unsere Weisheit,

unsere Gefühle und unser individueller Charakter. Diese beiden Welten repräsentieren jedoch nicht die Gesamtheit des Lebens, da es eine ursprüngliche Quelle gibt, die beide speist. Diese Quelle nennen wir den Mittleren Weg oder *chū*. Während unser physikalischer Körper und unser Geist ständig im Wandel sind, werden sie von diesem unveränderlichen und ursprünglichen Wesen des Lebens durchströmt.

Das möchte ich anhand eines Beispiels näher erklären. Herrn A.s Körper, aus mehreren Milliarden Zellen zusammengesetzt, macht während des Stoffwechselprozesses unaufhörlich Veränderungen durch. In der Welt des *kū* verändern sich unter verschiedenen Bedingungen sein Verstand und seine Gefühle – zu Zeiten erwachen sie aus einem »schlafenden« Zustand und manifestieren sich im Körperlichen. Da Herrn A.s Verstand wahrscheinlich im Laufe seines Lebens wächst und an Reife zunimmt, kann man behaupten, daß *kū* auch ständig in Bewegung ist. Wegen dieses ständigen Wandels ist Herr A. mit vierzig Jahren sowohl in körperlicher als auch in geistiger Hinsicht anders, als er es mit zwanzig war. Dennoch ist er immer noch Herr A.; etwas Beständiges, etwas Kontinuierliches bewahrt sein individuelles Wesen. Dieses Kontinuum geht weit tiefer als die bloße physische oder emotionale Ähnlichkeit zwischen dem Vierzig- und dem Zwanzigjährigen Herrn A. Es gibt eine unveränderliche Realität, die bewirkt, daß Herr A. Herr A. bleibt und nicht Herr B. wird.

In der westlichen Terminologie hat man die Bezeichnungen Selbst oder Ego für dieses Kontinuum gefunden. Da es sich am Kern des Lebens befindet, könnte man sogar den Begriff *essentielles Selbst* anwenden. Mir scheint, daß unter den westlichen Philosophen vielleicht die Existentialisten dem buddhistischen Konzept des Mittleren Weges am nächsten kommen in ihrer Suche nach den Wurzeln, nach der ursprünglichen Essenz des Selbst, wie es in dieser Welt existiert, obwohl in der letzten Analyse ihre Ansicht unvollständig und oberflächlich ist. Kierkegaards »Mensch, das Individuum«, Nietzsches »Übermensch« und die Idee der »Rückkehr zu uns selbst« von Jaspers und Heidegger sind alle in mancher Hinsicht dem buddhistischen *chū* ähnlich.

Im allgemeinen neigt die existentialistische Philosophie zu der Auffassung, daß wir uns den Pfad selbst suchen müssen, dem wir folgen wollen. Es gibt in dieser Bewegung Denker, die einen Gott christlicher Prägung anerkennen, und solche, die ihn ablehnen, aber man spürt und sieht bei allen das Streben nach Selbstbekehrung, damit man ein besseres Leben führen oder den Tod, die Unsicherheit und die Zweifel überwinden kann.

Obwohl Kierkegaard letztendlich zu einem Gott, der dem christlichen sehr ähnlich ist, gefunden hat, war er ein Mensch, der allein gegen die Unsicherheiten und Enttäuschungen kämpfte. Das Selbst ist bei einer solchen Weltanschauung einsam. Nietzsche hingegen leugnete Gott völlig – er verherrlichte an seiner Stelle den Menschen. Die Theorien von Jaspers und Heidegger unterscheiden sich voneinander, aber beide dachten, daß der ursprüngliche Mensch oder das ursprüngliche Selbst Tod und Zweifeln trotzt.

All diese Denker sind sich einig, daß man sich durch die Wechselfälle des Lebens nicht dazu hinreißen lassen darf, sein ursprüngliches Selbst zu vergessen. Im großen und ganzen erkennt man in den existentialistischen Philosophien die Bemühung, direkt in das essentielle Selbst hineinschauen zu wollen und so das Verständnis dafür zu vertiefen.

Ohne Zweifel können wir bei einem tiefen Blick in uns selbst den Ursprung unserer Handlungen und die Richtung, in die sie uns führen, entdecken. Die Materialisten machen den vergänglichen Aspekt der Welt zu ihrer Grundlage und halten ihn für fundamental. Die Idealisten auf der anderen Seite sehen den Geist und das Gemüt als grundlegendere Bestandteile des Universums an als die Materie. Und dennoch fragt man sich, ob der Materialismus oder der Idealismus als zu Handlungen motivierende Kraft so stark ist wie die Vorstellung vom Selbst. Heutzutage gibt es in Japan viele junge Leute, die materialistische Prinzipien (das Kapital) in ihr ökonomisches Denken miteinbeziehen und dabei den Existentialismus als treibende Kraft für ihr Verhalten und Handeln ansehen. Es besteht kein Unterschied zwischen dem Selbst, von dem wir hier sprechen, und dem Selbst, an das moderne Psychologen denken. In der Psychologie ist das Selbst oder das Ego unlösbar mit dem Geist und dem Bewußtsein verbunden, und es ist ein Teil der mentalen oder spirituellen Veranlagung eines Menschen. Freud unterteilte die menschliche Psyche in drei Elemente – das Id, das Ego und das Über-Ich, wobei Ego nicht nur das Bewußtsein, sondern auch das Unterbewußtsein meint. Das buddhistische Konzept vom Selbst, das, wie oben zitiert, als »dieser, mein Körper« erklärt wird, umfaßt nicht nur das Selbst der Existentialisten und das Ego der Psychologen, sondern schlägt einen noch weiteren Bogen und schließt das fundamentale und gesamte Wesen des Lebens mit ein. Für Existentialisten und Freudianer ist das Selbst ein Ego im individuellen Sinne. Sie sprechen vom individuellen Leben eines einzelnen so, als würde es sich vom individuellen Leben anderer vollständig unterscheiden. In der buddhistischen Lehre ist das Selbst als Mittlerer Weg oder *chū* jedoch eins mit dem Kosmos. Es ist der Kern des Lebens an sich und bleibt unveränderlich, selbst wenn alle äußerlichen Bedingungen und Umstände ausgelöscht würden.

Präsident Toda erklärte das Selbst oder Ego anhand eines Vergleichs mit den Träumen. Wenn wir träumen, erlebt etwas in uns Glück, Trauer oder andere Empfindungen. Präsident Toda meinte, daß dieses »Etwas« einen Hinweis auf die wahre Natur des Selbst biete. Oft, wenn wir träumen, sind wir uns irgendwie bewußt, daß das, was wir sehen, ein Traum ist; das bedeutet: Ein Teil unseres Bewußtseins sagt uns, daß das, was vor sich geht, nicht im Alltagsleben geschehen könnte. Ich denke, Präsident Toda wollte uns damit klarmachen, daß wir einen tieferen

Einblick in die höchste Realität unseres Selbst bekommen, wenn wir unser Tun ganz genau beobachten, während wir träumen.

Wir haben uns jetzt mit den drei Aspekten des Lebens, *ke, kū* und *chū*, beschäftigt. Diese drei Begriffe, die den Kernpunkt der buddhistischen Philosophie bilden, werden oft als die Drei Wahrnehmungen *(santai)* bezeichnet. Es ist sehr, sehr wichtig, genau zu verstehen, wovon hier die Rede ist – nämlich von einer Realität, die aus drei verschiedenen Blickwinkeln beleuchtet wird. *Ke, kū* und *chū* sind keine drei eigenständige oder voneinander trennbare Wesenheiten. Der Mittlere Weg unterstützt das Körperliche und das Geistige, *ke* und *kū*, aber das ist nicht das ganze Leben. Der Mittlere Weg erscheint im Körperlichen, und er existiert im *kū*. Die drei Komponenten wirken zusammen, um ein einzelnes Leben zu erschaffen. Die vollkommene Wechselbeziehung und Verschmelzung der Drei Wahrnehmungen zu einer Einheit ist das höchste Prinzip des Lotos-Sutra.

In bezug auf das Leben des Buddhas werden die Drei Wahrnehmungen zu den Drei Körpern *(sanjin)*. Auf der zeitlichen, der sichtbaren Ebene existiert der Offenbare Körper des Buddhas. Auf der Ebene von *kū* existiert der Körper der Belohnung. Auf der Ebene des Mittleren Weges existiert der Körper des Gesetzes.

Es ist möglich, alle Wesenheiten als die Einheit der Drei Wahrnehmungen *(en'yū santai)* zu verstehen. Indem wir das Leben insgesamt betrachten – nicht nur den unveränderlichen Aspekt, sondern auch den veränderlichen und den »schlafenden« –, können wir unser eigenes Leben entwickeln und unsere menschliche Revolution vollziehen. Die Weisheit des Buddhismus ist tiefgründig, und besonders wertvoll ist die Methode, alle Dinge aus verschiedenen Blickwinkeln zu beleuchten. Bei dem Versuch, so fundamentale Wahrheiten wie das Leben und den Kosmos zu verstehen, darf man sich nicht auf nur einen Standpunkt zurückziehen oder in einen Rahmen zwängen lassen. Es ist äußerst wichtig, flexibel zu bleiben und alle Dinge auf unterschiedliche Arten und in jedem möglichen Zusammenhang zu betrachten. Andernfalls entdeckt man nur Halb- oder Unwahrheiten.

4 Das Rätsel der Zeit

Physikalische Zeit

Das Verstreichen der Zeit ist ein seltsames Phänomen. Manchmal hat man das Gefühl, daß ein Jahr so lange dauert wie zehn Jahre. Dann wieder vergeht ein Jahr wie im Fluge. Der Mensch empfindet Zeit subjektiv, egal was der Kalender oder die Uhr aussagt. Voltaire sagte: »Von allen Dingen im Universum ist Zeit sowohl das längste als auch das kürzeste, das schnellste und das langsamste; sie kann in winzigste Einheiten zerlegt oder bis in die Ewigkeit ausgedehnt werden.«
Das trifft das Wesen des Phänomens ziemlich genau. Soweit es unsere Sinne betrifft, ist Zeit relativ. Wenn man glücklich ist, vergeht sie schnell; in Tagen der Trauer und des Schmerzes vergeht sie langsam. Deshalb halte ich es für wichtig zu begreifen, was Zeit unter den verschiedenen Umständen so sehr verändert.
Aristoteles schrieb: Zeit ist »das Kriterium, mit dem jede Bewegung aller Dinge im Universum gemessen wird«. Wenn sich ein Zug auf dem Gleis bewegt, verändert sich sein Standort von Sekunde zu Sekunde. Wir können seine Geschwindigkeit in Zeiteinheiten messen und sagen, daß er soundso viele Meter pro Sekunde oder soundso viele Kilometer in der Stunde zurücklegt. Kant glaubte, daß das Empfindungsvermögen für Raum und Zeit ein angeborener Teil des menschlichen Bewußtseins sei. Ich denke, er hatte recht: Diese angeborene Empfindung oder Fähigkeit versetzt uns in die Lage zu fühlen, wie die Zeit verstreicht, und Mittel zu ersinnen, mit denen Zeit gemessen werden kann. Wir wählen einen Körper aus, der sich gleichmäßig bewegt, einen Himmelskörper oder ein Pendel, und nutzen die Bewegungen, um Zeitabschnitte zu messen. Ohne die Zeit-

messung wäre die Bewältigung des Alltags schwierig. Trotzdem dürfen wir, wenn wir die ultimative Realität der Zeit verstehen wollen, nicht nur die meßbare Zeit zugrunde legen, sondern müssen auch unser Gefühl von der subjektiven Zeit berücksichtigen.

Wir neigen dazu, Zeit und Raum als separate Einheiten, die unabhängig voneinander existieren, zu betrachten, aber alles, was wir als existent anerkennen, bewegt oder verändert sich im Laufe der Zeit. Zeit und Raum bilden zusammen den Rahmen für alle Bewegungen und Veränderungen, für alle Transformationen der Materie oder für den Strom des Lebens selbst. Deshalb müssen wir uns Zeit und Raum als zwei zu einer Einheit verschmolzene Dinge denken. In der Theorie können wir uns Zeit ohne Raum oder Raum ohne Zeit vorstellen, aber diese Konzepte sind in der physikalischen Welt wertlos.

Die physikalische Zeit ist für unser Leben unter anderem so bedeutend, weil sie mit der Bewegung des Universums im Einklang ist und unser Alltag zum größten Teil vom Rhythmus dieser Bewegung bestimmt wird. Der Jahreszeitenwechsel beeinflußt unser Leben ebensosehr wie der Ablauf der Tage, Monate und Jahre. Und dennoch empfindet jeder Mensch, obwohl er Teil der physikalischen Zeit ist und in ihr lebt, die Zeit anders; vielleicht läßt es sich so ausdrücken: Jeder hat seinen eigenen Zeit-Rhythmus.

Man könnte einen Vergleich zu den Fischen im Meer ziehen. Sie leben im Salzwasser, und ihre Körperflüssigkeiten sind salzhaltig, doch sind diese Flüssigkeiten keineswegs identisch mit Salzwasser. Das Salz, das die Fische von ihrer Umgebung aufnehmen, wird in ihren Körpern zu lebenswichtigen Stoffen umgewandelt. Ähnlich ist es mit den Menschen – sie leben in einem Zeitgefüge und gleichen sich dieser Zeit, bewußt oder unbewußt, in hohem Maße an, aber in ihrem persönlichen Empfinden ist die tatsächlich erlebte Zeit nicht unbedingt gleichbedeutend mit der physikalischen Zeit.

96

Subjektive Zeit

Wissenschaftler nennen den Verlauf des menschlichen Lebens, der sich an den Rhythmus der Natur anpaßt, Biorhythmus. Das ist eine Art innere Uhr, die die periodischen Abläufe im Körper steuert. Natürlich gibt es viele verschiedene rhythmische oder zyklische Bewegungen im Leben – vom Herzschlag bis zum Kreislauf von Geburt und Tod –, und einige davon stehen in direktem Zusammenhang mit den Bewegungen im Universum, andere wiederum nicht. Ein Beispiel für den Biorhythmus ist der Zyklus von Wach- und Schlafphasen, der bei den meisten Menschen in einen Vierundzwanzig-Stunden-Tag eingebunden ist. Säuglinge sind nicht auf den Vierundzwanzig-Stunden-Zyklus festgelegt. Nachdem sie etwas zu essen bekommen haben – egal ob am Tag oder in der Nacht –, schlafen sie. Ein Neugeborenes durchläuft den Schlaf-Wach-Zyklus etwa siebenmal am Tag. Im Alter von vier Monaten kann ein Baby hören und Licht und Dunkelheit wahrnehmen, das heißt, daß es allmählich auch anfängt, sich dem Lebensmuster der Erwachsenen anzupassen. Erst wenn ein Kind zehn Jahre alt wird, ist der Anpassungsprozeß in etwa abgeschlossen. Abgesehen von Erwachsenen, die zu unüblichen Zeiten arbeiten und schlafen, stehen die Menschen – im allgemeinen – ungefähr bei Sonnenaufgang auf und schlafen, wenn es dunkel ist.
Laut einem Bericht, den Theodor Hellbrügge von der Universität München 1960 verfaßt hat, ist der Herzrhythmus eines Neugeborenen, das heißt der periodische Wechsel des Herzschlags, nicht identisch mit dem Herzrhythmus der Mutter. Der Puls der Mutter ist – wie bei allen Erwachsenen – tagsüber schneller als in der Nacht, aber der eines Säuglings bleibt im großen und ganzen vierundzwanzig Stunden lang gleich. Erst wenn der Säugling drei Monate alt ist, ist auch der Herzschlag bei den Licht- und Dunkelphasen unterschiedlich.
Die Körpertemperatur, die Nierentätigkeit und die Hormon-

ausschüttung steigen bei einem Erwachsenen am Tage an und fallen in der Nacht ab, bei Kindern erscheint dieser Ablauf erst im Alter von einem bis fünf Jahren.

Der Biorhythmus schließt auch jährliche Kreisläufe mit ein, anstelle oder zusätzlich zum Tageszyklus. Pulsfrequenz, Körpertemperatur, Blutdruck und Hormonausschüttung zum Beispiel folgen dem Tagesrhythmus, zusätzlich jedoch auch einem Jahreszyklus. Normalerweise ist die Pulsfrequenz im Sommer am höchsten und im Winter am tiefsten, und mit der Körpertemperatur verhält es sich ebenso. Sogar das Wachstum der Haare erfolgt nach einem bestimmten Rhythmus; eine Studie berichtet, daß die Barthaare eines Mannes nur 0,305 Millimeter an einem Januartag, dafür aber 0,538 Millimeter an einem Tag im August wachsen. Bei Säuglingen kommen diese Jahreszyklen nicht vor.

Einfach ausgedrückt: Der Ablauf des menschlichen Lebens paßt sich dem Rhythmus der Natur an, als wäre ein Menschenleben in die große natürliche Bewegung eingebettet und würde im Einklang mit den Veränderungen des Universums schwingen.

Einige Veränderungen im Organismus können jedoch nicht allein mit den Abläufen in der Natur erklärt werden. Es existiert keine Verbindung zwischen den Bewegungen der Himmelskörper und dem Prozeß des Alterns – nur in einem Punkt, nämlich daß wir älter werden, je länger sich die Gestirne bewegen. Dennoch ist das Alter eines Menschen relativ, da manche schon mit fünfzig Jahren alt sind, während andere jung bleiben, bis sie achtzig sind.

Das Altern ist, anders als ein zyklischer Prozeß, irreversibel. Leider bekommt das Haar, das im Sommer ergraut ist, im Winter nicht die Originalfarbe zurück. Und während des Alterungsprozesses verändert sich über die Jahre hinweg auch der Biorhythmus. Der Blutdruck, der ohnehin Tag und Nacht und von Jahreszeit zu Jahreszeit variiert, wird bei älteren Menschen meistens höher, während die Puls- und die Atemfrequenz bei

Kindern höher als bei Erwachsenen ist. Die Körpertemperatur eines Kindes ist in der Regel auch höher. Diese Phänomene legen den Schluß nahe, daß der Mensch als Individuum – obwohl seine Körperfunktionen dem Rhythmus der Umwelt angepaßt sind – auch ganz persönlichen Veränderungen unterliegt.

Mit anderen Worten: Es gibt einen Ablauf im Leben eines Menschen, der unabhängig vom Rhythmus der äußeren Welt vor sich geht. Der jedem Menschen eigene Lebensrhythmus vereinigt also die Energien aller tätigen Körperteile zu einer einzelnen Persönlichkeit. Man könnte das, wie ich denke, als *somatischen Rhythmus* des individuellen Lebens beschreiben. Der somatische Rhythmus eines Menschen verändert sich im Laufe seines Lebens, und das Maß der Veränderungen hängt vom Individuum ab. Ich glaube, man kann zu Recht behaupten, daß dieser Rhythmus bei jungen Menschen am schnellsten ist und bei älteren langsamer wird.

Einige Wissenschaftler haben den Versuch unternommen, den somatischen Rhythmus in Einheiten der, wie sie es nennen, *physiologischen Zeit* zu messen, die auf den körperlichen Veränderungen der Menschen vom Zeitpunkt der Empfängnis bis hin zum Tod basiert. Ein junger Körper verändert sich viel schneller als ein älterer. Es gibt meßbare Unterschiede zwischen Alt und Jung, zum Beispiel bei der Zusammensetzung der Körperflüssigkeiten oder bei der Heilungsbereitschaft von Wunden. Ein physiologisches Jahr in der Kindheit könnte, wenn man die Entwicklungen im Körper betrachtet, mit zehn Jahren im Alter gleichgesetzt werden.

Natürlich beschränkt sich ein Menschenleben nicht allein darauf, da Körper und Geist eins sind. Wir leben ebenso nach einer *psychologischen Zeit* wie nach einer physiologischen Zeit. Für eine Person, die ein erfülltes geistiges Leben führt, hat ein Jahr mehr Substanz als für eine Person, die unerfüllt ist. Physiologische Zeit und psychologische Zeit zusammen ergeben die subjektive Zeit. Und dennoch ist es entscheidend, auf die Empfindung eines Menschen zu achten, denn in dieser Hinsicht ist die psychologische Zeit bei weitem bedeutender.

Goethe schrieb in sein Tagebuch: »Ich glaube, ich muß sorgfältiger zwischen guten und schlechten Tagen, wie sie auf mich wirken, unterscheiden. Gefühle, Liebe, Sehnsucht, Liebenswürdigkeit, Schaffenskraft, Tätigkeit, Wahrheitsliebe, Freude, Lebenskraft, Erschöpfung und Verständnis scheinen alle nach einem eigenen Zeitplan zu kommen und zu gehen.«

Dies ist eine ausgesprochen gute Beobachtung. Ungeachtet dessen, was um uns herum vor sich geht, sind wir an manchen Tagen voller Energie und Lebenskraft, an anderen Tagen hingegen fühlen wir uns matt und vielleicht sogar mutlos. Jeder Mensch erlebt von Zeit zu Zeit ein Tief, auch wenn es manchmal gar keinen offensichtlichen Anlaß dafür gibt. Wir fühlen uns ein paar Tage niedergeschlagen, plötzlich lichten sich auf unerklärliche Weise die Wolken, und alles ist wieder gut. Die Häufigkeit dieser Phasen variiert von Mensch zu Mensch, aber mit Sicherheit gibt es auch dabei einen erkennbaren Rhythmus.

Eine Gruppe von Wissenschaftlern erklärt dieses Phänomen mit dem sogenannten *PSI-Rhythmus*. P steht für physische Kondition, S für Sensibilität, I für die intellektuelle Kondition. Der Gedanke, der dieser Untersuchung zugrunde liegt, ist, daß diese drei Elemente zyklischen Veränderungen unterliegen. Die physische Energie erreicht alle dreiundzwanzig Tage einen Höhepunkt, während die Sensibilität für äußere Einflüsse alle achtundzwanzig Tage am stärksten ist, und die intellektuelle Kraft, wie zum Beispiel das Erinnerungsvermögen oder Gedächtnis, einen Zyklus von dreiunddreißig Tagen durchläuft. Diese Theorie findet nicht allgemein Anerkennung, und es ist in der Tat fraglich, ob der physische und spirituelle Rhythmus eines Menschen in Tages- oder Wocheneinheiten festgelegt werden kann. Dennoch läßt sich nicht leugnen, daß eine Art rhythmische Bewegung ebenso im geistigen und psychischen wie im rein physischen Bereich abläuft.

Genau wie es Höhepunkte in unserem somatischen Rhythmus gibt, bei denen die physischen Vorgänge beschleunigt sind, erleben wir spirituelle oder psychische Höhepunkte, bei denen wir die Dinge besser und klarer verstehen und zu tieferen Gefühlen fähig sind. Dabei dürfen wir nicht vergessen, daß sich sowohl persönliche Erfahrung als auch unsere Umwelt auf den Lebensrhythmus auswirken. Wir können uns in der einen Minute blendend fühlen und in der nächsten in düstere Trauer verfallen, weil wir eine schlechte Nachricht erhalten haben. Umgekehrt kann uns aber auch ein erfreuliches Ereignis stimulieren und den Lebensrhythmus beschleunigen. Die Erfahrungen, die wir uns zu eigen gemacht haben, treten wieder als Lebensrhythmus hervor. Das heißt, daß die Geschwindigkeit bis zu einem gewissen Grad von der Art der gemachten Erfahrungen abhängig ist. Es gibt Erlebnisse, die unserem Leben mehr Substanz verleihen, und andere, die uns der Energie berauben.

Einige Psychologen sprechen von substantieller Zeit und von inhaltsleerer Zeit. Allgemein kann man sagen, daß substantielle Zeit die Zeit ist, in der wir besonders aktiv sind, in der sich unser Geist mit interessanten Dingen beschäftigt und wir tatkräftig und kreativ an dem teilhaben, was um uns herum geschieht. Im Gegensatz dazu ist die inhaltsleere Zeit gleichzusetzen mit Langeweile, Inaktivität, Trauer oder Schmerz. Die substantielle Zeit gibt uns das Gefühl, erfüllt zu sein, die inhaltsleere Zeit hingegen nicht.

Deshalb ließe sich behaupten, daß substantielle Zeit rasch vergeht, inhaltsleere Zeit jedoch langsam, doch denke ich, daß dies eine allzu starke Vereinfachung darstellt.

Da wir an einem zentralen Punkt meiner Theorie über die Zeit angelangt sind, möchte ich gerne noch ein bißchen weiter ausholen. Wir sagen manchmal: »Ich war so vertieft, daß ich die Zeit vollkommen vergessen habe.« Was bei solchen Gelegenheiten geschieht, ist folgendes: Ein Großteil der Lebensaktivität ist auf eine vergleichsweise kurze Zeitspanne konzentriert. Die Zeiger der Uhr wandern unter Umständen nur eine Stunde weiter, aber in dieser Zeit hat man, wenn man den Lebensrhythmus in Betracht zieht, zehn Stunden »erlebt«. Andererseits erscheint jemandem, der sich im gleichen physikalischen Zeitraum wenig beschäftigt hat, diese eine Stunde sehr lang. Wir nehmen also den Ablauf des Lebensrhythmus wahr. Wenn er sich beschleunigt, erscheint uns die physikalische Zeit kurz, und wenn er sich verlangsamt, kommt uns die physikalische Zeit lang vor. Sogar wenn wir Kummer haben, verstreicht die Zeit schneller, sobald wir versuchen, etwas zu tun, anstatt dazusitzen und uns von der Trauer überwältigen zu lassen. Kurzum – unser psychologisches Zeitgefühl wird davon beeinflußt, ob unser Leben aktiv oder passiv verläuft.

Vom psychiatrischen Standpunkt aus gesehen kann einer Person, die durch einen Schock, durch Trauer oder Ungewißheit beeinträchtigt ist, eine Stunde wie Jahre vorkommen. Ein Arzt berichtete, daß ein schwer depressiver Patient felsenfest davon überzeugt war, daß der Doktor ihn sechs Monate hätte warten lassen, obwohl in Wirklichkeit nur fünf Minuten vergangen waren. Ein anderer Patient erzählte dem Arzt allen Ernstes, daß seine kranke Mutter zweitausend Jahre in Schmerzen und Qualen hätte leben müssen.

Drogen können eine ähnliche Wirkung hervorrufen. Jemand, der Meskalin zu sich genommen hatte, berichtete: »Der Sekundenzeiger auf meiner Uhr schien sich kaum zu bewegen. Für mich war diese eine Nacht wie eine Ewigkeit, die noch niemals jemand vor mir erlebt hat.« Ist das nicht genau das, was wir Hölle nennen – ein Zustand, in dem wir unsere innere Lebenskraft verloren haben und der Lebensfluß stillsteht? Es ist traurig, daß so viele Leute in der heutigen Zeit in dieser Hölle gefangen sind, obwohl sie selbst im fortgeschrittenen Alter jung an Geist und Gemüt sein könnten, wenn ihr Lebensfluß gesund und aktiv wäre.

Ewigkeit in einem Augenblick

An diesem Punkt würde ich gern auf eine andere grundlegende Frage zu sprechen kommen – auf die Beziehung zwischen Vergangenheit, Gegenwart und Zukunft.

Von alters her vergleichen die Philosophen den Lauf der Zeit mit dem Fließen eines Stromes. Heraklit ist mit seiner These, daß sich alle Dinge ständig im Fluß befinden, Beispiel für die westliche Denkart. Im Orient bezeichnet das buddhistische Wort für Seelenwanderung, *samsara* (ein Begriff aus dem Sanskrit) ursprünglich tatsächlich fließendes Wasser. Die Menschen sprechen vom Fluß oder Lauf der Zeit, obwohl anzumerken ist, daß auch bei Heraklit wie in der buddhistischen Philosophie, wenn vom »Fluß« die Rede ist, eher der Fluß »aller Dinge im Universum« gemeint ist als der Zeitverlauf. Trotzdem wird auch der Fluß der Dinge nur im Rahmen von Zeit und Raum geformt, und man kann sagen, daß die Gedanken einen Fluß der Zeit voraussetzen.

Von der Beobachtung der Veränderungen gelangen wir zum Konzept von Vergangenheit, Gegenwart und Zukunft. Wenn wir den Vergleich mit einem Fluß übernehmen, dann fließt die Zukunft beständig in die Gegenwart, und die Gegenwart wird von einem Augenblick zum anderen zur Vergangenheit. Die Vergangenheit erstreckt sich flußabwärts, und die Zukunft strömt auf uns zu. Die Gegenwart ist flüchtig und besteht nur einen Augenblick – man könnte versucht sein, sie mit einem geometrischen Punkt zu vergleichen, der nur eine Position, aber keinen Raum einnimmt. Ich glaube jedoch nicht, daß dieser Vergleich ganz stichhaltig ist, da ein geometrischer Punkt keinerlei Substanz hat, während der Augenblick der gegenwärtigen Zeit geradezu übersprudelt von Substanz. Tatsächlich beinhaltet dieser Augenblick alle Erinnerungen aus der Vergangenheit – sowohl geistige als auch rein physische Erinnerungen. Darüber hinaus schließt dieser Augenblick alle Hoffnungen, Erwartungen, Sehnsüchte und Möglichkeiten der Zukunft mit ein. In jedem beliebigen Augenblick verfügt unser Körper über all die Informationen, die wir in der Zukunft benutzen werden.

Der japanische Philosoph Seiichi Hatano schreibt in seinem Buch *Toki to Eien* (Zeit und Ewigkeit, 1943): »Die Gegenwart ist keineswegs mit einem einfachen Punkt vergleichbar. Sie ist von begrenzter Dauer und hat eine feste innere Struktur.« Das mag vielleicht nicht die ganze Wahrheit sein, ist jedoch ein Schritt in die richtige Richtung, da ein einzelner Moment tatsächlich eine feste innere Struktur hat. Damit ist natürlich nicht eine Struktur im räumlichen Sinne gemeint.

Psychologen behaupten, daß all unsere Erlebnisse, egal wie klein und unbedeutend sie auch sein mögen, in unserem Gedächtnis gespeichert sind. Unsere physischen Erfahrungen prägen die Zellen und Organe. Spirituelle Erfahrungen, in die ich sowohl bewußte als auch unbewußte Empfindungen einschließe, sind im Gehirn festgehalten. Neurologen haben erkannt, daß der Schläfenlappen und der Hippocampus am unteren Horn des seitlichen Gehirnventrikels die beteiligten Gehirnbereiche sind. Unser Wortschatz, unser Wissen und unser Denkvermögen sitzen im Schläfenlappen; emotionale Erfahrungen wie Freude, Angst und Sorgen werden im Hippocampus bewahrt. Dieses Lager des Gedächtnisses nimmt alle Impulse auf wie Löschpapier die Tinte.

Man sagt oft, daß ein Sterbender wie in einem Kaleidoskop sein ganzes Leben in einem Augenblick an sich vorüberziehen sieht. Das könnte der Wahrheit entsprechen – wenn ein Mensch mit dem Tod konfrontiert wird, öffnen sich plötzlich die Türen vom Lagerhaus des Gedächtnisses, und alles kommt gleichzeitig an die Oberfläche des Bewußtseins.

Ich habe schon einmal erwähnt, daß es einen inneren Kern im menschlichen Gedächtnis gibt, in dem alle Erfahrungen der Menschheit seit einer Million Jahren gespeichert sind. Ich vermute, daß dieses Erinnerungsvermögen sogar noch weiter zurückreicht zu den Erfahrungen der Säugetiere, aus denen sich der Mensch entwickelt hat, oder vielleicht auch bis zu dem Stadium der Amöben. Es ist denkbar, daß unsere Hungerinstinkte ihren Ursprung im Entwicklungsstadium der Amöben haben, denn selbst eine Amöbe zeigt auf ihre Art Hunger. Sie nimmt es wahr, wenn Nahrung in ihre Reichweite kommt, und nähert sich ihr, um zu fressen. Das bedeutet praktisch, daß unsere momentane Gegenwart die ganze Geschichte dieser Erde in Form von Erinnerungen enthält. Je eingehender wir einen gegenwärtigen Moment betrachten, desto wertvoller wird er als Erbgut der Vergangenheit.

Die Gegenwart hat nicht nur Bezug zur Vergangenheit, sondern auch zur Zukunft. Wie schon bei der Erörterung des Begriffs *kū* erwähnt, gibt es im Körper eines Menschen fünf Milliarden DNS-Moleküle mit all den Informationen, die wir zum Leben brauchen. Wir verwenden während unseres Lebens nur wenige dieser Informationen, und infolgedessen könnte man behaupten daß wir über eine große Menge an Wissen verfügen, das nur als ungenutztes Potential vorhanden ist. Positivistisch betrachtet könnte das heißen, daß wir gerade in diesem Augenblick nie dagewesene Möglichkeiten für die Zukunft haben.

Die augenblickliche Gegenwart kreiert und entdeckt ständig Wege in die Zukunft, und deshalb wäre es unklug, das Potential des Augenblicks zu unterschätzen. Das erinnert mich an das, was man als »Louis Pasteurs Wunder« bezeichnet hat. Jedermann hat von den Taten, die Pasteur für die Menschheit vollbracht hat, gehört, aber erstaunlich wenige Menschen wissen, daß er den wichtigsten Teil seiner Arbeit erst vollendet hat, nachdem er als Sechsundvierzigjähriger einen Schlaganfall erlitten hatte und teilweise gelähmt war. Zu dieser Zeit hielt die französische Regierung seinen Zustand für so hoffnungslos, daß sie den Bau des Forschungszentrums, das Pasteur zugedacht war, stoppte. Nach dieser Nachricht verschlimmerte sich Pasteurs Gesundheitszustand, aber als einer seiner Freunde die

Regierung überredete, den Bau wiederaufzunehmen, erholte sich Pasteur allmählich. Er setzte seine brillante Arbeit fort und erzielte in den nächsten siebenundzwanzig Jahren großartige Ergebnisse, die in vielen Jahrzehnten nicht erreicht worden wären, wenn er während seiner Krankheit die Hoffnung verloren hätte. Seine Fähigkeit, über die Gegenwart hinaus in die Zukunft zu sehen, machte das möglich, was in der Medizin für unmöglich gehalten wurde.

Unsere Hoffnungen, Sehnsüchte und Ambitionen sind machtvolle Kräfte, die in uns existieren, damit wir die Zukunft beeinflussen können. Es sind schöpferische Energien, die die Zukunft erschaffen. Wegen augenblicklicher negativer Strömungen die Hoffnung zu verlieren oder Ziele nicht mehr anzustreben heißt, sein eigenes Lebenspotential zu verringern.

Viktor E. Frankl, Professor der Neurologie an der Wiener Universität, war einer der vielen Juden, die von den Nazis in das Konzentrationslager Auschwitz gesteckt worden waren. Später schrieb Frankl ein Buch, in dem ich folgende Aussage gefunden habe: »Jeder, der nicht an die Zukunft glauben konnte, war der Vernichtung in diesem Lager ausgeliefert. Ohne Hoffnung auf die Zukunft gab es nichts, woran sich die Menschen aufrichten konnten, sie gaben sich innerlich auf und sanken sowohl physisch als auch geistig immer tiefer.«

Ohne Zweifel hat das Vertrauen in die Zukunft Frankl dazu gebracht, das Schreckliche zu überleben, da Hoffnungen, Träume, Glaube und Verantwortungsgefühl zu Kräften werden, die uns die Zukunft erschließen. Sie sind eine innere Unterstützung und die Manifestation unseres machtvollen Lebensflusses.

Der Fluß des Lebens, der ebendiesen Augenblick durchströmt, enthält alle Erfahrungen der Vergangenheit und all die unendlichen Möglichkeiten der Zukunft. Das Leben in diesem Augenblick ist eine Kraft, die die Erinnerung an alle Dinge aus der Vergangenheit enthält und hoffnungsvoll in die Zukunft strebt. Das vergangene Leben konzentriert sich in diesem einen Moment, der seinerseits die Grundlage für die Zukunft ist. Deshalb kann man nicht die Behauptung aufstellen, daß die Gegenwart losgelöst von der Vergangenheit oder der Zukunft abläuft. Genausowenig kann man abstreiten, daß alles Vergangene oder Zukünftige in der Gegenwart existiert.

Nichiren Daishonin schreibt in *Mündlich übertragene Lehren (Ongi Kuden)* über das japanische Wort *irai*, das normalerweise entweder »von jetzt an« oder »von da an« bedeutet: »*I*, wörtlich ›schon‹, bezeichnet die Vergangenheit, und *rai*, wörtlich ›kommen‹, meint die Zukunft. *Irai* schließt den gegenwärtigen Augenblick mit ein.« Die Bedeutung ist klar – die Gegenwart umfaßt sowohl die Vergangenheit als auch die Zukunft, und sie ist das notwendige Glied, das beide verbindet.

Je gründlicher wir unser Innenleben erforschen, desto besser erkennen wir, daß die Vergangenheit und die Zukunft in der Gegenwart enthalten sind. Wenn wir tiefer als nur bis zur Oberfläche blicken, wird der Strom des Lebens breiter und reicher und schwillt zu einer großen Flut an. Die elementare Quelle dieses Stromes enthält das Leben der ganzen Menschheit, die Formation der Erde und das endlose Pulsieren des Universums. Es ist die Quelle des universellen Lebens. Während der Strom des Lebens aus dieser Quelle sprudelt und fließt, teilt er sich und durchströmt alles individuelle Leben. Das Mystische Gesetz ist identisch mit dieser lebensspendenden Quelle.

Das Mystische Gesetz beinhaltet alles Leben aus der unendlichen Vergangenheit und alles Leben der ewigen Zukunft. Im Mystischen Gesetz gibt es keinerlei Unterscheidung zwischen Vergangenheit, Gegenwart und Zukunft. Die Vergangenheit und die Zukunft sind mit dem gegenwärtigen Augenblick zu einer Einheit verschmolzen. Die Ewigkeit ist eine Aufeinanderfolge augenblicklicher Gegenwart, das Mystische Gesetz ist augenblicklich und zugleich ewig.

Nichiren Daishonin schreibt: »Obwohl wir von Vergangenheit,

Gegenwart und Zukunft als dreierlei sprechen, sind sie in Wahrheit nicht voneinander zu trennen, weil sie die elementare Essenz jedes erlebten Augenblicks darstellen.« Das Mystische Gesetz selbst ist diese »elementare Essenz jedes erlebten Augenblicks«.

Laut Bergsons Theorie von der Zeit ist die Unterteilung in Vergangenheit, Gegenwart und Zukunft ein Produkt des menschlichen Bewußtseins – dieser Gedanke kommt dem Buddhismus nahe. Bergson glaubte, daß das wahre Wesen des Bewußtseins ständig im Fluß ist, und er sprach von »fließender Zeit«. Zeit, die auf physikalische Weise oder objektiv empfunden wird, ist vergangene Zeit. Im Gegensatz dazu ist »fließende Zeit« der Fluß des Bewußtseins oder des Lebens selbst. Kurzum – es gibt keinen Unterschied zwischen Vergangenheit, Gegenwart und Zukunft, da sie vom Fluß des Bewußtseins geschaffen sind. Was untrennbar ist, wird in unserem Geist getrennt.

Das Universum, die Natur eingeschlossen, ist eine kosmische, lebendige Wesenheit, die von einem kosmischen Lebensfluß erschaffen wurde. Wenn unser eigener Lebensfluß stark ist, reagieren wir aktiv auf die Natur, das heißt, wir besitzen eine Lebensenergie, die in vollkommener Harmonie mit dem Wirken der Natur steht.

Vermutlich haben Tiere und weniger entwickelte Lebewesen ihre eigene Zeit genau wie Menschen, aber kein anderes Wesen verfügt über einen so reichhaltigen Lebensfluß. Nur Menschen können über den Zustand der Harmonie mit dem Rhythmus der Natur hinausgehen und auf geistiger Ebene neue und vielfältige Strömungen erschaffen.

Unglücklicherweise scheinen die Menschen im Alltagsleben dem Lebensfluß, mit dem sie gesegnet sind, keinen gebührenden Ausdruck zu verleihen. Sie sind anfällig für Schwäche und behindern durch ihr eigenes Verhalten ihren Lebensfluß. Obwohl uns die Möglichkeit zur Verfügung steht, einen starken, schnellen Fluß der subjektiven Zeit zu erfühlen und zu genießen, berauben wir uns dieses Privilegs allzuoft.

Es ist äußerst wichtig, im Alltag aus dem Mystischen Gesetz Lebensenergie zu beziehen, um unser Dasein zu stärken und in jedem Moment der Gegenwart Erfüllung anzustreben. Wenn wir die unendlichen Schätze nutzten, die in jedem einzelnen Augenblick enthalten sind, wäre unser Leben unvergleichlich reicher. Um dies zu tun, müssen wir uns öffnen und das Lagerhaus unseres Gedächtnisses »anzapfen«.

Ich bin überzeugt, daß der Schlüssel zu diesem Lagerhaus die Ausübung des Buddhismus ist. Durch Glauben und durch sein Verhalten kann ein Mensch die unendliche Vergangenheit, die in jedem gegenwärtigen Moment gespeichert ist, zum Leben erwecken.

Wie wir schon gesehen haben, überschreitet diese Vergangenheit unsere persönliche Erfahrung. Sie reicht zurück bis zum Anfang allen Seins.

Man darf nicht vergessen, daß es, auch wenn dieser ungeheure Schatz jedem zur Verfügung steht, dem Individuum allein überlassen ist, ihn zu nutzen, um sich ein kreatives, erfülltes Leben aufzubauen. Die *raison d'être* aller Menschen liegt darin, die Vergangenheit zu kristallisieren und um der Zukunft willen zu nutzen. Ich glaube, die Zukunft enthält unendlich viele Möglichkeiten, aber ich werde das Gefühl nicht los, daß die Menschen immer wieder versuchen, den Wirkungskreis und das Ausmaß der Möglichkeiten und Potentiale einzuschränken. Wir dürfen nicht vergessen, daß eine hoffnungslose, resignierte, pessimistische Sicht auf die Zukunft tatsächlich eine düstere Zukunft schafft, während Hoffnung, Entschlossenheit und Optimismus mit Hilfe der unerschöpflichen Vergangenheit ein helles, erfülltes Dasein in der Zukunft hervorbringen. Ebenso müssen wir immer daran denken, daß die Zukunft, die durch die Vergangenheit und die Gegenwart erschlossen wird, für einen Augenblick zur Gegenwart und dann zur Vergangenheit wird –

nur ist der Moment, in dem der Augenblick in die Vergangenheit fließt, nicht verloren. Im Gegenteil, er ist jetzt Teil der Vergangenheit und wird zusammen mit einem neuen gegenwärtigen Augenblick noch eine entscheidende Wirkung auf die Erschaffung einer neuen Zukunft ausüben.

Entschlossene und hoffnungsvolle Menschen nutzen die Vergangenheit und die Zukunft, um die augenblickliche Gegenwart zu erfüllen, und beschleunigen dadurch ihren eigenen Lebensfluß. Um es anders auszudrücken: Eine reichhaltige Vergangenheit und eine reichhaltige Gegenwart sind Garanten für eine reichhaltige Zukunft; und eine reichhaltige Gegenwart und eine reichhaltige Zukunft garantieren eine reichhaltige Vergangenheit. Es ist ein ewiger Kreislauf, und der Anfangspunkt dieses Kreises ist der einzige Augenblick des Lebens, der Gegenwart genannt wird. Wenn wir jedem gegenwärtigen Moment Bedeutung verleihen, werden die unendliche Vergangenheit und die unendliche Zukunft unser Leben mit einem beständigen Fluß der kosmischen Lebensenergie anreichern. Ein Augenblick in unserem Leben wird zur Manifestation des Mystischen Gesetzes, das alle Zeit umfaßt; demnach wird dieser eine Augenblick an sich zur Ewigkeit; und unser Lebensfluß verbindet sich unauflöslich mit dem Lebensfluß des Kosmos.

Ein notwendiger Faktor ist die Entschlossenheit, eine Entschlossenheit, die Hoffnung und Optimismus beinhaltet, eine Entschlossenheit, die so groß wie der Kosmos selbst und so lange wie die Zeit ist, eine Entschlossenheit, die den fundamentalen Funktionen und Prinzipien des Universums folgt. Konkret heißt das, daß wir den Willen haben müssen, ewigen Frieden, Wohlergehen und Glück für die gesamte Menschheit und für alle Dinge anzustreben. Wir müssen entschlossen sein, Leid und Kummer zu eliminieren. Wir müssen uns der Aufgabe unseres Lebens bewußt sein, ein Leben als wahre, vollendete Menschen zu führen und anderen ein ebensolches Leben zu ermöglichen.

Unser Leben wurzelt in der Vergangenheit, aber wir dürfen

nicht in der Vergangenheit leben. Genausowenig dürfen wir es zulassen, daß unser Enthusiasmus für die Zukunft die Sicht auf die Gegenwart versperrt. Wir sollten uns hohe Ziele für die Zukunft stecken und jeden Augenblick so leben, daß wir sein volles Potential nützen können.

5 Der Kern des Kosmos

Das Konzept vom Kosmos

Nach der Diskussion über die Zeit wollen wir uns jetzt dem Raum zuwenden. Der Raum ist wesentlich leichter vorstellbar als die Zeit, weil er uns umgibt und nicht mit so komplizierten Begriffen wie Vergangenheit, Gegenwart und Zukunft beschrieben werden muß. Der Raum steht mit all den Dingen, die wir sehen und berühren können, in Zusammenhang, und aus diesem Grund haben die Menschen ihn schon in verhältnismäßig frühen Zeiten untersucht – ein Beweis dafür ist die Entwicklung der Geometrie in der Antike.

Vom Universum als Gesamtheit des Raums konnte man sich schon sehr früh eine Vorstellung machen, und jede der verschiedenen Kulturen dieser Erde hat Theorien über seine Gestalt und die Substanz entwickelt; diese Theorien wurden Teil der Philosophien und beeinflußten die Lebensart. Schon lange bevor der Mensch sich in die Lüfte erheben und fliegen konnte, entstand die Wissenschaft der Astronomie, weil man mehr über das Unbekannte herausfinden wollte. Heute haben wir dank unserer präzisen Teleskope, der Raketen, der Mond- und interplanetarischen Sonden die Schleier von vielen Geheimnissen des Universums gelüftet – und sind dabei auf weitere Mysterien gestoßen, von denen wir bis dahin nicht einmal etwas geahnt hatten.

Der entscheidendste Wendepunkt in der Geschichte der westlichen Kosmologie war die Entwicklung der heliozentrischen Theorie, die von Kopernikus erdacht und von Galileo Galilei bestätigt wurde. Die Vorstellung, daß die Erde nicht der Mittelpunkt des Universums ist, hatte revolutionäre Auswirkungen sowohl auf die Philosophie und Theologie als auch auf die

Astronomie und die Physik. Die Entdeckung Kopernikus' ist in ihrer Bedeutung mit der modernen Theorie der beständigen Ausweitung des Universums vergleichbar.

Sogar Einstein nahm für eine gewisse Zeit an, daß der Kosmos statisch sei, aber er mußte seine Meinung ändern als Edwin Powell Hubble (1889–1953) demonstrierte, was er die Rotverschiebung der Spektrallinien von weit entfernten Nebeln nannte. Hubbles Entdeckung beinhaltet – kurz ausgedrückt –, daß das Lichtspektrum eines Nebels, dessen Entfernung von der Erde sich vergrößert, röter wird. Um eine Erklärung dafür zu finden, stellte er die Hypothese auf, daß sich die Nebel mit einer solchen Geschwindigkeit von der Erde wegbewegen, daß der Doppler-Effekt eine Verlängerung der Lichtwellen hervorrufe, die ihr Spektrum röter werden lasse. Hubbles Theorie besagt, daß man die Geschwindigkeit dieser Nebel durch das Ausmaß der Rotverschiebung berechnen kann.

Der Doppler-Effekt erklärt ursprünglich, warum die Tonhöhe von sich nähernden Objekten höher und von sich wegbewegenden Objekten niedriger ist als bei stationären Tonquellen. Es scheint nichts dagegen zu sprechen, dasselbe Prinzip auch auf Lichtwellen anzuwenden, und es ist in der Tat ohne den Bezug zum Doppler-Effekt schwer zu erklären, warum das Spektrum der Nebel proportional zu der Entfernung der Erde immer röter wird.

Das Entscheidende ist, daß sich die Galaxien, die man lange als statisch und unbeweglich angesehen hatte, immer mehr von einander entfernen, und zwar mit einer enormen Geschwindigkeit. Die logische Folgerung aus dieser Erkenntnis ist, daß sich das Universum ausdehnt. Dieser Gedanke war der Ursprung der beiden am meisten verbreiteten kosmologischen Theorien unserer Zeit. Eine besagt folgendes: Wenn wir an den Anfang dieser Expansion denken, gelangen wir zu der Auffassung, daß zu einem bestimmten Zeitpunkt das gesamte Universum in einer kleinen Kugel konzentriert war, in der alle Energie und Materie existierte. Aus irgendeinem Grund explodierte diese Kugel – und dies war der Beginn der Ausdehnung, die bis heute anhält. Nach der Steady-State-Theorie hingegen wirkt die beständige Entstehung neuer Materie in Form von Wasserstoffatomen der erkennbaren Ausdehnung des Universums entgegen.

Nach der Urknall-Theorie explodierte das Universum vor etwa zwanzig Milliarden Jahren, und alle grundlegenden Elemente des Universums formierten sich in den ersten dreißig Minuten. Solche Fragen wie »Was hat diese Explosion verursacht« oder »Was existierte vor der Explosion?«, können mit dieser Theorie nicht beantwortet werden, aber die etwas später entstandene Oszillationstheorie liefert dafür eine Art Lösung. Die Oszillationisten glauben, daß die Geschwindigkeit der Ausdehnung allmählich nachläßt und daß an den äußeren Rändern des Universums schließlich eine neue Konzentration entsteht. Diese Konzentration hält an, bis das Universum wieder zu einer kleinen Kugel wird, die explodiert, und sich der ganze Vorgang von neuem wiederholt. Das Hauptproblem dieser Idee von einer rhythmischen Ex- und Kontraktion ist, daß wir gegenwärtig keinen Beweis dafür haben, daß eine Kontraktion begonnen hat.

Die Steady-State-Theorie ihrerseits hat nur wenig Akzeptanz gefunden, da der Gedanke von endloser Entstehung neuer Materie all unseren physikalischen Thesen widerspricht. Und dennoch erscheint mir diese Theorie sehr interessant. Die zugrundeliegende Idee ist die andauernde Erschaffung neuer Materie, die sich in Wellen ausbreitet, so daß sich das Universum ausdehnt, ohne seine ursprüngliche Dichte zu verändern. Es gibt keinen Anfang und kein Ende. Dies ist ein Gedanke, der sich leicht in die buddhistische Philosophie einfügt.

Wenn man genauer darüber nachdenkt, kann natürlich weder die Evolutionstheorie noch die Steady-State-Theorie bewiesen werden. Es gab Zeiten, in denen die Steady-State-Theorie nach empirischen Beobachtungen unhaltbar erschien, aber heute kommen demgegenüber wieder Zweifel auf. Zweifel werden aber auch an den Berechnungen laut, die man bei der Evolutionstheorie angestellt hat.

Die am weitesten entfernten Sterne, die wir kennen, sind zwanzig Milliarden Lichtjahre von der Erde entfernt; so, wie wir sie heute beobachten können, sahen sie also vor zwanzig Milliarden Jahren aus. Vielleicht gibt es Sterne, die noch weiter von der Erde entfernt sind und sich mit einer Geschwindigkeit bewegen, die sich der des Lichts annähert. Mit großer Wahrscheinlichkeit wird es sich als unmöglich erweisen, sie zu studieren, denn alles, was wir bis zu diesem Zeitpunkt über das physikalische Universum sagen können, ist, daß es eine Ausdehnung von etwa zwanzig Milliarden Lichtjahren hat und ungefähr zwanzig Milliarden Jahre alt ist. Das sind zwar ungeheuerliche Zahlen, und doch sind sie endlich und setzen die physikalischen Grenzen der Kosmologie unserer Zeit fest. Was jenseits dieser Grenzen vor sich geht, können wir nur vermuten. So ist es durchaus denkbar, daß unser Kosmos, wie ich schon einmal erwähnte, nur ein Teil eines größeren Superkosmos ist, oder vielleicht existiert auch ein Pendant zu unserem Universum, das sich vollkommen aus Antimaterie zusammensetzt. In Wahrheit kennen wir nur die Grenzen unseres Wissens, aber nicht die Grenzen dessen, was existieren könnte. Und all das erinnert erneut an den buddhistischen Gedanken, daß der Kosmos unendlich ist.

Wenn die buddhistischen Philosophen der Vergangenheit von den Dimensionen des Universums sprachen, benutzten sie nicht einfach das Wort »unendlich«, sondern führten oft ebenso lange Zahlenreihen an wie die modernen Astronomen bei ihren Berechnungen. Es gibt das bekannte Konzept von den »Dreitausend Großen Weltsystemen« – eine vollständige Erklärung dieser Theorie würde zu weit führen, aber der Grundgedanke ist, daß jede einzelne Welt aus einer Sonne, einem Mond, einer Erde und sechs Planeten besteht. Eintausend (manche sagen zehntausend) dieser Welten bilden ein »Kleines

Weltsystem«. Eintausend »Kleine Weltsysteme« bilden ein »Mittleres Weltsystem«, und eintausend »Mittlere Weltsysteme« sind ein »Großes Weltsystem« oder die »Dreitausend Großen Weltsysteme«. Im Juryo-Kapitel des Lotos-Sutra ist die Rede von $5 \times 10^2 \times 10^3 \times 10^4 \times 10^5 \times 10^{12} \times 10^{52}$ Dreitausend Großen Weltsystemen.

Wenn man die phantastischen Zahlen beiseite läßt, paßt die eigentliche Idee ziemlich genau zur gegenwärtig existierenden astronomischen Theorie. Eine Welt entspricht einem einzelnen Gestirn, wie der Sonne, und seinen Satelliten, während ein Kleines Weltsystem einer Galaxie entspricht, ein Mittleres Weltsystem einem galaktischen Nebel und ein Großes Weltsystem dem gesamten Kosmos. Noch bedeutender ist die vorbehaltlose Annahme, daß das Universum nicht chaotisch ist, sondern geordnet. Eine Welt ist eine Einheit in einem größeren Ganzen, das wiederum eine Einheit in einem noch größeren Ganzen ist, und so weiter. Das stimmt generell mit dem überein, was uns die heutigen Wissenschaftler über den Aufbau des Universums erzählen. Daß es nur wenig oder gar keinen wissenschaftlichen Hintergrund für die buddhistische Theorie gab, tut der Tatsache, daß sie ein außergewöhnlicher Beweis von Intuition ist, keinen Abbruch.

Ebenso bemerkenswert ist der Gegensatz zu dem starken Geozentrismus der meisten westlichen Philosophien – der Buddhismus hat die Erde immer als eine von vielen Welten betrachtet. Ein Beispiel dafür ist das Konzept von den »Buddha-Ländern der zehn Richtungen«, das einfach eine große Anzahl von Buddha-Ländern bedeutet. Der tiefere Sinn dieses Gedankens ist nicht nur die Existenz vieler Welten, die unserer ähnlich sind und von fühlenden Wesen bewohnt werden, sondern auch ihre Ausbreitung im dreidimensionalen Raum, denn die »zehn Richtungen« bezeichnen die acht Punkte eines normalen Kompasses (Nord, Nordost, Ost usw.) und zusätzlich die Richtungen nach oben und nach unten. Eine Passage im Sutra vom Gütigen König

(Ninnō-kyō) besagt: »Wisset, o König, daß ich manifest bin in zehn Milliarden Welten mit zehn Milliarden Sonnen und Monden, und in jeder dieser Welten gibt es einen Berg Sumeru und um ihn herum vier Kontinente.«

Man sollte noch erwähnen, daß all diese Welten und Buddha-Länder beständig die Stadien von Geburt, Reife, Tod und Latenz durchlaufen – ein unendliches Universum, das sich aus unendlich vielen geordneten Teilen zusammensetzt, die alle einer ständigen, rhythmischen Veränderung unterliegen. Es ist beinahe so, als hätten die frühen buddhistischen Philosophen die Wissenschaft unserer Zeit vorausgeahnt.

Es erfordert nicht viel Phantasie, sich die Sterne als ewige Lichter an einem ansonsten leeren Himmel vorzustellen, deshalb ist es besonders bemerkenswert, daß die buddhistischen Philosophen im vorwissenschaftlichen Zeitalter sie sich als Wesen vorgestellt haben, die geboren werden, sich entwickeln, verfallen und in das Stadium der Leere übergehen. Leere, das sollte hier angemerkt werden, ist *kū*, und das bedeutet nicht völlige Vernichtung, sondern vom phänomenalen Standpunkt aus ein Erlöschen. Der ganze Prozeß, *kū* eingeschlossen, ist eine Manifestation des kosmischen Gesetzes.

Die heutigen Wissenschaftler stimmen zu, daß sich die Erde im Zustand der Reife befindet und relativ stabil ist. Sie bestätigen ebenfalls, daß die Sonne schließlich mit einem Knall explodieren und die Erde mit sich reißen wird. Ähnliche Vorgänge werden sich auch auf der galaktischen Ebene abspielen. Mir erscheint es sehr bedeutsam, daß der Buddhismus solche umwälzenden Veränderungen als dem Kosmischen Gesetz inhärent ansieht.

Was den Buddhismus am deutlichsten von anderen Religionen unterscheidet, speziell von den jüdisch-christlichen Religionen, ist die Tatsache, daß der Buddhismus den Kosmos als das Gesetz ansieht. Ein Buddha ist jemand, der erkannt hat, daß er mit dem Kosmischen Gesetz identisch ist. Das ist etwas ganz anderes, als eine absolute Gottheit vorauszusetzen, die das Gesetz erschafft und dominiert. Die Unterschiede zwischen den beiden Religionstypen werden durch ihre kosmologischen Theorien offensichtlich.

Man sollte vielleicht im Zusammenhang mit der Aussage über die Zerstörung der Erde erwähnen, daß Nichiren Daishonin in einer seiner Schriften von der »Welt« als »dem ewigen reinen Land, das unzugänglich für die drei Kategorien und die vier Stadien der Veränderung ist« spricht. Dies scheint unvereinbar mit der Theorie vom Lebenszyklus der Erde zu sein, aber die Aussage bezieht sich nicht auf den Planeten Erde. Mit »Welt« ist das Mystische Gesetz gemeint, das der Existenz der Erde innewohnt. Die Erde selbst mag durch physikalische Katastrophen der Zerstörung ausgesetzt sein, aber das Mystische Gesetz bleibt weiterhin im Universum wirksam.

Wenn von anderen Welten, die von intelligenten Wesen bewohnt werden, die Rede ist, überlegen viele Menschen, ob diese Wesen uns wohl ähnlich sind oder ob sie sich von uns unterscheiden. Die meisten, die glauben, daß solche Welten existieren, meinen, daß deren Wesen möglicherweise ebenso Naturwissenschaften entwickelt oder mathematische Berechnungen angestellt haben wie die Erdlinge, aber daß ihre Politik, Wirtschaft, Kultur und das Sozialsystem vollkommen anders sind als bei uns. Ich frage mich selbst, ob wir nicht lebende Wesen auf anderen Planeten finden könnten, die eine ähnliche Philosophie wie den Buddhismus, der dem Leben die höchste Priorität einräumt, entwickelt haben oder gerade entwickeln.

Ich habe keine Zweifel, daß der Buddhismus eine vollkommen universelle Philosophie ist, die in anderen Welten genauso anwendbar ist wie in unserer eigenen. Tatsächlich ist es meine feste Überzeugung und mein Glaube, daß der Buddhismus vollkommen und universell sein *muß* und daß ihn letztendlich alle intelligenten Wesen entdecken werden, wo auch immer sie existieren mögen. Vom praktischen Standpunkt aus gesehen, ist für uns alle die Frage von größter Wichtigkeit, wie wir hier auf dieser Erde eine friedvolle Gesellschaft schaffen können, für die die buddhistische Philosophie und Religion eintritt.

Subjektiver Raum

Viele Autoren beziehen sich auf Pascals Idee vom Menschen als »denkenden Grashalm«, aber vergleichsweise wenige Menschen scheinen den Kontext zu kennen, in dem dieser Gedanke entstand. In den Abschnitten 347 und 348 von Pascals *Pensées* heißt es: »347. Der Mensch ist bloß ein Grashalm, das schwächste Geschöpf der Natur, aber er ist ein denkender Grashalm. Das Universum hat kein Bedürfnis, sich zu wappnen, um ihn zu zermalmen: Nebel oder sogar ein Tropfen Wasser reichen aus, um ihn zu vernichten. Aber selbst wenn das Universum ihn zerstören wollte, wäre der Mensch doch stärker als sein Gegner, weil er weiß, daß er auf der Schwelle des Todes steht und den Vorteil erkennt, den das Universum ihm gegenüber hat. Doch das Universum weiß nichts von all dem . . .
348. *Denkender Grashalm.* Nicht im Räumlichen muß ich nach meiner Würde als Mensch suchen, sondern in der Ordnung meiner Gedanken. Besitz und Wohlstand sind wertlos. Durch den Raum ergreift mich das Universum und verschlingt mich wie ein Staubkörnchen; durch meine Gedanken ergreife ich das Universum.«
Obwohl Pascal die geringe Bedeutung des menschlichen Wesens im Vergleich zum Universum hervorhebt, behauptet er, daß ein Mensch mit Hilfe seines Denkvermögens das Universum begreifen und sich zu eigen machen kann. Dieser Gedanke ist wohlüberlegt und profund zugleich.
Gewöhnlich denken wir, daß der Raum, den ein menschlicher Körper einnimmt, bis zur Oberfläche der Haut reicht, aber der bekannte amerikanische Anthropologe Edward T. Hall führte

120

aus, daß die räumlichen Grenzen eines Wesens über den Körper hinausgehen, weil wir alle einen gewissen Raum beanspruchen, um überhaupt leben zu können. Man kann sich nicht mit jemandem unterhalten, wenn nicht ein gewisser räumlicher Abstand zwischen einem selbst und dem Gesprächspartner besteht, auch unsere Sinne funktionieren nicht ausreichend, wenn kein offener Raum um sie herum existiert. Infolgedessen ist der Raum, den unser Körper beansprucht, auch im physiologischen Sinne größer als der Körper selbst.

Hall spricht vom *visuellen Raum* und vom *akustischen Raum*. Da das Auge im allgemeinen unser sensibelstes Sinnesorgan ist, neigen wir dazu, uns hauptsächlich auf das zu verlassen, was wir sehen. Hunde hingegen verlassen sich weitgehend auf ihren Geruchssinn. Sowohl Tiere als auch Menschen empfinden die Größe des Raums je nach dem ausgeprägtesten Sinnesorgan unterschiedlich. Beim Menschen ist der visuelle Raum am größten, der hörbare Raum am zweitgrößten. Der Raum, den wir mit dem Geruchssinn oder Tastsinn wahrnehmen, ist viel kleiner.

Der Raum, den wir beanspruchen, steht auch mit unseren Aktivitäten oder mit dem Bewußtsein dessen, was wir tun, in Zusammenhang – ich meine damit zum Beispiel ein Haus, ein Büro, ein Klassenzimmer und so fort. Vielleicht sollten wir diesen Raum als *Lebensraum* bezeichnen, weil er, obwohl er mit dem sensorischen Raum zu tun hat, einen eigenen Stellenwert besitzt.

Je mehr wir über diese Dinge nachdenken, desto offensichtlicher wird, daß der Raum, den wir im Leben beanspruchen, viel größer ist als der, den unser Körper einnimmt, und daß sich der Lebensraum proportional zu unseren Bewegungen und Aktivitäten ausdehnt. Diesen Raum können unsere Gedanken und unser Geist ohne jegliche Grenzen überschreiten.

Zusätzlich zu der eigenen physischen Aktionssphäre erschafft jedes Individuum gedanklich verschiedene Welten. Wir kreieren in unserem Beruf, im Studium und bei unseren Hobbies ebenso eigene Welten wie in unseren Beziehungen zu anderen Menschen. Wir erschaffen durch Gespräche und sportliche Betätigung eine Welt der Freundschaft oder erschaffen eine Welt der Schönheit, wenn wir die Natur wertschätzen. Durch unsere Vorliebe für Religion, Philosophie oder Poesie errichten wir eine Welt des Glaubens und des Vertrauens.

Unglücklicherweise gibt es zu viele Menschen, deren Welten von Ehrgeiz, Eifersucht oder Größenwahn erfüllt sind. Genau wie sich die Gesichter der Menschen voneinander unterscheiden, so unterscheiden sich auch das Ziel und der Inhalt ihres spirituellen Raums, das heißt ihre Lebensräume. Der Lebensraum jedes Menschen ist das Spiegelbild seines Egos. Von Schizophrenen abgesehen, vereinigt jeder Mensch seine verschiedenen physikalischen und spirituellen Bereiche des Raums zu einer einheitlichen Welt, die für ihn in jedem Sinne die volle Größe des Raums darstellt. Wenn sich die spirituelle Welt mit dem Selbst zusammenschließt, sind Leben und Lebensraum ausreichend substantiell, und das Individuum ist so frei, daß es Wirkung auf die Außenwelt ausüben kann. In dem Maße, in dem sich der Lebensraum ausweitet, wächst die individuelle Kraft und Stärke zu denken und zu handeln, und der Mensch führt selbst ein ausgefüllteres Leben.

Das Selbst gewinnt mehr und mehr Erkenntnisse und erfreut sich an dem größeren Bereich, der sich ihm eröffnet. Es entdeckt einen neuen Sinn und andere Dimensionen, die es in seinen Lebensbereich integrieren kann. Mit Freude und Heiterkeit im Herzen sucht es nach einem eigenen Weg zu seiner Vollendung und zur Vollkommenheit.

Einer Zukunft in einem sich ständig erweiternden Lebensraum kann man mit Hoffnung und Vertrauen entgegensehen. Der Raum breitet sich über das eigene Selbst hinaus aus, um das Leben anderer zu bereichern, um zur Liebe in der Familie zu inspirieren und ein schöneres soziales Umfeld zu schaffen. Diese

Kraft steigert sich zur Liebe für die Menschheit und für alle lebenden Dinge und die Einheit mit dem Kosmos. Der sich ausdehnende spirituelle Raum stärkt die Lebensenergie und verleiht uns sowohl körperlich als auch geistig ein heiteres, unbeschwertes Gefühl. Wenn das Leben voller Aktivität ist, durchströmt die Energie jeden Teil des Körpers, so daß man seine Schwere nicht mehr fühlt. Die physikalischen und spirituellen Elemente bilden eine Einheit, und deshalb schlagen sich Veränderungen im Geist und im Gemüt auf geheimnisvolle Weise auch im körperlichen Bereich nieder. Wenn sich der Geist einen großen spirituellen Raum verschafft, fühlt sich der Körper befreit und bewegt sich leicht und freudig, wie er will.

Raum-Zeit

Seit Isaac Newton glaubten die Menschen lange Zeit, daß ein Apfel wegen der Anziehungskraft der Erde auf den Boden falle. Heute berichten die Wissenschaftler, daß die Krümmung des Raums in unmittelbarer Nähe der Erde dafür verantwortlich sei. Ihrer Meinung nach ist der Raum, der große Massen wie die Erde umgibt, stark gekrümmt, und der fallende Apfel folgt schlicht der Linie dieser Krümmung. In der Praxis scheint es keinen großen Unterschied zu machen, ob die Schwerkraft oder die Krümmung diese Wirkung ausübt, aber die Ansichten der Wissenschaftler über das Universum wird davon beeinflußt.

Der Gedanke von der Krümmung des Raums ist Teil von Einsteins Relativitätstheorie. Nach Einstein verstärkt sich die Krümmung in der Nähe der Erde, und sie verstärkt sich noch mehr in der Nähe von größeren Massen wie der Sonne. Einstein sagte, daß das, was wir Schwerkraft nennen, keine direkte Anziehung ist, sondern vielmehr eine indirekte Auswirkung der Raumkrümmung oder des Gravitationsfeldes, das die Erde in dem sie umgebenden Raum aufbaut.

Die Theorie der Krümmung wurde bei einem Experiment mit Licht bewiesen. Bis Ende des neunzehnten Jahrhunderts wurde es als eine unabänderliche Tatsache betrachtet, daß sich Licht in geraden Linien ausbreitet. Wenn der Raum selbst gekrümmt ist, sollte man deshalb eigentlich erwarten, daß auch der Lichtstrahl gekrümmt ist, und wenn das zutrifft, dann müßte eine deutliche Rundung des Raums um die Sonne erkennbar sein. Der britische Astronom Arthur Stanley Eddington machte während einer totalen Sonnenfinsternis im Jahre 1919 die entscheidende Entdeckung, daß sich der Lichtstahl von entfernten Sternen tatsächlich um die Sonne krümmt, und zwar so sehr, daß Sterne, die von der Sonne verdeckt waren und nach der These des linearen Lichtstrahls hinter ihr nicht zu erkennen gewesen wären, doch sichtbar sind.

Dieses Ergebnis bewies darüber hinaus, daß der Raum um die Gestirne eine andere Krümmung hat als der um die Sonne und daß es im gesamten kosmischen Raum zahllose komplizierte Kurvenlinien gibt. Daraus folgt, daß sich der Komplex der Krümmungen mit der Bewegung der Gestirne ständig verändert und der Kosmos wie ein lebender Körper in einem Zustand unaufhörlicher Transformation ist.

Die Krümmung wirkt sich auch auf den Verlauf der Zeit aus. In der Nähe der Sonne ist die Krümmung stärker als die in Erdnähe, und deshalb vergeht die Zeit auf der Sonne langsamer. Um genau zu sein: Eine Sekunde auf der Sonne entspricht 1,000002 Sekunden auf der Erde. In der unmittelbaren Nähe der Himmelskörper, die mehr Masse oder eine größere Dichte haben als die Sonne, verstreicht die Zeit noch langsamer.

Seit einigen Jahren hören wir des öfteren von Schwarzen Löchern, das heißt von Gestirnen mit einer so ausgeprägten Raumkrümmung, daß alles Licht in ihrer Nähe festgehalten wird. Deshalb können wir überhaupt nichts von diesen Gestirnen sehen. Es könnte sein, daß auf solchen Himmelskörpern die Zeit praktisch stillsteht.

Tausend Jahre auf der Erde sind vielleicht nach irdischer Zeit auf der Sonne nur um etwa einen halben Tag kürzer. In einem Schwarzen Loch dauern die tausend irdischen Jahre vielleicht nur einen Tag oder noch weniger. Andererseits mag es im Universum Orte geben, an denen tausend irdische Jahre hundert Millionen Jahren entsprechen. Kurz gesagt, die Zeit variiert je nach Standort im Universum.

Einsteins Relativitätstheorie hat die Grundfesten unserer Ansichten über Zeit und Raum erschüttert. Da sich die meisten von uns so sehr auf unseren kleinen Planeten beschränken, sind wir eher geneigt, an Newtons Konzepte vom absoluten Raum und von der absoluten Zeit zu glauben, denn sie scheinen in diesem winzigen Teil des Universums ganz vernünftig zu funktionieren. Einstein hingegen erbrachte den Beweis, daß weder Zeit noch Raum absolut sind. Weil die Veränderung der Krümmungen im Raum, die durch die Bewegung der Himmelskörper entsteht, auf die Zeit einwirken, können wir nicht mehr davon ausgehen, daß Raum-Zeit unabhängig von Materie ist.

Noch deutlicher wird das in der speziellen Relativitätstheorie erklärt, nach der die Krümmung des Raums die Zeit verlangsamt. Es gibt demnach eine direkte Wechselbeziehung zwischen Raum und Zeit, die man *Raum-Zeit-Kontinuum* nennt. Da es eine konstante Interaktion zwischen diesem Kontinuum und den Himmelskörpern, einschließlich Erde und Sonne, gibt, können wir sagen, daß Raum, Zeit und die Gestirne wie ein Ganzes zusammenwirken, in dem die unendlichen Veränderungen und Transformationen des Kosmos stattfinden.

Ich erinnere mich an einen Abschnitt eines Gedichts von Li Po: »Himmel und Erde sind ein Gasthaus, in dem alle Dinge eine kurze Rast machen; Zeit ist die ewige Ansammlung von Gästen.« Ich erwähne das hier, weil diese Zeilen eine Rolle bei Hideki Yukawas Sphärentheorie zu spielen scheinen.

Einstein hat viel dazu beigetragen, die Beziehung zwischen dem Raum-Zeit-Kontinuum und massiven Himmelskörpern aufzuzeigen, aber er sagte wenig über die Beziehung zwischen Raum-Zeit und Elementarteilchen. Hideki Yukawas Theorie unternimmt den Versuch, diese Beziehung näher zu erklären.

Li Po erwähnt in seinem Gedicht ein Gasthaus, in dem sich Reisende eine Zeitlang aufhalten. In Yukawas Theorie entsprechen die Elementarteilchen diesen Reisenden, und der Raum ist das Gasthaus, in dem die Elementarteilchen für eine winzige Zeitspanne existieren. Die Zeit selbst ist ein ewiger Reisender und zieht immer weiter. Yukawa nannte diese Theorie das »Konzept vom Gasthaus«.

Mich erstaunt immer wieder, wie oft die Einsichten großer Dichter mit späteren wissenschaftlichen Erkenntnissen übereinstimmen. Yukawas Theorie, das heißt die Verschmelzung von Raum-Zeit und Materie trifft sowohl auf den Mikrokosmos als auch auf den Makrokosmos zu, aber am verblüffendsten ist, daß er die Idee von Li Po (701–762) übernommen hat, der keinerlei derartige wissenschaftliche Kenntnisse für seine Aussage haben konnte.

Ich würde gern über den Bereich des rein Physikalischen hinausgehen. Wahr ist, daß wir in einem Raum-Zeit-Kontinuum existieren, und doch haben wir gleichzeitig unsere eigene, subjektive Raum-Zeit. Unser Leben erschafft eine subjektive Lebenszeit. Darüber hinaus wird unsere Lebenszeit an unserem Zeitfluß gemessen, in dem unsere Lebensspanne enthalten ist.

Umgekehrt kann der Fluß unserer Lebensenergie nicht getrennt von der Lebenszeit oder der Lebensspanne betrachtet werden. Unsere Lebenszeit und unsere Lebensspanne werden durch die Bewegung und das Pulsieren der Lebensenergie geboren. Zur selben Zeit wird unsere Lebenskraft von der Lebenszeit und der Lebensspanne beeinflußt. Diese Verschmelzung von in Wechselbeziehung stehenden Elementen erinnert an Yukawas Konzept vom Gasthaus.

Da physikalischer Raum und physikalische Zeit zu einem Kontinuum vereint sind, muß man vernünftigerweise annehmen, daß dieses Kontinuum die Wurzel unserer Lebensenergie ist – ebenso wie für den subjektiven Raum und die subjektive Zeit. Je mehr wir uns der Quelle unserer Lebensenergie nähern, desto größer wird der subjektive Raum, bis er schließlich alle Menschen umfaßt, alles Leben, die Erde und die Gestirne, und der gesamte physikalische Raum wird eins mit dem unbegrenzten Kosmos. An diesem Punkt gibt es keine physikalischen Unterschiede mehr. Menschliches Leben, Elementarteilchen, Tiere, Pflanzen, die Sonne, die Sterne – alle Dinge, fühlende oder nichtfühlende, verschmelzen zum unendlichen Pulsschlag der kosmischen Lebensenergie. Umgekehrt erschafft und aktiviert diese Lebensenergie alle Erscheinungen des Kosmos. Die Manifestation dieser höchsten Existenz wird *Nam-myōhō-renge-kyō* genannt – oder auch Ewigkeit *(kuon)*.

Nichiren Daishonin schreibt in *Über die Verwirklichung der Buddhaschaft in diesem Leben (Issho Jobutsu-shō)*: »Leben umfaßt in jedem Augenblick sowohl den Körper als auch den Geist, das Selbst und die Umwelt mit allen fühlenden Wesen in allen Lebenszuständen sowie alle nichtfühlenden Wesen – Pflanzen, Himmel und Erde bis zu den kleinsten Staubkörnchen. Das Leben durchdringt in jedem Augenblick das Universum und offenbart sich in allen Phänomenen.« Das heißt, daß der ganze Kosmos von dem Geist umfaßt wird, der jeden Lebensmoment zusammenschließt, und jeder Lebensmoment dehnt sich im Kosmos aus und wird zum Prinzip aller Elemente. Er ist identisch mit *Nam-myōhō-renge-kyō*, das kosmisches Leben und die Kraft ist, die hinter der kosmischen Bewegung steht, wie sie im Raum-Zeit-Kontinuum in Erscheinung tritt.

Alle Elemente des Universums sind im ewigen kosmischen Leben enthalten, welches das Mystische Gesetz ist. Wenn das Mystische Gesetz konkret in Aktion tritt oder Gestalt annimmt, wird es zur Lebenszeit und zur Lebensspanne individuellen Lebens. Jedes Selbst im Universum ist Teil des kosmischen Lebens, und es schöpft Kraft aus dem kosmischen Leben, um in der physikalischen Welt zu wirken. Im tiefsten Kern ist jedes Leben identisch mit dem Leben des Kosmos. Deshalb lautet einer der buddhistischen Leitsätze:»Der Kosmos ist das Selbst.« Unser Selbst und das aller anderen partizipieren an der ursprünglichen kosmischen Energie, die alle Phänomene erschafft. Wenn diese ursprüngliche Energie in unserer Alltagswelt als Lebenskraft in Erscheinung tritt, vereinigen alle verschiedenen Arten des Selbst ihre individuelle Identität zu Gestirnen, Planeten, Menschen oder anderen Lebewesen. Die Energie des Selbst strömt hervor als Lebensfluß, der Lebensraum und Lebenszeit hervorbringt. Das Selbst und die Manifestation seiner ursprünglichen Energie gebiert Zeit und Raum. Ohne Lebensaktivität gibt es weder Zeit noch Raum. Man muß dieses Prinzip verstehen, um die Identität des Selbst mit dem Kosmos oder dem Konzept der Ewigkeit in jedem Lebensaugenblick im vollen Umfang begreifen zu können.

Wir werden nicht in eine riesige, bereits existierende Ausdehnung von Zeit und Raum, die man Universum oder Kosmos nennt, hineingesetzt – im Gegenteil, wir sind integraler Bestandteil dieser Ausdehnung und schöpfen unsere Energie aus der einzigen ursprünglichen Lebensenergie, die alle anderen Elemente im Universum erschafft und motiviert. Alle Individuen sind im kosmischen Selbst vereint, und die fundamentale Einheit, welche sie mit der Energie versorgt, damit sie in der Welt als individuelles Selbst manifest werden können, ist ewig; das ist das Mystische Gesetz oder *Nam-myōhō-renge-kyō*. Alles ist darin eingeschlossen; alles geht daraus hervor, alles kehrt dorthin zurück.

Das Selbst des universellen Lebens breitet sich unendlich durch Raum und Zeit aus. Dies ist das Wirken des Mystischen Gesetzes, der fundamentalen Essenz des Universums in diesem und jedem Augenblick. Es ist die sprudelnde Quelle der unendlichen Energie von *Nam-myōhō-renge-kyō*. Die Existenz dieses gegenwärtigen Augenblicks ist die Existenz des kosmischen

Wesens in diesem gegenwärtigen Augenblick, und da dieser Augenblick den gesamten Kosmos enthält, enthält er die Ewigkeit. Das Selbst des kosmischen Lebens, das dem Kosmos, wie er in diesem Moment existiert, zugrunde liegt, ist mit dem Selbst in all unseren Leben verschmolzen.

Wenn wir nicht aus der unendlichen Energiequelle des Kosmos schöpfen, geraten wir in Schwierigkeiten, weil wir unsere Identität mit dem Kosmos nicht beachten. In unserem Leben ist Ewigkeit enthalten, aber wir treffen nicht einmal Vorkehrungen für das nächste Jahr. Vom Potential her ist unser Lebensraum unendlich, aber so wie die Dinge jetzt liegen, nimmt er nicht einmal diesen winzigen Planeten Erde ein. Wir müssen einen Weg finden, die Ewigkeit in einem einzigen Augenblick zu leben und auszudehnen und unseren Lebensraum und die Lebenszeit zu vergrößern, bis sie das Universum erfüllen. Wir müssen erkennen, daß wir eins sind mit dem Mystischen Gesetz.

II
Die Lebensanschauung im Buddhismus

6 Die Zehn Zustände des Seins

Von der Hölle zur Buddhaschaft

Nach zwanzig Jahren der Massaker und Greueltaten wurde der Krieg in Vietnam endlich beendet. Zusätzlich zu den erschrekkend vielen Opfern, die dieser Krieg gefordert hat, wurde das Leben unzähliger Menschen beeinträchtigt.

Ende 1972 berichtete ein japanischer Korrespondent, der aus Hue zurückkam, daß die Vietnamesen »Angst vor dem Frieden« hätten. Er meinte damit nicht, daß die Vietnamesen keinen Frieden wollten, sondern daß sie nicht wüßten, was Frieden sei oder was er ihnen bringen würde. Den Krieg kannten sie, aber der Frieden war etwas vollkommen Unbekanntes. Denjenigen von uns, die das Glück haben, an Frieden gewöhnt zu sein, wird das unwirklich erscheinen. Und doch ist es ein Jammer, daß es gegen Ende des Krieges so wenige Menschen in Vietnam gab, die alt genug waren, sich an einen Zustand des Friedens zu erinnern.

Nachdem diese unglücklichen Menschen den höllischen Krieg irgendwie überlebt hatten, mußten sie sich die Frage stellen: »Was ist Frieden?« Eine ganze Generation kannte nichts als Krieg, Bomben und verbrannte Erde. Wie sehr sie auch gehofft haben mochten, wenigstens ab und zu ein menschenwürdigeres Leben führen zu können, wurde diese Hoffnung jedesmal zerstört und mußte Mißtrauen und Verzweiflung weichen. In ihrem Leben war das einzig Gewisse der Tod.

Das allerschlimmste am Krieg ist meiner Meinung nach, daß er das natürliche menschliche Verlangen nach Frieden zerstört. Jedermann haßt den Krieg, und jedermann sehnt sich danach, ein friedvolles Leben führen zu können. Aber wenn ein Krieg beginnt, dann begräbt er alle natürlichen Impulse, den Frieden herbeizuführen, unter dem Schlamm von Zweifeln und Angst. Deshalb ist Krieg die Hölle.

Als Kind fürchtete ich mich vor der Hölle. Sie war für mich ein schrecklicher Ort, den man nach dem Tode erreicht und der bevölkert ist von bösartigen Hunden und noch tückischeren Teufeln. Ich wußte, daß ich dorthin kommen würde, wenn ich nicht brav war. Heute lachen die Kinder über diese Art von Hölle. Die unheimlichen Monster, die sie in den Comic-Heften und im Fernsehen sehen, scheinen für sie realer zu sein als die Teufel und Höllenhunde, die mich in Angst und Schrecken versetzt haben.

Die Hölle ist keineswegs ein Produkt der Phantasie. Sie existiert in unserem Leben, direkt hier auf der Erde. Tatsächlich ist die Hölle die Qual, die wir während des Lebens durchleiden, und keine von Menschen geschaffene Hölle ist schlimmer als der Krieg.

Die Hölle ist die höchste Pein. Nichiren Daishonin schreibt im *Neujahrsbrief (Mushimochi Gosho)*: »Die Frage, wo genau die Hölle und der Buddha sich befinden, beantwortet ein Sutra so, daß die Hölle unter der Erde sei, und in einem anderen Sutra kann man lesen, daß sich Buddha im Westen befinde. Eine eingehende Überprüfung zeigt jedoch, daß beides in unserem ein Meter fünfzig großen Körper existiert.«

Im Buddhismus ist es wichtig, immer das innere Selbst zu betrachten, um die eigenen Gefühle dem Leben gegenüber zu erforschen. Man mag vielleicht andere über seine wahren Gefühle täuschen können, aber sich selbst kann man letztendlich nicht täuschen. Wer ständig von Qualen gepeinigt wird, befindet sich in der Hölle. Wer innerlich und äußerlich vollkommen glücklich ist, erlebt eine Berührung mit der Buddhaschaft. Jeder der über fünf Milliarden Menschen auf dieser Erde unterscheidet sich vom anderen, aber einige Dinge haben wir alle gemeinsam. Wir kennen Glück, Trauer, Kummer, Freude, Angst und andere grundlegende Emotionen. Unsere gemeinsamen Eigenschaften, die solche Grenzen wie Rasse und Hautfarbe überschreiten, sind Teil unseres Selbstgefühls. Das Selbstgefühl ist, mit anderen Worten, das gemeinsame Fundament der gesamten Menschheit.

Das Selbst ist zwar ein gemeinsamer Nenner, der innere Zustand des Selbst aber variiert von Mensch zu Mensch. Der Buddhismus kennt Zehn Zustände oder Bereiche, in denen sich das individuelle Selbst befinden kann. Im universellen Sinne handelt es sich um zehn Kategorien der Existenz, in die ein Lebewesen jederzeit fallen kann. Wir nennen sie die Zehn Welten oder Zustände *(Jikkai)*: (1) Hölle, (2) Hunger, (3) Animalität, (4) Ärger, (5) Menschlichkeit, (6) Entzücken, (7) Lernen, (8) Erkenntnis, (9) die Boddhisattva-Natur und (10) Buddhaschaft.

Die meisten Menschen, mit denen ich über die Zehn Zustände spreche, sehen sie im Grunde als zehn verschiedene Welten an, sicher weil sie die traditionellen Bezeichnungen zu wörtlich nehmen. Der zweite Zustand zum Beispiel wird im Japanischen und Chinesischen mit Schriftzeichen geschrieben, die wörtlich ausdrücken: »Welt der verhungernden Seelen«, und die Schriftzeichen des dritten Zustands heißen übersetzt »Welt der Bestien«. Diese Bezeichnungen legen nahe, daß von Orten die Rede ist, die sich außerhalb der Erde befinden und von nichtmenschlichen Wesen bevölkert sind. In Wirklichkeit jedoch existiert jeder dieser Zustände – möglicherweise und tatsächlich – in jedem einzelnen Menschenleben als der sich stetig wandelnde Zustand seines Selbst. Einfacher ausgedrückt: Wir müssen nicht erst sterben und in eine andere Welt übergehen, um in der Hölle zu sein oder um eine Bestie oder verhungernde Seele zu werden. Nichiren Daishonin erklärt die Zehn Welten und ihren Bezug auf das Leben der Menschen am klarsten. In *Das wahre Objekt der Verehrung (Kanjin no Honzon-shō)* schreibt er über die ersten sechs Zustände: »Wenn wir von Zeit zu Zeit das Gesicht einer Person betrachten, erkennen wir manchmal Freude, manchmal Zorn und manchmal Ruhe in den Zügen. Bisweilen ist Gier auf dem Gesicht zu erkennen, bisweilen Torheit und bisweilen Eigensinn. Zorn ist die Welt der Hölle, Gier ist die des Hungers, Torheit ist die der Animalität, Eigensinn die des Ärgers, Freude die des Entzückens und Ruhe die der Menschlichkeit.« Ich halte diese Erklärung von Nichiren Daishonin für eine fabelhafte Illustration der Einsicht ins innere Selbst. Er erkannte, daß sich eine Person – gleichgültig wie großartig sie sich anderen gegenüber präsentiert – sehr wohl in der Hölle befinden kann. Es spielt keine Rolle, wie selbstbeherrscht ein Mensch erscheint, auf spiritueller Ebene kann er sich im Zustand des Hungers befinden. Die traditionellen Bezeichnungen für die Zehn Welten stellen die Zustände, in denen das Selbst sein kann, bildhaft und klar dar – ob das Selbst von einer impulsiven Leidenschaft beherrscht wird, ob es im Egoismus gefangen ist, nicht vom Verstand oder dem Bewußtsein gesteuert wird oder ob es erfüllt ist von Freude und Leben. Die Zehn Zustände entsprechen generell den Erfahrungszuständen der Menschen und schließen alle verschiedenen Umstände ein, in denen sich ein Mensch befinden könnte.

Die Anzahl ist nicht zufällig, sie ist jedoch auch nicht gewählt worden, weil die Zehn die Basis des Dezimalsystems ist und auch nicht aus irgendwelchen anderen derartigen Gründen. Einerseits haben sich die buddhistischen Denker für die Zehn entschieden, weil sie alles einschließt, andererseits weil sie die kleinste Anzahl von Kategorien finden wollten. Acht Kategorien hätten eine Verbindung von zwei grundlegend verschiedenen Zuständen bedeutet: zwölf hätten vorausgesetzt, daß zwei grundlegende Zustände geteilt werden müssen, damit sie vier ergeben.

Ich versichere Ihnen, daß dieses Konzept wohl durchdacht ist, und dafür möchte ich Ihnen ein oder zwei Beispiele anführen. Betrachten wir den Zustand der Qual, welcher der Hölle entspricht, etwas genauer. Es gibt viele Arten der Qual – den

Schmerz und die Pein, die jemand erleidet, der unheilbar krank ist; den Kummer einer Frau, deren Mann zuviel trinkt und der unfähig ist, für die Familie zu sorgen; die Sorgen einer Mutter, deren Sohn straffällig geworden ist; den Kummer eines Vaters, dessen Tochter zu freizügig mit Männern umgeht. Die Situationen sind unterschiedlich, und jede hat ihre ganz spezielle Nuance, aber die Menschen, die darin gefangen sind, führen ein leidvolles Leben, und das Leid wird von anderen als solches erkannt. Ein Mensch, der sich auf irgendeine Weise von seiner als unheilbar angesehenen Krankheit erholen kann, *fühlt* das Leid eines anderen, der eine solche Krankheit hat. Eine Mutter, die ihr Kind verloren hat, *fühlt* die Qual der Eltern, die einen Sohn in den Krieg schicken müssen. Nachempfundenes Leid mag nicht so schmerzlich sein wie persönliches Leid, aber irgend etwas im menschlichen Selbst erkennt und versteht die Qualen. Die Qual ist ein Zustand, den wir alle erfahren und begreifen können.

Im Zustand der Animalität – oder in traditioneller Terminologie der »Welt der Bestien« – wird das Selbst nur von Instinkten gelenkt. Auch hier gibt es unzählige Arten von Instinkten: den Sexualtrieb, den Hunger, den Drang zu schlafen und so weiter. Es gibt Menschen, die leben, um zu essen; Menschen, die glücklich wären, wenn sie den Rest ihres Lebens verschlafen könnten; Menschen, die ihren Sexualtrieb nicht kontrollieren, und Menschen, die ihre Drogensucht nicht aufgeben können. Alle sind verschieden und führen ihr eigenes Leben, aber gemeinsam ist allen, daß sie sich, ohne nachzudenken, wie Tiere ihren Instinkten überlassen.

Jeder dieser Zehn Zustände, das werden Sie selbst herausfinden, birgt eine eigene Universalität in sich. Andererseits überlappen sich die Bereiche nicht so weit, daß sie kombiniert werden können. Die Qual des ständigen Eßbedürfnisses ist nicht dasselbe wie das Leid bei einer unheilbaren Krankheit. Genausowenig sind sich Hunger und die Hölle ähnlich, da in der Hölle nicht einmal mehr Platz für Verlangen oder Sehnsucht ist – dort gibt es nur Hoffnungslosigkeit und dumpfe Wut auf das eigene hilflose Selbst. In der Hölle schreit man nicht nach etwas, was man will, und stöhnt nur, weil man weiß, daß es keinen Zweck hat, sich etwas zu wünschen. Wenn man jedoch Hunger hat, gibt es eine beständige, unersättliche Begierde, die den Hunger hervorbringt. Und Sie erkennen selbst, daß es einen Unterschied gibt zwischen dem Hunger, dessen Quelle Unersättlichkeit ist, und dem Hunger, der normalem Instinkt entspringt. Genau derselbe Unterschied besteht zwischen dem Zustand des Hungers und dem gedankenlosen Zustand der Animalität.

Man kann von einem Zustand in einen anderen gleiten. Ein Mensch, der keinen Appetit verspürt, weil er hohes Fieber oder schreckliche Zahnschmerzen hat, befindet sich nicht im Zustand des Hungers. Eher durchlebt er den Zustand der Hölle. Wenn das Fieber jedoch sinkt oder die Zahnschmerzen nachlassen und der arme Mensch dennoch aus gesundheitlichen Gründen keine feste Nahrung zu sich nehmen kann, wird er den Zustand der Hölle verlassen und in den Zustand des Hungers überwechseln. Qual und Unersättlichkeit, hilflose Wut und pure Gier unterscheiden sich voneinander, und das fühlen wir auch. Die Zustände, die von Gefühlen bestimmt werden, sind qualitativ verschieden und deshalb nicht zu »kombinieren«. Um ein rein praktisches Beispiel anzuführen: Menschen werden nicht hungrig, wenn sie echte Qualen erleiden, und sie werden nicht zornig auf sich selbst, wenn sie Gier und Verlangen empfinden.

Ehe ich weiter über die Idee der Zehn Zustände spreche, möchte ich betonen, daß diese Unterteilung gleichzeitig subjektiv und objektiv Bestand hat. Die Zehn Zustände basieren auf dem subjektiven Selbstgefühl, das menschliches Leben kennzeichnet, und sind in diesem Sinne subjektiv. Zur selben Zeit sind die Begriffe, die die Zustände beschreiben, eindeutig objektiv, und das Schema erschließt sich beidem – der subjektiven wie der objektiven Ebene.

Wenn wir vom objektiven Standpunkt ausgehen wollen, müssen wir erst die Substanz und den Gehalt des Selbst analysieren. Welche Merkmale nimmt das Selbst in jedem dieser Zehn Zustände an? Ist es Verlangen, Vernunft, Leidenschaft, Egoismus oder was sonst? Außerdem sollten wir die Zehn Zustände mit dem Lebensraum und der Lebenszeit in Zusammenhang bringen. Und schließlich müssen wir darüber nachdenken, in welchem Umfang das Leben in jedem der Zustände erfüllt sein kann und ob es aktiv oder passiv, subjektiv oder objektiv, frei oder gezwungen ist.

Noch wichtiger bei der Untersuchung der Zehn Zustände ist es, Möglichkeiten aufzudecken, wie man den Menschen zu einem menschlicheren Leben verhelfen kann, wie man Kriege, Umweltverschmutzung und soziale Ungerechtigkeiten vermeidet und den einzelnen dorthin führt, daß er sein Karma verbessern kann. Das Konzept der Zehn Zustände kann die Basis einer Philosophie bilden, auf der eine menschlichere Kultur und Gesellschaft aufgebaut werden kann.

Wir müssen wissen, in welchem Zustand das Selbst ist, wenn es Kriege und die Zerstörung der Umwelt verursacht, aber auch wenn es auf Frieden und Freundschaft hinwirkt. Das ist, glaube ich, der erste Schritt, um die Ursachen des Bösen auszurotten, welches das menschliche Leben nicht achtet und die Rechte eines Menschen auf das Leben verleugnet. Wir müssen nach Wegen suchen, um das Leben der Menschen zu verändern, die vom Krieg so sehr gepeinigt wurden, daß sie sich die Frage stellen: »Was ist Frieden?« Wir müssen versuchen, ihnen zu zeigen, wie sie Energie aus der fundamentalen Quelle des Lebens ziehen können, die sie wieder in die Lage versetzt, ein wahrhaft menschliches Leben zu führen.

Die Philosophie der Zehn Zustände ist eine pragmatische Philosophie. Sie befähigt das Selbst, sich über die Qual und die Verzweiflung zu erheben, um ein wahrhaft lebenswertes Leben zu haben. Wir müssen den Versuch unternehmen, das Konzept der Zehn Zustände auf eine universellere, kosmische Ebene zu transportieren, was zu der Philosophie des Wechselseitigen Besitzes der Zehn Welten und zu der Theorie der Dreitausend möglichen Welten in jedem Augenblick des Lebens führt. Kurz gesagt: Wir müssen den Weg aufzeigen, der von der Pragmatik der Zehn Welten hin zu einer erhabenen, vollkommenen Lebensphilosophie führt, die als Basis für eine neue menschliche Zivilisation und Kultur dienen kann, in der die Leute die Frage stellen werden:»Was ist Krieg?«

Die Bösen Pfade

Wann immer ich an die Hölle denke, steht mir das schreckliche Bild der Verwüstung von Hiroshima nach dem ersten Atombombenabwurf am 6. August 1945 vor Augen. Die Schriftstellerin Yōko Ōta, die eins der Opfer war, beschrieb die Katastrophe folgendermaßen:»Die Tage kamen und gingen, eingehüllt in Verwirrung und Alpträume. Selbst an einem wolkenlosen, klaren Herbsttag versanken wir in dämmrigem Trübsinn und stummem Chaos. Es gab kein Entrinnen. Jeden Tag starben Menschen wie ich in meiner Umgebung ...
Wann mich der Tod ereilen würde, konnte ich nicht voraussagen. Jeden Tag zog ich mehrmals an meinen Haaren und zählte, wie viele ausgefallen waren. Immer wieder warf ich einen Blick auf meine Hände und Füße, um zu sehen, ob die grauenvollen Flecken auf meiner Haut zu sehen waren ... Mein Geist war vollkommen klar. Ich wußte: egal wie schrecklich der Ausschlag auch sein mochte – ich würde keine Schmerzen und kein Brennen verspüren. Das Unheimliche an dieser Atombomben-Krankheit, der irre Geisteszustand, war eine neue Hölle für die Opfer. In meinem Inneren wanden sich wie zwei große Schlangen das Grauen, einem Tod ausgeliefert zu sein, den ich nicht verstand, und ein haßerfüllter Schrei gegen den Krieg selbst.

Wie trübsinnig der Tag auch war, die Schlangen wanden sich und schrien in mir« [Aus *A City of Corpses (Shikabana no Machi)*].

Diese Beschreibung ist nicht nur sehr eindrücklich, sondern es sind auch die Worte eines Menschen, der die qualvolle Erfahrung, hilflos zwischen Leben und Tod zu schweben, durchlebt hat – eines Menschen, der der Freiheit des Lebens und der Freiheit des Handelns beraubt war. Genau das ist der Zustand, den wir Hölle nennen – wenn keine Kraft mehr vorhanden ist, die Dinge um sich herum zu ändern, wenn es keine Hoffnung auf die Zukunft und keine Freiheit für das Selbst mehr gibt.

Die mächtige Lebensenergie, die uns alle durchströmt, stattet uns mit dem Drang zu leben aus, mit instinktivem Verlangen und der geistigen Fähigkeit, eine menschliche Existenz zu führen. Wir lernen zu lieben, uns dürstet nach Wissen, wir werden von Leidenschaften übermannt. Vielleicht driften wir aber auch in die entgegengesetzte Richtung und gelangen zu Aggressivität, Zerstörungswut oder Eifersucht und Neid. In jedem Fall durchströmt uns Lebensenergie und webt die Muster unseres Daseins. Im Bereich der Hölle ist der Fluß der Energie, die aus der ursprünglichen Quelle sprudelt, beinahe völlig versiegt, und wir empfinden nichts mehr außer unbeschreiblicher Pein.

Menschen, die an den Folgen einer atomaren Verseuchung leiden, wissen nicht, wann sie sterben werden, und die moderne Medizin ist noch immer in vielen Fällen machtlos und kann den Tod nicht verhindern. Ein anderer neuartiger Schrecken, die *itai-itai*-Krankheit, die durch Umweltverschmutzung verursacht wird, ist möglicherweise noch grauenvoller. Im fortgeschrittenen Stadium sind die Schmerzen so schlimm, daß die Kranken weder schlafen noch essen können, und oft sterben sie schreiend vor Qual.

Es ist bemerkenswert, daß die Schriftzeichen, die die Japaner für das Wort »Hölle«, *jigoku*, verwenden, mit »das Niedrigste«

(ji) und mit »eingeschränkt oder eingesperrt sein« *(goku)* zu übersetzen sind. Die ursprüngliche Bedeutung von *jigoku* enthält demnach den Gedanken des Unfähig-Seins, sich frei zu bewegen oder zu handeln.

Hölle ist, kurz gesagt, der Zustand des Zermalmt-Werdens von Qualen und der Unfähigkeit, etwas dagegen zu unternehmen. In diesem Stadium kann das Leben, gleichgültig wie lange es andauert, nicht erfüllt sein.

Und dennoch versickert unsere Lebensenergie niemals völlig, auch wenn der Strom stark eingeengt ist. Selbst im Angesicht des Todes suchen die Menschen verzweifelt nach einem Hoffnungsschimmer, und nicht selten verharrt ein Mensch, der an einer sogenannten unheilbaren Krankheit leidet, in der schwachen Hoffnung, daß rechtzeitig ein neues Medikament oder eine neue Therapie gefunden werden oder daß sein Arzt sich geirrt haben oder die Krankheit irgendwie auf natürliche Weise ausheilen könnte.

Der russische Schriftsteller Solschenizyn stellt in *Krebsstation* glänzend dar, welche psychologische Wirkung die Andeutung, daß eine natürliche Heilung der Krankheit möglich sei, auf Patienten ausübt. In diesem Buch fällt einem Patienten ein pathologisches Fachbuch in die Hände, in dem es heißt, daß es Krebspatienten gebe, bei denen die Krankheit von selbst ausgeheilt sei. In dem Buch steht auch, daß ein solches Phänomen ausgesprochen selten vorkomme, doch ist der Patient sofort überzeugt, daß er selbst zu diesen seltenen Fällen gehört, und andere Patienten schöpfen auch sehr schnell wieder Hoffnung. Wörtlich schreibt Solschenizyn: »Es war, als wäre ein schillernder Schmetterling mit dem Namen ›natürliche Heilung‹ von den Seiten des großen Fachbuchs geflattert.« Die Patienten müssen in ihren Herzen realisiert haben, daß der Schmetterling, die Kristallisierung ihrer Hoffnungen, ein flüchtiges Wesen ist, aber sie glaubten dennoch an ihn.

Manche Menschen würden so etwas »sich sinnlos ans Leben

klammern« nennen, aber dieselben Menschen klammern sich auf ihre Art auch an das Leben – sie sind nur zufällig nicht krank. Die innere Lebensenergie, der Ursprung des Lebenswillens, kann in gewalttätige Wut gegen die Menschen umschlagen, die behaupten, daß es keine Hoffnung mehr gibt, und als Folge davon könnte der Patient eine ernste emotionale Krise durchleben. Der Wunsch, am Leben zu bleiben und dafür zu kämpfen, ist natürlich; wenn dieser Wunsch jedoch das Selbst in einen emotionalen Strudel reißt, kann dies die Lebensenergie erschöpfen, und der Tod ist näher als zuvor. Das ist eine besondere Grausamkeit der Hölle.

Wut kann der Zorn und der Haß sein, den man dem Krieg, der Umweltverschmutzung, unheilbaren Krankheiten, der Armut oder Familienzwistigkeiten entgegenbringt. Sie kann jedoch auch die kraftraubende Wut angesichts der eigenen Hilflosigkeit gegenüber dem Schlimmen sein. Solche Wut kennzeichnet den Zustand der Hölle.

Nichiren Daishonin beschreibt in *Kenhōbō-shō* (Die Enthüllung der Verleumdung) die Schrecken der acht Ebenen in der Hölle, von denen die schlimmste die Große Hölle von Abi ist. Er spricht vom Heulen, das aus Abi herausströmt. Ich sehe darin das erbarmungswürdige Stöhnen des Selbst, das erkennt, daß die Lebensenergie versiegt, verbunden mit dem entsetzlichen Gestank, der aus dem Erdreich aufsteigt – und vermutlich nichts anderes ist als der Geruch des Todes.

Menschen auf der ganzen Welt glauben, daß die Hölle unterirdisch sei – vielleicht deshalb, weil sich das gequälte, leidende Selbst fühlt, als würde es immer tiefer sinken. Yōko Ōta erwähnt, daß eine der Auswirkungen in Hiroshima das »Versinken in dämmrigen Trübsinn« gewesen sei. Und in den Sutras heißt es, daß die Hölle viele tausend Kilometer unter der Erde liege, was selbstverständlich als bildhafter Vergleich aufzufassen ist, da wir wissen, daß sich die Hölle im menschlichen Leben selbst befindet. Trotzdem halte ich es für sinnvoll, sich die Hölle als im subjektiven Raum und in der subjektiven Zeit befindlich vorzustellen. Ich vermute zum Beispiel, daß der Raum, den ein Leben einnimmt, im Zustand der Qual im subjektiven Sinne sehr beengt ist. Es ist kein Scherz, wenn ich sage, daß der Lebensraum eines Menschen mit schrecklichen Zahnschmerzen auf die Größe des Zahns zusammenschrumpft, weil dieser Mensch nicht in der Lage ist, an etwas anderes als an diesen Zahn zu denken. Der Lebensraum eines Menschen, der nicht weiß, woher er morgen seinen Reis bekommen soll, ist nicht größer als eine Reisschüssel. Der »wolkenlose, klare Herbsttag«, von dem Frau Ōta schreibt, war zu der damaligen Zeit kein Teil ihres Lebensraums, weil sie vollkommen von dämmrigem Trübsinn umhüllt war. Wenn das Selbst in der Hölle ist, findet es keinen Platz, um sich auszuruhen.

Über den Zeitverlauf in der Hölle sagen die Sutras aus, daß das Leben dort eine astronomische Anzahl von Äonen dauert, und das entspricht genau dem, was wir bereits über die subjektive Lebenszeit herausgefunden haben, nämlich, daß die Zeit sehr langsam zu vergehen scheint, wenn man Trauer oder Schmerz empfindet. Die Lebensenergie wird schwächer, und der Lebensfluß ist beinahe unterbrochen, wodurch die Lebenszeit fast nicht vergeht. Wenn das der Fall ist, erscheint die erforderliche Zeit, um der Hölle zu entkommen, endlos. Die Sutras bieten enorme Zahlen für die Zeitspanne, die ein Mensch in der Großen Hölle von Abi aushalten muß.

Eine Stufe über der Hölle steht der Zustand des Hungers, der zweite der Drei Bösen Pfade. Dieser Zustand wird traditionell der Bereich der hungrigen Seelen genannt, er heißt auch Zustand des Hungers, der Habgier oder Gefräßigkeit. Nichiren Daishonin sagt knapp: »Unersättlichkeit ist der Zustand des Hungers.«

Das Merkmal des Selbst im Zustand der Unersättlichkeit ist eine anscheinend endlose Gier, die sowohl den Körper als auch den Geist mit einem lodernden Feuer verzehrt. Wir alle sind anfällig dafür, da Gier nur eine extreme Form der Sehnsucht darstellt

144

und uns allen viele instinktive Begierden angeboren sind, einschließlich der vitalsten und stärksten: dem Wunsch zu leben. Zusätzlich zu unseren natürlichen Selbsterhaltungstrieben sind uns noch andere Begierden angeboren, oder wir eignen uns im Laufe des Lebens komplizierte Formen davon an – etwa den Drang, uns durchzusetzen, Besitzgier, Machthunger, Aggressivität und so weiter. Diese Triebe stehen mit Hunger, Animalität und Ärger in Zusammenhang, doch sind den Menschen auch ganz unterschiedliche spirituelle Sehnsüchte zu eigen.

Sind Wünsche und Triebe notwendig für den Lebenserhalt, dann sind sie förderlich. Jedoch Verlangen, das keinem höheren Ziel dient, macht uns zu Sklaven der Gier und kann uns selbst und andere ins Unglück stürzen. Hierin liegt die wahre Natur vom Zustand des Hungers.

In Nichiren Daishonins *Urabon Gosho* (Über das Fest für die Verstorbenen) wird die Mutter des Schülers Maudgalyayana (in Japanisch: Mokuren) beschrieben, wie sie im Bereich der hungrigen Seelen in Erscheinung tritt: »Mokuren öffnete seine himmlischen Augen und sah deutlich das ganze Universum wie in einem ungetrübten Spiegel. Er konnte durch die Erde hindurch auf die Drei Bösen Pfade blicken, und sah sie so klar, wie wir Fische unter der Eisdecke eines Teichs schwimmen sehen. Er sah den Bereich der hungrigen Seelen und dort, mittendrin, seine Mutter. Sie hatte nichts zu essen oder zu trinken. Ihre Haut war wie die eines gerupften Huhns und ihre Knochen wie Steine. Ihr Kopf sah aus wie eine große Kugel, ihr Hals war dünn wie ein Faden und ihr Bauch aufgeschwollen wie ein riesiger Ozean. Mit geöffnetem Mund und ineinander verkrampften Händen flehte sie um etwas, und sie erinnerte ihn an einen hungrigen Egel, der Blut aus dem Gesicht eines Menschen saugt.« In dem Text heißt es weiter: Als Mokuren seiner Mutter eine Schüssel Reis reichen wollte, ging der Reis in Flammen auf. Das Charakteristikum im Zustand des Hungers ist das schmerzliche Sehnen nach etwas, was außer Reichweite ist. Das Leben, das in ständigem Streben nach Ruhm und Macht verbracht wird, bewegt sich um ein Selbst, das in ewiger Unzufriedenheit brennt. Wenn die Sehnsüchte auf irgendeine Weise erfüllt werden oder Machtgelüste triumphieren, tritt das Selbst in den Zustand der Menschlichkeit oder sogar des Entzückens ein.

In *Risse Abidon-ron* ist zu lesen: »Der Weg der hungrigen Seelen steht im Austausch mit allen anderen Zuständen und kann gut oder böse sein.«

Wenn ein Mensch von seiner Lieblingsspeise so viel gegessen hat, wie er wollte, und sich dann zufrieden hinlegt und schläft, befindet er sich im Zustand der Animalität. Wenn sein Verlangen und seine Impulse mit den Wünschen anderer in Konflikt geraten, tritt er vielleicht in den Zustand des Ärgers über. Wenn sein Essen oder das Wasser, das er trinkt, vergiftet ist, wird das Selbst in die Hölle gelangen.

Das Verlangen eines Menschen im Zustand des Hungers kann Gutes oder Schlechtes bewirken. Tatsächlich ist die Frustration, die aus den unbefriedigten Begierden geboren wird, die treibende Kraft, die hinter vielen Errungenschaften unserer materiellen Zivilisation steckt. Ein gutes Beispiel hierfür ist die mechanische Herstellung von Lebensmitteln, die den Hungersnöten in den entwickelten Ländern zum größten Teil ein Ende gesetzt hat.

Ich denke, es ist nicht falsch, wenn man sagt, daß die meisten von uns arbeiten, weil sie gutes Essen genießen, ein bequemes Haus haben oder Reisen unternehmen und sich in der Freizeit mit etwas beschäftigen wollen. Die Leute machen Überstunden, um sich etwas leisten zu können, und ein Familienvater erduldet miserable Arbeitsbedingungen, damit seine kranke Frau geheilt werden kann. Zweifellos sind unsere Wünsche und Begierden die motivierende Kraft für viele Aktivitäten. Einer Gesellschaft kann der Wunsch nach einem besseren Leben eine bessere Politik und größere wirtschaftliche Entwicklung bescheren.

Wir dürfen jedoch nicht vergessen, daß Verlangen oder Gier auch zu Krieg und Umweltzerstörung führt. Es ist wie in *Risse Abidon-ron* beschrieben – das Verlangen im Zustand des Hungers kann Gutes oder Schlechtes hervorbringen. Diejenigen, die sich von ihrem Verlangen leiten lassen, bleiben darauf beschränkt und führen ein erbarmungswürdiges Leben. Deshalb wird der Zustand des Hungers zu den Drei Bösen Pfaden gezählt. Grundsätzlich ist es ein Zustand der ständigen Begierde und der Unfähigkeit, diese Begierde zu stillen.

Dieses Unvermögen, Befriedigung zu finden, unterscheidet den Zustand des Hungers von dem der Animalität, in dem das Selbst unaufhörlich seinen instinktiven Wünschen folgt. Ist das Selbst im Bereich des Hungers einer Pflanze gleich, wird es im Zustand der Animalität zur Bestie.

In gewissem Sinne sind wir alle Tiere, mit Instinkten, von denen einige nicht gefahrlos außer acht gelassen werden dürfen. Selbst die erleuchtetsten Menschen müssen essen und schlafen, um am Leben und gesund zu bleiben, genau wie Hunde und Katzen. Dennoch haben die Menschen im Vergleich zu den Tieren auch in dieser Hinsicht oft ziemlich seltsame Wünsche. Viele Frauen zum Beispiel sind so erpicht darauf, schlank zu sein, daß sie hungern, um ihr Ziel zu erreichen. Eine Art Rekord stellte, wie mir berichtet wurde, eine Hausfrau in Los Angeles auf, die ganze 117 Tage gefastet hat. Ihr Gewicht reduzierte sich dabei von hundertvierzig auf etwa fünfundachtzig Kilo. Dann mußte sie mit dem Fasten aufhören, um nicht zu sterben, obwohl sie offenbar den Willen hatte, weiter zu fasten.

Vom wissenschaftlichen Standpunkt aus gesehen gehören wir zu den Primaten; um zu überleben, müssen wir den Instinkten der Primaten folgen – das heißt jedoch nicht, daß wir jedem instinktiven Impuls nachgehen müßten. Im Gegenteil – als die höchstentwickelten Primaten haben wir ein geistiges Potential, über das andere Lebewesen nicht verfügen. Neben den instinktiven Trieben besitzen wir als einzige im Königreich der Tiere Intelligenz, ein Gewissen und die Fähigkeit zu lieben und Mitleid zu empfinden. Die Gabe, diese Kräfte zur Befriedigung unserer instinktiven Wünsche zu nutzen, während wir die Begierden unter Kontrolle halten, macht uns menschlich statt tierhaft.

Nichiren Daishonin sagt: »Dummheit ist die Welt der Animalität.« Er meint damit ohne Zweifel, daß Handlungen, die nicht von der Intelligenz oder dem Gewissen kontrolliert werden, tierhaft sind.

Er bietet noch eine weitere Erklärung im *Brief an Niike (Niike Gosho)*: »Bestien sind grausam, und sie töten sich gegenseitig.« Eine andere Bemerkung findet sich im *Brief von Sado (Sado Gosho)*: »Es gehört zur Natur der wilden Tiere, die Schwachen zu bedrohen und die Starken zu fürchten.« Die Aktionen des Selbst im Zustand der Animalität werden also von dem Grundsatz gesteuert, daß im ewigwährenden Existenzkampf die Starken die Schwachen vernichten.

Es wird allgemein behauptet, daß Tiere nicht lügen, aber das scheint nicht der Wahrheit zu entsprechen. Die Zoologen sagen sogar, daß Lüge und Betrug im Reich der Tiere an der Tagesordnung sind, obwohl Tiere dabei nicht so schlau vorgehen wie die Menschen. Viele Tiere derselben Art schließen sich in Gruppen zusammen, um sich selbst zu schützen. Greifen sie jedoch eine andere Spezies an, gehen sie vergleichsweise heimtückisch vor. Bei Überraschungsangriffen haben sie es auf die Schwachen, die Kranken und Alten unter ihren Opfern abgesehen, wobei dies sicherlich keine bewußte Entscheidung ist, bösartig zu handeln, sondern ein instinktiver Selbsterhaltungstrieb im Existenzkampf.

Es steht uns Menschen jedoch nicht zu, die Tiere deswegen zu verurteilen, denn auch wir spielen nicht nach fairen Regeln, wenn wir Tiere töten oder gefangennehmen.

Ein Kampf unter Tieren ist identisch mit dem instinktiven

148

Überlebensdrang. Wenn sich die instinktive Begierde des Selbst im Zustand der Animalität erfüllt hat, empfindet es Zufriedenheit und Trägheit – wie wir Menschen nach einem guten Essen. Ich denke jedoch, daß diese träge Zufriedenheit schlicht ein Glücksempfinden ist. Nicht eine entrückte Freude oder die stille Befriedigung, etwas erreicht zu haben, sondern etwas, was man ein biologisches Gefühl der Erfüllung nennen könnte. Vielleicht wäre Sattheit das richtige Wort.

Heutzutage scheinen viele Leute nichts Schlimmes an der Einstellung zu finden, daß die Starken über die Schwachen triumphieren. Ich halte dieses Gesetz des Dschungels für töricht, weil es gedankenlos ist und – wie in der Tierwelt – weder Weisheit noch Vernunft oder Willenskraft enthält.

Obwohl Instinkte unüberlegt sind, sind sie nötig, damit sich Lebewesen ihrer Umwelt anpassen können – bei der Nahrungssuche, beim Auffinden eines geeigneten Schlafplatzes, um Feinden zu entfliehen. Der Instinkt allein befähigt jedoch weder Mensch noch Tier, sich veränderten Umweltbedingungen anzupassen, und sie sind höherer Intelligenz gegenüber praktisch machtlos.

Im *Brief von Sado* schreibt Nichiren Daishonin: »Fische wollen überleben, deshalb bedauern sie es, daß ihr Teich so seicht ist, und graben Löcher, um sich zu verstecken. Doch auch sie werden von Ködern überlistet und gehen an die Angel. Vögel auf einem Baum fürchten, zu tief zu sitzen, und setzen sich auf höhere Zweige, aber auch sie werden von Ködern angelockt und gehen ins Netz.« Es ist also offensichtlich, daß es in einer Welt einer höheren Intelligenz zur Katastrophe führen kann, wenn man sich nur auf den Instinkt verläßt, und wer nur seinen Instinkten folgt, hat keine Kontrolle über sein Schicksal.

Das scheint für ganze Tierarten ebenso zuzutreffen wie auf einzelne Individuen. Nach Aussage von Zoologen ist eine Spezies, die sich zu schnell auf Kosten anderer Lebewesen vermehrt, vom Untergang bedroht. Einer der spektakulärsten Fälle einer Massen-Selbstzerstörung fand Ende der Kreidezeit vor etwa siebzig Millionen Jahren statt, als das Zeitalter der Dinosaurier ein plötzliches Ende fand. Bis dahin hatten die Dinosaurier, wie die Menschen heute, die Oberherrschaft auf dieser Erde, von der sie innerhalb einer erstaunlich kurzen Zeitspanne verschwanden. Zum Teil waren daran durch sintflutartige Katastrophen hervorgerufene geologische Veränderungen schuld, doch lag die Hauptursache in ihrer Unfähigkeit, sich der anders gewordenen Umgebung anzupassen. Den Pflanzenfressern stand offenbar keine geeignete Nahrung mehr zur Verfügung, und die Fleischfresser überlebten nur so lange, bis sie die Pflanzenfresser ausgerottet hatten. Eine so umfangreiche Vernichtung von Lebewesen auf dieser Erde hat sich viele Male wiederholt. Tiere ernähren sich so lange von anderen Tieren, bis sie damit ihre eigene Existenzgrundlage zerstört haben. Viele Wissenschaftler sind der Meinung, daß die menschliche Rasse gerade im Begriff ist, dasselbe zu tun, und daß sich die Menschheit der sicheren Vernichtung gegenübersieht, wenn sie den Grundsatz nicht ablegt, daß die Starken die Schwachen verschlingen.

»Töricht« ist ein passendes Wort für das Selbst, das so in seine instinktiven Vergnügungen vertieft ist, daß es frohen Mutes die Basis seiner eigenen Existenz auffrißt.

Wir haben die Drei Bösen Pfade – die Zustände der Hölle, des Hungers und der Animalität – behandelt. In all diesen Zuständen wird das Selbst von Qualen, Begierden oder anderen Emotionen oder Faktoren beherrscht, die nicht vom eigenen Entschluß bestimmt sind. Der vierte Zustand, der Ärger, wird oft den ersten drei beigeordnet, aber es besteht ein entscheidender Unterschied: Im Zustand des Ärgers existiert Selbstbewußtsein, und das ist ein Element der Menschlichkeit. Der Zustand des Ärgers wird traditionell der Bereich von Ashura genannt. Ashura ist der Name von gräßlichen übermenschlichen Wesen. Nichiren Daishonin sagte: »Halsstarrigkeit ist der Zustand des Ärgers.« In dieser Ebene konzentriert sich das Selbst nur auf sich allein. Es nimmt andere Wesen nicht zur Kenntnis, ist statt dessen ausschließlich auf sein eigenes Wohl und das Erreichen seiner egoistischen Ziele bedacht.

Bei Nichiren Daishonin kann man lesen:»Im ersten Band von *Große Konzentration und Einsicht (Maka Shikan)* steht: ›Der Mensch im Bereich des Ashura verspürt den unwiderstehlichen Drang, jedermann zu besiegen. Wie der Falke, der hoch am Himmel seine Kreise zieht und nach Beute sucht, sieht er auf andere herab und respektiert nur sich selbst. Er zeigt nach außen Wohltätigkeit, Rechtschaffenheit, Anstand, Weisheit und Glauben, und möglicherweise legt er sogar eine primitive Art moralischer Integrität an den Tag, aber in seinem Inneren ist er ein gräßlicher Ashura.‹«

Dies ist eine ausgezeichnete Beschreibung eines vollkommenen Egoisten – des Menschen, der um jeden Preis gewinnen will, der »auf andere herabsieht und nur sich selbst respektiert«.

Ich muß an dieser Stelle unweigerlich an die ehrgeizigen Mütter denken, die ihre Kinder zwingen, angesehene Schulen und Gymnasien zu besuchen, und die den meisten Lehrern und Erziehern ein großer Dorn im Auge sind. Schon wenn ihre Kinder im Kindergarten sind, unternehmen sie alles, um etwas zu erreichen, und wenn die Sprößlinge dann alt genug für die höhere Schule oder ein Studium sind, machen sie den Schulen oder einzelnen Lehrern riesige Geschenke, damit ihre Kinder aufgenommen werden. In den Medien wurde von zahlreichen Fällen derartiger Bestechung berichtet.

Das Schreckliche bei den meisten dieser Fälle war, daß das letztendliche Ziel die Unterstützung des Egos eines Elternteils war. Die Kinder waren in der Regel unschuldige Opfer. Niemand kann Eltern vorwerfen, daß sie sich ernsthaft um die Erziehung ihrer Kindern kümmern, aber man kann ihnen sehr wohl übelnehmen, wenn sie ihre Kinder schonungslos vorwärtstreiben, ohne Rücksicht auf deren Fähigkeiten oder Talente zu nehmen. Die ehrgeizigen Mütter und Väter sind gar nicht

151

wirklich an der Ausbildung ihrer Kinder interessiert, sie interessieren sich nur für sich selbst. Wenn ihre Kinder in der Schule Erfolg haben, betrachten sie das als ihr eigenes Verdienst, und ihr Selbstwertgefühl wird gesteigert. Wie oft hatten Lehrer schon unter den Haßtiraden von Müttern zu leiden, deren Kinder schlechtere Noten haben als andere.

Oft ist Neid oder Überheblichkeit nur ein Abwehrmechanismus, hinter dem sich ein tiefverwurzeltes Minderwertigkeitsgefühl verbirgt. Das Selbst, das zur Unsicherheit neigt, blufft oder täuscht Größe und Erhabenheit vor. Es mag sein, daß der verzehrende Drang, bei allen Gelegenheiten der Gewinner zu sein, dem Wunsch entspringt, Unzulänglichkeiten und eigenes Versagen zu verschleiern.

Es ist sicher wahr, daß das echte Innere nicht immer nach außen hin in Erscheinung tritt. Es gibt Männer, die unter normalen Umständen wie perfekte Gentlemen auftreten und sich vollkommen unter Kontrolle haben, aber von Zeit zu Zeit wegen einer winzigen Kleinigkeit außer sich vor Wut geraten. Sie haben ein sogenanntes aufbrausendes Wesen – eine psychologische Abnormität, die leider nicht selten vorkommt. Menschen mit einer solchen Natur wissen normalerweise selbst nicht, wann sie explodieren, und natürlich ahnt es auch sonst niemand im voraus, besonders da das »innere Dynamit« von der ganz anderen äußeren Erscheinung verdeckt wird. In diesem Zusammenhang kann man auch die ehrgeizigen Mütter sehen, die ungeübten Augen in der Regel wie harmlose und pflichtbewußte Frauen erscheinen.

Genau das ist mit der Behauptung gemeint, daß Menschen im Zustand von Ashura oder des Ärgers fähig sind, Rechtschaffenheit vorzutäuschen. Das Selbst auf dieser Ebene ist anders als das, welches vollkommen vom Instinkt oder Verlangen geleitet wird, denn hier wendet es Tricks an, um die Anerkennung anderer zu erlangen und dabei das Gefühl der Überlegenheit zu gewinnen. Zweifellos läuft das alles unbewußt ab, aber das

Selbst durchlebt in diesem Zustand einen permanenten Gefühlsaufruhr und Frustrationen.

Verlangen im Zustand des Ärgers hat einen viel menschlicheren
Charakter als die rein instinktiven Begierden, die, einschließlich
des Lebensdrangs, in diesem Bereich mehr oder weniger befriedigt ist. Es existiert ein neues Element des Selbstbewußtseins,
das, auch wenn es sich egozentrisch auswirkt, auf einer höheren
Intelligenzebene liegt als der geistlose Zustand der Animalität.
Aus diesem Selbstbewußtsein heraus entstehen die Begierde,
über andere zu triumphieren und Ruhm zu erlangen, sowie
andere egoistische Eigenschaften wie Aggressivität, Exhibitio-
nismus und destruktive Neigungen. Der innere Gefühlsaufruhr
wird nach außen hin als Ärger, Gehässigkeit, Feindseligkeit
oder Neid sichtbar.

Der Ärger, der sich im Zustand der Hölle entwickelt, ist anders –
er äußert sich ohne Selbstbewußtsein, existiert in den tiefsten
Tiefen des Lebens und richtet sich nicht gegen andere. Sein
Wesen wirkt nicht auf Zerstörung äußerer Gegner hin, sondern
greift das Selbst an, in dem er existiert. Im Zustand des Ärgers
dagegen werden andere attackiert. Das Selbstbewußtsein
drängt danach, reale oder eingebildete Widersacher zu zerstören, um das Selbst zu schützen.

Die Lebensenergie in diesem Zustand ist kraftvoller als die auf
den Drei Bösen Pfaden, auch wenn sie hauptsächlich auf unsin-
nige Weise wirkt. Der sechsundzwanzigste Hohepriester der
Nichiren Shoshu, Nichikan Shonin, sagt in den *Dreifältigen
Geheimen Lehren (Sanjū Hiden-shō)*: »Ein Ashura ist 84.000
yujun groß [ein *yujun* entspricht dreißig Kilometern], und die
vier Meere reichen ihm noch nicht einmal bis ans Knie.« Ich
beziehe diese Bemerkung auf den Lebensraum eines Menschen,
der sich im Zustand des Ärgers befindet. Wir sprechen zum
Beispiel von »maßloser Wut«, und es besteht kein Zweifel, daß
wir uns in der Tat ungeheuer groß vorkommen, wenn wir extrem
zornig oder überheblich sind. Und es ist unnötig zu erwähnen,

daß unsere Widersacher in einem solchen Augenblick sehr klein erscheinen.

Obwohl Menschen im Zustand des Ärgers oft überlebensgroß zu sein scheinen, halte ich ihren wahren Lebensraum für klein. Im *Brief von Sado* heißt es: »Ein überheblicher Mensch wird von Furcht übermannt, wenn er auf einen starken Gegner trifft, genau wie der hochmütige Ashura, der schrumpfte und sich in einer Lotosblüte auf dem Munetchi-See versteckte, als Taishaku ihm Vorwürfe machte.«

Taishaku wird im Lotos-Sutra als eine der Gottheiten erwähnt, die den Buddhismus schützen. Zeitgemäß können wir ihn uns als einen Menschen vorstellen, der fähig ist, die Wahrheit zu erkennen. Vielleicht könnten wir den Munetchi-See als einen Ort ansehen, an dem sich ein Hitzkopf abkühlen kann. Nichiren Daishonins Bemerkung sagt aus, daß ein großer, aufgeblasener Rohling zur Bedeutungslosigkeit zusammenschrumpft, wenn er einem intelligenten Menschen begegnet, der ihn durchschaut. Das bietet uns eine genauere Vorstellung von dem wahren Lebensraum eines Wesens im Zustand des Ärgers.

Die augenfällige Größe oder Bedeutsamkeit eines Menschen im Zustand des Ärgers ist reine Illusion. Sein wahres Selbst nimmt nur wenig Lebensraum ein, aber da es unzufrieden ist, plustert es sich mit Hilfe der Einbildungskraft zu einer riesigen Erscheinung auf. Häufig werden wir dadurch getäuscht und halten das Trugbild für die Realität. Der Mensch in diesem Zustand zweifelt seinerseits nicht an seiner Realität und tut, was er kann, um mit seiner illusorischen Stärke soviel Unheil wie möglich anzurichten.

Alles in allem ist der Zustand des Ärgers wie die Drei Bösen Pfade der des Unglücks, der Frustration und des Selbstbetrugs, und es ist leicht zu verstehen, warum dieser Bereich oft zu den drei ersten Zuständen gerechnet wird, so daß man häufig von den Vier Bösen Pfaden spricht.

Menschlichkeit und Entzücken

Das berühmte Rätsel der Sphinx lautet: »Was geht am Morgen auf vier Beinen, am Tag auf zwei und abends auf drei?« Die Antwort ist: ein Mensch – in der Kindheit, als Erwachsener und im Alter. Ein schwierigeres Rätsel wäre: »Was ist ein Mensch?« Die Antwort darauf zu finden ist nicht einfach.

Wie ich schon erwähnte, bezeichnete Pascal den Menschen als »denkenden Grashalm«. Andere Definitionen sind »ein vernunftbegabtes Tier«, »ein Tier, das Werkzeuge benutzen kann«, »ein Tier, das gesellschaftliches Leben genießt« und so weiter. Linnaeus benutzte den Begriff *Homo sapiens*, was soviel heißt wie »ein denkender Anthropoide«, um den heutigen Menschen von weniger intelligenten Anthropoiden zu unterscheiden. Der französische Pathologe und Physiologe Charles Richet (1850–1935), Nobelpreisträger für Medizin von 1913, hielt *Homo sapiens* für zu schmeichelhaft, er schlug statt dessen *Homo stultus* (der törichte Mensch) vor, weil er meinte, daß diese Bezeichnung besser zu den historischen Fakten passen würde.

Obwohl der Mensch von verschiedenen Standpunkten aus definiert werden kann, ist im Buddhismus der Zustand der Menschlichkeit ein Zustand der Gelassenheit, in dem ein Mensch mit sich und der Welt im Frieden ist. Das Sanskrit-Wort für den Zustand der Menschlichkeit ist *manusa*, was bedeutet »ein Wesen, das denkt«. Im *Risse Abidon-ron* heißt es: »Der Pfad der Menschlichkeit wird *manusa* genannt, weil er acht Eigenschaften hat: Intelligenz, Vortrefflichkeit, klares Bewußtsein, gesundes Urteilsvermögen, große Weisheit, die Fähigkeit, die Wahrheit von der Falschheit zu unterscheiden, die Gabe, die Erleuchtung zu erlangen, und ein gutes Karma aus der Vergangenheit.« Nichiren Daishonin faßte all diese Charakteristika folgendermaßen zusammen: »Ruhe ist der Zustand der Menschlichkeit.« Der Zustand der Menschlichkeit ist tatsächlich ein Bereich der gelassenen Ruhe. Die Vier Bösen Pfade sind hingegen Bereiche des Kampfes und der Entbehrung; der Zustand des Entzückens, den wir jetzt besprechen wollen, ist erfüllt mit Freude und Heiterkeit und trotzdem auch aktiv und dynamisch. Der natürliche Zustand der Menschen – das heißt der Zustand der Menschlichkeit – ist Gelassenheit. Wir erleben viel emotionales Auf und Ab, aber es gibt auch Perioden des Friedens und der Ruhe – so wundervolle Momente wie das Nachhausekommen nach einem harten Arbeitstag. In diesen Zeiten fühlen wir uns wirklich menschlich, und dieses Gefühl kennzeichnet den Zustand der Menschlichkeit.

Die Schwierigkeit ist jedoch, daß uns viele Leiden, die in unserem Umfeld vorkommen, aus dem Zustand der Menschlichkeit reißen und auf einen der Vier Bösen Pfade werfen können. Um im Zustand der Menschlichkeit zu bleiben, ist es nötig, ruhig und gelassen über sich selbst nachzudenken, das soziale Umfeld zu analysieren und Entscheidungen zu treffen, die dem Zustand der Menschlichkeit angemessen sind. Darüber hinaus ist es gerade in diesem Zustand möglich, die eigenen natürlichen Potentiale weiterzuentwickeln und zu höheren Zuständen aufzusteigen. Vielleicht ist der Zustand der Menschlichkeit deshalb nahezu in der Mitte der Zehn Zustände des Seins angesiedelt, weil er der im Grunde neutrale Zustand ist, von dem aus man in jeden anderen Bereich eintreten kann. Die Ausübung des Buddhismus ermöglicht im Zustand der Menschlichkeit, an sich selbst zu feilen und sich zu entwickeln und damit Lebensbedingungen zu schaffen, die immer von der hellen Sonne der Weisheit erleuchtet werden.

In gewissem Sinne ist es ungeheuer schwierig, ruhig und gelassen zu bleiben, sich ein genaues Bild vom Leben und von der Gesellschaft zu machen und sich selbst entsprechend zu verhalten. Vielen scheint es leichter zu fallen, impulsiv zu leben oder sich ins aufgewühlte Meer der Emotionen zu stürzen, auch wenn dieser »leichte Weg« nur zu größerem Leid führt.

Der »leichte Weg« ist der Pfad zu den niedereren Bereichen der Existenz. Um ein gelassenes Leben im Zustand der Menschlichkeit führen zu können, muß man in der Lage sein, seine Vernunft und Weisheit einzusetzen, ein Gewissen haben und zwischen Gut und Böse unterscheiden können. Außerdem braucht man genügend Willenskraft, um Schwierigkeiten und Verlockungen zu überwinden, das allerwichtigste jedoch ist die Entschlossenheit, ein gutes Leben führen zu wollen.

Als Mensch geboren zu sein bedeutet nicht, daß man keine Anstrengungen unternehmen muß, um im Zustand der Menschlichkeit bleiben zu können. Es heißt lediglich, daß man die Fähigkeit dazu besitzt. Das Selbst muß die menschlichen Begabungen wie Vernunft und Gewissen nutzen, um instinktives Verlangen und Empfindungen wie Gier, Feindseligkeit, Neid und andere Übel zu kontrollieren. Nur dieser Weg führt zu einem fruchtbaren, verantwortungsbewußten und großzügigen Leben.

Leidenschaften zu beherrschen ist wie auf einem wild galoppierenden Pferd zu reiten. Wenn man die Zügel für einen Augenblick losläßt, wird man abgeworfen. Das Ziel sollte sein, Kräfte und Energien so zu beherrschen und einzusetzen, daß Pferd und Reiter sich harmonisch aufeinander abstimmen und zur Einheit werden.

Im Sommer beobachte ich junge Leute beim Wasserskifahren. Die Könner gleiten wie durch Zauberhand über die Wasseroberfläche, aber die Anfänger schlagen bald mit Armen und Beinen im Wasser um sich. Das menschliche Selbst ist diesen jungen Leuten vergleichbar – das Selbst muß geschickt wie ein geübter Wasserskifahrer über das Meer der Begierden, der Leidenschaften und der Impulse gleiten. Wenn es eine falsche Bewegung macht, könnte es in diesem Meer der Leidenschaften untergehen. Oder der Kopf, der reinem Egoismus entspricht, tanzt hilflos auf den Wellen.

Wir sollten nicht zu sehr über die Gefahren nachdenken, die uns auf die Vier Bösen Pfade werfen könnten, auch wenn sie allgegenwärtig sind, denn der Zustand der Menschlichkeit bietet auch die Gelegenheit, an Größe zu gewinnen, eine höhere Weisheit und Licht zu erlangen und ein stärkeres Urteilsvermögen, Einsicht und Mitgefühl zu entwickeln.

Wie wir schon erwähnt haben, ist im *Risse Abidon-ron* als eine der Eigenschaften im Zustand der Menschlichkeit die Fähigkeit aufgeführt, Erleuchtung zu erlangen. Das heißt unter anderem, daß das Selbst, wenn es sein Wesen verbessert, die Möglichkeit hat, in einem Zustand des vollkommenen Friedens und Glücks zu leben. Durch diese Möglichkeit unterscheidet sich der menschliche Zustand von den Vier Bösen Pfaden. In unseren Zeiten führen die Vier Bösen Pfade zu solchen Katastrophen wie Krieg und Umweltzerstörung, aber der Zustand der Menschlichkeit bietet dem Selbst die Chance, Frieden und Wohlstand zu erreichen, während es gleichzeitig beträchtliche persönliche Freiheit und Individualität genießt.

Was den Standort im Zustand der Menschlichkeit betrifft, so heißt es in den *Dreifältigen Geheimen Lehren*: »Menschen wohnen auf der Erde.«

Alle Individuen in diesem Zustand teilen sich den Wohnplatz. Die allgemeine Erklärung »Erde« könnte man einfach mit dem Planeten Erde gleichsetzen. Nach meiner Ansicht ist hier jedoch eine gemeinsame spirituelle Grundlage gemeint, die die gesamte Menschheit stützt. Diese Grundlage beinhaltet den Willen zu leben und all die anderen Impulse, das Leben aufrechtzuerhalten, aber das ist noch nicht alles. Um als wahrhaftiger Mensch zu leben, müssen wir Liebe – die zwischen Eltern und Kindern oder Mann und Frau – und gegenseitiges Vertrauen zwischen Nachbarn empfinden und Ideale haben, mit denen wir leben können.

Wir brauchen gesellschaftliche Konventionen und Denkmuster, mit denen wir uns als Menschen einverstanden erklären können, und darüber hinaus müssen wir eine gewisse Kontrolle über menschliche Triebe ausüben. All diese Dinge sind, wie ich meine, Teil des gemeinsamen Wohnplatzes oder der »Erde«. Das menschliche Selbst übernimmt Wertvorstellungen von der Gesellschaft, entscheidet über seine eigenen Lebensziele und versucht, diese Ziele zu erreichen. Auf diese Weise gewinnt das menschliche Selbst Bedeutung und Befriedigung im Leben und festigt sein Urteilsvermögen und das Pflichtbewußtsein.

Die Grundlage des menschlichen Lebens beruht auf Glauben, Vertrauen und dem Sinn für echte Werte. Das ist zugleich das Konzept des eigenen Lebens als auch das der Welt. Nur indem wir die Grundlagen des Lebens miteinander teilen, können wir die Prüfungen bestehen, mit denen wir konfrontiert werden, und vollkommenen Frieden und Ruhe erlangen. In ganz realem Sinn bedeutet »wohnen auf der Erde«, mit beiden Beinen auf dem Boden zu stehen.

Man kann nicht im buddhistischen Zustand der Menschlichkeit leben, ohne eine Grundlage auf der »Erde« im eben erklärten Sinne zu haben. Es gibt alle möglichen Unterschiede in den individuellen Lebensanschauungen und Ansichten über die Welt als Ganzes sowie in den Lebenszielen und Wertvorstellungen des einzelnen – tatsächlich werden die Werte in der Welt, in der wir leben, immer unterschiedlicher. Trotzdem braucht das Selbst im Zustand der Menschlichkeit eine Art Basis für seine Existenz, wie ich es hier ausgeführt habe. Wenn sich das Selbst fest auf dieser Basis etabliert, kann es ein Leben in Frieden führen. Der Fluß des Lebens verläuft sanft, und die subjektive Zeit verstreicht stetig und friedvoll.

Im Zustand der Menschlichkeit ist die Lebensenergie unter Kontrolle – und wenn nichts Außergewöhnliches wie ein Unfall oder Krankheit eintritt, sind wir uns der Körperfunktionen meistens nicht bewußt. Auf spiritueller Ebene braucht es eine Menge aufgestauter Emotionen oder ein starkes Verlangen, um einen Menschen in diesem Zustand aus der Fassung zu bringen, und die meisten von uns sind in der Lage, mit vielem Unerfreulichen oder Unzulänglichen fertig zu werden. Menschlichkeit ist, insgesamt gesehen, ein wunderbarer Zustand.

Der Zustand des Entzückens wird traditionell der Bereich der Gottheiten genannt. Wenn wir in diese Umgebung eintreten, fühlen wir uns in allem leichter. Unsere Schritte sind beschwingter, und wir fühlen uns, als könnten wir uns in den Himmel erheben. Dieses Erlebnis ist weniger bewußte Freude als eher tiefes Wohlbefinden – wir sind mit der Welt im reinen, und wir spüren, daß nichts unser Wohlbefinden beeinträchtigen kann.
In *Das Wahre Objekt der Verehrung (Kanjin no Honzon-shō)* sagt Nichiren Daishonin:»Freude ist der Zustand des Entzükkens.« Um glücklich zu sein, muß man eine Art Hochstimmung, eine Heiterkeit gepaart mit tiefverwurzelter Zufriedenheit, durchleben. Ein Mensch in diesem Zustand ist in jedem Sinne glücklich, am Leben zu sein. Laut den *Dreifältigen Geheimen Lehren* schließt»der Zustand des Entzückens die sechs Bereiche der Welt der Begierde *(yokkai)*, die achtzehn Bereiche der Welt der Form *(shiki-kai)* und die vier Bereiche der Welt der Formlosigkeit *(mushiki-kai)*« mit ein. Diese Erklärung legt nahe, daß es viele unterschiedliche Stufen im Zustand des Entzückens gibt. Die Glückseligkeit, die das Selbst jedoch in der Welt der Begierde empfindet, ist anders als die Glückseligkeit, die es in der Welt der Form und der Welt der Formlosigkeit erlebt.
In buddhistischen Schriften steht, daß die Welt der Begierde die ersten fünf der Zehn Zustände des Seins und einen Teil des Zustands des Entzückens beinhaltet – das heißt, all die Zustände, in denen Sehnsucht oder Verlangen die treibende Kraft ist. Die Zustände der Hölle, des Hungers, der Animalität und des Ärgers sind alle auf Lebensdrang, instinktive Begierden, emotionales Verlangen und auf das Erreichen von sozialem und physischem Wohlbefinden konzentriert. Im Zustand des Ärgers kommt ein gewisses Selbstbewußtsein an die Oberfläche, und im Zustand der Menschlichkeit erwacht das wahre menschliche

160

Selbst zum Leben, aber sogar in diesen Bereichen wird der Mensch laufend von Begierden geführt. Im Zustand des Entzückens sind diese verschiedenen Sehnsüchte befriedigt.

Man erlebt den Zustand des Entzückens, wenn man etwas ißt, was einem schmeckt, aber es besteht keine Notwendigkeit, dieses Wohlbefinden auf instinktive Begierden zu begrenzen. Das Glücksgefühl im Zustand des Entzückens wird von der Befriedigung der Herrschsucht, der Ruhmsucht und Besitzstrebens hervorgerufen. Dies sind alles Freuden in der Welt der Begierde.

In der Welt der Form erleben wir den Zustand des Entzückens, wenn unser somatischer Rhythmus stabil und die Lebensenergie stark ist. Das Glücksempfinden hierbei ist profunder als das, das aus der Befriedigung alltäglicher Begierden resultiert. Man fühlt sich dabei gesund und vital und ist sich des Lebens bewußt, das an die Oberfläche drängt. Der somatische Fluß, der sich mit dem Umfeld vereint, fördert die Kreativität und steigert den Wunsch, das Beste aus diesem Leben zu machen. Eine solche Kraft kann dem menschlichen Selbst vollkommenes Glück schenken.

Das Entzücken der Welt der Formlosigkeit könnten wir als spirituellen Fluß oder als Woge der psychischen Energie bezeichnen. Es ist die Freude, ein erfülltes Leben zu führen, die Freude, den Bereich der persönlichen Freiheit vergrößern zu können, und die Freude der Selbstverwirklichung und Kreativität. Das Glück in der Welt der Begierde und in der Welt der Form ist eine Art Erfüllung, aber das Entzücken in der Welt der Formlosigkeit ist mehr, da es das ganze Sein durchdringt.

Die Schriften sagen, daß ein Tag im Zustand des Entzückens gleichzusetzen sei mit Hunderten von Jahren im Zustand der Menschlichkeit und daß ein Leben im Entzücken Hunderte von Jahren im Glück andauere. Nichiren Daishonin sagt, daß die Lebensspanne der Vier Himmlischen Könige, die den Zustand des Entzückens symbolisieren, fünfhundert Jahre umfaßt, von denen jeder Tag fünfzig Jahren eines Menschenlebens entspricht. Die dreiunddreißig Gottheiten auf dem Gipfel des Berges Sumeru leben tausend Jahre, von denen jeder einzelne Tag hundert Menschenjahre dauert, und die Götter im sechsten Himmel leben noch weit länger.

Die wahre Bedeutung dieser Zahlen versteht man, wenn man an den Begriff der Lebenszeit denkt, den wir zuvor erörtert haben. Der Lebensfluß im Zustand des Entzückens ist extrem schnell und sein Einfluß auf die äußere Welt sehr groß. Das Selbst in diesem Zustand spürt, daß die physikalische Zeit wie im Nu verfliegt.

Wenn wir glücklich sind und unser Leben erfüllt ist, erscheint uns die physikalische Zeit kurz, weil viel Lebenszeit in dieser Spanne komprimiert wird. Die empfundene Lebenserfüllung an einem Tag im Zustand des Entzückens könnte der von einigen hundert Jahren im Zustand der Menschlichkeit entsprechen.

Im Zustand der Menschlichkeit verstreicht die subjektive Zeit etwa genauso schnell wie die physikalische Zeit. Das Leben verläuft ruhig und sanft, und wenn sich die Erde einmal um die eigene Achse gedreht hat, hat man das Gefühl, einen Tag erlebt zu haben. Im Zustand des Entzückens mag das Selbst registrieren, daß die physikalische Zeit wie im Fluge verging, aber wenn es sich die Erlebnisse in Erinnerung ruft, ist ihm, als wäre sehr viel mehr Zeit vergangen.

Die bedeutende Lebenserfahrung eines Tages im Zustand des Entzückens kann in der Tat so gehaltvoll sein wie die in hundert Jahren eines gewöhnlichen Lebens, und das Selbst, das in diesem Zustand gelebt hat, hat vielleicht tatsächlich, nach subjektiver Zeit gemessen, tausend Jahre gelebt, auch wenn weniger als hundert physikalisch meßbare Jahre vergangen sind.

In den *Dreifältigen Geheimen Lehren* steht über den Zustand des Entzückens: »Gottheiten leben in Palästen.« Vom Standpunkt der Lebensphilosophie aus gesehen heißt das, daß die Menschen in diesem Zustand in einer Umgebung wohnen, die mit den Bestrebungen des menschlichen Selbst im Einklang ist. Wenn man das Prinzip zugrunde legt, daß das Selbst und die Umstände, in denen es lebt, untrennbar sind, dann können wir annehmen, daß diese »Paläste« eine Umwelt symbolisieren, in der der Fluß der Lebensenergie nicht eingeengt wird. In diesem Umfeld können alle Begierden erfüllt werden, und das Selbst genießt ein Leben der Intelligenz, des Bewußtseins und der Liebe.

Dennoch besteht eine Schwierigkeit: Die Paläste im Zustand des Entzückens stürzen leicht in sich zusammen, und Menschen, die in diesem Zustand leben, sind gefährdet, auf die Vier Bösen Pfade zurückzufallen. Daß dies der Wahrheit entspricht, wird im Nirvana-Sutra erwähnt, in dem fünf Arten des Verfalls beschrieben werden, die Gottheiten – das heißt Wesen im Zustand des Entzückens – bedrohen. Trotz seiner Großartigkeit ist der Zustand des Entzückens nicht von Dauer.

Warum, so mag man fragen, neigt der Palast im Zustand des Entzückens dazu, sich wie ein Traum zu verflüchtigen? Weshalb beginnt das Selbst von neuem zu leiden? Um diese Fragen zu beantworten, müssen wir über die Zustände des Seins nachdenken, welche die der Menschlichkeit und des Entzückens überschreiten.

Die Sechs niederen Zustände

Als ich etwa zehn Jahre alt war, hörte ich zum erstenmal von einer Kampagne von Geschäftsmännern, welche die Verschwendungssucht der potentiellen Käufer anregen sollte. Eine Strategie sah vor, Menschen dazu zu bringen, Dinge wegzuwerfen, die noch gebrauchsfähig waren. Dies hat in der Folge dazu geführt, eine Menge Waren zu produzieren, die rasch wieder unmodern werden, oder ständig neue Modelle für Dinge zu entwerfen, die normalerweise als haltbar und langlebig gelten.

163

Menschen, die vollkommen funktionsfähige Autos, Kühlschränke oder Fernsehapparate besitzen, werden dazu gedrängt, »neuere und bessere« Modelle zu kaufen.

Eine zweite Strategie ist, Menschen dazu zu überreden oder zu zwingen, mehr von einem Produkt zu kaufen, als sie tatsächlich brauchen. All die Sprühdosen beispielsweise spenden mehr Seife, Rasierschaum oder was auch immer, als man auf einmal verwenden kann, doch ist es unmöglich, die überflüssigen Reste wieder in die Dose zurückzubefördern. Wieder ein anderer Trick ist, die Menschen zu drängen, die Dinge doppelt zu kaufen oder zweimal hintereinander die gleiche Ware. Aufwendige Lebenshaltung und unnötiger Konsum sind auf diese Art in Mode gekommen.

Wir leben heute in einer Zeit, in der Begierden noch mehr Begierden erzeugen, und dies nicht nur in rein kommerzieller Hinsicht. Als Individuen und als Mitglieder der Gesellschaft ist uns allen der grundlegende Selbsterhaltungstrieb zu eigen, aber darüber hinaus ist die moderne Gesellschaft ein Strudel des Verlangens – alles strebt nach Ruhm, Wohlstand, Autorität, Macht und reiner Bequemlichkeit. Eitelkeit und Verlangen wuchern in allen Bereichen und beeinflussen das gesamte gegenwärtige Leben. Egoisten, die Macht innehaben, verfolgen ihre eigenen Ziele, ohne sich um das Wohl der einfachen Leute zu kümmern, und viele dieser einfachen Leute lassen sich von Reklame und Werbung beeinflussen, weil sie sich die Erfüllung törichter Wünsche erhoffen. Grundsätzlich kann man sagen, daß die heutige Gesellschaft von der Macht der Begierden geleitet ist.

Natürlich dürfen wir nicht vergessen, daß der Wunsch nach materiellem Wohlstand auch große Fortschritte in unserer Kultur und Zivilisation bewirkt hat.

Bei einem Rückblick auf die Nachkriegsgeschichte Japans fällt auf, daß sich die größten Wünsche der Menschen etwa alle fünf Jahre geändert haben. In den Jahren des Hungers kurz nach dem Krieg wollten die Menschen nur genügend zu essen haben. Dann kam eine Zeitspanne, in der sich die Einstellung zum Sex drastisch veränderte. Um das Jahr 1950 hatte jeder genug zu essen, und die sexuelle Befreiungsbewegung hatte die meisten ihrer direkten Ziele erreicht. Daraufhin konzentrierte sich das Interesse der Menschen auf die Kleidung. In dieser Zeit tauchten Nylon- und andere Kunstfasern auf dem Markt auf. Bis zum Jahr 1955 wurden die Ansprüche höher, und wir erlebten ein halbes Jahrzehnt, in dem jeder danach strebte, sich eine Waschmaschine, einen Staubsauger und einen Kühlschrank anzuschaffen. Damals sprach man von den »drei geheiligten Insignien« – eine sarkastische Anspielung auf die geheiligten Insignien der kaiserlichen Familie. Nach 1960 war der Lebensstandard durch die blühende Wirtschaftslage so sehr angestiegen, daß sich die Menschen einem neuen Problem zuwandten – sie überlegten, was sie in ihrer Freizeit anfangen sollten. Die sogenannte Freizeit-Branche in Tokio erlebte eine sprunghafte Hochkonjunktur, und der Hedonismus trieb immer tiefere Wurzeln in der Gesellschaft.

Das Streben galt in erster Linie materiellen Gütern und Besitztümern, und dabei spielten Eitelkeit und Stolz eine große Rolle. Eine natürliche Folge davon war, daß die Werbestrategien jetzt darauf abzielten, den Konsum noch mehr zu steigern und künstliche Bedürfnisse zu wecken – diese Kampagne, so könnte man sagen, rief Gier und Gewinnsucht hervor –, und dieses übertriebene Konsumverhalten hat bis heute angehalten.

Die Nachkriegsgeschichte Japans spiegelt demnach die Entwicklung vom ursprünglichen Überlebenswillen über das Verlangen nach Nahrung und Sex, zum Wunsch nach modischer Kleidung und modernen Annehmlichkeiten bis zum heutigen Stadium wider, in dem komplizierte Muster der Begierden nach allen möglichen Gütern – darunter auch viele unnötige – das Leben zum größten Teil bestimmen. Es wäre sicher keine zu simple Verallgemeinerung, wenn man behauptet, daß die Begierden und Wünsche die japanische Gesellschaft als Ganzes vom Zustand der Hölle oder dem des Hungers in den Zustand der Animalität oder des Ärgers erhoben haben.

Ich sollte noch hinzufügen, daß es den Menschen heute, da wir ein hohes Maß an Überfluß erreicht haben, leichter fällt, in den Zustand der Menschlichkeit oder in den Zustand des Entzükkens zu gelangen.

Nach den Jahren des Hungers, die dem Krieg folgten, wurden die Menschen dazu gedrängt, nicht nur Konsum, sondern Überkonsum zu treiben, und es schien, als gäbe es mehr Menschen als vorher, deren Selbst die Charakteristika des Entzückens zeigen. Aus buddhistischer Sicht könnte man sagen, daß eine materielle Kultur, die Begierden wachruft, darauf abzielt, den Zustand des Entzückens zu kreieren. Sicherlich halten viele Menschen, wenn auch unbewußt, den Zustand des Entzückens, der durch materiellen Überfluß verkörpert wird, für einen Idealzustand.

Um bei diesem Vergleich zu bleiben – das Ziel der westlichen materiellen Kultur scheint zu sein, all die Mittel der Wissenschaften und alle Ressourcen der Erde zu nutzen, um Paläste für diesen Zustand des Entzückens zu errichten. In den Tagen, in denen die Futurologen der Menschheit noch eine rosige Zukunft voraussagten, mochte das vielleicht etwas Erstrebenswertes gewesen sein, aber heute erkennen wir allmählich, daß diese Paläste auf Sand gebaut sind. Jetzt scheinen sie ebenso wie die Zivilisation, die sie errichtet hat, dem Verfall geweiht zu sein.

Das alles hat zu nichts anderem geführt, als daß wir spirituellen Überfluß gegen materiellen Überfluß eingetauscht haben. Immer noch ist ein Atomkrieg möglich, die Umweltzerstörung hat zusammen mit der rücksichtslosen Ausbeutung natürlicher Ressourcen die Natur aus dem Gleichgewicht gebracht, und nicht nur die Natur, sondern auch die Gesellschaft, die Kultur und die Menschheit sind vom Untergang bedroht.

Nachdem wir für eine kurze Zeit Wohlstand genossen haben, scheint es uns beschieden zu sein, uns bald mitten in den Ruinen unserer Paläste wiederzufinden. Wenn unsere Vision vom Paradies verblaßt ist, erwarten uns erneut die Qualen der Hölle und die Leiden des Hungers, die wir erst vor kurzer Zeit hinter uns gelassen haben. Solange die Menschen so engstirnig und anfällig für Konflikte sind, sieht unsere Zukunft tatsächlich trübe aus. Unsere materielle Kultur hatte sich zum Ziel gesetzt, jedermanns Gelüste zu befriedigen, aber statt dessen droht sie, uns auf die Vier Bösen Pfade zurückzuwerfen. Was ist der Grund für diese Bedrohung? Ist in unserer Gesellschaft etwas grundlegend Böses enthalten?

Um diese Frage zu beantworten, muß ich einmal mehr auf die buddhistische Einstellung zur Begierde Bezug nehmen. Wie schon erwähnt, sind im Buddhismus die ersten sechs der Zehn Lebenszustände in der Welt der Begierde angesiedelt. Das bedeutet, es gibt sechs fundamentale Kategorien der Begierde.

In der buddhistischen Dämonologie wird der höchste Gipfel in der Welt der Begierde vom Teufel des Sechsten Himmels bewohnt. Bezeichnend ist, daß die Teufel im Sechsten Himmel ein Leben höchsten Entzückens genießen, weil sie andere beherrschen und benutzen. Gerade dieser Akt des Herrschens und Benutzens ist die Quelle ihres Entzückens. Der anthropomorphe Aspekt dieser Vorstellung braucht uns nicht über Gebühr zu kümmern, da hier nur die Erkenntnis, daß jeder Art von Begierde etwas Schlechtes innewohnt, von Bedeutung ist.

In unserem Leben hat das Glück, das wir aus der Herrschaft über die Natur und andere Menschen gewinnen, eine gewisse diabolische Qualität. Ein Dämon lauert in jeder Art von Begierde, die äußerste Manifestation des Bösen im menschlichen Leben ist jedoch der Drang, andere zu beherrschen und zu kontrollieren.

In diesem Zusammenhang ist die Anschauung Nietzsches interessant, der das Verlangen nach Autorität für die Wurzel aller menschlichen Begierde hält. Aus psychoanalytischer Sicht hat sich besonders Adler mit den Machtgelüsten der Menschen beschäftigt. Die Theorien beider kommen dem Buddhismus sehr nahe. Die meisten Menschen bringen Freuds Erkenntnisse hauptsächlich mit der Erforschung des Sexualtriebes in Zusammenhang, der in der Tat ein wichtiges Element seines psychoanalytischen Systems ist, doch hat Freud sich in späteren Jahren nicht nur mit dem Lebensinstinkt, sondern auch mit der Sehnsucht nach dem Tod, das heißt, mit dem Drang, Leben zu zerstören, auseinandergesetzt.

Die essentielle Eigenschaft des Teufels vom Sechsten Himmel ist die Gier, andere Wesen des Lebens zu berauben. Er zerstört Leben, saugt die Kraft aus anderen, um selbst zu überleben, und treibt andere Lebewesen in die Qualen der Hölle. Das ist die Essenz des Bösen. Bei der Konfrontation mit Phänomenen wie der Sehnsucht nach Autorität, der Herrschsucht und dem Besitzstreben blickt der Buddhismus in die innersten Tiefen der menschlichen Existenz, um die wahre Gestalt des Teufels vom Sechsten Himmel zu entdecken, der sich in den verschiedenen Arten der Begierde manifestiert.

In *Die Behandlung von Krankheit (Jibō-shō)* sagt Nichiren Daishonin: »Die umnachtete Eigenschaft des ursprünglichen Wesens eines Menschen ist manifest im Teufel des Sechsten Himmels.« Das bedeutet praktisch, daß der Dämon der Begierde dem Leben selbst inhärent ist. Ich glaube, »die umnachtete Eigenschaft des ursprünglichen Wesens eines Menschen« ist identisch mit dem Egoismus, der im Selbst existiert. Wir könnten diese Umnachtung den Dämon des Lebens nennen.

Dieser Lebensdämon nimmt als Dämon der Begierde Gestalt an, kontrolliert das Selbst und bringt es dazu, nur für sein persönliches Wohl zu wirken. Solange sich das Selbst nicht von seinem eigenen umnachteten Wesen befreit, tritt es als Egoismus in Erscheinung, und wenn das »Umnachtete« an Stärke gewinnt, kann sogar das intelligente, bewußte Selbst im Zustand der Menschlichkeit oder des Entzückens in ein egozentrisches, selbstgerechtes Wesen verwandelt werden.

Wie schon angemerkt, hat sich die Welt die Wissenschaften und die Technologie zunutze gemacht, um ein Umfeld zu schaffen, in dem all unsere Wünsche und Begierden befriedigt werden können. Viele meinen, daß wir dank dieser Bemühungen eine Gesellschaft aufgebaut haben, in der Menschen ein wirklich menschenwürdiges Leben führen können und nicht mehr ihres Grundrechts auf Leben beraubt oder dem Leid und Hunger ausgeliefert sind. Wir haben unsere grundlegenden Begierden erfüllt und dann versucht, unsere emotionalen Sehnsüchte zu stillen und dabei soziale und kulturelle Bedürfnisse entdeckt, die Machtgelüste und Besitzstreben beinhalten. Jetzt erkennen wir, daß wir den Dämon der Begierden freigelassen haben, der dem Leben selbst innewohnt, und daß wir selbst seine Opfer geworden sind.

Die Schachzüge dieses Dämons drohen sowohl die Natur als auch die menschliche Existenz zu zerstören. Die Wurzel unserer Probleme liegt im Selbst heutiger Menschen, die Autorität mißbrauchen, Macht und Ruhm zu erlangen suchen und ihr Gefühl für Menschlichkeit verloren haben. Die Intelligenz der Menschen wird für diabolische Zwecke eingesetzt anstatt für das Wohl der Menschheit und die Förderung der Weisheit und Kreativität. Das Wissen, das sich diese Menschen angeeignet haben, dient ihnen hauptsächlich dazu, andere zu vernichten.

Die umnachtete Eigenschaft des menschlichen Lebens hat es zugelassen, daß Begierden, das Selbst und die Intelligenz in Kräfte des Bösen verwandelt wurden, so daß sie jetzt die Herrschaft über das Kapital, die Wirtschaft und die Wissenschaften ausüben kann. Vielleicht frohlockt diese Eigenschaft sogar über ihr Vermögen, Kriege anzuzetteln, die Umwelt zu verschmutzen und die Natur zu zerstören.

Leben, das vom Bösen der derzeitigen Zivilisation verdorben ist, wird vom hilflosen Sturz in den Zustand der Hölle oder auf einen der Bösen Pfade bedroht, da es ständig das wiederholt, was wir das Hin- und Herwandern in den Sechs niederen

Zuständen *(rokudō rinne)* nennen. Solange die Menschen in der Welt der Begierde bleiben, bewegen sie sich unablässig von einem dieser Zustände in den anderen. Diese Zustände sind das Reich des Teufels des Sechsten Himmels, das heißt der umnachteten Eigenschaft des ursprünglichen Wesens des Menschen. Sogar das Selbst im Zustand der Menschlichkeit ist dieser egoistischen Kraft hilflos ausgeliefert.

Das Selbst verfügt im Zustand der Menschlichkeit oder des Entzückens über wesentlich mehr Freiheit als auf den Vier Bösen Pfaden, aber dennoch ist diese Freiheit bei näherer Betrachtung keine echte Unabhängigkeit. Sie ist dem Selbst von außen her, von Natur aus, durch Vererbung oder vom sozialen Umfeld zur Verfügung gestellt worden und kann ebenso leicht zurückgefordert werden, wie sie gewährt wurde.

Es stimmt, daß das Selbst in diesen Zuständen nach seinem eigenen Willen lebt, aber es ist eine Schöpfung des wundervollen Zusammenspiels des Universums mit unserer irdischen Umgebung, ohne das das Selbst niemals in dieser Welt in Erscheinung treten würde. Deshalb offenbart sich bei dem Vorgang, bei dem wir als menschliche Wesen – als menschliches Selbst – das Licht dieser Welt erblicken, die unermeßliche Schönheit und das Mitgefühl der kosmischen Lebensenergie. Wir sollten ewig dankbar für die Möglichkeiten sein, die uns als Menschen gegeben sind. Wir wurden in diesen Zustand und mit den Fähigkeiten der Menschlichkeit geboren, und es obliegt uns, die Intelligenz und die Anständigkeit in uns zu verbessern, um uns echte Unabhängigkeit und Freiheit zu sichern. Wir müssen uns eine Lebensweise aneignen, durch die wir unsere Dankbarkeit für das Mitgefühl des kosmischen Lebens, das uns zur Existenz verholfen hat, zum Ausdruck bringen. Wir müssen entschlossen an unserer Verbesserung arbeiten und ständig auf der Hut vor dem Dämon der Begierde und des Bösen in uns sein, denn nur indem wir diese Kräfte überwinden, können wir die Barrieren der ersten Sechs Zustände überschreiten und die Bereiche der

Vier edlen Zustände betreten. Ich meine damit nicht, daß wir unser Leben vollkommen gegen die Sechs niederen Zustände abgrenzen können. Im Gegenteil – wir leben weiterhin inmitten unserer vom Dämon besessenen Kultur und Gesellschaft. Aber indem wir uns selbst in die höheren Bereiche des Seins erheben, bereiten wir den Weg für andere und brechen allmählich die destruktive Macht der Gier und des Egoismus. Der Pfad der Vier edlen Zustände ist die Revolution und Reformation des menschlichen Seins und gleichzeitig ein Weg aus dem kulturellen Dilemma unserer Zeit.

Lernen und Erkenntnis

Die Vier edlen Lebenszustände sind die des Lernens, der Erkenntnis, der Bodhisattwa-Natur und der Buddhaschaft. Die ersten beiden sind Ideale des Hinayana-Buddhismus. Traditionell ist Lernen der Zustand von *shrāvaka* (in Japanisch: *shōmon*), eines Schülers, der ein Verständnis erlangte, weil er dem Buddha bei seinen Lehren direkt zuhören konnte. Der Zustand der Erkenntnis ist der von *pratyeka-buddha* (in Japanisch: *engaku*), einem Wesen, das eine Art der Erleuchtung durch das Erkennen der Zwölf Glieder der abhängigen Verursachung erreicht hat. Mahayana-Buddhisten zählen diese beiden Zustände, obwohl sie sie als edel erachten, nicht zu den erhabensten Formen der Existenz, weil sie Zustände partieller oder spezialisierter Erleuchtung darstellen; man nennt sie auch »die zwei Fahrzeuge«.

Diese beiden Zustände sind eindeutig weiter entwickelt als die ersten sechs. In *Das Wahre Objekt der Verehrung (Kanjin no Honzon-shō)* sagt Nichiren Daishonin: »Die Tatsache, daß alle Dinge in dieser Welt vergänglich sind, ist uns vollkommen klar. Sind nicht deshalb die beiden Welten der zwei Fahrzeuge in der Welt der Menschlichkeit präsent?« Dies weist auf die hervorra-

171

gende Fähigkeit des Selbst hin, die Vergänglichkeit aller Phänomene zu erkennen, wenn es sich in den Zuständen des Lernens und der Erkenntnis befindet. Dieses Erkennen erscheint nicht im Zustand des Entzückens, da wir in diesem Zustand einen abnormen Sinn für unser eigenes Wohlbefinden, für Macht und unsere persönliche Bedeutung aufrechterhalten. Entzücken durchlebt man, wenn man etwas erreicht hat, was man sich erhofft und für das man gebetet hat, und in diesem Zustand überwältigt uns ein solches Glücksgefühl, daß wir dazu verleitet werden, das Glück für dauerhaft zu halten. Wenn es unseren Händen entgleitet, was unweigerlich früher oder später der Fall ist, sinken wir zurück auf die Bösen Pfade.

Es ist nicht unmöglich, aus dem Zustand des Entzückens in die nächsten beiden Zustände einzudringen, aber um das zu erreichen, darf man sich nicht zu sehr von den Veränderungen ablenken lassen, die um einen herum geschehen. Um in den Zustand des Lernens oder der Erkenntnis einzutreten, muß man zurückblicken auf den Pfad, den man gegangen ist. Wenn man gründlich genug über den eigenen Weg reflektiert hat, wird deutlich, daß alles Existierende einem ständigen Wandel unterliegt und vergänglich ist. Meiner Meinung nach ist das Selbst in diesen beiden Zuständen ein reflektierendes Selbst – ein Selbst, das innehält, zurückschaut und versucht, die Bedeutung der Dinge zu verstehen. Dieser Prozeß beinhaltet Selbstbeobachtung, was der Erforschung des eigenen innersten Lebens und seiner Beziehung zum Kosmos gleichkommt. Während das Selbst im Zustand der Menschlichkeit oder dem des Entzückens seine Aufmerksamkeit auf seine Umgebung konzentriert, wendet es beim Lernen und der Erkenntnis den Blick nach innen auf das eigene Leben und auf die tiefere Bedeutung des menschlichen Lebens als Ganzes.

Sobald das gebündelte Licht der wahren Weisheit auf das innere Leben gerichtet ist, gewinnt dieses Licht an Stärke, so daß es in gewissem Umfang auch die äußere Welt erhellt. Wenn das

Selbst tiefes Verständnis für einen Moment des Lebens gewinnt, versteht es auch die Vergangenheit, die Zukunft und das Prinzip der Dreitausend möglichen Welten in jedem Lebensaugenblick. Bei der Erörterung des Zustands der Menschlichkeit habe ich das Bild von dem Selbst benutzt, das in einem großen Meer des Lebens treibt, welches ihm das Leben ermöglicht. Das Selbst auf dieser Stufe hat vielleicht spirituelle Qualitäten wie Intelligenz, Rechtschaffenheit, Entschlossenheit und Mitgefühl, aber ihm fehlt es an der Willenskraft, seine Aufmerksamkeit auf die Unterströmungen und die Tiefen des Lebensmeeres zu richten. Es ist zu sehr damit beschäftigt, sich über Wasser zu halten. Ohne die Unterströmungen und den Meeresgrund zu kennen, läuft das Selbst Gefahr, in die Tiefe gezogen zu werden.

Wenn wir dieses Bild weiterverfolgen, dann ist das Selbst im Zustand des Lernens und der Erkenntnis in der Lage, inmitten der rauhen Wellen seine Intelligenz und das Licht seiner Einsicht für einen Blick auf die Tiefen des Meeres zu richten. Dies ist ein nachdenkliches Selbst, das zur Quelle des Lichts auf der Oberfläche wird und einen hellen Schein auf den Meeresgrund wirft. Das Licht setzt sich aus Weisheit, Güte, Liebe und dem Willen, die Wahrheit zu erkennen, zusammen. Seine Stärke und Farbe variieren individuell.

Ich möchte das eben Gesagte anhand eines weiteren Vergleichs verdeutlichen: Die Bemühungen eines Astronomen, der entfernte Sektoren des Raums empirisch untersucht, führen beispielsweise zu der Hypothese der Ausdehnung des Universums oder zu anderen Theorien über den gesamten Kosmos. Intensive wissenschaftliche Forschung auf anderen Gebieten, beispielsweise auf dem Gebiet der Ökonomie oder der Politik, wirft ein Licht auf die menschliche Kultur im allgemeinen. Am wichtigsten ist vielleicht, daß das nachdenkliche Selbst bei einem tiefen Blick in seine eigene innere Natur rastlose Wogen der Begierden und Emotionen und auch Energien entdeckt, die dort ständig wirken. Das Licht könnte sogar dazu befähigen, in diesen Dingen die höchste Wirkweise des Kosmos zu erkennen, und dann wird das Selbst mit einem Mal begreifen, daß alle Dinge vergänglich sind und daß es zwecklos ist, sich von dieser Vergänglichkeit verschlingen zu lassen oder sich in ihr zu verlieren. In den Zuständen des Lernens und der Erkenntnis gewinnt das Selbst zum ersten Mal echte Unabhängigkeit von der flüchtigen Welt, die es umgibt. Sowie es Erkenntnisse über die Tiefen des Lebensmeeres und über das größere kosmische Meer des Lebens, von dem es ein Teil ist, erlangt, lernt es, sich unabhängig und dennoch in Harmonie mit allem zu bewegen.

Die Fähigkeit, die Zustände des Lernens und der Erkenntnis zu erreichen, ist nicht notwendigerweise jedem gegeben. Es gibt Personen, die auch trotz Nachdenklichkeit oder Selbstbeobachtung kein Licht ausstrahlen können. Auch wenn das Licht der Intelligenz oder Weisheit aufflackert, variiert es stark in Leuchtkraft und Qualität. Es gibt zum Beispiel Kinder, die sehr früh mathematische Höchstleistungen vollbringen, oder Naturtalente für Musik oder Kunst, die jedoch bei anderen Aktivitäten nur wenig Licht ausstrahlen. Und es gibt viele Erwachsene, die großes analytisches Talent besitzen, aber keine Spur von menschlichem Mitgefühl. In diesem Fall befindet sich das Selbst eher auf einem der Bösen Pfade als im Zustand des Lernens und der Erkenntnis.

Bildung und reichhaltige Erfahrungen können das Licht verstärken, das vom Selbst ausgestrahlt wird. Die ursprüngliche Bedeutung vom Zustand des Lernens jedoch bezieht sich auf Schüler, die den Lehren Shakyamunis zugehört haben und im buddhistischen Gesetz erzogen wurden. Es ist wichtig, daß wir Kenntnisse und Weisheit in uns aufnehmen, welche andere, die vor uns waren, angesammelt haben, da solches Wissen ein entscheidender Teil des Lichts sein kann, das wir ausstrahlen möchten. Es ist gut möglich, daß Gelehrte und Studenten bessere Voraussetzungen haben, den Zustand des Lernens zu erreichen, als andere, aber der Bereich ist für jedermann zugänglich, der ernsthaft und in aller Bescheidenheit versucht, die Erfahrungen und Weisheit anderer zu verstehen. Vielen Studenten und Gelehrten ist aber dennoch der Zugang zum Zustand des Lernens verwehrt, weil sie unangemessen stolz auf ihr eigenes überlegenes Wissen sind. Allzu viele Menschen streben nur nach Wissen, um sich selbst über andere zu erhöhen, und das Selbst verharrt im Zustand des Hungers. Ein Mensch, der wirklich in den Zustand des Lernens eingetreten ist, möchte statt dessen seinen Geist und seinen Verstand bereichern.

Wenn ein Mensch in der Alltagswelt bei seiner Arbeit lediglich das tut, was von ihm erwartet wird, und nicht mehr, wird er nicht den Zustand des Lernens erlangen, da dieser Bereich den Menschen vorbehalten ist, die ihre Arbeit als Gelegenheit für inneres Wachstum und für ihre Entwicklung betrachten. Lernen hängt nicht davon ab, wieviel Zeit man investiert und wie groß das Gehalt ist, das man für die Arbeit erhält – es kommt vielmehr darauf an, daß man sich selbst einbringt und sein spirituelles Potential vergrößert; ob man dabei von anderen lernt oder persönliche Erfahrung ansammelt und daraus Schlüsse zieht, spielt keine Rolle. Die Opportunisten hingegen – gleichgültig, ob sie in einem Büro, in einer Fabrik oder in einem Forschungsinstitut tätig sind – befinden sich normalerweise nicht weit entfernt vom Zustand der Animalität oder dem der Wut.

Zusätzlich zum Zustand des Lernens müssen wir den Bereich der Erkenntnis näher beleuchten. Erkenntnis ist eine Art Erleuchtung, die plötzlich im Zusammenhang mit irgendeinem Phänomen, das man beobachtet oder erlebt, über einen kommt. Das Phänomen kann beliebig sein: das wunderbare Wirken des Universums, eine blühende Blume auf der Wiese, ein strahlender Stern am Himmel, eine kleine Notiz in der Zeitung, der faulige Gestank eines verseuchten Gewässers, der beißende Smog in den Städten – kurz alles, was einen zu einer Einsicht bringt. Erkenntnis ist eine Art Inspiration oder Eingebung, wie sie Künstler, Wissenschaftler oder große Denker oft erhalten, und wahrscheinlich haben die meisten der großen Wegbereiter der menschlichen Zivilisation diesen Zustand erlebt. Eine beinahe vollkommene Illustration dessen bietet Descartes, der, während er am 10. November 1619 vor dem Kamin saß, plötzlich zu einer Einsicht gelangte und den berühmten Satz prägte: »*Cogito ergo sum.*« Dieser Augenblick der Erleuchtung brachte ihn dazu, eine philosophische Grundlage zu entwickeln, auf der die meisten westlichen Wissenschaften aufgebaut sind.

Auch von Kierkegaard wird behauptet, daß er seine Lebensanschauung nach einer Erkenntnis, die er 1835 gewonnen hatte, gänzlich veränderte. Er schrieb in sein Tagebuch, daß ein unvermuteter, erschreckender Aufruhr in seinem Geist stattgefunden habe, der ihn dazu gezwungen habe, die Welt und all die Phänomene in einem anderen Licht zu sehen. Er nannte diese Erfahrung seinen »großen Erdrutsch«.

Wir alle haben ähnliche Erlebnisse. Wir können jeden Tag, Woche für Woche, Monat für Monat am selben Ort vorbeigehen, ohne ihm besondere Beachtung zu schenken. Aber eines Tages erkennen wir mit einemmal eine ganz neue Bedeutung, die uns dieser Ort übermittelt. Eine augenblickliche Eingebung hat sowohl für Descartes als auch für Kierkegaard das gesamte Lebenskonzept verändert. Dies sind typische Beispiele für die Erkenntnis. Plötzlich erhellt das Licht, das dem Selbst entströmt, eine Welt, die bis dahin von Dunkelheit verschleiert war, und ein neues geistiges Territorium breitet sich vor einem aus. Das als »großen Erdrutsch« zu beschreiben ist keine Übertreibung.

Diese plötzliche Offenbarung hätte jedoch weder Descartes noch Kierkegaard erfahren, wenn ihre bisherigen Studien und Anstrengungen sie nicht auf diesen Moment der Wahrheit vorbereitet hätten. Der Zustand der Erkenntnis wird durch eigene Stärke, durch Studien und durch das Nachdenken über das Leben der kosmischen Einheit erlangt. Nachdem man sich darauf vorbereitet hat, die Wahrheit zu empfangen, wird sie sich möglicherweise in den einfachsten, gewöhnlichsten Objekten oder Erfahrungen offenbaren. Und dann durchströmt sie das ganze Dasein und befähigt das Selbst, kreativ an der allumfassenden Existenz des Lebens teilzuhaben.

Offenbarungen oder Inspirationen dieser Art mögen Künstlern oder Denkern eher zugänglich sein als anderen Menschen, aber sie sind keineswegs nur ihnen vorbehalten. Durch Studien und die Verbesserung des Selbst kann sich jeder auf die überraschende Einsicht vorbereiten, die die Wahrheit enthüllt. Ich schließe von diesem Zustand der Erkenntnis die Hausfrau nicht aus, die mit den ständig steigenden Lebensmittelpreisen nicht mehr zu Rande kam und plötzlich eine Möglichkeit findet, wie das Problem zu lösen ist. Ich schließe auch einen Ehemann nicht aus, der jahraus, jahrein die Nörgeleien seiner Schwiegermutter über sich ergehen lassen mußte und mit einem Mal erkennt, wie er mit ihr umgehen muß; oder einen Geschäftsmann, dem eine Idee durch den Kopf schießt, wie er ein Projekt realisieren kann, das er schon seit Jahren in die Hand nehmen wollte. Man könnte sogar ein Fünkchen der Erkenntnis in den Opfern der Minamata-Krankheit in Kyushu sehen; diese Menschen erkannten – trotz der heftigen Debatte, die Professoren über die Ursachen führten – instinktiv, daß die Krankheit von vergiftetem Wasser herrührte. Ganz normale, einfache Menschen, die durch die Verbesserung ihres Wesens zu einer Erkenntnis gelangt sind, schaffen Frieden und Glück in ihrem Heim oder bewirken entscheidende Veränderungen in sozialen, politischen und wirtschaftlichen Strukturen.

Auch im Zustand des Entzückens, der in der Welt der Formlosigkeit angesiedelt ist, erfährt das Selbst das Glück der Erfüllung, Erweiterung und Kreativität. Dieses Glück ist jedoch in hohem Maße von den äußeren Umständen abhängig. Das Glücksempfinden im Zustand des Lernens oder der Erkenntnis ist mehr als das, weil es ausschließlich von einem selbst erreicht oder erzeugt wird. Der Grad des Glücksgefühls im Lernzustand hängt nicht so sehr von den Mühen ab, die man auf der Suche danach aufgewendet hat, als vielmehr von dem Ausmaß, in dem das Selbst diszipliniert und verbessert wurde.

Wir könnten auch sagen, daß das Selbst, das Licht auf die äußere Welt ausstrahlt, einen Lebensraum einnimmt, der so groß ist wie der erhellte Bereich. Wenn das Licht stark und hell ist, steht dem Menschen im Zustand der Erkenntnis eine eigene Welt zur Verfügung. Dies trifft auf den Arbeiter in der Fabrik und auf die Hausfrau ebenso zu wie auf den großen Gelehrten in seinem Elfenbeinturm. Der Umfang des Lebensraums variiert von Mensch zu Mensch, doch er ist in diesen beiden edlen Zuständen um vieles größer als in den ersten sechs Zuständen, und der Einfluß des Selbst auf andere ist entsprechend stärker.

Es mag einigen Menschen seltsam erscheinen, daß die Zustände des Lernens und der Erkenntnis, obwohl sie mit Weisheit, Glück und einer Art Erleuchtung erfüllt sind, in den Mahayana-Sutras verworfen werden. In *Das Öffnen der Augen (Kaimoku-shō)* zitiert Nichiren Daishonin eine Passage aus Sutras, in denen diese Zustände noch unterhalb der Drei Bösen Pfade angesiedelt werden. Wie kann man dieses Paradoxon verstehen?

Grundsätzlich gibt es zwei Erklärungen dafür. Eine davon ist, daß Menschen, die sich in diesen erhabenen Zuständen befinden, dazu neigen, sich von ihrer eigenen Bedeutung den Kopf verdrehen zu lassen. Die andere ist schlicht die, daß diese Menschen noch immer nicht den Bereich der Selbstsucht hinter sich gelassen haben. Die beiden Zustände werden durch fleißige Studien oder Kontemplation erreicht, woraus folgt, daß man nur mit starkem Ehrgeiz und großer Entschlossenheit zum Ziel kommt. Willensstärke kann tatsächlich zu einer Art Erleuchtung führen, die von reicher Intelligenz und geistigem Vermögen durchdrungen ist. Trotzdem nehmen Menschen, die diese Art der Erleuchtung erfahren haben, leichtfertigerweise an, daß dies die höchste und erhabenste von allen sei und daß sie zur Quelle des Lebens und des Kosmos vorgedrungen seien. In dem Augenblick, in dem ein Mensch, selbst wenn er diesen erhabenen Zustand erfahren hat, seine eigenen Grenzen nicht mehr wahrhaben will, wird das böse Element des Lebens, das tief in ihm wurzelt, wieder aktiv. Die Situation ist dann so ziemlich dieselbe wie die im Zustand des Entzückens, wo sich der Dämon der Begierde im Augenblick der Erfüllung erneut behauptet. Solche Dinge können wir des öfteren beobachten – nehmen wir zum Beispiel den medizinischen Forscher, der eine bedeutsame wissenschaftliche Wahrheit erkennt und sie dann als sein ganz persönliches Eigentum ansieht. Vermutlich wird er seine Entdeckung vor seinen Kollegen geheimhalten, die ihm jetzt nur noch wie ein Haufen Dummköpfe erscheinen. In seiner Torheit vergißt er vollkommen das eigentliche Ziel der medizinischen Forschung und hütet sein Geheimnis bis zu dem Tag, an dem er es einem erhabenen Kreis von Gelehrten vorlegen und donnernden Beifall ernten kann. Die Eingebung hat diesem Mann keine wahre Erleuchtung beschert, sondern nur Eitelkeit und Selbstsucht.

Dies ist der Pfad, dem so viele, die die Zustände des Lernens und der Erkenntnis betreten haben, folgen. Tatsächlich lauert im innersten Leben dieser Zustände noch ein Element der Verblendung, und selbst wenn der Mensch Anstrengungen unternimmt, seine höchste Intelligenz für gute Zwecke einzusetzen, kann er ohne weitere Erleuchtung das Böse der Begierden und die Sucht nach Selbstverherrlichung nicht überwinden. In diesen Bereichen ist man der »umnachteten Eigenschaft des ursprünglichen Wesens des Menschen« nicht endgültig entkommen – es wurzelt viel tiefer als Vernunft, Gewissen und Mitgefühl. Das Selbst in diesen Zuständen verströmt Licht, aber dieses Licht ist fleckig und unvollkommen und stark eingegrenzt.

Das Ziel eines Menschen in diesen Zuständen ist bestenfalls, den eigenen Charakter zu entwickeln und seine Persönlichkeit zu verbessern. Er mag in gewissem Sinne auch Erfolg mit seinen Bemühungen haben, doch dieses Ziel ist noch immer selbstsüchtig, und die Erleuchtung, die er erlangt, führt ihn nicht zur wahren Quelle des Lebens.

Teilerleuchtung führt zum Stolz und zum Verlust der Bescheidenheit. Für den partiell Erleuchteten gibt es nur eine Sichtweise – die seine. Von diesem Moment an ist er unzugänglich für andere Gedanken, egal, wie scharfsinnig sie auch sein mögen. Er ist versucht, nur um der Kritik willen Kritik zu üben und dadurch seine eigene Selbstzufriedenheit zu untermauern. Wenn das geschieht, kann er sehr wohl den Weg zum Glück für sich und andere blockieren.

Ein weiterer Grund, die Zustände des Lernens und der Erkenntnis den Drei Bösen Pfaden unterzuordnen, ist die Macht, die Menschen in diesen Zuständen oft besitzen. In der Regel verfügen sie über großes Wissen, über Intellekt und Einsicht und können mit diesen Eigenschaften mehr Gutes tun als andere, sie können damit jedoch auch viel Schlimmeres anrichten. Wenn Menschen auf diesen Ebenen vom Bösen, das in ihnen lauert, besessen sind, können sie mehr Leben im Kosmos zerstören als einfachere Sterbliche. Der Unterschied ist etwa gleichzusetzen mit dem zwischen einem normalen Gewehr und einer Wasserstoffbombe. Dieser Vergleich ist nicht zufällig gewählt, weil Nuklearwaffen und die Wissenschaften, mit deren Hilfe man sie entwickeln konnte, Resultate von Offenbarungen und Eingebungen sind, die große Gelehrte erlebt haben. Ein normaler Mensch, der vom Bösen besessen ist, wird anderen vielleicht eine Schuß- oder Schnittwunde zufügen, aber die großen Wissenschaftler unserer Zeit haben es möglich gemacht, die ganze Menschheit mit einem Schlag zu vernichten. Die Tatsache, daß Menschen im Zustand des Lernens oder dem der Erkenntnis geistig unabhängiger sind, bedeutet letztlich nur, daß sie um so schwerer vom falschen Weg abzubringen sind, wenn sie ihn einmal eingeschlagen haben. Eine kleine Veränderung der Umstände vermag normale Menschen von einem der ersten sechs Zustände in einen anderen zu führen. Die Menschen in diesen beiden Zuständen sind jedoch nicht so leicht zu beeinflussen. Sie »bleiben bei ihren Grundsätzen«, und die Kritik anderer erschüttert sie nicht. Nur zu oft haben uns solche Menschen die Tragödie des Krieges beschert.

Das Paradoxon also bleibt: Lernen und Erkenntnis sind in abstraktem Sinne Quellen des Wissens, der Weisheit und der intellektuellen Stärke. Sie können einen Menschen befähigen, viel Licht – in intellektueller oder in spiritueller Hinsicht – auf seine Umgebung zu werfen. Sie können ihn sogar ganz nah zum Verständnis des wahren Kosmos führen, aber gleichzeitig befreien sie das Selbst nicht von der »umnachteten Eigenschaft des ursprünglichen Wesens des Menschen«. Aus diesem Grund leiten sie den Teilerleuchteten unter gewissen Umständen nicht zur Essenz des kosmischen Lebens, sondern zu ihrem Gegenpol, zu Leid und Zerstörung.

Der Weg zur höchsten Wahrheit des Universums liegt in den beiden edlen Zuständen des Mahayana-Buddhismus, der Bodhisattwa-Natur und der Buddhaschaft, denen ich mich jetzt zuwenden möchte.

Bodhisattwa-Natur und Buddhaschaft

Kürzlich las ich das Buch *Ningen no Saihakken* (Die Wiederentdeckung des Menschen); es berichtet von einem Symposium, das Doktor Hideki Yukawa, Professor Kikuya Ichikawa von der Dōshisha Universität und Takeshi Umehara abhielten. Unter anderem sprachen die drei Gelehrten über das buddhistische Konzept des Mitgefühls oder Mitleidens *(jihi)*.

Doktor Yukawa merkte an, daß das Wort ein Element enthalte, das »Sorge« bedeute und den Begriff somit von der christlichen

181

»Nächstenliebe«, der konfuzianischen »Güte« und den allgemeinen Begriffen aus der Philanthropie absetze. Professor Ichikawa meinte, »Sorgen« beinhalte, daß man die Sorgen eines anderen teile. Doktor Yukawa erwiderte, um die Sorgen eines anderen teilen zu können, müsse man notwendigerweise selbst Sorgen erfahren haben. Takeshi Umehara folgerte daraus, daß Mitgefühl eine spezielle Art der Erkenntnis sei, bei der man sich mit dem grundlegenden Zustand identifiziere, in dem sich eine andere Person befinde.

Professor Ichikawa stellte die Behauptung auf, daß es Mitgefühl in diesem Sinne in der modernen Welt überhaupt nicht mehr gebe, doch Doktor Yukawa widersprach: »Ich kann nicht bestätigen, daß Mitgefühl nicht mehr existiert. Sie selbst haben uns von Ihrem Küken erzählt. Bei mir war es meine kleine Enkelin. Bevor das Kind geboren wurde, hatte ich nie darüber nachgedacht, wie man sich als Großvater fühlen würde, aber in der Minute, in der meine Enkelin zur Welt kam, realisierte ich, zu welch merkwürdigen und geheimnisvollen Gefühlen ein Mensch fähig ist... Soweit es mich betrifft, hatte meine Enkelin keine Schuld. Das Gefühl mag unlogisch sein, aber nichtsdestoweniger ist es real. In meinem Inneren war dieses Gefühl schon immer präsent, doch ich war mir dessen nicht bewußt, bis das Kind geboren war. Sie sollten das eigentlich verstehen nach Ihren Erfahrungen mit dem Küken.«

Professor Ichikawas Tochter hatte dieses Küken als Haustier gekauft. Das Küken wurde offenbar sehr krank, und die ganze Familie machte sich so große Sorgen deswegen, daß Professor Ichikawa, Präsident der Universität, sogar vom Büro aus zu Hause anrief, um sich nach dem Befinden des Tieres zu erkundigen. Schließlich starb das Küken, und Professor Ichikawa machte die Entdeckung, daß seine Familie beinahe so erschüttert war wie ein Jahr zuvor beim Tode seiner Mutter.

Dies sind zwei Beispiele, zu welch starken Gefühlen sogar große Gelehrte fähig sind, wenn es um ein Kind oder ein kleines

Tier geht. Meiner Meinung ist diese Emotion, die sie erfahren haben, die Essenz des buddhistischen Mitgefühls.

Nichiren Daishonin schrieb in den *Mündlich übertragenen Lehren (Ongi Kuden)*: »Großes Mitgefühl ist wie das Einfühlungsvermögen, das eine Mutter für ihr Kind empfindet; es ist das Mitgefühl Nichirens und seiner Schüler.« Vielleicht ist die entscheidendste Ähnlichkeit zwischen buddhistischem Mitgefühl und Mutterliebe, daß beide Empfindungen bedingungslos sind wie Doktor Yukawas Zuneigung zu seiner Enkelin. Wahre Mutterliebe ist selbstlos – nichts, nicht einmal das Leben der Mutter, darf der Entwicklung und dem Glück des Kindes im Wege stehen. Das ist fast vollkommene Empathie. Wenn das Kind glücklich ist, ist die Mutter glücklich; wenn das Kind Kummer hat, hat auch die Mutter Kummer; wenn das Kind krank ist, leidet die Mutter am meisten.

Wohlgemerkt, ich sagte »wahre Mutterliebe«, weil es auch unechte Arten gibt. Wir alle kennen dominante Mütter, deren offensichtlich zur Schau gestellte Fürsorge für ihre Kinder in Wirklichkeit nichts anderes als Egoismus ist. Wir kennen auch Mütter, deren zwanghafte Sorge um ihre Sprößlinge sie zu haßerfülltem Verhalten anderen Kindern gegenüber verleitet. Doch ändern diese unechten Varianten nichts an der grundlegenden Ähnlichkeit zwischen buddhistischem Mitgefühl und mütterlicher Liebe.

Wie Doktor Yukawa anmerkte, sind wir alle mit der Neigung zum Mitgefühl geboren, obwohl wir uns dessen oft nicht bewußt sind, bis eine spezielle Situation eintritt. In *Das Wahre Objekt der Verehrung (Kanjin no Honzon-shō)* schreibt Nichiren Daishonin: »Sogar ein herzloser Schurke liebt seine Frau und seine Kinder. Auch er hat einen Teil der Bodhisattwa-Welt in sich.« Das heißt schlicht, daß jeder von Natur aus des Mitgefühls fähig ist.

Im Zustand der Bodhisattwa-Natur ist das ganze Leben durchdrungen von der Kraft des Mitgefühls. Mit Kraft des Mitgefühls meine ich eine starke Energie, die aus den inneren Tiefen des menschlichen Lebens strömt. Diese Energie schließt Intelligenz, Rechtschaffenheit, Weisheit und eine Menge spiritueller Wünsche mit ein. Das Selbst ist im Zustand der Bodhisattwa-Natur, wenn all seine guten Eigenschaften – Weisheit, Liebe, Entschlossenheit und Mut – mit der Energie des Mitgefühls verschmelzen, um anderen Gutes zu tun. Das Wesen des Bodhisattwas ist vollkommen altruistisch, und die Essenz des Mitgefühls eines Bodhisattwas ist, andere vom Leiden zu befreien und ihnen Glück zu schenken.

Altruismus ist das wirksamste Mittel zur Selbstverwirklichung und zur Selbstvervollkommnung. Gutes für andere zu tun ist der beste Weg, den eigenen Charakter zu verbessern und größere Glückseligkeit für sich selbst zu finden. Um einen anderen Menschen vom Leid zu befreien, muß man sich mit diesem Menschen identifizieren und das Leid mit ihm teilen. Wie Takeshi Umehara sagte, ist dies eine »Identifizierung mit dem grundlegenden Zustand, in dem sich eine andere Person befindet«. Gerade diese Identifizierung ist das Mittel, Mitgefühl zu praktizieren. Und die Tat, andere vom Leiden zu befreien und ihnen Glück zu schenken, führt zur Vervollkommnung des Selbst. Der Bodhisattwa begibt sich unter seine Mitmenschen und bemüht sich, ihre Leiden und ihre Trauer auf sich zu nehmen. Sein Mitgefühl ist eine aktive, praktische Kraft. Dies macht den grundlegenden Unterschied zwischen einem Bodhisattwa und den Weisen aus, die nicht über die Zustände des Lernens und der Erkenntnis hinausgekommen sind. Der Bodhisattwa ist zu tiefsinnigen Gedanken und zur Einsicht fähig, doch ist diese Fähigkeit untrennbar mit praktischem Handeln verbunden.

In Nichiren Daishonins *Jippōkai Myōin-ga-shō* (Kausalität in den Zehn Lebenszuständen) heißt es: »Der Bodhisattwa bewegt sich inmitten der gewöhnlichen Menschen auf den Sechs Pfaden, demütigt sich selbst und erhebt andere, während er sich ständig bemüht, das Böse auf sich zu ziehen und das Gute anderen zukommen zu lassen.« Mit anderen Worten: Gerade im Umgang mit einfachen Menschen wird der Bodhisattwa aktiv, und seine Haltung wird von Bescheidenheit und Selbstaufopferung bestimmt.

Der Bodhisattwa braucht Mut, um gegen die Quellen des Bösen selbst angehen zu können. Ohne Mut kann er nicht hoffen, die diabolischen Elemente in sich und anderen überwinden zu können, und bevor er diese Mächte des Bösen nicht besiegt, kann er anderen kein Glück bescheren. Eine buddhistische Schrift, das *Butsuji-kyō-ron*, geht sogar so weit, zu sagen, daß das Wort »Bodhisattva« gleichbedeutend mit »Mut« sei.

Indem der Bodhisattva anderen hilft, qualifiziert er sich selbst, da durch den Akt der Wohltat für andere der Egoismus, der latent in ihm vorhanden ist, unterdrückt wird. Dadurch wiederum wird das Licht der Weisheit freigesetzt, das die böse Dunkelheit in der ihn umgebenden Welt erhellt.

Das Wort Bodhisattwa ist zusammengesetzt aus *bodhi*, was »die Weisheit des Buddha« heißt, und *sattva*, dem Begriff für »fühlendes Wesen«. Später werde ich näher auf die Bedeutung der fühlenden Wesen eingehen, hier soll es genügen, darauf hinzuweisen, daß sich dieser Begriff auf lebende Dinge, speziell auf menschliches Sein, bezieht. Die Weisheit des Buddhas ist die Weisheit, die der Bodhisattwa gewinnt, indem er all seine Aktivitäten dem Nutzen anderer widmet. Dem Selbst im Zustand der Erkenntnis fehlt diese höchste Weisheit, weil seine Bemühungen ichbezogen sind und weil infolgedessen immer die Möglichkeit bleibt, daß sich der Egoismus durchsetzt. Durch den Kampf, anderen zu helfen, greift der Bodhisattwa den Egoismus in sich selbst direkt an.

Die fundamentale Lebensenergie zeigt sich als Weisheit und Mitgefühl, und das Selbst, das bisher zu sehr im Egoismus befangen war, gewinnt durch Weisheit und Mitgefühl allmählich einen altruistischeren Charakter. Erkenntnisse, Urteilsvermögen, Gewissen und die spirituellen Wünsche werden stärker.

Die Haupt-Bodhisattwas, die in den Schriften erwähnt werden, sind Monju, Kannon, Yakuō, Fugen, Miroku und Myōon, von denen jeder für ein spezielles Ideal steht. Monju repräsentiert die Weisheit, Kannon die Barmherzigkeit, Yakuō die Heilkunst, Fugen das Lernen, Miroku das Mitgefühl und Myōon die Musik und die Künste. Obwohl ihre Attribute und ihre Aktivitäten, denen sie sich verpflichten, unterschiedlich sind, sind sie insofern gleich, als jede ihrer Taten dem Wohl anderer dient.

Nichiren Daishonin sah diese Bodhisattwas als vorläufige Bodhisattwas an. Die Schriften ordnen für sie zweiundfünfzig Stufen der Ausübung an, von denen die letzte die Buddhaschaft ist. Das Erreichen jeder einzelnen dieser Stufen erfordert eine ungeheuer lange Zeitspanne, gewaltige Anstrengungen und Standfestigkeit. Es ist zweifelhaft, ob Normalsterbliche den Pfaden dieser strengen Übungen folgen können. Den asketischen Pfad zu beschreiten und dann doch auf der Strecke zu bleiben führt nicht zur Verwirklichung der Buddhaschaft.

Für einfache Menschen führt der Weg zum höchsten Ziel der Buddhaschaft über die Läuterung des Selbst durch altruistische Taten, wobei die Energie des Mitgefühls aus der innersten Quelle des Lebens hervorströmt. Man muß sich innerlich und äußerlich reformieren. Das unermüdliche Handeln zum Wohl anderer setzt Lebensenergien frei, die für ein erfülltes und glückliches Leben nötig sind.

Den vorläufigen Bodhisattwas stellt Nichiren Daishonin die Bodhisattwas der Erde *(Jiyu no bosatsu)* gegenüber, die im Lotos-Sutra beschrieben sind. Als Manifestationen des höchsten Buddhas entspringen sie der Erde, um das buddhistische Gesetz im ganzen Universum zu verbreiten. Sie sind Menschen, die im alltäglichen Leben dieser Welt die Mächte des Bösen herausfordern, indem sie sich aufrichtig und selbstlos dem Wohl anderer widmen; dadurch steigt gleichzeitig die unendliche Kraft des Mitgefühls in ihnen empor. Die vier Anführer der Bodhisattwas der Erde sind Jōgyō, Muhengyō, Jōgyō und Anryūgyō. (Jōgyō, der das Selbst repräsentiert, ist Viśiṣṭacārita in Sanskrit. Jōgyō, der die Reinheit repräsentiert, ist Viśuddhacārita. Muhengyō und Anryūgyō sind Anantacārita und Supratisthitacārita.) In den *Mündlich übertragenen Lehren* steht über sie: »Als Erklärung der Vier Großen Bodhisattwas wird im neunten Band der *Fushōki* [ein Kommentar zu einem Werk von Chih-i] bemerkt: ›Die Vier Anführer, von denen im Lotos-Sutra die Rede ist, repräsentieren vier Tugenden: das Selbst, Ewigkeit, Reinheit und Glück. Jōgyō repräsentiert das Selbst; Muhengyō repräsentiert Ewigkeit; Jōgyō repräsentiert Reinheit; Anryūgyō repräsentiert das Glück.«

Diese verschlüsselte Bemerkung erfordert nähere Erklärungen. Nach meinem Dafürhalten ist mit Tugend des Selbst die Stärkung des Selbst bis zu dem Punkt gemeint, an dem es Herausforderungen von außen standhalten und Schwierigkeiten in Gelegenheiten zum Wachstum umkehren kann.

Ewigkeit bedeutet: fester Glaube an das ewige Leben – gepaart mit dem auf diesem Glauben basierenden Bemühen, unaufhörlich dem höchsten Ziel zuzustreben. Das Ewigkeitsgefühl stärkt das Vertrauen, daß man durch barmherzige Taten andere Menschen, das Umfeld, ein Land oder sogar die ganze Welt verändern kann.

Reinheit meint ein reines und leuchtendes Leben, in dem böse oder egoistische Instinkte so machtlos sind, daß sie einen nicht mehr aus dem Gleichgewicht bringen. Ein Leben, das der Hilfe an anderen statt der Verfolgung eigener Ziele geweiht ist, strahlt im Licht der wahren Weisheit und Intelligenz. Glück bedeutet die Freude, sein Leben auf einem unerschütterlichen Fundament zu führen, das in der Lebensenergie des Kosmos verwurzelt ist.

In *Das Wahre Objekt der Verehrung (Kanjin no Honzon-shō)*

schreibt Nichiren Daishonin: »Jōgyō, Muhengyō, Jōgyō und Anryūgyō repräsentieren die Welt des Bodhisattwas innerhalb unseres Lebens.« Das heißt, daß wir die Lebensbedingung des Bodhisattwas für uns selbst erschaffen können. Wir können Bodhisattwas der Erde sein, auf uns selbst vertrauen, voll unendlicher Lebensenergie, und uns der Hilfe anderer widmen. Das Leben eines Bodhisattwas der Erde ist ein wahrhaft menschliches und von Mitgefühl und Freude erfülltes Leben.

Die Bodhisattwas der Erde sind im Sutra als »aus dem Boden springend« beschrieben. »Boden« steht bildlich für das höchste Fundament des Lebens, das Mystische Gesetz. Das Mystische Gesetz oder die kosmische Lebensenergie sind identisch mit dem Leben in der Buddhaschaft. Die Buddhaschaft manifestiert ihre Kraft greifbar in jeder Aktivität unseres Alltagslebens, so daß wir als Bodhisattwas der Erde tätig werden und unsere gesamte Energie für das Glück anderer Menschen aufwenden können. Wenn wir Bodhisattwas der Erde werden, manifestieren wir die Buddhaschaft in uns. Darüber hinaus ist der Lebenszustand der Bodhisattwas der Erde – anders als die der vorläufigen Bodhisattwas – dem der Buddhaschaft gleich. Nur die Buddhaschaft in uns bringt die vier Tugenden der Bodhisattwas der Erde hervor.

Das führt uns zu der höchsten der Zehn Welten, zur Buddhaschaft, einem Zustand, der nicht bis ins letzte mit Worten beschrieben werden kann. Nichiren Daishonin schrieb: »Buddhaschaft ist am schwersten zu veranschaulichen. Aber da Sie die anderen neun Welten besitzen, sollten Sie glauben können, daß Sie auch die Buddhaschaft haben.« Tatsache ist, daß man die Buddhaschaft erfahren muß, damit man sie verstehen kann, und auch die bestmögliche Beschreibung kann zwangsläufig nur eine Teilerörterung der Attribute des Buddhas sein.

Es gibt zehn traditionelle Titel für den Buddha, und alle wollen die unendliche Weisheit, Kraft und das Mitgefühl der Buddhaschaft ausdrücken. Der Name Buddha an sich bedeutet »der Erleuchtete«, dessen Weisheit die Prinzipien des Universums und allen in ihm enthaltenen Lebens umfaßt. Ein anderer Titel ist Nyorai (Sanskrit: Tathagata), was erklärt, daß jedes Wort und jede Handlung eines Buddhas eins mit dem kosmischen Leben ist. Das heißt, das ewige Leben zu verstehen, also Erleuchtung.

Titel wie Shōhenchi, Jōgojōbu, Zenzei und Myōgyōsoku drükken Buddhas Verständnis für die Menschen aus. Shōhenchi bezeichnet speziell die Weisheit des Buddhas, der unparteiisch alle Dinge im gesamten Universum versteht und ihnen allen das gleiche Mitgefühl entgegenbringt. Jōgojōbu verdeutlicht die Kraft, die stark genug sein muß, um alle Menschen zum Glück und zum Triumph über jedes diabolische Element zu führen, das in den Tiefen des Selbst lauert. Wörtlich bezeichnet der Begriff einen Riesen, der »Harmonie schafft und herrscht«. Indem er die bösen Impulse beherrscht, harmonisiert er alle Elemente des Universums, und durch ständige Handlungen, die von Mitgefühl durchdrungen sind, revolutioniert er sein eigenes Leben.

Zenzei, wörtlich »zur Welt der Erleuchtung gehen«, meint ursprünglich, alle Begierden auszulöschen und ins Nirvana einzugehen, aber da Begierden nicht vollkommen ausgerottet werden können, müssen wir »auslöschen« als veredeln – läutern – und auf das Wohl anderer gerichtet verstehen. Der Buddha hat die Stärke, Wünsche zu beherrschen und sie umzuformen, indem er durch altruistische Taten Befriedigung findet.

Myōgyōsoku, »einer, der die ewige Wahrheit deutlich sieht und zufrieden den Weg geht«, drückt die Einheit von Weisheit und praktischem Verhalten aus. Die Wahrnehmung der ewigen Wahrheit gewinnt man aus konkreter Erfahrung. Der Buddha erforscht alle Bereiche des Lebens einschließlich der Aktivitäten der Menschen, der Gesellschaft, Kultur, Politik, Ökonomie und Erziehung. Der Buddha weiß, weshalb die Preise der Waren steigen, warum unser Bildungssystem nicht richtig funktioniert, wieso es Schwierigkeiten beim Landverkauf und -erwerb gibt. Ein anderer Name für ihn ist Sekenge, »der, der den Lauf der Welt versteht«. Das heißt, daß der Buddha kein völlig entrücktes Wesen ist, sondern alle Aspekte des wirklichen Lebens hier und jetzt kennt und weiß, wie auftauchende Probleme zu lösen sind.

Das führt zu dem Namen Tenninshi, »Führer von Göttern und Menschen«. In diesem Fall können wir »Götter« als »Anführer« und »Menschen« als »Alltagsmenschen« interpretieren. Der Buddha ist in der Lage, alle Menschen zu leiten, ob sie Anführer oder gewöhnliche Leute sind. Er gewinnt ihre Herzen durch seine Weisheit, seine Stärke und sein Mitgefühl. Seine Handlungen finden ihre Anerkennung und Unterstützung, so daß er mit der Bezeichnung Ōgu beschrieben werden kann, was soviel heißt wie »eines Opfers würdig«. Opfergaben drücken aus, daß jemand Bewunderung und die Unterstützung der Menschen gewonnen hat. Dies wird durch den Namen Seson, »der Von-der-Welt-Geehrte«, betont.

In der heutigen Welt zeigt sich ein Mensch, in dem die Buddha-Natur erscheint, als vernunftbegabter Mensch. Er ist integriert, äußerst verantwortungsbewußt und besitzt einen starken Glauben, ist freundlich zu seinen Mitmenschen und flexibel im Denken. Vor allem ist ihm unerschöpfliches Mitgefühl, Weisheit und Kreativität zu eigen.

Menschen im Zustand der Buddhaschaft erscheinen einem vielleicht auf den ersten Blick nicht als außergewöhnlich. Sie handeln als Bodhisattvas der Erde, die ein mildtätiges Leben führen, weil sie von der Lebensenergie des Buddhas, der Erde, die identisch ist mit dem Mystischen Gesetz, versorgt werden. Die Bodhisattvas der Erde verstehen alle Aspekte des Lebens im Universum und die Prinzipien, die ihnen zugrunde liegen. Sie verstehen auch die Gesellschaft, in der sie leben, und erkennen die Zeichen der Zeit. Weil sie Energie aus der kosmischen Quelle schöpfen, wächst ihre eigene Lebensenergie ins Unermeßliche, und ihre Freiheit erstreckt sich durchs ganze Universum. Ihre Freude ist die Freude aller Freuden: eine unbeschreibliche Ekstase, die frei und spontan aus der innersten Essenz des Lebens hervorsprudelt. Es ist die Freude am Leben, die Freude an der Erde, die Freude an Bäumen und Blumen, die Freude an Gesichtern und Taten der Menschen – alles ist mit Freude durchdrungen. Jeder Atemzug, jede Handbewegung, jeder Schritt verursacht Freude, Dankbarkeit und Liebe für das Leben. Geburt, Alter, Krankheit und Tod sind keine Leiden mehr, sondern Teil dieser Freude am Leben.

Das Licht der Weisheit erhellt das ganze Universum und vernichtet die angeborene umnachtete Natur des Menschen. Der Lebensraum des Buddhas verschmilzt zu einer Einheit mit dem Universum. Das Selbst wird der Kosmos, und in einem einzigen Augenblick dehnt sich der Lebensfluß über Vergangenheit und Zukunft hinweg aus. In jedem gegenwärtigen Augenblick strömt die ewige Lebensenergie des Kosmos wie eine gigantische Fontäne aus Energie und Stärke. Im Leben in der Buddhaschaft enthält jeder Augenblick die Ewigkeit, da die ganze Lebenskraft des Kosmos auf diesen einen Augenblick des Seins konzentriert ist. Ein Mensch im Zustand der Buddhaschaft spürt kaum, wie die physikalische Zeit vergeht, weil sein Leben in jedem Moment erfüllt und glücklich ist, als ob er die Freude am Leben bis in alle Ewigkeit erfahren würde.

Die vorläufigen Bodhisattvas bemühen sich, an der ungeheuren Kraft des Buddhas teilzuhaben, indem sie sich der Selbstdisziplin und der Selbstaufopferung unterziehen, aber die asketischen Übungen dieser Menschen sind, wie in den Sutras ausgeführt, zu streng und für normale Menschen undurchführbar. Nichiren Daishonins Buddhismus lehrt, daß der einzige Weg, die Buddhaschaft wachzurufen, die allen Menschen innewohnt, »der Glaube« ist – der Glaube an das Mystische Gesetz, die kosmische Lebensenergie an sich. Laut den *Mündlich übertra-*

genen Lehren sind alle Lebensformen im Universum, ungeachtet ihrer Vergänglichkeit, einzig und allein auf die Natur des Buddhas ausgerichtet. Mit anderen Worten: Der Drang, der allem Leben zugrunde liegt, ist die Hoffnung auf Verwirklichung der Buddhaschaft – der Impuls, sich mit der kosmischen Lebensenergie zu vereinen und zu ihrem Ursprung zurückzukehren. Dieser Drang, der stärker als Liebe, Haß, Vernunft, Begierde oder sogar der Wunsch zu leben ist, bildet den innersten Kern jeden individuellen Lebens, ist jedoch verschleiert von Begierden und Ignoranz. Trotzdem ist er da, in allem Sein, und er ist die ursprünglichste Sehnsucht der Menschen. Ich nenne diesen Drang *religiöses Verlangen* oder den *Naturtrieb zur höchsten Wahrheit.*

Dieser Drang kann nur Erfüllung finden, wenn man der Ausübung folgt, die Nichiren Daishonin lehrte. Sie basiert auf dem Verständnis, daß die Buddha-Natur in allem Sein enthalten ist, und auf dem Erreichen des Ziels, eins mit der kosmischen Lebensenergie zu werden. In Nichiren Daishonins Religion kann jede Person eine vollkommene Verwirklichung der Buddhaschaft in sich selbst werden.

7 Wechselbeziehungen in den Zehn Welten

Beispiele aus dem Leben

Wir wollen einen Moment darüber nachdenken, was geschieht, wenn man einen Film oder ein Videoband an einer bestimmten Stelle anhält, wie es so oft bei Wiederholungen von sportlichen Ereignissen getan wird. Durch das Anhalten der Aktion wird der kritische Moment in einem Ringkampf oder das Finish eines Pferderennens sichtbar, und man kann entscheiden, welcher Ringer oder welches Pferd gewonnen hat. Obwohl das Bild nicht das ganze Rennen oder den ganzen Kampf zeigt, liefert es eine ausgesprochen wichtige Information.

Wenn man plötzlich die Zeit um Punkt drei Uhr an diesem Nachmittag anhalten könnte, würde man Menschen in allen möglichen Haltungen und Situationen sehen können – Männer gehen auf der Straße, Frauen sind dabei, ihren Kindern eine Kleinigkeit zu essen zu geben, Kinder sitzen am Tisch in Erwartung des Essens, ein Gelehrter schreibt gerade ein Wort, ein Turner verharrt mitten im Salto, ein Autofahrer überfährt eine rote Ampel.

Ein ähnliches Bild vom Leben der Menschen erhalten wir auch, wenn wir sie uns im Hinblick auf die Zehn Zustände genauer betrachten. Ein niedergeschlagen aussehender Mann auf dem Gehsteig mag im Augenblick vielleicht im Zustand der Hölle sein, einer mit freudigem Gesichtsausdruck im Zustand der Menschlichkeit; die Kinder, die auf ihr Essen warten, sind vermutlich im Zustand des Hungers, der Gelehrte könnte im Zustand des Lernens, der Turner im Zustand des Entzückens und der Fahrer im Zustand des Ärgers sein. Wir können sogar bis zu einem gewissen Grad erahnen, was geschieht, wenn die Zeit weiterläuft. Die Kinder werden wahrscheinlich essen; der

193

Gelehrte schreibt das Wort zu Ende; der Turner vollendet seinen Salto. Doch stellt dies jeweils nur eine von mehreren Möglichkeiten dar, da wir nicht vollkommen sicher sein können, was sich aus den verschiedenen Situationen ergibt. Der Fahrer könnte das Rotlicht überfahren, aber genausogut könnte er plötzlich bremsen. Der Turner kann auf die Nase fallen; der Gelehrte entdeckt vielleicht, daß er einen Schreibfehler gemacht hat und streicht den ersten Teil des Wortes aus. Es ist nicht voraussehbar, wie sich eine Situation entwickelt, und genausowenig wissen wir, ob die Menschen von ihrem augenblicklichen Zustand in einen anderen überwechseln.

Die Theorie der Zehn Welten kann dazu dienen, den Zustand eines Menschen in einem bestimmten Augenblick zu beschreiben, aber wir dürfen nicht vergessen, daß sich dieser Zustand ständig verändert. Dabei ist es unbedeutend, wie träge der Lebensfluß wird, da er nie gänzlich versiegt. Der Zustand, in dem das Selbst existiert, kann sich von einem Moment zum anderen ändern – was auch sehr oft geschieht.

Wenn ein Mensch aus der Hölle in einen anderen Zustand überwechselt, gelangt er dann in den Zustand des Hungers oder der Animalität – oder in irgendeinen anderen? Würden wir eine Art Regel oder Formel für diese Abläufe finden, hätten wir ein Lebensprinzip entdeckt. Solch ein Prinzip existiert im Buddhismus in der Theorie der Wechselbeziehungen in den Zehn Welten, *Jikkai Gogu*, die deutlich macht, daß jede einzelne der Zehn Welten all die anderen enthält. Selbst wenn einer der Zustände in einem bestimmten Moment dominiert, sind die anderen dennoch präsent, und jeder von ihnen kann im nächsten Moment dominieren. Deshalb ist der gesamte Bereich der Existenz für das Selbst zu jeder Zeit potentiell erreichbar.

Ich denke, diese Theorie läßt sich am besten durch Beispiele aus dem Leben veranschaulichen. Bei der Auswahl habe ich versucht, sowohl außergewöhnliche als auch triste Situationen auszuschließen, weil die Fälle mit extrem raschen Wechseln zu weit entfernt vom normalen Erleben der Menschen wären und weil dort, wo kein oder kaum ein Wechsel stattfindet, nicht verdeutlicht werden könnte, was ich erklären möchte. Außerdem mußte ich auch die Privatsphäre der Menschen berücksichtigen. Der erste Fall, der mir einfiel, war der von Doktor A. Zum ersten Mal erfuhr ich von Doktor A., der ein Krankenhaus in einer ländlichen Kleinstadt leitet, etwa vor zehn Jahren aus der Zeitung. Zu dieser Zeit hatte die Japan Medical Association zu einem Streik aufgerufen und gefordert, daß Patienten für eine festgesetzte Zeit nicht behandelt werden sollten. Doktor A. ignorierte den Streikbefehl und kümmerte sich wie immer um die Kranken, deshalb wurde er in der Zeitung erwähnt. Ich persönlich denke, daß nichts einen Arzt davon abhalten sollte, seine Pflichten den Patienten gegenüber zu erfüllen. Obwohl ich damals auch in gewisser Weise Verständnis für die Ziele hatte, die die Ärzte mit diesen Maßnahmen verfolgten, bin ich grundsätzlich der Meinung, daß Mediziner, die streiken, einen ernsthaften Charakterfehler erkennen lassen. Doktor A. tat, wie mir schien, nur das, was recht und billig war.

Dennoch erforderte es Mut, sich der Mehrheit zu widersetzen, und noch bemerkenswerter war, daß Doktor A. peinlich berührt war, weil die Zeitungen Loblieder auf ihn und sein Verhalten sangen. Die meisten Menschen wären froh gewesen, auf diese Weise Rechtfertigung zu erfahren, doch Doktor A. glaubte, daß er nichts getan hatte, worauf er stolz sein müßte. Wie er erzählte, lebt er in einem Ort, wo er im Winter manchmal durch tiefen Schnee stapfen muß, wenn er seine Patienten besucht. Es gab Zeiten, in denen er es unterließ, Kranken, die etwas weiter entfernt wohnten, einen Besuch abzustatten. Er empfindet immer noch Schuldgefühle deswegen, hat jedoch inzwischen in der buddhistischen Philosophie eine Möglichkeit gefunden, seine Schwächen zu überwinden. Doktor A. schrieb: »Jetzt macht es mich glücklich, nicht an mich selbst zu denken und für die Kranken da zu sein.« Es ist offensichtlich, daß ihn sein früherer

Kampf mit sich selbst zu einer Philosophie geführt hat, die ihn befähigt, seine niederen Instinkte zu überwinden und, als die Gelegenheit da war, sogar den Streik-Aufruf nicht zu beachten. Ein vielleicht noch eindrucksvolleres Beispiel bietet ein Sportler, den ich hier B. nennen möchte. B. fuhr mit dem japanischen Turnerteam nach Helsinki, um an den Olympischen Spielen teilzunehmen, aber während seines dortigen Aufenthalts zog er sich ohne eigenes Verschulden eine ernsthafte Verletzung an der Achillessehne zu und war nicht nur gezwungen, seine Teilnahme an den Olympischen Spielen abzusagen, sondern den Sport überhaupt aufzugeben. Sein ganzes Leben war auf den Sport ausgerichtet, und nach diesem schrecklichen Schicksalsschlag verlor er jegliche Hoffnung. Er begann zu trinken und hatte viele Scherereien mit Raufbolden, in deren Gesellschaft er geraten war. Es dauerte nicht lange, bis er Zuflucht zu Schlaftabletten nahm, und schließlich brachte ihn seine Abhängigkeit in eine Klinik. Nach einer Weile wurde er entlassen, griff jedoch kurz darauf wieder zu Tabletten und wurde erneut eingewiesen. Dieser Vorgang wiederholte sich, bis sich B. eingehender mit Nichiren Daishonins Lehren befaßte. Er beschloß, sich dem Buddhismus zuzuwenden und in den Lehren Hilfe zu suchen. Erfüllt von neuem Glauben und Vertrauen entschied er sich dafür, seine Sucht zu bekämpfen. Sechs Tage lang erlitt er schlimme Qualen des Entzugs. Später schrieb er: »Am Morgen des siebten Tages wachte ich überrascht auf. Die Sonne strömte durch das Fenster. Ich war beinahe geblendet. Ich dachte: ›Ich habe geschlafen!‹ Ich stand auf und öffnete das Fenster. Eine sanfte Brise wehte herein. Ich atmete tief durch, die Luft war wunderbar. Es war Frühsommer, und ich sah das grüne Laub an den Bäumen, Kohlköpfe wuchsen auf einem Feld in der Nähe, ein kleiner Hund rannte über die schmutzige Straße. Ich hatte gewonnen! Ich hatte den Entzug überlebt!«

Er lernte das wahre Glück kennen. Ab diesem Zeitpunkt baute

er sich ein neues Leben auf und fand eine neue Aufgabe – er trainierte junge Turner. Er war weit davon entfernt, dem Ruhm und der Ehre nachzutrauern, die ihm durch den Unfall entgangen waren, weil er nun spürte, daß das Training mit den jungen Sportlern eine wahrhaft lohnende Tätigkeit ist, der man sein ganzes Leben widmen sollte.

Mein drittes Beispiel ist weder so dramatisch wie die Geschichte von B. noch so sehr mit persönlicher Ethik behaftet wie die von Doktor A. Es ist die Geschichte eines Mädchens und seiner Mutter, die Jahre der Bitterkeit und der Sorgen durchlitten, bis sie das Glück erfuhren.

Das Mädchen, das ich Emi nenne, bekam als Zweijährige kurz nach dem Krieg Kinderlähmung. Damals konnte praktisch kein japanisches Krankenhaus Emi die Therapie bieten, die für diese Krankheit nötig gewesen wäre. Vier Jahre lang wurde das Mädchen mit Akupunktur, Massagen und Thermalwasser behandelt. Als Emi alt genug war, in die Schule zu gehen, hatte sie gelernt, sich vorwärtszubewegen, aber sie blieb stark behindert. Laufen hieß für sie, den rechten Fuß einen Schritt vorzusetzen und das gelähmte Bein mühsam nachzuziehen. Ihre Mutter, die den Kampf des Mädchens voller Schmerzen beobachtete, befürchtete, daß sich die Behinderung auf das Gemüt und die zukünftige Geisteshaltung des Kindes negativ auswirken würde, was häufig in solchen Fällen geschieht. Glücklicherweise bewahrheiteten sich diese Befürchtungen nicht. Das Mädchen wuchs mit einer einzigartigen Veranlagung zur Heiterkeit und Fröhlichkeit heran.

Nachdem Emi die höhere Schule beendet hatte, fand sie eine Anstellung in einer Kindertagesstätte, aber schon nach zwei Monaten wurde ihr gekündigt, weil sie nicht schnell genug laufen konnte, um Botengänge zu erledigen. Trotz dieses grausamen Schlags hatte Emi den Mut, sich eine neue Stellung zu suchen, in der sie fünf Jahre lang bis zu ihrer Hochzeit arbeitete. Sie machte auf den Präsidenten des Unternehmens einen solchen Eindruck, daß er sich entschied, mehrere Menschen mit physischen Behinderungen einzustellen.

Jede dieser drei Personen nahm ihre Probleme auf ihre eigene Art in Angriff, aber allen dreien ist gemeinsam, daß sie ihr Glück durch eigene Anstrengung und aus eigener Kraft gefunden haben. Sie vollzogen eine ganz persönliche menschliche Revolution in ihrem Inneren, und ihre Geschichten veranschaulichen eindrucksvoll, daß das Selbst, das sich das Vertrauen und den Glauben an die eigene Mission bewahrt hat, vom Schicksal begünstigt ist. Jetzt wollen wir diese drei Geschichten im Zusammenhang mit den Wechselbeziehungen in den Zehn Welten betrachten.

Ich kann mir Doktor A. als jungen Arzt vorstellen, der vor kurzem seine Praxis in der kleinen Stadt eröffnet hat. Er hat gerade seine Tagesarbeit beendet und ruht sich aus, als ihn jemand zu einem Notfall ruft. Welche Veränderungen spielen sich in Doktor A.s Lebenszuständen ab?

Da er seine Arbeit beendet hat und sich entspannt, befindet er sich höchstwahrscheinlich im ruhigen Zustand der Menschlichkeit. Wenn er allerdings tagsüber mit einem kranken Kind zu tun hatte, das großartig auf die von ihm verordnete Therapie anspricht, ist er möglicherweise im Zustand des Entzückens. Das ändert sich jedoch schlagartig nach dem Notruf, und es hängt von seiner Reaktion ab, in welchen Zustand er überwechselt. Vielleicht wurde Doktor A. in der damaligen Zeit wütend auf die Person, die, wie er fand, so rücksichtslos war, zum falschen Zeitpunkt krank zu werden. Weil er seinen Zorn nicht an der richtigen Stelle abladen kann, geht er möglicherweise in die Küche und bedenkt seine Frau mit schroffen Worten. Er ist im Zustand des Ärgers.

Es kann auch sein, daß er alles in sich hineinfrißt, stillschweigend leidet und sich selbst verflucht, weil er nichts an der Situation ändern kann. Dann ist er im Zustand der Hölle. Oder er ist hungrig, durstig und müde und kann seine Bedürfnisse nicht befriedigen, weil er das Haus verlassen muß. In diesem Fall ist er im Zustand des Hungers. Wir wollen nur hoffen, daß Doktor A. den Anrufer nicht auffordert, sich morgen wieder zu melden, und sich in Ruhe zum Abendessen an den Tisch setzt, denn das würde bedeuten, daß sich Doktor A. im Zustand der Animalität befindet.

Angenommen, er war im Zustand des Entzückens und der Anruf hat ihn in die Hölle gerissen, und dann erreicht ihn, noch ehe er das Haus verlassen konnte, ein zweiter Anruf, und man teilt ihm mit, daß es dem Patienten viel besser gehe und keine Notwendigkeit mehr bestehe, sich noch heute um ihn zu kümmern: Doktor A. würde sofort wieder in den Zustand des Entzückens gleiten.

Bei all dem erhebt sich eine Frage: Wo war das Entzücken, als Doktor A. in der Hölle war? Hatte es aufgehört zu existieren? Nein, denn es war nur einen Moment später wieder präsent. Ist es auf irgendeine andere Person übergegangen? Nein, weil es undenkbar ist, daß der Zustand eines Selbst so mir nichts, dir nichts zu jemand anderem transferiert werden kann. Was aber ist dann mit ihm geschehen?

Die Antwort lautet: Es war die ganze Zeit da. Der Zustand des Entzückens ist im Leben des Doktor A. immer präsent, auch wenn er selbst sich im Zustand der Hölle oder dem des Hungers befindet. Das Entzücken ist in unverminderter Form vorhanden, doch hatte es Doktor A. für einen Augenblick aus den Augen verloren.

Der Zustand des Entzückens kann nicht mit den fünf Sinnen wahrgenommen werden und ist deshalb kein Teil dessen, was wir normalerweise als »existent« bezeichnen. Offensichtlich ist er aber auch nicht »nicht-existent«, weil das Selbst diesen Zustand erfährt. Man kann diesen Widerspruch mit dem buddhistischen Konzept von *kū* lösen. Der Zustand des Entzückens, der Doktor A.s Selbst eine Zeitlang beherrscht hat, zieht sich nämlich in den latenten Zustand von *kū* zurück, aber sobald die

Umstände wieder günstig werden, taucht er erneut auf. Ein solcher Wechsel vollzieht sich in kürzester Zeit. Tatsächlich ist »Wechsel« nicht das treffende Wort, weil der Zustand des Entzückens immer da ist – die Frage ist nur, ob er sich im manifesten oder potentiellen Zustand befindet.

Was für den Zustand des Entzückens gilt, trifft auch auf alle anderen Zustände zu. Im Fall von Doktor A. haben wir gesehen, daß er, nachdem er den Zustand der Verzückung erlebt hatte, je nach Umständen in den Zustand der Hölle, den des Hungers oder den der Animalität eintreten konnte. Das war nur möglich, weil diese Zustände latent vorhanden waren, während Doktor A. das Entzücken erlebte. Die höheren Zustände sind ebenso ständig präsent. Wenn Doktor A. nach dem Notruf keinen Gedanken an sich selbst verschwendet und nur noch an den Patienten und seine Heilung gedacht hätte,. wäre er im Zustand der Bodhisattwa-Natur gewesen. Oder wenn ihm plötzlich eingefallen wäre, mit welcher Therapie er diesen Patienten erfolgreich behandeln kann, wäre er für eine Weile in den Zustand der Erkenntnis oder in den des Lernens eingetreten.

Um all das zusammenzufassen: Gleichgültig, in welchem Zustand sich das Selbst befindet, die anderen Zustände sind potentiell immer präsent. Auch wenn Doktor A. im Zustand des Entzückens war, blieb dieser Bereich als Teil latent vorhanden, weil die Möglichkeit bestand, daß in jedem Moment weitere Freude manifest werden könnte. Potentiell sind alle Zehn Zustände gleichzeitig in einem Moment des Entzückens enthalten, und dasselbe trifft auf alle anderen Zustände zu. Um einen extremen Fall zu nennen: Das Potential der Buddhaschaft ist auch im Zustand der Hölle präsent und umgekehrt.

Der chinesische Priester Miao-lo (717–782), der neunte Patriarch der T'ien-t'ai-Sekte, schrieb, daß »sowohl das Leben als auch das Umfeld der Hölle im Leben des Buddha existent sind. Andererseits gehen Leben und Umfeld des Buddhas nicht über das Leben« des sterblichen Menschen hinaus.«

200

In diesem Zitat steht die Hölle für die neun Zustände, abgesehen von dem der Buddhaschaft, und es sagt daher aus, daß die Buddhaschaft die neun Zustände und jeder der neun Zustände die Buddhaschaft enthält. Die peinigenden Qualen der Hölle existieren in der Buddhaschaft, und die Buddhaschaft in ihrer wunderbaren Vollkommenheit existiert in einem menschlichen Gedanken.

In *Das Wahre Objekt der Verehrung (Kanjin no Honzon-shō)* erklärt Nichiren Daishonin die Theorie der Wechselbeziehungen in den Zehn Welten, indem er sich auf das Lotos-Sutra bezieht:»In Kapitel zwei, *Hōben-bon*, des Lotos-Sutra heißt es, daß der Buddha in dieser Welt erscheint, ›um die Tür zur Buddhaweisheit für alle Wesen zu öffnen‹. Dies bezieht sich auf die Tatsache, daß alle neun Welten den Bereich der Buddhaschaft besitzen. Kapitel sechzehn, *Jūryo-hon*, sagt aus: ›Seit ich die Buddhaschaft erreicht habe, ist eine unvorstellbare lange Zeit verstrichen. Meine Lebenszeit umspannt unendliche Äonen. Mein Leben hat immer existiert und wird niemals enden. Menschen mit innigem Glauben: Einst praktizierte auch ich die Bodhisattwa-Askese, und das Leben, das ich dadurch erlangt habe, ist noch immer nicht erschöpft. Mein Leben aber wird noch zweimal so viele Äonen andauern.‹ Hier wird auf den Bereich der Buddhaschaft verwiesen, der all die anderen neun Welten einschließt.« Die Sprache des Lotos-Sutra ist oft schwer zu verstehen, und ich möchte hier nicht näher darauf eingehen, aber die Aussage bezüglich der Zehn Zustände kommentierte Nichiren Daishonin treffend, daß nämlich jeder der Zehn Zustände alle Zehn Zustände enthält.

Man hat versucht, die Zehn Zustände graphisch darzustellen. In einem Schema sind sie vertikal angeordnet – der Zustand der Hölle erhebt seinen Kopf über die Oberfläche des Lebens, und die anderen Zustände sind in ansteigender Reihenfolge mit der Buddhaschaft am Ende plaziert und wurzeln im innersten Leben des Kosmos. In einem anderen Diagramm sind die Zehn Zustände horizontal angeordnet wie die Autos auf einem Güterwaggon. Andere stellen sich die Zehn Zustände ineinander verwoben vor wie die Fäden eines komplizierten Musters in einem Brokatstoff.

Die Idee vom kunstvollen Webmuster kommt der Wahrheit vermutlich am nächsten, aber letztendlich ist auch das eine Vereinfachung. Die Vorstellung von einer vertikalen oder horizontalen Anordnung ist ganz falsch. Die Zehn Zustände sind weder linear noch kreisförmig, noch rechteckig, noch kugelförmig. Wie im Fall des Begriffs *kū* (Latenz) ist es unmöglich, eine vollständige Erklärung zu liefern, und man ist versucht, wieder aufzuzählen, was die Einheit der Zehn Zustände nicht ist. Da die Zehn Zustände im Bereich von *kū* liegen, gibt es für sie keine Grenzen. Sie können bis zur Unendlichkeit erweitert oder auf die Größe eines geometrischen Punkts reduziert werden.

Bei dem Versuch, das unerklärbare *kū* näher zu erläutern, komme ich immer wieder auf den Vergleich mit den Radiowellen zurück, die uns in Hülle und Fülle umgeben, aber nur mit Empfangsvorrichtungen aufgespürt und ausgefiltert werden können. Unter normalen Umständen stören sich diese Wellen nicht gegenseitig, obwohl sie denselben Raum für sich beanspruchen. Sie beweisen also, daß sich zwei oder mehr Dinge zur gleichen Zeit am gleichen Ort befinden können, und genau das ist der Fall bei den Zehn Zuständen im Bereich von *kū*. Der Vergleich hat jedoch nicht absolute Gültigkeit, denn die Wellen blockieren oder stören sich unter bestimmten Bedingungen doch. Man darf nie vergessen, daß weder die Zehn Zustände noch *kū* als räumliche Konzepte angesehen werden können.

Dennoch ist das Beispiel von den Radiowellen hilfreich, die beständige und gleichzeitige Wirkweise der zahllosen potentiellen Kräfte zu veranschaulichen, die sozusagen auf Knopfdruck bereit sind, manifest zu werden. Über Jahre hinweg habe ich

202

beobachtet, daß Menschen, selbst wenn sie den Unterschied zwischen *kū* und dem Nichts verstanden haben, dazu neigen, *kū* als statisch anzusehen, obwohl es in Wirklichkeit vom dynamischen Lebensfluß erfüllt ist und alle Arten der Energie enthält. Im Bereich von *kū* pulsieren die Zehn Zustände unaufhörlich, während sie die vollkommene Substanz unseres Lebens bilden. Einer nach dem anderen wird – oft in atemberaubend schneller Reihenfolge – in unserem offenkundigen oder spirituellen Leben manifest, und jeder dieser Zustände trägt die potentielle Emergenz jedes anderen Zustandes in sich. Alle Zustände verwandeln und entwickeln sich ständig, sowohl als manifeste Kraft als auch als potentielle Kraft.

Ursache für dieses beständige Gleiten von einem Zustand in den anderen ist unsere grundlegende geistige Lebensenergie, die das Verschmelzen und die Wechselwirkung der verschiedenen Zustände möglich macht. Wenn man die pulsierende Lebensenergie für einen Moment künstlich festhalten könnte wie den entscheidenden Augenblick eines Sumo-Ringkampfs in einer Fernsehaufzeichnung, würden wir die Zehn Zustände getrennt voneinander sehen.

Abgesehen vom Lotos-Sutra erörtern die Sutras die Zehn Zustände als getrennt voneinander und zeigen keine Einsicht in das Prinzip der Wechselbeziehung. Da diese Sutras das Konzept von *kū* erläutern, erscheint es seltsam, daß sie nicht zu dem Schluß kommen, daß zumindest die ersten neun Zustände eng miteinander verbunden sind, selbst wenn der zehnte, die Buddhaschaft, davon abgesondert ist. Die einzige Erklärung für diese Unterlassung kann nur darin liegen, daß ihre Ansicht vom Leben unvollkommen ist. Bei den Analysen halten die Sutras das Leben für einen Augenblick an. Dabei bersten die Zehn Zustände auseinander, weil nur die Beständigkeit der Lebensenergie sie zusammenhält, und wenn der stete Fluß unterbrochen wird, und sei es nur zum Zwecke der Analyse, kann die Realität des Lebens nicht vollkommen erkannt werden. Ähnlich ist es bei wissenschaftlichen Versuchen, bei denen die Durchführung des Experiments das Objekt oder den Vorgang verändert, der untersucht werden soll. Um diesen Irrtum zu vermeiden, müssen wir zu den Theorien der Drei Wahrnehmungen *(santai)*, der Einheit von Materie und Geist *(shikishin funi)* und der Untrennbarkeit vom Leben und seinem Umfeld *(eshō funi)* Zuflucht nehmen – all diese Theorien haben wir bereits behandelt.

Aus den Vor-Lotos-Schriften erhält man, nach dem eben Gesagten, also nur eine partielle und deshalb verzerrte Erklärung und nicht einen vollkommenen Einblick in das Leben. (Ich benutze den Terminus Vor-Lotos nicht im chronologischen Sinn, sondern im Sinne der Entwicklung.) Man sieht die Zehn Zustände nur in einer hypothetischen, nicht-lebensfähigen Form. Ohne die erhabene Lehre des Lotos-Sutra ist es unmöglich, die Zehn Zustände zu einem bedeutungsvollen, lebenden Ganzen zusammenzufügen.

Zusammengefaßt: Keiner der Zehn Zustände existiert getrennt von den anderen. Sie sind alle in einem Lebensgebilde verschmolzen und fortwährend in Aktion, auch wenn sie sich im potentiellen Zustand von *kū* befinden. Jeder Zustand birgt all die anderen in sich und kann jeden Augenblick auf der manifesten Ebene von einem anderen abgelöst werden. Theoretisch ist es möglich, daß sich die Zehn Zustände in ansteigender Reihenfolge von der Hölle bis zur Buddhaschaft manifestieren, doch wäre dies reiner Zufall. Bedauerlicherweise entspricht es eher der Wahrheit, daß viel zu viele Menschen nur die Drei Bösen Pfade oder die ersten sechs Zustände erfahren und von der Bodhisattva-Natur und der Buddhaschaft nichts wissen.

Die menschliche Revolution

Die Frage, wie man so inmitten der Zehn Welten lebt, daß man wahre Freude genießt, kann anhand der Erfahrungen des Turners, den ich B. genannt habe, und des jungen, behinderten Mädchens namens Emi beantwortet werden.

Als aufstrebender Turner, der an den Olympischen Spielen teilnehmen sollte, war B. zweifelsohne im Zustand des Entzükkens, doch wurde er in dem einen Augenblick seines Unfalls – er verlor das Gleichgewicht bei einem Sprung, fiel auf die Matte und erlitt eine schwere Verletzung an der Achillessehne – in die Tiefen der Hölle gerissen.

Verzweiflung überwältigte ihn, und die einzige Abwechslung in seiner Hölle des Trinkens, der Streitereien und der Schlaftabletten waren gelegentliche Augenblicke des Ärgers, wenn er Kämpfe mit den Raufbolden ausfocht, die ihn umgaben. Die Energie der Wut erschöpfte sich schnell, und er sank wieder in die Hölle. Es war, als ob er an einer Leine angekettet wäre, die ihn immer wieder in tiefe Verzweiflung zurückriß. Der Palast seines vorhergehenden Entzückens war durch ein Gefängnis ersetzt worden.

Hätte er sich die Ambitionen aus seinen Tagen als Sportler bewahrt, hätte er sich selbst allmählich in einen höheren Zustand ziehen können, aber bar jeglicher Hoffnung wandte er sich den Drogen zu und mußte in eine Klinik eingeliefert werden. Teilweise geheilt und wieder entlassen, fiel er schnell in seine alten Gewohnheiten zurück, und nach und nach wurde deutlich, daß er, gleichgültig wie sehr er es auch versuchte und wieviel Hilfe ihm die Ärzte und Schwestern boten, in einem Circulus vitiosus gefangen war.

B. war zum Leid der Hölle bestimmt, weil es ihm an Willenskraft fehlte. Wir sollten ihm aber Gerechtigkeit erweisen und uns vor Augen führen, daß ein Mensch, der den Drogen verfallen ist, außergewöhnlich starke Willenskraft braucht, um davon loszukommen. B. war von Natur aus unbeständig. Ihm fehlte es an Ausdauer, und er neigte zu extremer Nervosität. Gleichzeitig hatte er gute Eigenschaften, unter anderem den kraftvollen Drang, das Leben zu genießen, und so viel Vernunft, eine Entziehungskur im Krankenhaus zu versuchen. Wie jeder andere Mensch hatte B. gute und schlechte Charakterzüge, aber nach seinem Unfall schien seine Gesamtpersönlichkeit auf die Hölle ausgerichtet zu sein.

Die Persönlichkeit, die wir als Gesamtheit der Verhaltensweisen und emotionalen Tendenzen definieren können, steht in so enger Beziehung zu den Zehn Welten des Seins wie unsere Gewohnheiten. Persönliche Eigenschaften und Gewohnheiten, die oberflächlich gut erscheinen, können Schlechtes bewirken, wenn der falsche Zustand des Seins dominiert. Wenn sich B. im Zustand der Bodhisattwa-Natur befunden hätte, den er letztendlich erreicht hat, hätte sein Eifer, das Leben zu genießen, Gutes in der Welt bewirkt. Doch führte ihn in der ersten Zeit nach seinem Unfall, bevor er den Buddhismus für sich entdeckte, derselbe Eifer zum Trinken, zu Exzessen und anderen Arten der Selbstzerstörung.

Es gibt Menschen, die gütig, verschwiegen, gefühlvoll, willensstark, bescheiden und klug sind und Organisationstalent sowie die Gabe besitzen, andere zu führen. All diese Eigenschaften sind an sich gut, wenn sich die Person jedoch in einem negativen Zustand befindet, können dieselben Eigenschaften großes Unheil für andere anrichten. Ein starker Wille in Kombination mit einem stark ausgeprägten Ego kann mehr Schwierigkeiten verursachen als Willensschwäche. Ähnlich ist es bei einem Menschen mit großem Organisationstalent – wenn er von ungezügeltem Ehrgeiz angetrieben wird, kann er Pläne zur Eroberung und Unterdrückung der Welt entwickeln. Oder er ist so mit sich selbst beschäftigt und egozentrisch, daß er zwar Pläne schmiedet, sie aber nie ausführt.

Die verschiedenen Eigenschaften und Gewohnheiten, die ein

Mensch besitzt oder entwickelt, machen zusammengenommen seine Persönlichkeit aus, und die meisten Persönlichkeiten tendieren dazu, einem der Zehn Zustände öfter als allen anderen den Vorzug zu geben. B.s Persönlichkeit war nach dem Unfall hauptsächlich der Hölle zugeneigt. Ohne den Buddhismus hätte er wahrscheinlich den größten Teil seines Lebens im Zustand des Ärgers oder der Animalität zugebracht.

Die Bildung der Persönlichkeit und der Gewohnheiten findet meiner Meinung nach hauptsächlich im großen Bereich des Unbewußten statt, aber die physische und geistige Verfassung spielt dabei auch eine Rolle. Wenn der Körper eines Menschen mit physischer Vitalität ausgestattet ist, sind Charakterfehler leichter zu überwinden und für gute Zwecke umzukehren. In B.s Fall zeigte sich seine Willensschwäche als beinahe liebenswerte Unsicherheit, solange er in physischer Hochform war. Seine Persönlichkeit war zu dieser Zeit auf die Zustände der Menschlichkeit und des Entzückens ausgerichtet, und selbst wenn er von Zeit zu Zeit in die Drei Bösen Pfade zurückfiel, besaß er genügend physische Stärke und spirituelle Kraft, um zu seinen normalen Zuständen zurückzukehren. Wahrscheinlich erlebte er sogar den Zustand des Lernens oder den der Erkenntnis, wenn er eine neue Sporttechnik gemeistert oder neue Turnübungen ausgearbeitet hatte. Grundsätzlich war er glücklich, und eine Entgleisung aus seiner normalen Verfassung kam nicht häufig vor und dauerte nicht lange.

Die grundlegende Tendenz einer Persönlichkeit ist nicht auf einen Zustand begrenzt. Es gibt viele Menschen, die einen Zyklus von Hölle, Hunger und Animalität immer wieder durchlaufen, und andere erheben sich darüber hinaus zu den Zuständen des Ärgers, der Menschlichkeit und des Entzückens, bevor sie wieder in die Hölle zurückfallen. Einige vom Glück begünstigte Gemüter alternieren mehr oder weniger zwischen Lernen und Erkenntnis, manchmal mit dem bedauerlichen Resultat, daß sie den Kontakt zu ihrer Umwelt verlieren. Es gibt da die bekannte Geschichte von einem japanischen Professor, der so in seine Studien vertieft war, daß er vom russisch-japanischen Krieg (1904–1905) keine Kenntnis hatte. Eines Abends fragte er einen Studenten, was der Tumult auf den Straßen zu bedeuten habe. Auf die Antwort des Studenten: »Wir haben den Krieg gewonnen«, fragte der Professor nach: »Gegen wen haben wir gekämpft?«

Um auf B. zurückzukommen – sein Werdegang veranschaulicht, wie ein vergleichsweise kleiner Unfall der Persönlichkeit eine völlig andere Richtung geben kann und mindere Schwächen zu ernsten Defekten werden läßt. B.s unauffälliges Verhalten trat plötzlich als beklagenswerter Mangel an Willenskraft zutage, und sein Drang, zu gewinnen oder erfolgreich zu sein, führte nicht mehr zum Entzücken, sondern zum Ärger. Die veränderten Umstände hatten die Richtung seiner Persönlichkeit beeinflußt, und nur durch eine religiöse Erfahrung war er wieder in der Lage, sich auf höhere und glücklichere Zustände auszurichten. Die dramatische menschliche Revolution, die B. durchgemacht hat, stärkte seinen Willen so weit, daß er seinen Drogenkonsum abbrechen und auf das Glück hoffen konnte, indem er sein Leben dem Training anderer Sportler widmete.

Bei Emi hingegen fand keine dieser eher selten vorkommenden plötzlichen Transformationen statt, sondern vielmehr eine allmähliche Verwandlung. Emi entdeckte den Buddhismus schon als Kind, und sie gewann nach und nach mehr Stärke durch ihren Glauben.

Als Emi an Kinderlähmung erkrankte, waren ihre Eltern in einer extremen Notlage, die wir Hölle nennen, und Emi erging es kaum anders. Während ihrer Kindheit muß Emi alle Drei Bösen Pfade erfahren haben, und es liegt im Bereich des Möglichen, daß sie im Zustand der Hölle lebte, nachdem sie sich ihrer Behinderung richtig bewußt geworden war – das ist verständlich, wenn man bedenkt, welche Last sie für den Rest ihres Lebens zu tragen hatte.

Emi erkannte jedoch schon sehr früh die Bodhisattwa-Natur und die Buddhaschaft in sich; sie war in der Lage, die Schwierigkeiten zu überwinden, und entwickelte sich zu einem reizenden und fröhlichen Mädchen, das seinen Eltern Freude und Friede bescherte und das ein gutes Beispiel für andere junge Leute war, die an derselben Krankheit litten.

Nach dem Schulabschluß erlebte Emi wie B. einen schlimmen Schock. Die Stellung gekündigt zu bekommen wegen ihrer Lähmung war für Emi ein ebenso schwerer Schlag wie für B. der Unfall, aber Emi war besser vorbereitet, weil sie ihre eigene menschliche Revolution schon vor Jahren vollzogen hatte. Der Schock war für sie nicht groß genug, um die grundsätzliche Richtung ihrer Persönlichkeit zu verändern. Ein schwächerer Mensch ohne Glauben hätte über die Ungerechtigkeit des Lebens geklagt und der Gesellschaft den Rücken gekehrt, aber Emi gab nicht auf. Sie bewahrte sich ihren Geist und ihre Vitalität, die sie schon früh entwickelt hatte, als sie sich den Zustand der Buddhaschaft zum Maßstab und Ziel setzte.

Wenn das Leben eines Menschen auf der Buddhaschaft basiert, kann er mehr tun, als nur das Leid zu erdulden. Erfahrungen in den höheren Zuständen des Seins bieten Gelegenheit zu wachsen. Qualen und Kummer werden zur Quelle der Zuneigung und des Mitgefühls für andere, denn letzten Endes können nur diejenigen das Leid ihrer Mitmenschen ganz fühlen, die es selbst erfahren haben.

Menschliches Leid hat einen dualen Charakter. Es kann entweder Elend verursachen oder zu weiterem Wachstum anspornen. Wenn wir im Angesicht des Leids verzweifeln, sind wir verloren, aber wenn wir es als Gelegenheit zur Weiterentwicklung und Verbesserung des Selbst ansehen, können wir durch solche Erfahrungen anderen noch besser zum Glück zu verhelfen, und wenn wir in dieser Richtung tätig werden, verwirklichen wir den Zustand der Bodhisattwa-Natur.

Diejenigen, die Hunger erlebt haben, empfinden eine tiefe

Dankbarkeit für die Reichtümer der Natur und die Nahrungsmittel, die die Erde uns zur Verfügung stellt, und ein größeres Mitgefühl mit den Hungernden und der Natur selbst. Ähnlich ergeht es jenen, die sich in einer Gesellschaft behaupten mußten, in der das Gesetz des Dschungels herrscht und Bosheit, Neid und Selbstgefälligkeit alltäglich sind – sie haben das geistige Rüstzeug, die Dummheit und Eitelkeit der Animalität und des Ärgers zu verstehen. Ihr Bewußtsein versetzt sie in die Lage, anderen zu helfen, sich mit ihrem eigenen Ego auseinanderzusetzen und die Sinnlosigkeit ihrer selbstsüchtigen Begierden zu erkennen.

Dies alles ist Teil der Theorie von den Wechselbeziehungen in den Zehn Welten. Für jemanden, der die Buddhaschaft zur Basis seines Lebens gemacht und verstanden hat, daß all die anderen neun Zustände in der Buddhaschaft enthalten sind, können diese Zustände – vom niedrigsten bis zum höchsten – zum Antrieb für die eigene menschliche Revolution werden. Andererseits ist es unmöglich, die Buddhaschaft zur Lebensbasis zu machen, ohne die tobenden Turbulenzen der anderen neun Zustände anzuerkennen, die gleichzeitig mit und in der Buddhaschaft existieren.

Dazu möchte ich einen einfachen Vergleich anführen. Als menschliche Wesen haben wir die Kraft, Nahrung zu verdauen und sie in Körpersubstanz oder somatische Energie umzuwandeln. Ohne Nahrung können wir nicht leben, aber wenn das Verdauungssystem geschwächt oder geschädigt ist, können manche Nahrungsmittel unseren Körper schädigen. Nahrung ist wie die Einflüsse der neun Zustände; die Verdauungskraft ist wie die Buddha-Natur. Solange wir gesund sind und unser Verdauungssystem funktioniert, wird das, was wir essen, gut verwertet oder ausgeschieden, und wir wachsen und gedeihen. Ist die Buddhaschaft in uns wirksam, können wir Erfahrungen in den Drei Bösen Pfaden zum Nährboden für Wachstum verwandeln. Diese Erfahrungen schwächen uns nicht, sondern stärken im Gegenteil die Wirksamkeit der Buddhaschaft und verleihen ihr größere Stabilität.

Für den Menschen, dessen Grundlage die Buddhaschaft ist, bilden die Qualen der Hölle eine Bereicherung an Erfahrungen, weil er sich dadurch besser mit anderen leidenden Menschen identifizieren kann. Gestillter Hunger verhilft zu einer größeren Dankbarkeit der Natur, den Früchten der Erde und der kosmischen Lebensenergie gegenüber. Erkennt der auf Buddhaschaft ausgerichtete Mensch, daß er von animalischen Instinkten geleitet wurde, gewinnt er an Wissen, welche Mittel man anwenden muß, um diese Dummheiten aus der Welt zu schaffen. Wenn er den Haß auf andere Menschen erlebt und überwunden hat, lernt er, den Haß gegen das Übel in unserer Gesellschaft und Zivilisation zu richten.

Die auf Buddhaschaft gegründete Persönlichkeit kann sich an den Zuständen der Menschlichkeit und des Entzückens erfreuen, ohne die Dämonen zu fürchten, die auf dem Gipfel des Entzückens im Hinterhalt lauern. Die Erlebnisse beim Lernen und bei Erkenntnissen versetzen ihn in die Lage, den Egoismus zu überwinden und die Weisheit für das Glück anderer einzusetzen. Die guten Taten des Bodhisattwa verhelfen natürlich erst recht zur Stärkung der Buddhaschaft. Kurz gesagt: Wenn das Leben eines Menschen auf Buddhaschaft gründet, dienen alle Aktivitäten in den anderen neun Zuständen dazu, diese Basis zu stärken und zu veredeln. Man nimmt all die Einflüsse der äußeren Welt in sich auf und verwandelt sie zu einem Ansporn, sich selbst weiterzuentwickeln. Durch die Hilfe, die er anderen bietet, erreicht er die eigene Transformation. Dies ist das Prinzip der menschlichen Revolution, das auf der Theorie der Wechselbeziehungen der Zehn Welten basiert.

Der elementare Weg, die Buddhaschaft zur Basis des Lebens zu machen, ist schlicht, im alltäglichen Leben und Verhalten den Buddhismus zu praktizieren. Beständige und verläßliche Ausübung des Buddhismus ist das Mittel, die kosmische Lebensenergie aufzunehmen und im eigenen Leben zum energetischen Fluß zu machen. Wirkliche Ausübung aktiviert die Buddhaschaft, die in den Tiefen unseres Lebens schlummert. Damit meine ich das konkrete Handeln in den neun Zuständen des realen Lebens, da hier die aktiven Kräfte der Buddhaschaft wirksam werden.

Buddhaschaft ist mit unendlichem Mitgefühl und grenzenloser Weisheit ausgestattet. Die Weisheit durchdringt die diabolische Natur, die das Leben zersetzt, und versucht, es zu zerstören. Das Mitgefühl der Buddhaschaft liefert die Energie, die böse Macht zu überwinden. Auf diese Weise werden Weisheit und Mitgefühl der Buddhaschaft in den neun Zuständen manifest. Und während sie in diesen Zuständen wirken, nähren sie sich selbst, wachsen und stärken gleichzeitig die Buddhaschaft in uns.

Aus diesem Grund dürfen wir Schwierigkeiten und Herausforderungen nicht aus dem Wege gehen, sondern müssen ihnen vielmehr hocherhobenen Hauptes entgegentreten, sie überwinden und so in eine wertvolle Erfahrung umwandeln. Sobald man sich bemüht, Schwierigkeiten zu vermeiden, verpaßt man die Chance, sich weiterzuentwickeln und zu verbessern. Schwierigkeiten vermeiden zu wollen heißt nichts anderes als den Illusionen der neun Zustände zu erliegen. Das Merkmal der Buddhaschaft ist die Fähigkeit, Herausforderungen anzunehmen und sie in Gutes umzukehren. Tatsächlich sucht ein Mensch, dessen Leben auf Buddhaschaft basiert, immer wieder nach neuen Problemen und Herausforderungen, die überwunden werden müssen – sowohl um der Welt willen als auch zur Förderung des eigenen Wachstums und der Entwicklung.

Jemand, der aus freiem Willen Leiden erduldet, offenbart Buddhaschaft. Indem er in die Welt des Leids und der Konflikte eintaucht, fördert er seine eigene Wandlung und erfährt im wahrsten Sinne des Wortes Unabhängigkeit. Ein Mensch im Zustand der Buddhaschaft ist bereit, Wohlstand, einen hohen gesellschaftlichen Status oder eine brillante Karriere aufzugeben und sich den Drei Bösen Pfaden oder dem Leben in den ersten sechs Zuständen zu stellen. Nach einem oberflächlichen Blick scheint es, als könnte man Glück in den Zuständen der Menschlichkeit und des Entzückens erreichen und als hielten die vier niederen Zustände nur Leid und Elend bereit. Das ist jedoch nicht die ganze Wahrheit. Solange Buddhaschaft in einem der Zustände manifest ist, kann man Glück, Unabhängigkeit und Erfüllung in jedem der Zehn Lebenszustände finden, eingeschlossen der Drei Bösen Pfade. Das Leid, das man erträgt, um die Buddhaschaft zu erreichen, ist wünschenswertes Leid, der Kummer, den man um der Buddhaschaft willen erduldet, ist willkommener Kummer. Der Weg zur Buddhaschaft liegt im Leid und im Kummer.

Die grenzenlosen Möglichkeiten des Lebens

Ein Film machte einen außergewöhnlich starken Eindruck auf mich – er heißt *Johnny zieht in den Krieg* und schildert die Geschichte eines jungen Mannes, der im Ersten Weltkrieg von einer Granate sehr schwer verletzt wurde. Die meisten Menschen hätten ihn gewiß für unglücklich gehalten, weil er am Leben geblieben war. Bei einer Granatenexplosion verlor er beide Arme, beide Beine, die Ohren, die Augen, die Nase und sogar seine Zunge. In seinem Gesicht befand sich ein klaffendes Loch, und er war in jeder Hinsicht nicht mehr als ein Klumpen Fleisch, der durch die Wunder der Medizin am Leben erhalten wurde. Obwohl sein Verstand klar war, hatte er keine Möglichkeit, sich mitzuteilen, und begriff im ersten Moment auch nicht, wo und in welchem Zustand er sich befand. Er war nicht nur arm- und beinamputiert, sondern kaum mehr als ein dahinvegetierendes Bündel. Die Frage, die der Film aufwarf, lautete: »Was heißt es, am Leben zu sein?«

Der Film basiert auf einem Roman von Dalton Trumbo mit demselben Titel, der kurz nach Beginn des Zweiten Weltkriegs veröffentlicht wurde. Ich weiß nicht, ob es eine wahre Geschichte ist oder nicht. Selbst wenn nicht, ist die Frage, die sie stellt, auch in unserer Zeit relevant, da unter uns viele »dahinvegetierende Bündel« leben – einige Kriegsverwundete, einige durch Umweltverschmutzung und Verseuchung Geschädigte –, die durch die medizinische Wissenschaft am Leben erhalten, aber nicht geheilt werden können. Was genau ist ein menschliches Wesen in einem solchen Zustand? Was ist seine Lebensenergie?

Dem Soldaten im Film war nur noch der Tastsinn als Wahrnehmungsmöglichkeit geblieben. Er spürte, wenn jemand seinen Körper berührte, und er konnte antworten, indem er seinen Torso leicht bewegte. Als er aus der Bewußtlosigkeit erwachte, konnte er zunächst weder Zeit noch Raum wahrnehmen, gewann jedoch nach einer Weile ein bestimmtes Zeitgefühl zurück. Er spürte kleine Veränderungen der Temperatur, und wenn es im Raum ein bißchen wärmer wurde, dann wußte er, daß die Sonne aufgegangen war und ein neuer Tag begonnen hatte. Allmählich lernte er, die Zeit annähernd richtig einzuschätzen.

Was für eine höllische Existenz! Ohne Mittel, die Umgebung kennenzulernen, ohne Möglichkeit, sich auszudrücken, und ohne die geringste Handlungsfreiheit. Wie wird der Verstand mit einer solchen Situation fertig? Obwohl wir ständig von anderen abhängig sind, denken wir, wir könnten uns gänzlich selbst versorgen. Wir neigen dazu, alle Dinge im Universum in Beziehung zu uns selbst zu setzen und so wahrzunehmen. Wir möchten uns selbst in einer Idealform manifestieren. Was geschieht, wenn das menschliche Gehirn gezwungen ist, fast ganz für sich selbst zu leben wie im Fall dieses Soldaten? Das Leben muß für so einen Menschen wie ein traumähnlicher Zustand sein, denn alle Aktivitäten laufen mental ab wie in einem

Traum. In der Erzählung schwebte der Soldat zwischen Erinnerung und Phantasie. Zuerst konnte er nur passiv auf äußere Reize reagieren. Als er den Schmerz seiner Wunden spürte, stellte er sich vor, daß Ratten an seinem Körper nagen würden. Später war er in der Lage, die äußeren Reize rationaler zu analysieren. Eines Tages blitzte die Erkenntnis in seinem Kopf auf, daß das, was er für eine sich bewegende Ratte gehalten hatte, ein Finger war, der Buchstaben auf seine Brust malte. Er erkannte die Worte »Merry Christmas« – Fröhliche Weihnachten – und klopfte mit dem Kopf im Morse-Code auf sein Kissen, um zu zeigen, daß er verstanden hatte. Die Krankenschwester, die den Gruß auf seine Brust geschrieben hatte, strich ihm als Antwort über die Stirn. Der Soldat hatte nicht nur den Kontakt zur Welt wiederhergestellt, sondern, wie sich später herausstellen sollte, eine herzliche Freundschaft begonnen.

Auch ohne Glieder, ohne Sinnesorgane und die Möglichkeit zu sprechen, war der Soldat noch am Leben. Tief in seinem Inneren blieb der Fluß des universellen Lebens erhalten, und die Energie seiner Lebenskraft erhielt ihn aufrecht. Nachdem er eine Möglichkeit zur Kommunikation gefunden hatte, begriff er allmählich, in welchem Zustand er war, und begann, selbst in seinem beinahe leblosen Dasein das Beste aus dem zu machen, was ihm geblieben war. In diesem Sinne war der Film ein eindrucksvolles Drama des menschlichen Sieges.

In anderer Hinsicht stellt die Geschichte des Soldaten eine Warnung an unsere Zeit dar. Im gegenwärtigen Zeitalter herrscht eine Kultur der Mechanisierung, in der der einzelne Mensch dazu tendiert, nur mehr ein kleines Element in einer gewaltigen Massengesellschaft zu werden. Die Menschen halten sich für frei, doch meistens reagieren sie nur auf eine Flut von Propaganda. Sie fühlen sich innerlich klein und machtlos und finden keinen geeigneten Weg, sich auszudrücken. Sie sprechen davon, »das Establishment zu besiegen« oder »sich gegen die Gesellschaft aufzulehnen« oder »aus allem auszubrechen«, doch entspringen diese Ideen meist irgendwelchen Modeströmungen.

Im großen und ganzen hat der moderne Mensch der Industriegesellschaft große Ähnlichkeit mit dem verstümmelten Soldaten. Er hat zwar Arme und Beine und auch all seine Sinnesorgane, den Sinn für seine Identität und seine geistige Unabhängigkeit jedoch hat er verloren. Er kann meistens nicht einmal erkennen, daß seine Existenz passiv und negativ ist. In dieser Hinsicht ist er schlimmer dran als der Soldat. Die Identität zu verlieren und es nicht einmal zu erkennen heißt, den angeborenen Wert als menschliches Wesen zu verlieren. In unserer heutigen Gesellschaft der Mechanisierung ist es wichtiger denn je, den Schatz, der jedem menschlichen Leben innewohnt, wiederzufinden. Eine innere menschliche Revolution kann nicht visuell wahrgenommen, aber im Laufe der Zeit in der äußeren Welt sichtbar werden, weil sie allmählich die Umwelt verändert.

Wir müssen versuchen zu verstehen, wie ein Menschenleben aktiv in der äußeren Welt wirksam wird, mit der es untrennbar verbunden ist. Wie kann es seine Umgebung beeinflussen, während es sich zur selben Zeit unaufhörlich selbst erneuert? Um eine Antwort auf diese Frage zu bieten, möchte ich auf die Zehn Faktoren des Lebens zu sprechen kommen, die erklären, wie die Zehn Zustände manifest werden und wie ihre Bewegungen abgestimmt sind.

Erscheinung, Natur und Wesen

Die Zehn Faktoren des Lebens, *jūnyoze*, sind im *Hōben*-Kapitel des Lotos-Sutras aufgezählt. Dort heißt es: »Die Realität der Gesetze des Universums kann nur von den Buddhas verstanden werden, und nur sie können sie einander mitteilen. Diese Gesetze sind Erscheinung *(nyoze-sō)*, Natur *(nyoze-shō)*, Wesen *(nyoze-tai)*, Stärke *(nyoze-riki)*, Einfluß *(nyoze-sa)*, innere

Ursache *(nyoze-in)*, äußere Ursache *(nyoze-en)*, verborgene Wirkung *(nyoze-ka)*, offenkundige Wirkung *(nyoze-hō)* und Beständigkeit von Anfang bis zum Ende *(nyoze-hommatsukukyōtō)*.«

Das Wort *nyoze*, das wir mit dem Begriff »Faktor« wiedergeben, bedeutet wörtlich »demgemäß« oder »wie dies«. Es ist die beständige, unveränderliche Wesenheit, die alle veränderlichen Phänomene enthält: Es ist die essentielle Natur des Lebens. Unser Leben wechselt fortwährend von einem zum anderen der Zehn Lebenszustände. Die Zehn Faktoren bieten eine Möglichkeit an, jeden momentanen Zustand des Lebens auf seine wahre und genaue Art hin zu überprüfen und zu begreifen – gleichgültig, ob das Leben nun in der Hölle, im Entzücken oder in einem anderen der Zehn Zustände stattfindet. Die Zehn Faktoren verdeutlichen die Elemente, die zusammenwirken, um uns zu veranlassen, von einem Zustand in den anderen überzuwechseln.

Von diesen zehn unterscheiden sich die ersten drei, Erscheinung, Natur und Einheit, in ihrem Charakter von den anderen sieben Faktoren, da sie sich auf das Leben selbst beziehen, während die anderen die Funktionen oder das Wirken des Lebens betreffen. Der letzte Faktor, Beständigkeit vom Anfang bis zum Ende, hat einen anderen Rang als alle anderen.

Wie schon früher erwähnt, heißt es in einer von Nichiren Daishonins Schriften in einem Absatz, der sich auf die ersten drei der Zehn Faktoren bezieht: »Erscheinung bedeutet das Erscheinen unseres Körpers in Farbe und Form.« Das heißt: Erscheinung stellt die körperlichen Lebensaspekte dar. In einer Diskussion über die Dreitausend möglichen Welten in einem Lebensaugenblick *(Ichinen Sanzen-riji)* schreibt Nichiren Daishonin: »Erscheinung ist der Körper.« Band zwei von *Tiefe Bedeutung des Lotos [Hokke Gengi,* ein Werk von Chih-i] erklärt, daß »Erscheinung äußerlich manifest ist und durch Sehen wahrgenommen werden kann«. Der erste Faktor ist also der materielle, physische Lebensaspekt.

Wie schon in Kapitel drei ausgeführt, entspricht der Faktor Erscheinung zeitweiliger Wahrnehmung *(ketai)*, während die innere Natur mit der Wahrnehmung des Verborgenen *(kūtai)* und das Wesen mit der echten Wahrnehmung des Mittleren Weges *(chūtai)* in Zusammenhang steht. Die Drei Wahrnehmungen *(santai)* sind wie die drei ersten Faktoren eine untrennbare Einheit, und jeder der drei Faktoren enthält die anderen beiden. Wir können uns keine exakte Ansicht vom Leben bilden, wenn wir nicht Erscheinung, Natur und Wesen erst gesondert und dann als ein zusammenhängendes und vereintes Ganzes verstanden haben.

Dies enthält schon die oben zitierte Aussage von Nichiren Daishonin, da der Hinweis »das Erscheinen unseres Körpers wie Farbe und Form« deutlich macht, daß mehr Wahrheit hinter allem steckt als nur das, was man visuell wahrnehmen kann. Nichiren Daishonin deutete auf eine tiefere, innere Kraft hin, welche die Phänomene verursacht, die wir sehen können.

Die Formulierung »und durch Sehen wahrgenommen werden kann« sollte nicht im engen Sinne des Wortes aufgefaßt werden – sie schließt das mit ein, was wir empirisch analysieren können, also alles, was mit wissenschaftlichen Mitteln zu erfassen ist wie zum Beispiel die inneren Körperfunktionen eines Menschen. In den letzten Jahrzehnten hat die Medizin die meisten der wichtigen Körperelemente exakt erforscht und analysiert, auch die inneren Organe, den Muskelapparat, das Nervensystem, das Kreislaufsystem und sogar die Zellen, die diese Systeme und Organe bilden. Wir wissen jetzt, daß die verschiedenen Informationen, die den grundsätzlichen Charakter des Menschen bestimmen, von den Erbfaktoren, den in den Zellen enthaltenen Genen, getragen werden. Die Wissenschaft hat herausgefunden, wie diese Gene die Informationen bewahren und weitergeben. Wir kennen die wesentlichen Substanzen, die DNS (Desoxyribonukleinsäure) und die RNS (Ribonukleinsäure), und die Forscher untersuchen nun das Leben auf molekularer Ebene. All dieses Wissen schließt der Begriff Erscheinung mit ein.

Heute ist es sogar möglich, dieser Kategorie gewisse physische Aspekte zuzuweisen, die traditionell als Teil des geistigen Bereichs angesehen wurden. Zum Beispiel können Hirnaktionsströme als zur Welt der Erscheinung zugehörig betrachtet werden, obwohl es tiefere geistige Elemente gibt wie Weisheit, Veranlagung und Charakter, die dem Bereich Natur zugeordnet sind.

Von diesem zweiten Faktor sagte Nichiren Daishonin: »Innewohnende Natur ist unser Geist.« Diese Aussage wird in seiner Diskussion über die Dreitausend möglichen Welten in jedem Lebensaugenblick erweitert. Dort schreibt er: »Innere Natur ist das Gemüt. In Band zwei von *Tiefe Bedeutung des Lotos* heißt es: ›Innere Natur ist ewig und unänderbar.‹« Oberflächlich gesehen, erscheint diese Bemerkung verwirrend, weil wir alle wissen, daß sich sowohl das Gemüt als auch der Geist eines Menschen durch die Erfahrung und durch das Umfeld verändert. Trotzdem variieren die Muster der geistigen Aktivitäten von Mensch zu Mensch, und jede Person unterscheidet sich in irgend etwas von allen anderen. Gleichgültig, ob man es Persönlichkeit, Individualität oder Natur nennt, es ist das unveränderliche Element, ohne das eine bestimmte Person nicht sie selbst wäre.

Natürlich stimmt es, daß eine »verbogene« Persönlichkeit schwer zu verändern ist, aber das ist in diesem Fall nicht mit »ewig und unveränderlich« gemeint. Viele Erwachsene verändern ihre Einstellung zum Leben, und alle Kinder unterliegen dem körperlichen und geistigen Wandel, wenn sie heranwachsen und sich entwickeln. Dennoch ist jedes Kind dieselbe Person, wenn es heranwächst, wie zu dem Zeitpunkt seiner Geburt. Und diese unveränderliche Eigenschaft wird hier mit »innere Natur« bezeichnet. Diese Natur ist nicht identisch mit dem »wahren Selbst«, der höchsten Realität des Lebens, aber wir könnten sie für das Temperament, die Persönlichkeit und Weisheit des »wahren Selbst« ansehen. Wesenheit ist eine Zusammensetzung. Sie schließt sowohl Erscheinung als auch Natur ein und ist in beidem enthalten. Kurz gesagt, sie ist die Essenz des Lebens. Nichiren Daishonin sagte: »Wesenheit ist die Gesamtheit von uns selbst.« In Nichiren Daishonins Diskussion über die Dreitausend möglichen Welten in jedem Lebensaugenblick heißt es: »Wesenheit ist die Verbindung unseres Körpers mit unserem Geist. In Band zwei der *Tiefen Bedeutung des Lotos* wird gesagt: ›Gesamtheit bedeutet Hauptsubstanz.‹«

Wesenheit existiert nicht getrennt von unserem Leben, sondern im Leben. Tatsächlich *ist* es unser Leben, da es sowohl die körperlichen als auch die geistigen Aspekte unserer Existenz beinhaltet. Wenn aber Nichiren Daishonin sagt: »Wesenheit ist die Verbindung unseres Körpers und unseres Geistes«, meint er nicht, daß es sich durch den bloßen Zusammenschluß der beiden Elemente ergibt, sondern vielmehr, daß Wesenheit sie durch ihre Funktion zu dem einen Wesen zusammenschließt. Die Wesenheit kann genausowenig getrennt von Körper und Geist existieren wie Körper und Geist von der Wesenheit. Geist und Körper sind unentwirrbar im Wesen verwoben. Dies ist eine der größten Einsichten des Buddhismus.

Die Dynamik des Lebens

Die ersten drei der Zehn Faktoren umfassen die körperlichen und geistigen Zustände des Lebens, von den nächsten sechs könnte man sagen, daß sie die Möglichkeiten darstellen, wie Leben wirkt.

Über den vierten Faktor, Stärke, steht in Nichiren Daishonins Abhandlung über die Dreitausend möglichen Welten in jedem Lebensaugenblick: »Stärke ist sowohl Körper als auch Geist. Chih-is *Große Konzentration und Einsicht (Maka Shikan)* erklärt: ›Stärke ist die Wirkung der Ausdauer.‹« Der Ausdruck »Wirkung der Ausdauer« erscheint rätselhaft, doch können wir wohl zu Recht annehmen, daß er folgendes meint: das Nutzen innerer Stärke, um mit den Veränderungen des Lebens fertig zu werden. Die innere Stärke, mit der das Leben ausgestattet ist, ist die Kraft, die ein Leben, bestehend aus Erscheinung, innerer Natur und Wesenheit, besitzt. Stärke ist potentielle Energie und kann auf die eigene Umgebung gerichtet werden – kurz, sie ist die motivierende Kraft im Leben eines Menschen.

Nichikan Shonin, der sechsundzwanzigste Hohepriester von Nichiren Shoshu, merkt in den *Dreifältigen Geheimen Lehren (Sanjū Hiden-shō)* an: »Stärke ist das Vermögen, in jeder der Zehn Welten zu handeln.« Folglich ist Stärke die Fähigkeit des Lebens zu leben. In der Physik wird unterschieden zwischen der Kraft, die von außen wirkt, und der einem Objekt innewohnenden Kraft. Im Buddhismus werden Kräfte von außen als »äußere Ursachen« betrachtet, und Stärke bezieht sich nur auf die innere Kraft, die vitale Energie, die dem menschlichen Leben inhärent ist.

Stärke besteht aus physischer Energie und aus geistiger Energie. In erweitertem Sinne könnten wir sagen, daß Stärke solche Faktoren wie wirtschaftliche und politische Macht einer Gesellschaft miteinschließt, da eine Macht dieser Art letztendlich der aktiven Energie entspringt, die in jedem individuellen Leben latent vorhanden ist. Geistige Energie schließt eine breite Palette von verschiedenen Kräften ein wie Zuneigung, Lebenswillen, die Fähigkeit, die Wahrheit zu erkennen, oder Mitgefühl, das zur Hilfe an anderen motiviert. Art und Ausmaß der Kräfte variieren in den unterschiedlichen Zuständen der menschlichen Entwicklung.

Im Zustand der Hölle besitzt ein Mensch nur wenig motivierende Kraft, und das Potential, das ihm zur Verfügung steht, richtet sich zum größten Teil gegen sein eigenes Leben. Dies ist kein kreatives Potential, sondern eines, das in Richtung Tod wirkt. Im Zustand des Hungers und dem der Animalität ist die physiologische Energie sichtbar in Form der instinktiven Triebe: im Zustand des Ärgers wird die Stärke im Machthunger erkennbar; in den Zuständen der Menschlichkeit und des Entzückens drückt sich Stärke als Gewissen und Vernunft aus, während sie sich in den Zuständen des Lernens und der Erkenntnis als höheres Urteilsvermögen oder Intuition zeigt. In den Zuständen der Bodhisattwa-Natur und der Buddhaschaft ist alle Stärke von Mitgefühl durchdrungen.

Die Lebensenergie manifestiert sich auf solche Art und Weise, daß sie mit den Zehn Welten unseres stets veränderlichen Lebens vereinbar ist. Im allgemeinen ist es offensichtlich, daß diese Kraft oder motivierende Energie vom niederen zum höheren Zustand der Existenz mehr Stärke und Verbesserung erlangt; und wenn ein Mensch die Zustände einen nach dem anderen durchlaufen würde, dann würde er allmählich genügend Energie gewinnen, um sich nicht von physischen Zwängen allein beherrschen zu lassen. In den höheren Zuständen beginnt er, soziale, geistige und psychische Energien zu entfalten, und wenn er weit genug fortgeschritten ist, gewinnt er die Stärke des Mitgefühls, die alle anderen Energien umfaßt und darauf ausgerichtet ist, anderen das Leid zu erleichtern und Frieden zu schenken. Mitgefühl ist die höchste Aktivierung der menschlichen Lebensenergie und die Verkörperung des größten Wertes im menschlichen Leben.

Wenn die Stärke manifest geworden ist, wird Einfluß, der fünfte der Zehn Faktoren, entweder auf physischer oder auf geistiger Ebene möglich. Nichikan Shonins *Dreifältige Geheime Lehren* sagen: »Einfluß ist die Anwendung eines Gedankens, eines Wortes oder einer Tat, um Gutes oder Böses zu schaffen.« In Nichiren Daishonins Abhandlung über die Dreitausend möglichen Welten in jedem Lebensaugenblick heißt es: »Einfluß ist sowohl Körper als auch Geist. Chih-is *Große Konzentration und Einsicht (Maka Shikan)* merkt an: ›Einfluß ist Erschaffen.‹«

Also ist Einfluß die konkrete Manifestation oder der sichtbare

Einfluß der Stärke, mit der er untrennbar verkettet ist. Dennoch muß ich hinzufügen, daß diese beiden Faktoren, auch wenn sie verbunden sind, nicht unbedingt in Proportion zueinander stehen müssen. In manchen Fällen ist die innerliche Stärke groß, aber die daraus resultierende Handlung klein; in anderen Fällen mag die innerliche Stärke klein sein, aber die Handlung riesengroß. Zweifellos hängt dies von den qualitativen Veränderungen ab, denen die Stärke beim Wechsel von einem Zustand des Seins zu einem anderen unterliegt. Aktion kann sowohl geistig als auch körperlich sein, und ihr unmittelbarer Einfluß zeigt sich oft nur in den innersten Tiefen des menschlichen Lebens und nicht so sehr in der offensichtlichen Welt. Chih-i hat Einfluß aus dem Grund als »Erschaffen« definiert, weil er wirkt, um Werte oder Anti-Werte zu schaffen.

Stärke als manifester Einfluß kann entweder zu positiven oder zu negativen Werten führen. Wenn wir an das physikalische Gesetz denken, daß auf jede Aktion eine Reaktion erfolgt, dann ist die Aktion, von der wir sprechen, eine Reaktion auf irgendeinen Einfluß des Umfelds. Praktisch gesehen, ist es von Bedeutung, wie vollkommen und wirksam wir unsere innere Stärke in Form eines Einflusses verwirklichen.

Die nächsten vier der Zehn Faktoren befassen sich mit verborgener und mit offenkundiger Ursächlichkeit. Stärke und Einfluß stehen mit räumlichen Konzepten in Zusammenhang, diese vier Faktoren jedoch haben mit dem Konzept der Zeit zu tun. Der buddhistische Gedanke von Ursache und Wirkung ist subtiler, aber auch zufriedenstellender als die meisten anderen erkenntnistheoretischen Systeme, weil der Buddhismus eine besonders starke Betonung auf die Beziehung zwischen Ursache und Wirkung legt.

Innere Ursache, der sechste der Zehn Faktoren, wird von Nichiren Daishonin folgendermaßen erklärt: »Innere Ursache ist das Gemüt. Chih-is *Große Konzentration und Einsicht (Maka Shikan)* bemerkt dazu: ›Innere Ursache ist das, was verborgene

Wirkung hervorruft. Sie wird auch Karma genannt.‹« In den *Dreifältigen Geheimen Lehren* schreibt Nichikan Shonin: »Ob ein späterer Gedanke gut oder schlecht ist, hängt davon ab, ob der frühere Gedanke gut oder schlecht war. Der frühere Gedanke ist die tiefsitzende oder die innere Ursache, und der spätere Gedanke ist die tiefsitzende oder die verborgene Wirkung.« Obwohl die Worte »früher« und »später« hier gebraucht werden, beziehen sie sich eindeutig auf eine logische und nicht auf eine zeitliche Folge, da innere Ursache und verborgene Wirkung gleichzeitig im Kern des menschlichen Lebens im potentiellen Zustand von *kū* existieren. Während andere Systeme Ursache und Wirkung gewöhnlich mit den Begriffen Raum und Zeit in Verbindung bringen, lehrt der Buddhismus, daß beide koexistent und untrennbar dem Leben innewohnen. Das *Shinjikan*-Sutra sagt: »Wenn du die vergangene Ursache wissen möchtest, sieh dir die gegenwärtige Wirkung an; wenn du die zukünftige Wirkung wissen möchtest, sieh dir die gegenwärtige Ursache an.« Auch diese Aussage scheint sich auf die Zeit zu beziehen, aber was der Text eigentlich ausdrücken möchte, ist folgendes: Die vergangene Ursache und die zukünftige Wirkung sind letztendlich in der Gegenwart zu sehen. Eine momentane Aktion im Leben eines Menschen führt automatisch zur Bildung des nächsten Moments, und die innere Ursache wie auch die verborgene Wirkung befinden sich die ganze Zeit in einem selbst.

Wenn wir physikalische Phänomene beobachten, bemerken wir eine gewisse Zeitspanne zwischen Ursache und Wirkung. Wenn wir hingegen die Realität von Ursache und Wirkung in unserem Leben untersuchen, erkennen wir, daß sich alle Ursachen, die in der Vergangenheit geschaffen wurden, in der augenblicklichen Existenz des Lebens ebenso verdichten wie ihre verborgenen Wirkungen. Diese Ansicht des Buddhismus ist einzigartig. Für die Wirkungen, die sich letztendlich manifestieren, sind einzig und allein wir selbst verantwortlich. Um wünschenswerte Wirkungen in der Zukunft zu erzielen, müssen wir uns eine korrekte Meinung über unser gegenwärtiges Leben bilden und uns dafür einsetzen, Ursachen zu schaffen, die gute Wirkungen hervorrufen. Diese Idee von der Ursächlichkeit macht den Buddhismus zu einer Religion der menschlichen Revolution.

Die Wissenschaft verfolgt Kausalgesetze durch Analyse und induktive Methoden. So gesehen konzentrieren sich die Wissenschaftler auf das *Wie*, während sich der Buddhismus mit dem *Warum* beschäftigt. Die beiden Konzepte schließen einander nicht aus, auch wenn sie auf unterschiedlichen Ebenen liegen. Ursachen und Wirkungen, die von Physikern wahrgenommen werden, stimmen gleichbleibend mit den wissenschaftlichen Kausalgesetzen überein; sogar die Unschärferelation, die die Bewegung von Elementarteilchen berücksichtigt, ist eine Art Gesetz, obwohl es vielleicht nicht mehr ausdrückt, als daß die Ursachen für die anscheinend willkürliche Bewegung der Teilchen bis jetzt noch nicht bestimmt wurden. Alles in allem sind Ursachen häufig komplexer, als sie auf den ersten Blick erscheinen. Es ist beispielsweise unmöglich, das menschliche Verhalten zur Gänze anhand von Freuds Theorien zu erklären, obwohl sein Beitrag zur Einführung des Prinzips der Kausalität beim Studium der Psyche ungeheuer wertvoll war. Ein Beispiel verdeutlicht den Sachverhalt: Oft schon haben wir beobachtet, daß man als Ursache für ansteckende Krankheiten nicht ausschließlich Bakterien oder Viren annehmen kann, denn nicht jeder, der den Erregern ausgesetzt war, zieht sich auch die Krankheit zu. In diesem Fall verursachen unbekannte innere Faktoren bei verschiedenen Menschen unterschiedliche Reaktionen.

Die Methode der Physiker ist, wahrnehmbare Phänomene zu untersuchen, und im Grunde wenden die Psychologen dieselbe Methode an; auch wenn sie scheinbar auf geistigem Gebiet arbeiten, basieren ihre Studien dennoch auf wahrnehmbaren mentalen Phänomenen. Die Psychologie trachtet danach, Studien in unterbewußten und unbewußten Bereichen des menschlichen Lebens zu betreiben, doch gestehen die Psychologen ein, daß es viele Fälle gibt, bei denen ihre Kausalgesetze nicht anwendbar sind. Insbesondere sind sie nicht in der Lage, das Element der menschlichen Psyche zu erklären, das sich im latenten Zustand von *kū* befindet.

Der Buddhismus unternimmt den Versuch, das Licht der Weisheit in die tieferen Bereiche des Lebens zu richten, wo die Maßstäbe, die bei den Untersuchungen der wahrnehmbaren Phänomene angesetzt werden, wirkungslos sind. Grundsätzlich haben wissenschaftliche Kausalgesetze ihre Grenzen, da sie die Konzepte von Zeit und Raum beinhalten, die Bereiche des menschlichen Geistes und des menschlichen Lebens die Grenzen jedoch überschreiten. Nur anhand der buddhistischen Theorie von der Ursächlichkeit können wir die Wirkweise des Geistes im Zustand von *kū* begreifen.

Der siebte der Zehn Faktoren, äußere Ursache, ist die Umweltbedingung, die von der inneren Ursache aktiviert wird. Sie ist eine Art Katalysator und bewirkt, daß die Lebensenergie gut auf die innere Ursache reagiert. Menschliches Leben existiert niemals isoliert von einem Umfeld. Jede Aktivität des Lebens ist das Ergebnis eines gewissen äußeren Reizes. Gleichzeitig ist die wahre Ursache die innere Ursache im menschlichen Leben. Um ein einfaches Beispiel zu geben – wenn jemand Sie schlägt, und Sie schlagen zurück, dann ist der erste Schlag ein Reiz, der zum zweiten führt, aber er ist nicht die eigentliche Ursache. Sie können behaupten, daß Sie die Person geschlagen haben, weil Sie von ihr geschlagen wurden, doch tatsächlich haben Sie zurückgeschlagen, weil Sie Sie sind. Die wirkliche Ursache war in Ihnen und bereit, durch eine äußere Ursache aktiviert zu werden.

Die äußere Ursache ist von dualer Natur. In einer Hinsicht reagiert sie auf etwas, was von außen kommt, andererseits wird sie Teil der inneren Lebensenergie. Sie wird in Erfahrung umgesetzt und bedingt spätere Reaktionen auf ähnliche Reize.

Sie wird, kurz gesagt, ein Element der gespeicherten inneren Ursache in uns.

Äußere Ursachen können bewirken, daß jede der Zehn Welten dominant in unserem Leben wird, aber nicht jeder Mensch reagiert gleich auf dieselben Reize. Es gibt Menschen, die nicht zurückschlagen würden – vielleicht aus Feigheit oder Angst, vielleicht aber auch aus Wohlwollen oder Weisheit. Äußere Ursachen können schwächend wirken, doch sie können auch in charakterbildende Erfahrungen umgesetzt werden.

Stellen Sie sich jemanden vor, dem gerade ein Arzt eröffnet hat, daß er an einer unheilbaren Krebsart erkrankt sei. Eine äußere Ursache dieser Art ist geeignet, den Zustand der Hölle heraufzubeschwören, und die meisten Patienten, die so etwas zu hören bekommen, verfallen in tiefes Elend. Wenn jedoch das Leben eines Menschen auf einen sehr hohen Zustand hin entwickelt wurde, ist er vielleicht in der Lage zu sagen: »Dies ist eine große Prüfung. Ich muß sie überwinden und meine menschliche Revolution zu Ende führen.« Wenn er das fertig bringt, wird die tragische äußere Ursache zu einer Gelegenheit, weiter zu wachsen und sogar mehr Glück zu erfahren. Die Art, wie die äußere Ursache zur stets veränderlichen inneren Ursache (und folglich zur verborgenen Wirkung) verarbeitet wird, ist der springende Punkt. Die Grundlage der menschlichen Revolution ist, daß wir laufend unsere inneren Ursachen als Reaktion zu äußeren Ursachen aufbauen und umwandeln.

Wie schon erwähnt, existieren innere Ursache und verborgene Wirkung gleichzeitig. Was ist dann der Unterschied zwischen ihnen? Im wesentlichen kann man meiner Meinung nach sagen, daß die innere Ursache die Neigung ist, die wir bis zum gegenwärtigen Zeitpunkt in uns geschaffen haben, und daß die verborgene Wirkung die zukünftige Richtung unseres Lebens im selben Augenblick ist. Verschiedene Ursachen und Wirkungen sind in den Tiefen des menschlichen Lebens im Zustand von *kū* immer präsent. Da wir diesen Zustand letztendlich nicht wahrnehmen können, sondern nur seine Manifestationen, erscheinen uns Ursache und Wirkung von einem zeitlichen Abstand getrennt zu sein, aber beide sind gleichzeitig entstanden und existieren auch gleichzeitig. Sie sind die zwei Seiten ein und derselben Medaille. In dem Augenblick, in dem eine Ursache in Erscheinung tritt – wie es geschehen mag, wenn eine äußere Ursache zur Quelle der inneren Ursache umgewandelt wird –, nimmt eine entsprechende Wirkung im latenten Zustand Form an. Dazu möchte ich ein konkretes Beispiel anführen: Wenn Sie eine Abneigung gegen jemanden entwickeln, bewirkt diese Abneigung eine Veränderung in Ihrem Leben. Diese Veränderung kommt zu den innewohnenden Ursachen hinzu, und so ist gleichzeitig eine verborgene Wirkung entstanden. Wenn der andere Sie schlägt, schlagen Sie wahrscheinlich zurück, weil die verborgene Wirkung Ihrer Abneigung schon da ist und darauf wartet, in Aktion gesetzt zu werden. Es ist unmöglich, vorher zu wissen, wann eine verborgene Wirkung manifest wird. Sobald sie sich einmal gebildet hat, bleibt sie in uns, bis die innere Ursache durch einen äußerlichen Reiz ausgelöst wird.

Das führt mich zum neunten der Zehn Faktoren, der offenkundigen Wirkung, über die die *Dreifältigen Geheimen Lehren* sagen: »Offenkundige Wirkung, ob gut oder schlecht, ist eine sichtbare Reaktion auf die innere Ursache und die verborgene Wirkung.« Demnach könnten wir annehmen, daß innere Ursache und verborgene Wirkung zusammen die Ursache für offenkundige Wirkung sind. Und es ist auch nicht nötig, zwischen ihnen zu unterscheiden, wenn man die offenkundige Wirkung im sichtbaren Bereich beschreibt. Ein wichtiger Punkt ist jedoch, daß die äußere Ursache keine offenkundige Wirkung hervorbringt. Statt dessen aktiviert sie die innere Ursache, die zusammen mit der verborgenen Wirkung die offenkundige Wirkung erzeugt. Dieser Unterschied ist ausgesprochen wichtig. Offenkundige Wirkung, die in der physikalischen oder sichtbaren Welt auftritt, enthält die Elemente Zeit und Raum, und es existiert augenscheinlich eine Zeitspanne zwischen dem Augenblick, in dem die Ursache auftritt, und dem Erscheinen der Wirkung. Tatsächlich entsteht die offenkundige Wirkung jedoch im selben Augenblick wie die Ursache, auch wenn dies nicht sofort klar ersichtlich sein mag. Sichtbare Veränderungen scheinen nicht zeitgleich zu erfolgen, aber tatsächlich sind sie in der makrokosmischen Welt zeitgleich. Die Entwicklung der offenkundigen Wirkung könnte man mit dem Wachstum eines Kindes vergleichen. Kinder wachsen beständig jede Sekunde, jeden Tag, jeden Monat, jedes Jahr, aber wir erkennen erst nach einem ziemlich langen Zeitraum, daß sie gewachsen sind. In ähnlicher Weise beginnt die offenkundige Wirkung von dem Moment an in Erscheinung zu treten, in dem die Ursache entsteht, aber es vergeht einige Zeit, bis wir sie wahrnehmen. Zusammenfassend ist zu sagen: Das Gesetz der Ursächlichkeit, das dem inneren Leben des Menschen innewohnt, kann nur im Zusammenhang mit den Kategorien der geistigen Welt verstanden werden, und die offenkundige Wirkung existiert nur in der physikalischen Welt. Innere Ursache und verborgene Wirkung sind gleichzeitig präsent, sie können jedoch nicht mit physikalischen oder chemischen Hilfsmitteln beobachtet werden. Vom psychosomatischen Standpunkt aus sind innere Ursache, verborgene Wirkung und offenkundige Wirkung untrennbar, denn auch hier zeigt sich das Prinzip, daß Geist und Materie in vollkommener Harmonie vereint sind.

Um die kraftvolle Wirkung des sich ständig ändernden menschlichen Lebens zu verstehen, dürfen wir nicht nur die Natur des Lebens an sich untersuchen, sondern müssen auch äußerliche Einflüsse und die Reaktion des inneren Selbst darauf in die Waagschale werfen. Da Leben in jedem einzelnen Augenblick vollkommen ist, ist es in einer Hinsicht wie ein geometrischer Punkt, und unsere Analyse der Richtung, in der es verläuft, ähnelt einer Differentialrechnung, mit der wir den Richtungskoeffizienten einer Kurve an einem bestimmten Punkt ermitteln. Dabei untersuchen wir peinlich genau die Faktoren, die diesen Punkt direkt umgeben. Die Richtung des Lebens zu einem bestimmten Zeitpunkt kann auf ähnliche Weise nur durch eine detaillierte und sehr präzise Untersuchung von Stärke, Einfluß, innerer Ursache, äußerer Ursache, verborgener Wirkung und offenkundiger Wirkung ermittelt werden, die in unmittelbarer Nähe dieses Punktes aktiv sind.

Die ersten neun der zehn Faktoren sind analytische Mittel, die wir benutzen, um die Wirkung des Lebens und der Gesetze zu untersuchen, die diese Wirkung von Augenblick zu Augenblick regeln. Es bleibt noch, die Elemente zu einem bedeutungsvollen Ganzen zusammenzufügen, und dabei kommt der letzte der Zehn Faktoren ins Spiel, die Beständigkeit von Anfang bis zum Ende. Die *Dreifältigen Geheimen Lehren* sagen darüber: »Erscheinung ist der Anfang, und offenkundige Wirkung ist das Ende. Beständigkeit von Anfang bis zum Ende ist die Gesamtheit der Faktoren.«

Das Prinzip der Individualität

Da jede der Zehn Welten all die anderen miteinschließt, sprechen die buddhistischen Schriften von den Einhundert Welten, damit ist jede Welt gemeint, wie sie in allen anderen existiert. Weil darüber hinaus jeder der Zehn Faktoren in jeder der Einhundert Welten existiert, haben wir das Konzept der Tausend Faktoren in den Einhundert Welten *hyakkai sennyo* – *sennyo* ist die Kurzform von *sen-nyoze*.

Zur Veranschaulichung soll mir eine oft publizierte Fotografie von einer jungen vietnamesischen Mutter dienen, die ihren toten Säugling an die Brust preßt. Ihre Gesichtszüge drückten blankes Entsetzen und Verzweiflung aus. Wer mit der Theorie der Zehn Welten vertraut ist, würde vermuten, daß sich die Frau im Zustand der Hölle befindet. Hinsichtlich der Zehn Faktoren können wir sagen, daß ihre Erscheinung, ihre innere Natur und ihre Wesenheit die Qualen der Hölle erleiden. Aus dem Bild ist nicht ersichtlich, wie das Kind ums Leben kam, aber der Tod hat die Mutter eindeutig so bewegt, daß sie weint und leidet, während sie ihr Kind in dem nachträglichen Bemühen, es zu beschützen, an sich drückt. Der Tod des Kindes, die äußerliche Ursache, hat die innere Ursache von Trauer hervorgerufen, die tief im Leben der Frau liegt. Stärke hat sie zu einer vergeblichen Handlung motiviert, deren Natur von der verborgenen Wirkung und der offenkundigen, sichtbaren Wirkung bestimmt wird. Die Beständigkeit vom Anfang bis zum Ende, verursacht durch die Verschmelzung und Wechselwirkung der ersten neun Faktoren, ist ein Leben in äußerst schmerzlicher Trauer.

Als Frieden in Vietnam herrschte, hätte diese Mutter möglicherweise in den Zustand der Menschlichkeit oder in den der Bodhisattwa-Natur oder der Buddhaschaft eintreten können, da all diese Zustände im Zustand der Hölle latent vorhanden sind. Ihre Haltung wäre dann im Einklang mit einer anderen Folge von Faktoren. Wenn sie zum Beispiel in den Zustand der Bodhisattwa-Natur eingetreten wäre, dann wäre die Erinnerung an den Tod des Kindes der äußerliche Faktor, der die innere Ursache des Mitgefühls hervorgerufen hat – vielleicht hätte sie dieses Mitgefühl dazu gebracht, ein Waisenkind zu sich zu nehmen.

Nicht nur in dieser Mutter, sondern in jedem Leben sind die Zehn Zustände in all ihren Permutationen zusammen mit den Zehn Faktoren immer präsent. Jede Wahrheit und alles Leben kann aufgrund dieser Konzepte analysiert werden. Die Idee der Tausend Faktoren in den Einhundert Welten ist ein allgemeingültiges und objektives Prinzip und auf jeden einzelnen Augenblick im Lebensprozeß anwendbar.

Und dennoch ist das nicht die ganze Realität, weil wir sehen können, daß sich die Menschen in jedem Zustand des Seins unterschiedlich verhalten und daß jeder Mensch deutlich eine eigene Persönlichkeit und einen eigenen Charakter hat. Keine zwei Menschen sind genau gleich, und das bleibt auch so, ob wir zwei Menschen miteinander vergleichen, die im Zustand der Hölle oder in einem der anderen Zustände sind. Denken wir zum Beispiel an einen Mann, der sich vor Bauchschmerzen krümmt. Er befindet sich auch im Zustand der Hölle, und die Zehn Faktoren dieses Zustands sind auf ihn genauso anwendbar wie auf die trauernde vietnamesische Mutter. Beide sind von Qualen überwältigt, die ihr Potential an Leiden aktivieren und ihnen viel Lebensenergie entziehen. Zwischen dem kranken Mann und der vietnamesischen Mutter bestehen Unterschiede, und sein Leid hat einen anderen Charakter als das ihre. Wir werden im folgenden diesen Unterschied näher erklären.

Generell sind sich alle Formen des Lebens in einer Hinsicht ähnlich – sie werden im wesentlichen nach den Tausend Faktoren in den Hundert Welten verständlich. Dennoch sind alle Dinge verschieden, weil es möglich ist, jedes einzelne Leben im Universum von all den anderen zu unterscheiden. Die Grundlage für diese Unterscheidung eines individuellen Lebens von allen anderen ist das, was ich das Prinzip der Individualität nenne.

Was genau ist der Unterschied zwischen dem Mann mit den Schmerzen und der trauernden Frau? Zunächst einmal gehören sie nicht dem gleichen Geschlecht an, ihre Körper sind verschieden. Genaugenommen unterscheidet sich jeder menschliche Körper von den anderen, und da die physischen Elemente mit den geistigen Elementen untrennbar verbunden sind, ist folglich auch jeder menschliche Geist anders als all die anderen.

In ihrer Trauer denkt die Mutter um so lebhafter an ihr Kind. Sie erinnert sich an sein unschuldig lächelndes Gesicht, an seine kleinen Hände und seine einst leuchtenden Augen. Ihr Geist wandert zurück zu glücklicheren Tagen, in denen ihre Familie noch vereint war. Vielleicht huscht ein Lächeln über ihr Gesicht, bis ihr wieder einfällt, daß auch ihr Mann tot ist und daß sie allein in der Welt bestehen muß. Die Aussicht auf Not und Armut ist angsteinflößend, aber trotz der Hoffnungslosigkeit ihrer Lage hat sie den Willen weiterzuleben. Liebevoll und gleichzeitig trotzig drückt sie ihr totes Kind an sich.

Im Geist des kranken Mannes geht etwas anderes vor sich. Er versucht, den Schmerz exakt zu lokalisieren. Geht er vom Oberbauch aus, oder sitzt er eher auf der rechten Seite? Er spürt, daß der Schmerz nicht so schnell nachlassen wird, und fragt sich, wann der Arzt eintrifft. Ist es ein Magengeschwür? Könnte es Krebs sein? Diese Gedanken wirbeln durch seinen Kopf, während er verschiedene Körperlagen einnimmt, um sich momentane Erleichterung zu verschaffen.

Die Mutter und der kranke Mann haben viel gemeinsam. Beide zeigen deutlich menschliche Reaktionen, beide denken über die Bedeutung und möglichen Wirkungen ihrer Situation nach. Noch wichtiger ist vielleicht, daß beide versuchen, ihre Erfahrung zu verarbeiten. Gleichzeitig sind ihre speziellen Gedanken ebenso verschieden wie der physische Ausdruck der Gedanken. Einen Schlüssel für die Unterschiede, die wir hier und in allen Aspekten des menschlichen Lebens sehen, bietet der Buddhismus mit der Theorie der Fünf Komponenten. Diese Theorie erklärt, wie unsere Vorstellung von der Wirklichkeit entsteht.

Die Fünf Komponenten

Die Fünf Komponenten *(go-on)* sind Form *(shiki)*, Wahrnehmung *(ju)*, Vorstellung *(sō)*, Willen *(gyō)* und Bewußtsein *(shiki)*. Wenn wir das Prinzip der Identität des physikalischen und des geistigen Lebensgesetzes *(shiki shin funi)* anwenden, können wir sagen, daß Form dem Physikalischen Gesetz des Lebens entspricht – der Materie und der ganzen physikalischen Zusammensetzung des Lebens. Die anderen vier Komponenten gehören zum Spirituellen Gesetz des Lebens. Da jedoch Körper und Geist eins und untrennbar miteinander verbunden sind, ist die Form die Voraussetzung für die anderen vier Komponenten, und die vier Komponenten sind Voraussetzung für die Form. Bewußtsein, das Unterscheidungsvermögen und Weisheit beinhaltet, ist der Ausgangspunkt für Wahrnehmung, Vorstellung und Urteilsfähigkeit, und gleichzeitig ist es die integrierende Kraft, die sie verbindet. Um es einfach auszudrücken: Alle geistigen Aktivitäten sind auf das Bewußtsein konzentriert. Bewußtsein unterstützt die menschliche Lebensform und wirkt darauf hin, sie mit Bedeutung auszustatten. Konsequenterweise wird es am Ende in der Liste der fünf erwähnt, aber es wäre falsch, die Fünf Komponenten als eine Aufreihung zu sehen, denn sie sind in Wirklichkeit untrennbar ineinander verwoben.

Bei der Erörterung der Dreitausend möglichen Welten in jedem Lebensaugenblick schrieb Nichiren Daishonin: »*On* bedeutet ›Komponente‹, und die erste Komponente ist Form, was alles mit den Sinnen Wahrnehmbare ist. Die zweite ist Wahrnehmung, was soviel heißt wie empfangen oder in sich aufnehmen. Die dritte ist Vorstellung, was laut *Kusha-ron* die ›Gestaltung eines geistigen Bildes‹ ist. Die vierte ist Willen, das heißt ›entsprechend handeln‹. Die fünfte ist Bewußtsein, was ›Einsicht‹ bedeutet. Im fünften Band von *Große Konzentration und Einsicht (Maka Shikan)* wird aus Nagarjunas *Jūjūbibasha-ron* zitiert: ›Das erste ist Bewußtsein, welches Einsicht ist; das nächste, Wahrnehmung, ist der Akt des In-sich-Aufnehmens; Vorstellung ist, ein Bild zu formen; Wille ist, zu entscheiden, ob man etwas akzeptiert oder nicht; Form wird durch die Wirkung des Willens empfunden.‹«

Diese grundlegenden Bemerkungen erfordern weitere Aufklärung, besonders hinsichtlich Nagarjunas Definitionen. Wenn Nagarjuna sagt, daß Bewußtsein »Einsicht« bedeutet, dann meint er die Fähigkeit, etwas zu bedenken, zu definieren und die Bedeutung zu erfassen. Bewußtsein schließt unbewußte und unterbewußte Eindrücke mit ein, und es ist tatsächlich die Gesamtheit von verstandesmäßigen und geistigen Aktivitäten, die bis zur Essenz des kosmischen Lebens zurückreichen. Die Fähigkeit des Geistes, ein Objekt wahrzunehmen, beginnt mit dem Bewußtsein.

Wahrnehmung bedeutet, etwas in sich aufzunehmen und mit dem Geist zu erfassen. Die Art der Wahrnehmung kann entweder bewußt oder unterbewußt sein. Vorstellung ist, wie in *Kusha-ron* gesagt wird, das Formen eines geistigen Bildes. Dieses Bild mag eine exakte Reflexion von etwas sein oder aber die Vorstellungskraft beinhalten, die weiter als Zeit und Raum bis zum Universum selbst reicht. Es kann von Erinnerungen aus der Vergangenheit oder von Idealen für die Zukunft beeinflußt sein. Manchmal ist es vielleicht nur wenig mehr als reine Phantasie, aber in jedem Fall führt es zum Willen, der nicht nur Akzeptanz oder Zurückweisung dessen beinhaltet, was man wahrgenommen hat, sondern auch die Entscheidung, wie man darauf reagieren soll. Die Frage ist, ob wir uns dem Wahrgenommenen aktiv oder passiv annähern. Man könnte sagen, die vietnamesische Mutter hat positiv reagiert, indem sie ihr Kind fest in die Arme nimmt, während der kranke Mann passiv reagierte.

Die Bemerkung, daß »Form durch die Wirkung des Willens empfunden« wird, kann auf verschiedene Arten interpretiert werden. Einerseits ist es eine Illustration der Untrennbarkeit des physikalischen und des geistigen Lebensgesetzes, da die Form nicht ohne eine Idee existieren kann. Unsere Wahrnehmung von physikalischen Objekten steht mit der Reflexion unserer geistigen Impulse in dem Objekt selbst in Zusammenhang. Andererseits manifestiert sich unser geistiger Wille in körperlichen Reaktionen. Wenn der Geist solche Handlungen nicht motivieren würde, könnten wir weder unsere physischen Bewegungen noch die Existenz an sich wahrnehmen. Im Fall der Mutter, die ihr totes Kind an sich drückt, war die Aktion des

Geistes zeitgleich mit der körperlichen Umarmung. Möglicherweise war sie sich ihrer Stärke gar nicht bewußt, aber die Kraft flutete als Ergebnis eines Gedankens in ihre Arme. Die Energie des Körpers und das Wirken des Geistes sind untrennbar miteinander verknüpft. Unsere Lebensenergie, eine Manifestation unseres Lebens selbst, wird im Geist zum Willen, und das Resultat ist ein Aufwogen von physischer Energie, die Komponente der Form.

Wir können daraus schließen, daß Bewußtsein, Wahrnehmung, Vorstellung und Willen Manifestationen der geistigen Energie sind. Sie sind vollkommen mit den Handlungen unseres Körpers verschmolzen, und die Tatsache, daß wir Objekte nur durch die Aktion unseres Willens als real erkennen, ist ein weiterer Beweis für die Untrennbarkeit der Physikalischen und Spirituellen Gesetze des Lebens.

Nachdem wir die Beziehungen, welche die Fünf Komponenten miteinander verbinden, untersucht haben, können wir zu dem wichtigen Punkt übergehen, daß diese Komponenten von Mensch zu Mensch verschieden sind. Zusammen bilden die Fünf Komponenten das, was wir die Welt der Komponenten *(go-on seken)* nennen. Das Wort *seken* bedeutet »Welt«, aber die *Dreifältigen Geheimen Lehren* sagen hinsichtlich *go-on seken* aus: »Seken bezeichnet Teilung.« Der Gedanke dabei ist, daß die Welt aus vielen verschiedenen Personen besteht, von denen jede eine individuelle Welt der Komponenten hat. Die Persönlichkeit eines jeden Menschen unterscheidet sich von der Persönlichkeit anderer durch die Auswirkung dieser Komponenten, da sie bestimmen, wie er auf die Realität reagiert – das heißt auf das, was für ihn Realität ist.

Durch die Funktionen der Fünf Komponenten wird eine unendliche Vielzahl verschiedener geistiger und physischer Aktivitäten möglich. Die Wirkweisen der Komponenten können ein Leben mit Sorgen und Traurigkeit füllen, oder sie können verursachen, daß sich Mitgefühl und Weisheit manifestiert. Es gibt zahllose Möglichkeiten. Die Struktur der Komponenten bei einem Menschen auf dem Leidensweg zielt möglicherweise darauf ab, ihn seiner Vitalität zu berauben, so daß er von einer Hölle in die andere geht. Er ist dann mitten unter den fühlenden Wesen der Hölle.

Über die Fünf Komponenten sagen die *Dreifältigen Geheimen Lehren*: »Die Fünf Komponenten des Lebens sind Form, Wahrnehmung, Vorstellung, Willen und Bewußtsein. Wenn sie alle in Menschen präsent sind, die ihr Leben auf einen der neun Zustände außerhalb der Buddhaschaft gründen, dann werden sie das mitleidsvolle wahre Gesetz des Lebens verdüstern. Ihre Handlungen bilden Ursachen, die letztendlich zu einer Anhäufung von vielen Arten des Leids werden. Wenn man jedoch das Leben auf der Buddhaschaft aufbaut, sammelt es andauerndes Glück an, weil es von Mitgefühl erfüllt ist.«

Wenn ein fühlendes Wesen in einem der ersten neun Zustände ist, wirken die Komponenten darauf hin, das wahre Gesetz der Buddhas zu verschleiern, und verursachen eine Vielzahl von Sorgen. Wenn sich aber ein fühlendes Wesen im Zustand der Buddhaschaft befindet, führen es die Komponenten dazu, das Gesetz der Buddhas zu verstehen und anzusammeln.

In Wirklichkeit finden unsere Lebensaktivitäten innerhalb der Grenzen der neun Zustände statt, und die Wirkung des Bewußtseins und der anderen Komponenten schwächt unsere potentielle, schöpferische Energie, die in der kosmischen Lebensenergie ihren Ursprung hat. Je aktiver wir verstandesmäßig und geistig sind, desto mehr verdüstern wir die Buddhaschaft für uns selbst. Wir behindern die Wirkung unserer Lebensenergie. Das Ergebnis ist, daß das Leid wächst. Dies ist die Bedeutung der Bemerkung: »Die Komponenten führen zu sich wiederholenden Zyklen von Leben und Tod«, da »Zyklen von Leben und Tod« ein Synonym für Leiden ist.

Wenn wir die Gegenwart der Buddhaschaft in uns begreifen und den Zustand der Buddhaschaft zur Basis unseres Lebens machen, wirken die Komponenten darauf hin, Glück für uns anzuhäufen. Statt den Fluß unserer Lebensenergie einzudämmen und uns in den niederen Zuständen festzuhalten, setzen sie Kräfte des Mitgefühls frei, mit dem Resultat, daß unsere Handlungen weitere Buddhaschaft enthüllen und die Grundlagen unseres Lebens im Zustand der Buddhaschaft verstärken.

Fühlende Wesen und die Umwelt

Die Welt der Fünf Komponenten ist eng mit dem verknüpft, was man im Buddhismus als die Welt der fühlenden Wesen (shujō-seken) kennt. Das klingt vielleicht komplizierter als es in Wirklichkeit ist – es bezeichnet einfach eine Welt, in der jedes lebende Wesen als verschieden von allen anderen Lebewesen betrachtet wird. Das ist nichts anderes als die Welt an sich, denn, wie ich schon vorher ausgeführt habe, es gibt keine zwei Individuen, die physisch exakt gleich sind, und infolgedessen gibt es auch keine zwei Wesen, die geistig genau gleich sind.

In den Dreifältigen Geheimen Lehren heißt es:»Die Welt der fühlenden Wesen ist der Name für alle fühlenden Wesen in den Zehn Zuständen. Die vorübergehende Verschmelzung der Fünf Komponenten wird fühlendes Wesen genannt. Das höchste fühlende Wesen ist im Zustand der Buddhaschaft, und aus diesem Grund sagt die Abhandlung über die Weisheit-Sutras (Daichido-ron): ›Von den fühlenden Wesen steht keines höher als der Buddha.‹«

Ein Lebewesen ist demzufolge eine »vorübergehende Verschmelzung der Fünf Komponenten«. Mit anderen Worten: Ein individuelles menschliches Wesen ist in jedem Moment ein vorübergehender Zusammenschluß von Form, Wahrnehmung, Vorstellung, Willen und Bewußtsein. Dies ist eine andere Art, folgendes auszudrücken: Erstens, daß ein menschliches Wesen eine Verschmelzung von physischen und geistigen Elementen ist, und zweitens, daß seine Persönlichkeit in jedem Moment ein Zusammenkommen der fünf ständig veränderlichen Komponenten darstellt.

Es ist eine Frage der Betonung. Wenn wir die Wirkung der augenblicklichen Kräfte in uns betrachten, sehen wir die Fünf Komponenten: Wie wir etwas begreifen, wie wir uns eine Meinung darüber bilden, wie unser Wille darauf reagiert. Wenn wir andererseits über das Lebewesen als solches nachdenken, beschäftigen wir uns mit fühlenden Wesen, die, wie vorher zitiert, in allen Zehn Zuständen existieren. In jedem dieser Zehn Zustände – das ist zu beobachten – unterscheidet sich das eine fühlende Wesen vom anderen. Wie in den beiden Beispielen von der vietnamesischen Frau und dem kranken Mann: Beide befinden sich im Zustand der Hölle, aber sie unterscheiden sich voneinander durch die speziellen Umstände und durch die individuelle Persönlichkeit.

Jeder ist in einem der Zehn Zustände, und jeder hat die Möglichkeit, von einem Moment zum anderen in einen der anderen neun Zustände überzugehen. In jedem Zustand wirken unaufhörlich die Zehn Faktoren. Daß sich jedermann trotzdem von allen anderen unterscheidet, ist den Aktivitäten der Fünf Komponenten zuzuschreiben – der Verschmelzung dessen, was ein individuelles Lebewesen ausmacht. Uns fehlt nur noch ein weiteres Element, um die buddhistische Anschauung von der menschlichen Wesenheit zu vervollständigen, und das ist die Welt des Umfeldes, der Umgebung.

Die *Dreifältigen Geheimen Lehren* sagen: »Die Welt des Umfeldes bezeichnet den Ort, an dem die Menschen in den Zehn Welten leben.« Wir können die Bedeutung dieser Aussage besser verstehen, wenn wir uns das Prinzip der Untrennbarkeit des Lebens und seiner Umwelt *(eshō funi)* ins Gedächtnis rufen. Jedes Leben ist individuell, und so wie sich die einzigartige Existenz in dieser Welt manifestiert, formt sie gleichzeitig eine Umwelt, die ihr entspricht. Um die Wahrheit dessen zu erkennen, brauchen wir nur einen Blick auf das Umfeld einer speziellen Person zu werfen, dann erkennen wir deutlich all die Neigungen und Merkmale ihres Lebens. Wenn wir den Versuch unternehmen, uns ein menschliches Wesen ohne eine Umwelt vorzustellen, können wir über nichts anderes sprechen als über ein mythisches Wesen.

So wie sich der Einfluß eines Lebens auf die Umgebung auswirkt, so verändert sich die Umwelt automatisch im Einklang mit dem Lebenszustand. Ein Umfeld, das eine Reflexion des inneren Lebens seiner Bewohner darstellt, nimmt also immer die Charakteristika derjenigen an, die in ihm leben. Da die Erde eine Form von Leben ist, sind die Zehn Faktoren und die Theorie der Wechselbeziehungen in den Zehn Welten auf jeden und auf jedes Umfeld anwendbar.

In Kapitel sechs habe ich ausführlich die Zehn Welten oder Zustände des Seins und die Merkmale all ihrer Zustände erörtert. Hier möchte ich noch ein paar Worte über die Lebenszustände in Beziehung zur Umwelt hinzufügen.

In einer Passage in den *Dreifältigen Geheimen Lehren* heißt es: »Hölle ist der Aufenthaltsort rotglühenden Eisens, und Hunger ist ein Ort, der fünfhundert *yujin* unter der menschlichen Welt liegt.« Auf der einen Seite drückt dies sehr anschaulich die Qualen im Umfeld der Hölle aus – einem Zustand, in dem die Lebewesen sowohl ihrer Begierden als auch ihres Rechts auf Leben beraubt werden. Gleichzeitig erinnert es uns daran, daß der Wohnort eines Menschen im Zustand des Hungers keine Möglichkeit bietet, die instinktiven Begierden und Wünsche zu befriedigen, und daß er weit von der Welt entfernt ist, die den menschlichen Wesen angemessen ist. Es ist, als wäre diese Person in einem tiefen unterirdischen Schacht gefangen, in dem es weder Nahrung noch Wasser gibt.

In dem Abschnitt heißt es weiter: »Wesen im Zustand der Animalität leben im Wasser, auf dem Land und in der Luft.« Dies beinhaltet mehr, als es zunächst den Anschein hat, weil es

Anlaß gibt, darüber nachzudenken, welche Rolle Wasser im Leben der Fische, Land im Leben der Tiere und Luft im Leben der Vögel spielen. Wenn wir das bedenken, erkennen wir, daß jedes Umfeld die lebensnotwendigen Bedingungen bietet, die zur Erfüllung der instinktiven Bedürfnisse seiner Bewohner nötig sind. Menschliche Wesen, die sich im Zustand der Animalität befinden, nutzen ihre Umwelt jedoch nur begrenzt. Sie sind ihren selbstsüchtigen Wünschen ausgeliefert, so daß für sie der einzige Nutzen ihres Umfelds – ob es nun ihr Zuhause, ihr Büro oder die Umwelt ist – darin besteht, die instinktiven Begierden zu befriedigen.

Was der Abschnitt über den Ärger aussagt, ist scheinbar unklar: »Ärger ist am Meeresufer oder am Meeresboden.« Zunächst sollten wir über die Lebensbedingung eines Menschen im Zustand des Ärgers nachdenken. Sein Geist ist verblendet von Verlangen, und in jeder Situation kommt irgend etwas auf, was in ihm den Wunsch weckt, mit anderen in Konkurrenz zu treten. Das Meer an sich ist für dieses Bild bedeutsam, denn Ärger war traditionell der Bereich von Ashura, und offenbar stand Ashura im alten indischen Mythos mit dem Meer in Zusammenhang. Im Zustand des Ärgers wird ein Mensch von stürmischen Wellen hin und her gepeitscht. Selbst wenn sich die Wogen glätten, bergen sie eine ausreichende Energiereserve in sich, um jede Lebensform in einem Augenblick zu überwältigen. Kurz gesagt, Ärger ist die Welt des Konflikts, und ein Dasein in diesem Zustand gibt einem das Gefühl, als würde man unaufhörlich Wasser treten.

Laut den *Dreifältigen Geheimen Lehren* ist »Menschlichkeit ein Leben auf der Erde, und Entzücken ist ein Leben in einem Palast«. Hier bezeichnet »Erde« wiederum nicht unseren Planeten, sondern die Umgebung, die unserer Bequemlichkeit, der Stabilität und einem mit menschlichen Werten erfüllten Leben förderlich ist. Ärger vernichtet die Gefühle der Menschen, die sich in seinem Griff befinden. Selbst wenn sie äußerlich ruhig sind, sitzt in ihrem Inneren Verbitterung, Mißtrauen, Neid oder Haß. Im Gegensatz dazu sind die Gefühle im Zustand der Menschlichkeit ruhig und friedlich.

»Palast« ist auch metaphorisch gemeint. Wie schon erwähnt, ist Begierde die Quelle der Energie im Leben. »Palast« bedeutet also eine Umwelt, in der alle Wünsche, die mit den Sechs niederen Zuständen in Zusammenhang stehen, befriedigt werden können.

Ein wichtiger Unterschied zwischen den Sechs niederen Zuständen und den Vier edlen Zuständen ist folgender: Menschliche Wesen auf den Vier niederen Pfaden haben das Ziel, ihre Wünsche und Regungen zu befriedigen. Ihr Glück hängt vollkommen von den Umweltbedingungen ab. Erst wenn Menschen die edlen Zustände erreichen können, sind sie in der Lage, die nötige Stärke aufzubringen, um ihre Lebensenergie auf positive Art zu kontrollieren.

Das oben angeführte Zitat fährt fort: »Diejenigen im Zustand des Lernens oder dem der Erkenntnis leben in einem vergänglichen Land, Bodhisattwas leben in einem Land der wirklichen Belohnung und die Buddhas in einem ewigwährenden erleuchteten Land.«

Die Zustände des Lernens und der Erkenntnis werden mit einem »vergänglichen Land« in Zusammenhang gebracht, weil menschliche Wesen, wo immer sie leben mögen, ihre Umwelt in einen dieser beiden Zustände umwandeln können. Dies kann geschehen, weil – wie schon früher angemerkt – das Selbst in diesen Zuständen ein reflektierendes Selbst ist; es kann das Gesetz, das allen Phänomenen innewohnt, durchdringen und nimmt ihre Vergänglichkeit wahr. Besonders im Zustand der Teilerleuchtung ist das Individuum fähig, die Wahrheit, die Schönheit und das Gute zu entdecken, das sich in dieser ewig wandelbaren Welt verbirgt.

Die Bodhisattwas leben nicht an einem außerweltlichen Ort. Sie wohnen mitten unter den Menschen der Gesellschaft, aber durch die Ausübung der Mildtätigkeit und des Altruismus fordern sie Eitelkeit, Selbstsucht und das Böse direkt heraus und verändern dabei jedes Umfeld in eines, in dem ihr Mitgefühl Ausdruck finden kann. Deshalb ist ihre Umwelt »ein Land der wirklichen Belohnung«.

Die Welt der Buddhas ist noch strahlender, da die Weisheit den Schleier der Illusion durchdringt und die Buddhaschaft in allen lebenden Dingen enthüllt. Diejenigen im Zustand der Buddhaschaft sind nicht nur in vollkommener Harmonie mit dem Mystischen Gesetz, sondern sie besitzen auch die wahre Kraft des Mitgefühls – was heißen soll: eine Kraft, die unbesiegbar und rastlos und groß genug ist, um Leiden zu lindern. Im Gegensatz zur Hölle, die uns das Recht zu leben entzieht, garantiert das erleuchtete Land der Buddhaschaft dieses Recht. Und es bietet mehr. Es durchdringt alles mit kreativer Vitalität und liefert wahrhaftig die Macht, neues Leben zu erschaffen.

Dreitausend mögliche Welten

Das Prinzip der Dreitausend möglichen Welten in jedem Lebensaugenblick *(ichinen sanzen)* habe ich schon erwähnt. Jetzt müssen wir uns eine genauere Vorstellung davon machen, was dieses Prinzip bedeutet, da es den Kern der buddhistischen Philosophie bildet. Wenn wir dieses Prinzip verstehen, gewinnen wir eine vollständige und unvoreingenommene Ansicht vom wahren Wesen des Lebens.

In den *Dreifältigen Geheimen Lehren* wird die folgende Frage gestellt: Wie kann der Lebensaugenblick, der winzig klein ist, dreitausend Welten enthalten? Die in der Schrift gebotene Antwort darauf ist: »»Dreitausend mögliche Welten in jedem Lebensaugenblick‹ birgt laut Lotos-Sutra zwei Bedeutungen in sich: ›enthalten‹ und ›durchdringen‹. Das ganze Universum ist in jedem Leben und in jedem Moment seiner Existenz enthalten. Umgekehrt durchdringt jeder Lebensaugenblick das ganze Universum. Der Lebensaugenblick ist ein Staubkörnchen, das alle Elemente aller Welten im Universum enthält. Es ist ein Wassertropfen, dessen Essenz sich in nichts von der des riesigen Ozeans unterscheidet.«

Menschliche Wesen in anderen Zuständen als in dem der Buddhaschaft neigen dazu, nur die augenblicklichen Phänomene des menschlichen Lebens zu sehen. Deshalb können sie die Essenz des Lebens nicht begreifen, und sie begehen den Fehler, die Flüchtigkeit des Lebensaugenblicks für seine wahre Natur zu halten, aber das ist sie nicht. Der Lebensaugenblick ist unmittelbar mit der kosmischen Lebensenergie verbunden und grenzenlos, was Zeit und Raum betrifft. Wir werden uns dessen nur bewußt, wenn wir unsere Suche nach der Wahrheit immer tiefer in die inneren Bereiche des Lebens ausdehnen.

Eine andere Möglichkeit, den Lebensaugenblick zu verstehen, ist, ihn als Wesenheit zu betrachten und dabei auch zu erkennen, daß alle Wesenheiten in Harmonie mit der Gesamtheit des kosmischen Lebens verbunden sind, ohne dabei ihre Einzigartigkeit zu verlieren.

Die Bedeutung der Einzigartigkeit wird offenbar, wenn wir fragen: Warum »dreitausend Welten«? Als wir das Konzept der Zehn Welten erläutert haben, wurde deutlich, daß die Zahl zehn nicht zufällig gewählt wurde, sondern sowohl die Maximal- als auch die Minimalzahl war, die all die Zustände des Seins umfaßt. Auch die Zahl Dreitausend ist nicht willkürlich. Sie ergibt sich, wenn man die Tausend Faktoren in den Einhundert Welten *(hyakkai sennyo)* mit drei multipliziert – drei, das sind die drei Prinzipien der Individualität. Individualität existiert natürlich in der Einzigartigkeit der Zusammensetzung der Fünf Komponenten, aber es gibt noch zwei weitere Quellen der Individualität. Individualität existiert und ist manifest in den fühlenden Wesen *(shujō)*, und sie existiert und ist manifest in der Umwelt. Das heißt, daß Dreitausend mögliche Welten die Myriaden von

Formen, die das Leben annehmen kann, darstellen und die Totalität aller Phänomene ausdrücken.

Trotzdem sollten Zahlen unsere Aufmerksamkeit nicht von der grundlegenden Bedeutung des Prinzips ablenken. Der Buddhismus bietet uns eine umfassende und erschöpfende Analyse der Totalität des Lebens und erhellt seine Tiefe, Weite, Ausdehnung, Bewegung und motivierende Kraft ebenso wie das Gesetz von Ursache und Wirkung. Es bleibt noch zu erforschen, wie ein Lebensaugenblick das gesamte Universum durchdringen kann. Die notwendige Bedingung dafür ist ein Leben im Zustand der Buddhaschaft. Das Gesetz der Ursächlichkeit wirkt in diesem Fall innen wie außen. Wenn sich Buddhaschaft manifestiert, wächst sie zu einem immer stärkeren integralen Teil der Lebensenergie. Ein Mensch in diesem Zustand erkennt vollkommen das Potential der Fünf Komponenten in seinem eigenen Leben, und er kann andauerndes Glück schaffen, unabhängig von den Umweltbedingungen.

Nach außen hin wirkt die Kraft des Mitgefühls und der Weisheit und wird aktiv. Buddhaschaft breitet sich aus und beeinflußt alle anderen Menschen. Diejenigen im Zustand der Hölle, diejenigen, die sich in den niederen Sechs Zuständen bewegen und deren Veränderungsmöglichkeiten begrenzt sind, diejenigen, deren Lebensenergie durch Eitelkeit und Selbstzufriedenheit eingeschränkt ist – alle, die mit dem Einfluß der Buddhaschaft in Berührung kommen, erfahren die Gelegenheit, ihre eigene menschliche Revolution zu vollziehen und ihr Karma zu verbessern, bis ihre eigene Buddhaschaft in ihnen selbst zum Vorschein kommt.

Ich denke, daß ein Vergleich aus dem Bereich der Physik passend ist. Wenn eine Atomspaltung stattfindet, ist die Teilung des ersten Atoms tatsächlich feststellbar. Dann spalten sich zwei weitere, dann vier und so weiter. Mit anderen Worten: Eine Reaktion, die mit einem einzigen Atom begonnen hat, setzt sich in anderen Atomen fort, bis eine große Anzahl von Teilchen die

Hauptmasse der teilbaren Materie bombardieren. Und wenn der kritische Punkt erreicht ist, wird eine enorme Menge Energie frei. Ich habe mich wiederholt gegen die verhängnisvollen Nuklearwaffen ausgesprochen, aber wir dürfen weder vergessen, daß Kernenergie auch einem friedlichen Nutzen dienen kann, noch, daß atomare Reaktionen sowohl natürliche wie auch von Menschenhand verursachte Phänomene sind.

Ein Mensch, der den Zustand der Buddhaschaft erlangt, gleicht dem Atom, das eine Spaltungsreaktion in Gang setzt. Sein Lebensfluß ist rein und verschwenderisch, und er verursacht bemerkenswerte Veränderungen in der Tiefe des Lebens anderer. Genau wie Gras, das beinahe verdorrt ist, von einem kräftigen Regen wieder zum Leben erweckt werden kann, oder wie eine Karawane, die sich am Wasser in einer Oase labt, werden Individuen und ihre Umwelt von der Kraft und der Freude des Lebens durchdrungen, wenn sie sich im Lebensfluß der Buddhaschaft befinden. Diese Kettenreaktion kann sich in jeder nur erdenklichen Umwelt ausbreiten: vom Individuum zur Familie, zur Nachbarschaft und zur Gemeinde. Oder vom Arzt zur Schwester, zu den Patienten und zum ganzen Krankenhaus. Wenn sie sich ausbreitet, verleiht sie der Umwelt eine neue, kraftvolle Qualität, Veränderungen in immer größerem Ausmaß finden statt, und die ganze Welt wandelt sich. Und dies bietet meiner Meinung nach die einzige Hoffnung auf die Errettung der Menschheit und unseres Planeten vor der Vernichtung.

In der Praxis fordert das Prinzip, das sich in den Dreitausend möglichen Welten in jedem Lebensmoment offenbart, die höchsten Ideale, die größte Entschlossenheit und ständige Anstrengung. Dann und nur dann können diejenigen, die dieses Prinzip verstanden haben, profunden und positiven Einfluß auf alle Menschen ausüben und deren Umwelt verändern. Menschen mit Glauben, deren Leben eins ist mit dem Mystischen Gesetz, sind bestrebt, danach zu leben, und sind mit der Aufgabe betraut, die Kettenreaktion in Gang zu setzen, die ein ewigwährendes erleuchtetes Land erschafft – eine Welt, in der jeder Mensch seine eigene Buddhaschaft entdecken kann.

III
Leben und Tod

8 Die Natur des Todes

Der unvermeidliche Tod

Eine der grundlegenden Fragen des Lebens ist:»Was ist der Tod?« Ist der Tod das unwiderrufliche Ende, nach dem nichts mehr existiert? Oder ist er das Tor zu einer neuen Art von Leben, eher eine Transformation als der endgültige Schluß? Betrachten wir auf der anderen Seite das Leben nur als eine kurze Phase der Aktivität, die letztendlich versiegt? Oder geht es für immer in irgendeiner Form weiter?

In allen Epochen der Menschheit waren dies die fundamentalsten Fragen in der Philosophie und in den Religionen. Nichiren Daishonin sagte:»Lernen Sie erst alles über den Tod und dann über andere Dinge.« Ähnliches ist vom existentialistischen Standpunkt aus gesehen von Heidegger formuliert worden. Er schrieb, daß das menschliche Leben ein »Dasein« sei, das »vorläufig zum Tod«, und daß das Potential des Todes allem menschlichen Leben vom Augenblick der Empfängnis an innewohne. Dies sind Aussagen von Denkern, die auf der Suche waren und durch die Konfrontation mit dem unausweichlichen Schicksal des Todes das menschliche Leben zu bereichern und vitaler zu machen versuchten.

Jedes Studium des Lebens, das den Tod nicht miteinbezieht, kann keine nennenswerten Ergebnisse erzielen. Tief in unserem Inneren wissen wir das alle, aber dennoch neigen wir dazu, dieses Thema zu meiden. Selbst wenn wir uns in unmittelbarer Nähe des Todes befinden – wenn jemand, der uns nahesteht, stirbt –, klammern wir uns unbewußt an eine Illusion: Wir selbst sind irgendwie Ausnahmen, immun gegen den Tod, und unter keinen Umständen bringen wir ihn mit uns in Verbindung, zumindest vorerst nicht.

Die Wahrheit ist, daß das Wissen um den Tod ein besonderes Privileg der Menschheit ist. Wie es scheint, sind andere sterbliche Wesen sich, wenn überhaupt, nur kurz des Todes als einer sich nähernden Realität bewußt. Das Bewußtsein des Todes ist also eine der Eigenschaften, die den Menschen vom Tier unterscheidet; sie muß als ein Merkmal seiner höher entwickelten Intelligenz angesehen werden. Doch ist der Mensch gerade wegen dieses Vorzuges oft von Todesangst besessen und nimmt zu absurden Extremen Zuflucht, um ihm auszuweichen.

Nichiren Daishonins Worte sagen aus, daß wir, statt die Augen vor dem Unvermeidlichen zu verschließen, dem Tod ruhig und leidenschaftslos entgegentreten müssen; dabei entwickeln wir in uns selbst den Mut und die Entschlossenheit, unser Leben reicher und fruchtbarer zu machen. Wenn jeder den Gedanken an den Tod verdrängen würde, gäbe es keine Philosophie und keine Religion, und unser Leben wäre dementsprechend armselig, um nicht zu sagen entmenschlicht.

Die Konfrontation mit dem Tod wurde als Mutter der Philosophie bezeichnet. Man könnte sie auch die Mutter der Wissenschaft nennen, da ein großer Teil wissenschaftlicher Untersuchungen auf die Verlängerung der Lebenserwartung abzielt. Die moderne Medizin ist ein Resultat der Bemühungen des Menschen, sein eigenes Schicksal zu beherrschen, und all die Wohltaten, die uns die medizinische Forschung gebracht hat, sind letztlich auf unsere Angst vor dem Tod zurückzuführen.

Medizinwissenschaftler wären die ersten, die zugeben würden, daß der Tod nicht besiegt ist und auch in der Zukunft wahrscheinlich nicht besiegt werden kann. Solange wir lebende Organismen bleiben, ist es uns unmöglich, uns vom Tod zu befreien. Die Zellen unseres Körpers erneuern sich ständig, das trifft jedoch nicht auf unsere Gehirnzellen zu, deren Lebensdauer unserem Leben ein biologisches Ende setzt. Manche sagen, daß Gehirnzellen maximal hundertundfünfundzwanzig Jahre leben. Wenn das stimmt, sind hundertundfünfundzwanzig Jahre das

höchste Alter, das ein Mensch durch medizinische Hilfe erreichen kann. Jedoch sind nachweisbare Fälle von Menschen, die
tatsächlich so alt geworden sind, an den Fingern einer Hand
abzuzählen.

Obwohl uns die Wissenschaft und die Medizin vor zahlreichen
Krankheiten bewahren und unsere Existenz bis zu einem gewissen Grad verlängern können, haben sie keine grundlegende
Lösung für das Problem des Todes an sich gefunden. Deshalb
müssen wir in der Philosophie und in der Religion nach den
letzten Antworten suchen.

Aus historischen Studien wird deutlich, daß menschliche Wesen
seit Anbeginn ihrer Existenz mit dem Tod gelebt haben. In
einem Bericht über die Neandertaler aus dem Irak bemerkte der
amerikanische Anthropologe R. S. Solecki, daß er Spuren von
Blütenpollen in der Nähe einer Grabstätte gefunden habe. Dies
läßt den Schluß zu, daß auch die Neandertaler ihre Toten geehrt
und Blumen auf die Gräber gelegt haben, und wir können
annehmen, daß die frühen Menschen an die weitere Lebensexi-
stenz nach dem Tod glaubten. Solecki stellte die Hypothese auf,
daß sich die Neandertaler-Gesellschaft bereits eine Art »Himmel« vorstellte, der über die normalen Grenzen der Realität
hinausgehe. Ich vermute dagegen, daß sie wie die Menschen
späterer Zeit intuitiv die fundamentale Lebensenergie erspür-
ten, die in der Natur und im Universum pulsiert.

Primitive Menschen in Ozeanien, die biologisch mit dem *Homo
sapiens* identisch sind, glaubten an eine übernatürliche Kraft,
mana genannt, die ihrer Meinung nach allen Dingen im Universum innewohnt. Sie schienen überzeugt gewesen zu sein, daß
Leben der Zustand sei, in dem *mana* aktiv ist und sich steigert,
während der Tod das Gegenteil darstellt.

Völker, gleichgültig wie primitiv sie gewesen sein mochten,
beobachteten den Rhythmus der Jahreszeiten und die Bewegung der Himmelskörper und spürten, daß das menschliche
Leben im Einklang mit dem Pulsieren des Universums einem

ebensolchen stetigen Wandel unterliegt. Sie sahen, daß das Leben mit dem Tod zur Mutter Erde zurückkehrt und bei der Geburt wieder erscheint. Der Glaube an einen immerwiederkehrenden Kreislauf von Geburt und Tod ist unter den primitiven Völkern häufig vertreten. Das *mana* der Ozeanier wird als eine innerliche Vitalität angenommen, die Tod und Wiedergeburt in allen lebenden Dingen möglich macht. Die Idee ist im wesentlichen dieselbe wie das anspruchsvollere griechische Konzept von *pneuma*. Selbst unter dem primitivsten Vorfahren der Menschen hat die menschliche Weisheit also eine allgegenwärtige Kraft wahrgenommen, die im gesamten Universum wirkt.

In späterer Zeit entwickelten die Menschen verschiedene Arten von Animismus, gemäß dem Glauben, daß alle lebenden Dinge im Universum, Menschen eingeschlossen, eine eigene Seele besitzen. In solchen Religionen herrscht gewöhnlich der Glaube vor, daß Leben der Zustand ist, in dem die Seele in einem bestimmten Körper wohnt, und daß der Tod ein Zustand ist, in dem die Seele von ihren physischen Grenzen befreit ist. Diese Idee führt direkt zu der Doktrin von der Unsterblichkeit der Seele, einem Dogma, das viele höhere Religionen gemein haben.

In den jüdisch-christlichen Religionen ist die Unsterblichkeit der Seele mit dem Konzept der Schöpfung durch einen allmächtigen Gott verbunden. Im großen und ganzen meinen sie, daß die Seele zum Zeitpunkt der Zeugung von Gott erschaffen wird und daß sie nach dem Tod weiterexistiert. Die Seelen der Gläubigen, die auf Gott vertrauen, können ins Himmelreich eintreten und leben ewig; die der Ungläubigen sind zum ewigen Fegefeuer oder zur Hölle verdammt.

Im christlichen Glauben wird außerdem vorausgesetzt, daß es ein Jüngstes Gericht gibt – die Fanfarentöne werden erklingen, die Toten werden auferstehen, und alle Lebenden und Toten werden vor Gott erscheinen, um von ihm die höchste Vergebung zu empfangen. Es sei angemerkt, daß im Christentum, auch wenn es an eine Wiedergeburt nach dem Tode glaubt, angenommen wird, es gebe nur eine einzige Auferstehung, nach der dann die Seele bis in alle Ewigkeit weiterexistiert.

Der Glaube an die Unsterblichkeit der Seele ist auch ein Dogma des Islam. Nach dem islamischen Glauben werden die Toten nach dem Jüngsten Gericht in drei Gruppen aufgeteilt: in die, die aufgefordert werden, in der Nähe von Allahs Thron zu verweilen, in die, die in einen paradiesischen Himmel geschickt werden, und in die, die zur feurigen Hölle verdammt werden. Im Zoroastrismus gibt es zwei verschiedene Arten von Gericht: eines, dem sich jede Seele gleich nach dem Tod stellen muß, und eines, bei dem alle lebenden und toten Menschen gleichzeitig zum letzten Mal gerichtet werden.

Diese Religionen sowie das Judentum, in dem sowohl das Christentum als auch der Islam ihre Wurzeln haben, weisen einige Ähnlichkeiten auf. Alle nehmen erstens an, daß das individuelle Leben von einem Gott zum Zeitpunkt der Zeugung erschaffen wird. Zweitens existieren die Seelen nach dem physischen Tod weiter. Schließlich werden die Toten zum Jüngsten Gericht wieder zum Leben erweckt, und der Gott entscheidet über das ewigwährende Schicksal aller.

Es ist zu beobachten, daß keine dieser Glaubensrichtungen, die man der Einfachheit halber »westliche Religionen« nennen könnte, im Osten großen Einfluß ausgeübt haben. Die östliche Vorstellung von Tod und Leben, wie sie in Indien und Ostasien deutlich wird, unterscheidet sich grundlegend von der im Westen. Dieser Gegensatz erinnert mich an einen Vergleich, den der verstorbene Graf Coudenhove-Kalergi einmal gezogen hat – demnach betrachten die Asiaten das Leben wie eine Seite in einem Buch, während man im Westen das Leben als das ganze Buch ansieht. Nach östlicher Ansicht ist der Tod gleichbedeutend mit dem Erreichen des Seitenendes, nach dem man umblättert und eine neue Seite aufschlägt; im westlichen Konzept heißt

»leben«, das Buch auf einmal durchzulesen und zum Ende zu kommen. Das Christentum und die anderen Hauptreligionen des Westens (einschließlich Westasiens) lehren, daß die Lebensweise in einer begrenzten Zeitspanne – die Art, wie jemand das Buch liest – das Schicksal des einzelnen für jetzt und alle Zeiten bestimmt. Die östlichen Religionen hingegen sehen die menschliche Lebenszeit als nur einen Akt in einem immerwährenden Theaterstück an.

Der Materialismus – das sei am Rande bemerkt – ist heutzutage in den meisten Ländern weit verbreitet und gleicht den westlichen Religionen. Auch für die Materialisten ist das Leben das ganze Buch. Der einzige grundlegende Unterschied ist, daß das Dasein für die Materialisten wirklich mit dem Schluß des Buches zu Ende ist. Es gibt keine Seele, die weiterexistiert, wenn der Körper gestorben ist. Dies ist auch der auffälligste Unterschied zwischen denen, die einen religiösen Glauben haben, und denen, die die Religion ablehnen.

Die östliche Einstellung zu Leben und Tod kann im Hinduismus sowie im Buddhismus beobachtet werden, denn trotz der bestehenden Unterschiede beinhalten beide großen Religionen die Lehre der Transmigration, die Idee, daß das Leben, das ewig ist, eine endlose Kette von Tod und Wiedergeburt durchläuft. Der physische Tod ist nicht das letzte Ende, sondern nur eine Umwandlung der Faktoren und Funktionen, die zusammen das individuelle Leben ausmachen und unterstützen. Das Leben wird nicht unterbrochen und erstreckt sich von der unendlichen Vergangenheit bis in die unendliche Zukunft. Obwohl ein bestimmtes Leben, um bei Graf Coudenhove-Kalergis Vergleich zu bleiben, eine Seite in einem Buch darstellt, ist das Buch selbst ohne Anfang und ohne Ende. Gleichgültig, wie viele Seiten man umblättert, die Geschichte geht bis in alle Ewigkeit weiter.

Der Übergang in weitere Leben ist eng mit dem östlichen Glauben an ein Karma verknüpft, das heißt, mit der Summe von Ursachen, die in einem speziellen Leben angehäuft wurden und die über die Zukunft dieses Lebens bestimmen. Die westlichen Religionen nehmen im allgemeinen an, daß Gottes Wille über die Geschicke des einzelnen entscheidet und das Schicksal der Seele eines Menschen von Gottes Schiedsspruch beim Jüngsten Gericht abhängt. Östliche Religionen hingegen vertreten den Glauben, daß das Los des einzelnen vom Karma bestimmt wird und daher das Ergebnis der Gesetze von Ursache und Wirkung ist.

Speziell der Buddhismus sieht die Freuden und Leiden des gegenwärtigen Lebens als Auswirkung der Ursachen an, die in früheren Leben angehäuft wurden. Darüber hinaus erachtet er die Ursachen, die im gegenwärtigen Leben angesammelt werden, als entscheidende Faktoren für zukünftige Leben in der Ewigkeit. Wie schon erwähnt, schrieb der große chinesische Lehrmeister Chih-i in *Tiefe Bedeutung des Lotos-Sutra (Hokke Gengi)*: »Meine gegenwärtigen Leiden resultieren alle aus der Vergangenheit; die Früchte meiner gegenwärtigen Glaubensübungen werden in der Zukunft reifen.«

Mir scheint, daß ein Mensch christlichen Glaubens, der von Geburt an bis zum Tod ein qualvolles Leben führt, Gott nur für seine mangelnde Gnade Vorwürfe machen kann. Denn eine logische Konsequenz dieses Glaubens ist, daß Gott sowohl Böses als auch Gutes erschafft. Wenn wir dagegen den Buddhismus akzeptieren, werden wir uns bewußt, daß die ursprünglichen Ursachen unserer Schwierigkeiten in unserem eigenen Leben liegen. Demnach können wir das Leid verringern, wenn wir die eigene Verantwortung dafür anerkennen, und einen unzerstörbaren Zustand des Friedens und des Glücks erreichen. Sobald die Menschen erkennen, daß sie selbst Meister ihrer Geschicke sind, entdecken sie einen hellen Stern der Hoffnung, der es ihnen ermöglicht, durch die Schleier der Illusion hindurchzusehen. Meiner Meinung nach ist das buddhistische Lebenskonzept für den modernen Menschen weit sinnvoller als die Idee, daß alles von Gott abhängt.

In den Jahren 1972 und 1973 führte ich eine Reihe von Diskussionen mit dem inzwischen verstorbenen Arnold Toynbee. Meiner Meinung nach war er einer der größten Intellektuellen unseres Zeitalters, und ich war dankbar, daß wir in vielen Punkten übereinstimmten. Einer davon war, daß man im buddhistisch-hinduistischen Konzept vom Karma eine wesentlich vernünftigere und plausiblere Erklärung des menschlichen Schicksals findet als in den jüdisch-christlichen Traditionen. Professor Toynbee sprach häufig vom Christentum, dem Islam und dem Buddhismus als von den »höheren Religionen«, womit er zum Ausdruck bringen wollte, daß diese Religionen das menschliche Dasein mit »der höchsten geistigen Realität« in direkten Zusammenhang zu bringen versuchen. Da diese Religionen ähnliche Ansichten vom höchsten Prinzip des Lebens und des Kosmos haben, bestätigen sie die Ewigkeit des Lebens.

Einige der zahlreichen Religionen dieser Welt sind wenig mehr als Aberglauben; andere beschäftigen sich hauptsächlich mit Zauberei. Selbst unter den höheren Religionen findet man Hinweise auf phantastische Welten und irrationale Glaubenslehren – Himmel, die von Engeln mit Flügeln und Harfen bevölkert werden, Paradiese, in denen Buddhas auf Lotosblüten sitzen, und so weiter. Dennoch durchzieht all das ein fundamentaler Glaube an die Ewigkeit des menschlichen Lebens, der das Denken der Menschen seit Millionen von Jahren beschäftigt.

Arnold Toynbee sah in den höheren Religionen die gesammelte Weisheit der Denker aus der Vergangenheit, die eine Gemeinschaft mit der höchsten geistigen Realität suchten. Wenn wir »höchste geistige Realität« mit »kosmischem Leben« gleichsetzen, wird deutlich, daß die höheren Religionen ständig auf der Suche nach diesem ursprünglichen und essentiellen Lebenselement sind. Kurz gesagt – menschliche Weisheit ist bei dem Bemühen, das Problem Tod zu verstehen, auf die innere Bedeutung des kosmischen Lebens gestoßen, um die Ewigkeit des Lebens zu erklären.

Arnold Toynbee meinte, daß alle höheren Religionen letztendlich zu etwas gelangen würden, was dem buddhistischen Konzept von *kū* entspricht. *Kū* ist demnach der Standort der höchsten geistigen Realität. Obwohl alle Religionen versuchen, das ewig präsente Pulsieren im Zustand von *kū* zu erklären und dadurch die Ewigkeit des Lebens zu verstehen, hat die Suche danach eine breite Palette von sich widersprechenden Doktrinen ergeben. Wenn wir den wahren Aspekt des Lebens in bezug auf den Tod finden wollen, müssen wir die bruchstückhaften und unvollständigen Konzepte von *kū* beiseite schieben und uns dem wirklichen buddhistischen Verständnis zuwenden.

Leben nach dem Tode

In seiner Schrift über die Reinkarnation zitiert Michitarō Tanaka, eine Kapazität auf dem Gebiet der griechischen Philosophie und emeritierter Professor der Universität von Kyoto, den Fall des Pythagoras: Pythagoras, der mitansah, wie ein Hund schlecht behandelt wurde, sagte zu dem Peiniger, er solle den Hund in Ruhe lassen, da er in ihm die Reinkarnation eines toten Freundes erkannt hatte. Michitarō Tanaka erwähnt außerdem eine griechische Komödie, in der ein Schuldner, der vor einen Richter gebracht wurde, behauptete, daß es für ihn keinen Grund gebe, die Schulden zurückzuzahlen, weil er inzwischen ein anderer Mensch geworden sei als der, der sich das Geld geborgt habe.

In der Behauptung des Schuldners liegt ein Körnchen Wahrheit: Haben Sie nie ein Bild von einem lächelnden Baby gesehen, das inzwischen zu einem vollkommenen Taugenichts herangewachsen ist? Hatten Sie noch niemals Schwierigkeiten, einen Freund auf einem Klassenfoto zu erkennen, das vor vielen Jahren aufgenommen wurde? Ein Teil des persönlichen Charakters bleibt bestehen, auch wenn der Mensch älter wird, aber ein größerer Teil verändert sich, oftmals in einem Ausmaß, daß die Veranlagungen einer Person vollkommen umgewandelt sind. Wenn sich die Erscheinung eines Menschen bis zur Unkenntlichkeit und die Charakteranlagen im großen Umfang verändert haben, bleibt er dann dieselbe Person, oder wird er jemand anderes, wie der Schuldner in der Komödie von sich behauptet hat?

Selbstverständlich bleibt er dieselbe Person, denn im wirklichen Leben glaubt niemand von sich selbst, daß er nach einer gewissen Zeit ein völlig anderes Wesen ist. Wir haben etwas in uns, was unsere Identität bewahrt. Tanaka gelangte zu dem Schluß, daß wir diese beständige Identität nicht erklären können, falls wir nicht eine Bezeichnung wie »Seele« benutzen. Nach meiner Meinung ist das, was Tanaka Seele genannt hat, identisch mit dem Wesen *(nyoze-tai)*, einem der Zehn Faktoren des Lebens. Es manifestiert sich in Erscheinung *(nyoze-sō)* und Natur *(nyoze-shō)*. Wesen ist frei von jeder äußerlichen Veränderung, doch es manifestiert sich in jeder Veränderung.

Michitarō Tanaka schrieb: »In der Doktrin der Seelenwanderung ist es eine grundlegende Prämisse, daß die Seele ihre Identität und Beständigkeit behält. Wenn ein Hund als Mensch wiedergeboren wird, muß er während des Vorgangs das Wasser der Lethe trinken, das die Erinnerung an frühere Existenzen auslöscht. Letztlich habe ich in der gegenwärtigen Lebensspanne keine lückenlose Erinnerung von meiner frühesten Kindheit bis zur Gegenwart. Was also macht mich zur selben Person, die ich als Säugling war? Die Leute erheben heute oft Einwände gegen die Unsterblichkeit der Seele, aber ist da wirklich ein so großer Unterschied zwischen dem Glauben an eine Identität, die uns mit unserer Kindheit verbindet, und dem Glauben unserer Vorfahren an die Unsterblichkeit der Seele?«

Wenn wir das Wort »Seele« mit dem Begriff »ursprüngliches Selbst« ersetzen, ist Michitarō Tanakas Ansicht identisch mit der meinen.

Da der Mensch keine Erinnerung an sein Leben vor der Geburt hat, neigt er zu der Annahme, daß sein Dasein erst im Mutterleib seinen Anfang hat. Nach derselben Logik müßte sich die Identität eines Erwachsenen seit seiner Kindheit geändert haben, weil sich der Mensch nicht mehr genau an seine Kindheit erinnern kann. Wenn man jedoch glaubt, daß man jetzt dasselbe Wesen ist wie zum Zeitpunkt der Geburt, kann man die Idee, daß man etwas anderes in einem vorherigen Leben war, nicht so einfach verwerfen.

Materialisten lachen über diesen Gedanken, und unter den Intellektuellen scheint es Mode zu sein, ihn vollkommen zu ignorieren oder es zumindest zu versuchen. In einem Buch mit dem Titel *Ningen no Shinikata* (Wie wir sterben) drückt sich Yoshio Nakano folgendermaßen aus: »Mein persönlicher Wunsch ist, daß meine Seele zusammen mit meinem Körper stirbt. Das wäre die glücklichste Lösung, und dafür bete ich.«

Auch wenn sich manche nach dem völligen Auslöschen der Existenz sehnen, gibt es andere, die sich selbst auf der Schwelle des Todes dazu zwingen, am Leben zu bleiben, um noch einige Ziele zu verfolgen oder eine alte Rechnung zu begleichen. In jedem Fall kann niemand sicher sein, daß die Existenz tatsächlich mit dem Tode endet. Nakano fährt in seinem Buch fort: »Noch habe ich keinen Beweis, daß ein Leben nach dem Tod unmöglich ist. Ich kann nur annehmen, daß meine Seele mit dem Absterben der Körperzellen verlöscht. Ich meine, ein solcher Tod wäre eine wunderbare Erlösung, aber nur weil ich es wünsche, geschieht es nicht.«

Die Idee, daß der Tod die völlige Auslöschung von Leben bedeutet, wird gewöhnlich von einem der folgenden drei Argumente gestützt. Bei einem dieser Argumente wird der »empirische Beweis« herangezogen; damit sind gewöhnlich die Berichte von Menschen gemeint, die nach eigener Aussage dem Tode nahe waren und glauben, daß der Tod eine Verlängerung dessen sei, was sie erfahren haben. Wissenschaftlicher erscheint die Behauptung, daß Leben nicht weiterexistieren kann, nachdem der Körper auf bloße chemische Verbindungen oder Elemente reduziert ist. Ernsthaftere Materialisten führen dieses Argument weiter aus und beharren darauf, daß geistige Aktivität ohne physische Aktivität nicht existieren kann; nach dieser Ansicht ist der Geist die Funktion unserer Gehirnzellen, und er kann nicht überleben, wenn die Gehirnzellen abgestorben sind. Typisch für das erste dieser Argumente – die Geschichte derer, die mit dem Tod in Berührung kamen – ist ein Absatz aus Michio Takeyamas *Ningen ni tsuite*. Im Alter von sechs Jahren verlor der Autor nach einem schweren Sturz das Bewußtsein. Er kam wieder zu sich, kurz bevor ihm eine Vollnarkose verabreicht wurde, und später meinte er, daß die Wirkung der Narkose so etwas wie der Tod selbst sein müsse. »Eine Maske wurde mir über Mund und Nase gelegt«, berichtet er. »Chloroform tropfte langsam auf die Maske, und der Geruch erstickte mich.... Wie befohlen, zählte ich ›eins, zwei, drei...‹ Ich spürte peitschende Wellen in meinem Kopf, und als sie lauter wurden, hörte ich ein quietschendes, rasendes Geräusch. Gerade als ich dachte, daß mein Kopf platzen würde, ließ der Lärm nach, und ich fühlte, daß ich einschlief. Ich wurde in einen Wirbel der Verwirrung gerissen, und gleich darauf sank ich in völliges Vergessen.« Objektiv betrachtet ist diese Erfahrung weit vom tatsächlichen Tod entfernt, aber Takeyama ist nicht der einzige, der glaubt, daß dieses »völlige Vergessen«, das manche Menschen gelegentlich erleben, genau das ist, was uns nach dem Tod erwartet.

Grundsätzlich ist dies nicht mehr als eine bloße Vermutung und basiert möglicherweise auf der oberflächlichen Ähnlichkeit des Todes mit dem Schlaf. Ein gravierender Verlust des Bewußtseins ist dennoch nicht gleichbedeutend mit einem zeitweiligen

Verlust des Daseins. Wie im Schlaf existiert das Leben in dem großen Bereich des Unterbewußtseins weiter.

In jedem Fall kann man für jeden Bericht, in dem Menschen von »Todesnähe« und dem völligen Erlöschen ihrer geistigen Fähigkeiten erzählen, eine andere Behauptung anführen, nämlich die, daß das Bewußtsein in irgendeiner Form nach dem Tod weiter existieren könnte. Ich erinnere mich an eine eindrucksvolle persönliche Erfahrung, die der verstorbene Physiker Lord Patrick Geddes (1854–1932) beschrieben hat. Zitiert wird sein Bericht in Rosalind Heywoods *Man's Concern with Death* (herausgegeben von Arnold Toynbee, der auch einen nachdenklich stimmenden Essay zu diesem Buch beigesteuert hat). Lord Geddes schrieb: »Am Samstag, den 9. November, ein paar Minuten nach Mitternacht fühlte ich mich sehr krank, und um zwei Uhr litt ich definitiv unter einem akuten Magen-Darm-Katarrh... Bis zehn Uhr zeigten sich alle Anzeichen einer Vergiftung... Atmung und Puls waren nicht wahrzunehmen... Ich begriff, daß ich sehr krank war und überdachte schnell meine finanzielle Lage; zu keiner Zeit verließ mich das Bewußtsein, und ich befand mich auch nicht in einem Dämmerzustand, aber ich erkannte plötzlich, daß mein Körper-Bewußtsein losgelöst war von einem anderen Bewußtsein, das ebenso *zu mir* gehörte.«

Ist das nicht ähnlich wie die Träume, in denen sich ein Teil von uns bewußt ist, daß wir träumen? In diesem Fall sprechen Ärzte von einer Spaltung oder Trennung des Selbst. Lord Geddes benutzte bei seiner Beschreibung die Begriffe Körper-Bewußtsein und Ego-Bewußtsein. Das Ego-Bewußtsein wurde Zeuge des allmählichen Zusammenbruchs des Körper-Bewußtseins und registrierte auch, daß das Herz, die Leber und die Gehirntätigkeit schwächer wurde. Gleichzeitig erschien es Lord Geddes, als wäre sein Ego-Bewußtsein im Begriff, sich abzuspalten und mit einem größeren Lebensfluß zu verschmelzen. Erlebnisse dieser Art sind als »Extrakorporale Erfahrungen« bekannt.

Rosalind Heywood stellt sich die Frage, ob der Tod an sich nicht etwas Ähnliches sei – die Auflösung des Körper-Bewußtseins bei gleichzeitigem Hinübergehen des Ego-Bewußtseins in einen größeren Lebensfluß. Nach meinem Dafürhalten wird das Bewußtsein nicht tatsächlich vernichtet, auch wenn es zum Zeitpunkt des Todes zu schwinden scheint genau wie in den Phasen, in denen wir tief schlafen. Eher taucht es in die Tiefen des Lebens und wird eins mit der universellen Lebensenergie des Kosmos. Auf alle Fälle widerlegen Erfahrungen wie die von Lord Geddes überzeugend das zweite Argument gegen ein Leben nach dem Tod – die Idee, daß das Leben vollkommen versiegt, nachdem sich der Körper in seine chemischen Bestandteile aufgelöst hat.

Im materialistischen Gedanken, daß geistige Aktivität nicht ohne physische Aktivität existieren kann, liegt ein Körnchen Wahrheit. Geistige Aktivität steht bekanntlich mit den Gehirnzellen in Verbindung; ohne die Tätigkeit der Großhirnrinde wären keine komplizierten Gedankengänge oder religiöse Spekulationen möglich. Daraus folgt jedoch nicht, daß das Bewußtsein an sich seinen Ursprung im Gehirn hat. Statt dessen sehe ich das Gehirn als physische Manifestation der Wurzel des Bewußtseins an. Es ist der materielle Standort, an dem geistige Aktivitäten stattfinden.

Henri Bergsons umfassende und logisch einwandfreie Widerlegung der materialistischen Theorien über Leben und Tod sind wohlbekannt. In einem Vortrag mit dem Titel *Geist und Körper* (herausgegeben im Jahre 1912) erklärte er die Beziehung zwischen Gehirn und Bewußtsein, indem er einen Vergleich mit einem Kleiderhaken und Kleidern anführte, die an ihm hängen. Die Kleidung repräsentiert das Bewußtsein, der Kleiderhaken das Gehirn. Obwohl die Kleider an diesem Haken hängen, sind sie doch getrennte Dinge. Man kann über sie nichts erfahren, wenn man den Haken untersucht, genausowenig wie man Näheres über den Haken erfährt, wenn man die Kleidung erforscht.

Sobald der Haken aus der Wand fällt, fallen auch die Kleider, aber der Haken ist nur die Halterung, nicht der Ursprung der Kleider.

Dennoch erleidet der Geist Schaden, wenn die Gehirnzellen verletzt sind. Sobald die Gehirnzellen abgestorben sind, verliert das Bewußtsein seine physische Manifestation, aber das heißt nicht, daß die Gesamtheit des Lebens, einschließlich des Bewußtseins und des Unterbewußtseins, ausgelöscht ist. Verschiedene Geistesfunktionen können weiter existieren und in Harmonie mit dem kosmischen Leben schwingen, von dem jedes individuelle Leben ein Teil ist. Nach der Diskussion über das Gehirn und das Bewußtsein kam Bergson zu dem Schluß, daß die Tätigkeit des Geistes weit über den Bereich des physischen Gehirns hinausgeht. Er behauptete, daß der Geist nach dem Tod weiterhin existiert. Er war in der Tat so überzeugt von seinem Argument, daß er am Ende seines Vortrags erklärte, daß die Beweislast jetzt bei jenen läge, die die Möglichkeit verwerfen, daß es ein Leben nach dem Tode gibt.

Bergsons Ansichten erfreuen sich in letzter Zeit einer Woge der Zustimmung. Ich begrüße das, da es meinen Glauben zu bestätigen scheint, daß derjenige, der die Wahrheit ausspricht, immer gehört wird, auch wenn die Ansichten für bestimmte Zeitperioden in der Versenkung verschwinden.

In dem Versuch, Leben nach dem Tod zu erklären, steuern alle höheren Religionen (und erst recht viele Philosophien) letztendlich auf das Konzept von *kū* oder von der Latenz zu. Was ich hier klarzumachen versuchte, ist folgendes: Des Rätsels Lösung ist auf lange Sicht nur in der Religion zu finden, da es keine vollkommen zufriedenstellende wissenschaftliche Erklärung gibt und vielleicht auch nie geben wird. Gleichermaßen gibt es auch keinen wissenschaftlichen Beweis dafür, daß kein Leben nach dem Tod existiert. Diejenigen, die an etwas glauben, werden nicht von materialistischen Argumenten erschüttert. Nähere Untersuchungen ergeben, daß die wissenschaftliche

Logik, die die Materialisten bemühen, zum großen Teil oberflächlich ist, wenn sie überhaupt auf Tatsachen beruht.

Das Gesetz der Erhaltung

Eine interessante Auffassung vom Leben jenseits des Todes findet sich in einem Buch mit dem Titel *Ningen wa Shindara dō Naru Ka* (Was geschieht nach dem Tod mit den Menschen?) von Kinjirō Okabe, emeritierter Professor der Universität von Osaka. Der Physiker Okabe wendet eine Methode an, die er als »wissenschaftliches Schnüffeln« bezeichnet, was im Grunde heißt, daß er Schlußfolgerungen aus bekannten wissenschaftlichen Tatsachen zieht und auf die Natur des Unbekannten und Unerkennbaren überträgt. Für einen Mann, der sich auf physikalische Gesetze stützt, kommt Okabe bei seinen Überlegungen zum Thema Leben und Tod dem Buddhismus bemerkenswert nahe.

Das Schlüsselelement in Okabes Argumentation ist das Prinzip der Erhaltung von Energie. Ein Grundsatz der modernen Wissenschaft lautet: Energie geht nie verloren, weder an Dynamik noch an Potential, auch wenn sie in andere Energieformen übergehen mag. Zum Beispiel verflüchtigt sich die elektrische Energie nicht, die eine Glühbirne speist, sie wird in eine gleichwertige Menge an optischer und thermischer Energie umgewandelt. Dynamische Energie muß das Ergebnis von entsprechender potentieller Energie sein und umgekehrt. Energie kann, kurz gesagt, weder erschaffen noch zerstört werden. Da Materie eine Energieform darstellt, gibt es also auch ein Gesetz der Erhaltung von Materie.

Okabe folgert daraus, daß ein ähnliches Gesetz auf das Leben anwendbar sein müsse, das ja eine Existenzform darstellt und logischerweise den universellen physikalischen Gesetzen unterliegt. Dieser Standpunkt erscheint mir verständlich; wenn Lebe-

266

wesen als Energiekomplexe angesehen werden, dann muß diese Energie aus physischer und geistiger Energie zusammengesetzt sein. Ich sehe keinen Grund, warum diese beiden Energieformen nicht dem Prinzip der Erhaltung von Energie unterliegen sollten.

Okabe stellt ein Konzept vor, das er den »Kern der Seele« nennt – seine Auffassung von »Seele« ist ähnlich, aber nicht identisch mit der von Michitarō Tanaka. Unser Leben, sagt Okabe, ist der aktive Zustand des Kerns der Seele, während der Tod sein passiver Zustand ist. Die Bedeutung von den Begriffen »aktiver Zustand« und »passiver Zustand«, die der Physik entlehnt sind, ist klar genug. Aktiver Zustand bezieht sich auf die sichtbaren Manifestationen des Lebens: Bewegung der Gliedmaßen, Gehirnfunktion, der Ausdruck von Emotionen. Mit dem Tod treten diese Funktionen in eine latente Phase oder Ruhepause ein. Oberflächlich betrachtet haben sie aufgehört zu existieren, in Wirklichkeit ist ihr Lebenspotential jedoch erhalten geblieben. Dies bezeichnet Okabe als passiven Zustand oder als Tod, und er glaubt, daß der Kern der Existenz, den Umständen entsprechend, zwischen aktivem und passivem Zustand – zwischen Leben und Tod – hin und her wandert.

Obwohl Okabe durch Ableitungen von physikalischen Gesetzen zu dieser Theorie gelangte, kommen seine Schlußfolgerungen dem uralten Konzept der Wiedergeburt sehr nahe. Der Gedanke, daß Leben und Tod sich in Zyklen abwechseln, kann möglicherweise am besten anhand eines Vergleichs erklärt werden. Nebenbei möchte ich hier erwähnen, daß mehr als die Hälfte der Weltbevölkerung – der Teil, der in Indien und Ostasien lebt – keine Erklärungen für das Konzept der Wiedergeburt braucht, denn es erscheint ihnen logischer als jeder sonstige Vergleich.

Wir könnten Leben mit dem vom Himmel strömenden Regen vergleichen. Wenn der Regen auf die Erde trifft, versickert er entweder, oder er fließt in Bäche, die in größere Flüsse münden, und schließlich findet der Regen so den Weg zum Ozean. Von der Meeresoberfläche steigt Wasser in Form von Dunst oder Nebel auf und formiert sich zu Wolken, durch die erneut Regen entsteht, der auf die Erde fällt. Das Wasser des Regens ist zeitweise flüssig und zeitweise Nebel und Dunst, aber seine chemische Struktur bleibt unverändert während des hydrologischen Kreislaufs.

Leben und Tod sind wie die physikalischen Formen des Regens. Wasser ist flüssig und sichtbar; Dunst ist gasförmig und oft nicht zu sehen. Beides besteht aus Molekülen, die zwei Wasserstoffatome und ein Sauerstoffatom enthalten. Genauso sind Leben und Tod zwei Aspekte derselben fundamentalen Existenz, die in einem nie endenden Kreislauf von einem Zustand in den anderen wechselt.

Indem er Physik mit einer ursprünglichen Methode der Beweisführung kombinierte, gewann Okabe einen tiefen Einblick in die Natur des Lebens und seine unablässigen Verwandlungen durch Vergangenheit, Gegenwart und Zukunft. Der Buddha entdeckte eher durch religiöse Einsicht als durch wissenschaftliche Beweisführung nicht nur die wahre Natur von Leben und Tod, sondern auch all die Gesetze, die das Wirken des Lebens und des Kosmos steuern. Im folgenden wollen wir uns von der Wissenschaft zur Religion wenden, von der Erhaltung der Energie zum Fluß von Leben und Tod, wie der Buddha ihn sah.

Der Tod als Hilfsmittel

Shakyamuni sagte, daß sich das Leben aus vier elementaren Leiden zusammensetzt: Geburt, Krankheit, Alter und Tod. Um eine Möglichkeit zu finden, die Menschen vom Leid zu befreien, zog er sich aus der Welt zurück und begab sich auf die Suche nach Erleuchtung. Ich vermute, daß es sein eigentliches Ziel war, die Art von Wissen zu erlangen, das die Menschen befähigt, das Leid, das durch den Tod verursacht wird, zu überwinden – nicht dem Tod zu entkommen, sondern den Kummer zu überwinden, den er verursacht.

Der Tod ist das grundlegende Problem. Alter bringt Verdruß und Kummer mit sich; wir verlieren unsere Vitalität und unsere Schönheit und bekommen Falten; wir sehen, wie unsere Familie und unsere Freunde hinscheiden; wir sind allein und werden schwach. Zweifellos ist der größte Schrecken des Alterns die Tatsache, daß der Prozeß unweigerlich zum Tod führt. Krankheit mag physische und geistige Qualen mit sich bringen, aber die Erkenntnis, daß Krankheit oft der Vorbote des Todes ist, bewirkt weit größeres Elend. Geburt wird als der Beginn allen Leidens angesehen, hauptsächlich weil ein Mensch nach der Geburt dem Tod nicht mehr ausweichen kann.

Die Leiden basieren letztlich alle auf der Verletzlichkeit des Menschen durch den Tod und seiner Abscheu davor. Alle Lebewesen fürchten den Tod instinktiv, aber die Angst des Menschen ist etwas Besonderes, weil er als einziges Tier mit der geistigen Fähigkeit, den Tod wahrzunehmen, ausgestattet ist und sich fragt, was jenseits des Todes liegt. Dieses Bewußtsein ruft Angst hervor, die andere Tiere nicht kennen, und veranlaßt die Menschen dazu, sich nach Unsterblichkeit zu sehnen. In der Vergangenheit galt das höchste Bestreben der Könige und Potentaten der Suche nach einem Lebenselixier; gewöhnliche Menschen träumten von einem ewigen Leben im Paradies. Kürzlich habe ich von Amerikanern mit unheilbaren Krankheiten gelesen, die sich tiefgefrieren und in einem Kühlhaus aufbewahren lassen wollen, in der Hoffnung, daß die Ärzte eines Tages in der Lage sein würden, sie aufzutauen und zu heilen. Obwohl die Anhänglichkeit an das Leben nicht oft zu so morbiden Extremen führt, ist sie stark genug, um eine große Anzahl von Menschen dazu zu verleiten, den Gedanken an den Tod in der Schwebe zu halten, als wäre er eine Schuld, die bis in alle

Ewigkeit nicht beglichen werden muß. Wenn die Menschen schließlich doch der Tatsache ins Auge sehen, daß die letzte Abrechnung vollzogen werden muß, suchen sie Trost in den Lehren von der Unzerstörbarkeit der Seele oder von einer anderen Welt, in die sie wiedergeboren werden und in der sie gegen den Tod immun sein werden. Wie wir schon gesehen haben, werden solche Ideen zwar nicht in allen, aber doch in vielen Religionen zum Ausdruck gebracht oder in Erwägung gezogen.

Sogar im Buddhismus gibt es die Idee, daß die Gläubigen nach dem Tod in einem Reinen Land im Westen wiedergeboren werden, wo sie für immer ein Leben in strahlendem Glanz und vollkommener Erleuchtung führen werden. Obwohl diese Idee eine große Anhängerschaft hat, wurde sie zunächst nicht als definitive Theorie vom Leben nach dem Tod, sondern als Hilfsmittel entwickelt, um die Menschen für den Buddhismus zu begeistern. Shakyamunis ursprüngliches Ziel war, die sinnlose Anhänglichkeit der Menschen an diese Welt zu beseitigen, damit sie sich dem Problem Tod offen stellen können. Er war sehr darauf bedacht, die wahre Natur des Todes klarzustellen. Während die meisten Menschen nicht sterben und nicht einmal über den Tod nachdenken wollen, erhob er sich mutig über diese instinktive menschliche Aversion und akzeptierte die vier Leiden als normale Lebensbedingung. Im vollen Bewußtsein der menschlichen Leiden dachte er über den Ursprung von Leben und Tod nach.

Der Buddhismus wurde als negativ kritisiert, weil er eine starke Betonung auf das Leiden legt, das das Leben mit sich bringt. Was könnte jedoch positiver sein, als sich mit der Wirklichkeit des Todes sowie mit den ihn begleitenden Leiden auseinanderzusetzen und einen Weg zu finden, wie man sie meistern kann? Obwohl der Buddhismus lehrt, daß das Leben ewig ist, ist die buddhistische Theorie sicherlich nicht nur eine simple Beschönigung für diejenigen, die den Tod fürchten. Im Gegenteil: Die

Doktrinen der Unbeständigkeit aller Dinge und des vorherrschenden Elends im menschlichen Leben, die zu den fundamentalsten Lehren des Buddhismus gehören, sind für die meisten Menschen ebenso ernüchternd oder gar erschreckend wie der Tod selbst. Der Buddhismus ist weit davon entfernt, die Wahrheit zu vertuschen, sondern gebietet, sie gelassen und furchtlos zu akzeptieren. Er setzt sich offen mit der Tatsache auseinander, daß alles Lebende sterben wird. Wir fragen: Warum müssen wir sterben? Sind Leben und Tod grundlegend verschiedene Dinge, oder sind sie eng miteinander verbunden? Was für eine Art Strom oder Fluß ist das Leben? Mit Mut, Geduld und Wachsamkeit suchte Shakyamuni nach den wahren Antworten auf diese Fragen unter Berücksichtigung seines eigenen Lebens. Und die Erleuchtung, die er fand, ist ewiges Leben.

In der Beschreibung seiner Erleuchtung sagte Shakyamuni: »Somit erinnerte ich mich an meine verschiedenen früheren Leben – an das erste Leben, an das zweite Leben, an das dritte Leben, an das vierte Leben, an das zehnte Leben, an das zwanzigste Leben, an das dreißigste Leben, an das vierzigste Leben, an das fünfzigste Leben, an das hundertste Leben, an das tausendste Leben, an das hunderttausendste Leben, an die zahllosen Entstehungen des Universums, die zahllosen Zerstörungen des Universums, die Entstehungen und Zerstörungen des Universums. Ich erinnerte mich, wie meine Vornamen lauteten, an meine Familiennamen, wie meine Stammesnamen lauteten, was ich aß, welche Vergnügungen und Sorgen ich erfuhr.«

Es ist ein Irrtum, entweder das Leben oder den Tod als absolut zu betrachten und das andere zu ignorieren. Beide sind wesentliche Phasen der menschlichen Existenz. Das menschliche Leben fließt auf ewig in großen Wellen weiter, Leben und Tod wechseln durch die Zeiten hin und her. Shakyamuni erkannte das, als er sich den Fluß seines eigenen Lebens ins Gedächtnis rief. Es war keine romantische Lehre von der Unsterblichkeit, die der

Sehnsucht nach Leben entsprang. Statt dessen erkannte er, daß das Leben nach dem Gesetz der Ursache und Wirkung ewig sein muß. In seinem Konzept ereignet sich der Tod, damit neues Leben entstehen kann. Seine Funktion ist der des Schlafs ähnlich; es ist eine Periode der Ruhe vor dem neuen Erwachen.

Diese Idee wird im Lotos-Sutra in dem Kapitel über das ewige Leben des Buddha dargestellt, in dem der Tod als Hilfsmittel angesehen wird – nicht, um ihn zu verwerfen, sondern um ihn dem Leben unterzuordnen. Diese Anschauung ist in vielerlei Hinsicht eine Hymne an das Leben, aber keine, die uns dazu drängt, den Tod zu meiden oder zu vergessen. Das Ziel des Lotos-Sutra wie das Shakyamunis ist, uns die Freuden des Lebens kosten zu lassen, ohne daß wir über die Natur und Essenz des Todes in Unkenntnis bleiben.

Ich möchte betonen, daß der Buddhismus keine pessimistische oder jenseitige Religion ist, wie manche Kritiker behaupten. Aber er lehrt auch nicht grenzenlosen Optimismus. Seine Botschaft ist, daß die Freude am Leben nicht gefunden werden kann, indem man den Leiden des Lebens ausweicht, sondern indem man sich ihnen bis zum Ende stellt. Wahres Glück hat seinen Ursprung nicht in der Flucht; Entzücken, das auf Täuschung basiert, hat keinen Bestand. Erleuchtung entwickelt sich bei der Erkenntnis der Wahrheit, gleichgültig wie unerfreulich diese Wahrheit auch sein mag.

Der Gedanke vom Tod als Hilfsmittel ist eine Offenbarung, aber er ist keine vollkommene Erklärung für die Beziehung zwischen Leben und Tod. Vielleicht sollte auch das Leben als Hilfsmittel angesehen werden, erdacht, um den Menschen zu einer gesünderen Auffassung vom Tod zu führen. Nichiren Daishonins Erklärung vom Leben und Tod als den beiden Aspekten desselben Wesens ist tiefsinniger. In den *Mündlich übertragenen Lehren (Ongi Kuden)* wird er wie folgt zitiert: »Leben und Tod zu hassen und sich von ihnen trennen zu wollen ist eine Selbsttäuschung oder Teilerleuchtung. Leben und Tod zu begreifen ist Erleuchtung oder vollkommene Erkenntnis. Da Nichiren und seine Schüler jetzt *Nam-myōhō-renge-kyō* preisen, wissen sie, daß Leben und Tod das immanente Wirken der fundamentalen Essenz ist. Sein und Nicht-Sein, Geburt oder Tod, Erscheinen und Verschwinden, weltliche Existenz und zukünftiger Untergang – all dies sind essentielle und immerwährende Prozesse.«

Tod ist letzten Endes weder ein unbeständiges Phänomen noch ein Hilfsmittel. Zusammen mit dem Leben ist er in der fundamentalen Existenz vorhanden und besteht zusammen mit dem kosmischen Leben. Shakyamunis Erleuchtung zeigte, daß der Tod nicht vermieden oder als etwas Schreckliches angesehen werden mußte. Nichiren Daishonin bot uns eine klarere und umfassendere Einsicht in Leben und Tod als zugehörig zum ewigen Fluß des universalen Wesens.

Die Erleuchtung enthüllte Shakyamuni das ungeheure Panorama des menschlichen Lebens, das sich über Zeit und Raum ausbreitet. Er muß Menschen gesehen haben, deren Leben kurz nach der Geburt verlosch, und solche, die ein reifes Alter erreicht haben. Vom entgegengesetzten Standpunkt aus müssen einige, die sterben, beinahe sofort wiedergeboren werden. Und für andere muß sich der Tod über Äonen qualvoll hinziehen. Obwohl der Tod ein friedvolles Kontinuum sein kann, kann er auch ein scheinbar endloser Alptraum sein. In jedem Fall wird er schließlich wieder in Leben umgewandelt. Letztendlich bedeutet der Tod für die individuelle Existenz ein Sammeln von Energien für das Leben, eine Ruhepause, die einer Wiederkehr in die Aktion vorausgeht.

Der Leben-Tod-Kreislauf wird oft mit den abwechselnden Schlaf- und Wachperioden im normalen Leben verglichen. Der Vergleich ist treffend, denn ein paar Stunden Schlaf stellen uns wieder her und bereiten uns auf einen neuen Tag vor, wie der Tod uns auf ein neues Leben vorbereitet. Und eine weitere Parallele bietet sich an: Weder der Schlaf noch der Tod vernichten unsere Identität. Genau wie ein Mensch, der sich schlafen legt, noch derselbe Mensch ist, wenn er aufwacht, bleibt ein lebendes Wesen, das stirbt, dasselbe lebende Wesen, wenn es wiedergeboren wird. In diesem Sinne mag der Tod tatsächlich als Hilfsmittel angesehen werden.

Wir sollten am Rande bemerken, daß Psychologen dem Schlaf eine aktivere Rolle zusprechen, als es die Tradition vorgegeben hat. Wenn wir schlafen, träumen wir, und die Psychologen seit Freud sehen Träume als Ausdruck unserer Hoffnungen und Enttäuschungen an. Sie befreien uns vom Druck, mit dem wir im Wachzustand nicht fertig werden. Ein oft zitiertes Beispiel davon ist folgendes: Ein Mann ist wütend auf einen anderen, aber er wird im realen Leben daran gehindert, seinem Ärger Luft zu machen. Wenn dieser Mann einen Traum hat, in dem er seiner Wut einem anderen gegenüber freien Lauf läßt, erwacht er wahrscheinlich erfrischt und von seinen üblen Gefühlen befreit auf.

Nicht selten haben wir im Schlaf oder Halbschlaf gute Ideen oder Inspirationen. »Es fiel mir im Schlaf zu«, ist ein Ausspruch, den wir alle hie und da schon verwendet haben. Über dieses Phänomen hat Teruo Ōkuma von der Tottori Universität geschrieben: »Träume sind Ausdruck des wirklichen Selbst. Sie befreien von Sehnsüchten und Sorgen, die normalerweise während der wachen Stunden unterdrückt werden.« In gewissen Situationen kann der Geist im Schlaf effizientere und kreativere Ideen entwickeln als im Wachzustand. Der Gedanke, daß der Schlaf ein untergeordneter Zustand sei, ist nicht mehr haltbar. Schlaf ist ebenso ein Teil unserer Lebenstätigkeit wie das, was wir vollbringen, wenn wir wach sind. Junji Matsumoto von der Tokushima Universität drückt das folgendermaßen aus: »Wach sein und Schlafen können als wechselnde Zustände in einem ständigen Fluß des Bewußtseins betrachtet werden. Diese wechselnden Zustände verbinden sich mit den verschiedenen anderen Funktionen des Gehirns, um geistige und vitale Aktivitäten hervorzubringen.« Es sollte beachtet werden, daß »Bewußt-sein«, so wie es hier gebraucht wird, Unterbewußtes und Unbe-wußtes miteinschließt.

Aber, um auf das Thema Leben und Tod zurückzukommen: Wir sind jetzt in einer besseren Position, um die umfassenden Erklä-rungen zu untersuchen, die Nichiren Daishonins Philosophie bietet.

Shakyamuni beschrieb in seiner Weisheit die Phasen von Leben und Tod, hielt es jedoch nicht für passend, die unzerstörbare Essenz des universalen Flusses der Existenz genauer zu umrei-ßen. Obwohl er verkündete, daß die höchste Lehre des Buddhis-mus die Erkenntnis dieser essentiellen Realität sei, beschrieb er sie nie klar mit Worten.

Der unablässige Fluß des Lebens als fundamentale Existenz entspringt wie die Wogen des Ozeans den innersten Tiefen allen Seins. Während der nie endende Rhythmus von Leben und Tod stattfindet, breitet er sich beständig von der unendlichen Ver-gangenheit bis in die unendliche Zukunft aus. Unser Selbst, die grundlegende Essenz unseres Lebens, manifestiert sich in den ständigen augenblicklichen Veränderungen, bleibt jedoch auf seiner ewigen Reise im großen Fluß der Natur verankert. Zu-zeiten erfährt das Selbst die Freuden des Lebens; zu anderen Zeiten genießt es die Ruhe des Todes. Für manche mag sowohl das Leben als auch der Tod von Leiden und Sorgen erfüllt sein. In jedem Fall sind Leben und Tod Funktionen und Ausdruck des ewigen Lebensflusses. Und alle individuellen Lebensströme sind mit der ursprünglichen Realität des Universums verschmol-zen. Dieser gesamte Fluß ist ein kosmischer Gezeitenstrom, eins und unteilbar. Der universale Lebensstrom, der allen Aktionen und allen Dingen zugrunde liegt und in ihnen enthalten ist, ist das Mystische Gesetz, von dem Nichiren Daishonin spricht. Die barmherzige Kraft des Mystischen Gesetzes wohnt in den inner-sten Tiefen aller Dinge im Universum. Unser Leben existiert, hat immer existiert und wird immer gleichzeitig mit dem Universum existieren. Es entstand weder, bevor sich das Universum zufällig formierte, noch wurde es von einem übernatürlichen Wesen erschaffen. Nichiren Daishonin lehrte, daß Leben und Tod die sich abwechselnden Aspekte sind, in denen sich unser wirkliches Selbst manifestiert, und beide sind Teile der kosmischen Essenz.

In *Sanze Shobutsu Sōkammon Kyōsō Hairyū* (Über die letztendliche Lehre, die von allen Buddhas bestätigt wird) schrieb Nichiren Daishonin: »Die Idee, daß Leben und Tod zwei sind, ist irreführend und falsch. Wenn wir hellwach sind und unsere wahre Natur erforschen, werden wir keinen Anfang finden, der unsere Geburt erforderlich macht, noch ein Ende, das unseren Tod erfordert. Wir werden die Essenz des Lebens finden, die weder von apokalyptischen Flammen verbrannt noch von einer Flut weggeschwemmt, noch mit einem Schwert durchschnitten oder von einem Pfeil durchbohrt werden kann. Sie ist nicht zu groß, um in einen Blumensamen einzutreten, ohne den Samen auszudehnen. Sie ist nicht zu klein, um das Universum zu füllen, ohne daß sich das Universum zusammenzieht.« Die »Essenz des Lebens« ist das Mystische Gesetz, das die Gesamtheit der universalen Existenz ist und allem Sein innewohnt. Nichiren Daishonin bestätigt hier, daß unsere Natur keinen Anfang und kein Ende hat, sondern so alt ist wie das Universum.

Die ersten Lebensformen auf der Erde sind, wie man annimmt, vor drei Milliarden Jahren aufgetaucht. Menschliche Wesen haben sich vor einer Million oder vielleicht 2,5 Millionen Jahren entwickelt. Aber zu sagen, daß das Leben selbst erst zu diesen Zeiten entstanden ist oder daß sich das Selbst der menschlichen Existenz erst mit dem Auftauchen von menschlichen Wesen entwickelt hat, wäre eine oberflächliche Behauptung. Leben und das Selbst existierten, lange bevor sich eines von beidem auf dieser Erde manifestierte. Genauso werden sie bis in die Ewigkeit und durch die endlosen Neuinszenierungen des Dramas von Leben und Tod weiter existieren.

Kürzlich wurde ich gefragt, ob eine lebensmüde Person all dem entkommt, wenn sie Selbstmord begeht oder jemanden dafür bezahlt, sie zu töten. Die Antwort lautet nein und ist im folgenden Zitat enthalten: »Die Essenz des Lebens... kann weder durch apokalyptische Flammen verbrannt noch von einer Flut weggeschwemmt, noch von einem Schwert durchschnitten oder von einem Pfeil durchbohrt werden.« Da alle Formen des Lebens ihren Ursprung im Universum haben und gleichzeitig mit dem Universum existieren, sind sie unzerstörbar. Um es mit Okabes Worten auszudrücken, kosmische Energie – die unerschöpfliche Quelle aller physischen oder geistigen Aktivität – wirkt in Übereinstimmung mit dem Gesetz der Erhaltung von Energie. Sie ist weder erschaffen noch zerstörbar, gleichgültig, wie oft oder in welcher Weise sie sich verwandelt. Das Selbst ist unvergänglich, und das Leiden versiegt nicht mit dem Tod.

Die Aussage, daß die Lebensessenz in einem Samen enthalten sein oder das gesamte Universum füllen kann, ist ohne Hinweis auf das Konzept von *kū* (Latenz) nicht erklärbar, denn im Zustand von *kū* überschreitet das mystische Wesen die Grenzen von Raum und Zeit. Wir neigen dazu, den Zustand von *kū* als inaktiv wie das Wasser am Meeresgrund anzusehen, aber tatsächlich ist es fortwährend mit der pulsierenden Energie des Lebens ausgestattet.

Auch der Tod ist nicht statisch. Genausogut wie wir von Lebensaktivitäten sprechen, können wir von Todesaktivitäten sprechen, auch wenn sie für uns nicht sichtbar sind. Viele lebende Wesen dürfen sich einer Periode des Friedens und der Ruhe nach dem Tode erfreuen, für andere bringt der Tod hingegen Schrecken, Sorgen, Elend und Qual. Die Aktivitäten des Todes können mit den zahllosen Radiowellen verglichen werden, die über den Äther übertragen werden. Manche sind fröhliche Wellen und transportieren Musik, Lachen oder gute Nachrichten; andere beinhalten Gewalt oder boshafte Propaganda. Was immer sie übermitteln, keine von ihnen unterbricht oder behin-

dert die anderen, solange sie sich nicht auf der gleichen Wellen-
länge befinden. Ohne Empfänger können wir die Anwesenheit
dieser Wellen nicht wahrnehmen, aber mit einem solchen Gerät
können wir sehen oder hören, was wir auch immer einstellen.
Allgemein ausgedrückt bleibt das Selbst, das stirbt, auf den
Zustand der Existenz »eingeschaltet« wie zuvor. Es mag ein
»Selbst« sein, das Angst und Leid durchlebt, es mag auch ein
»Selbst« sein, das auf den Wellen der Freude treibt. Die Funktionen oder Tätigkeiten oder Aktivitäten des Todes werden von
der Essenz des Lebens unterstützt, auch wenn sich ihre Struktur
von der des Lebens unterscheidet. Der Tod, der eins ist mit dem
Leben, ist genauso ursprünglich und ewig.

Während sich unser Selbst entweder durch Tod oder durch
Leben manifestiert, ist es ein integraler Bestandteil des kosmischen Lebens. Auch in einer Person, die im Zustand der Hölle
lebt, bleibt der höchste Zustand der Buddhaschaft am Leben, da
die Energie des Mystischen Gesetzes die tiefen Unterströmungen des Todes durchdringt. Erfüllt von tiefem Mitgefühl erläu-
terte der Buddha die Realitäten des Lebens und des Todes,
genau wie sie sind. Dies ist ebenso die Reflexion der Einsicht des
Buddha in eine beständige und höchste Realität für alle Lebensformen als auch Ausdruck der möglichen Errettung, die dafür
da ist, das Leid der Toten zur Ruhe zu bringen.

9 Leben im Weltraum

Wahrscheinlichkeit

Wir haben Leben und Tod als einander abwechselnde Phasen einer ewigen Existenz erklärt, aber solange wir die Diskussion auf uns selbst und den Planeten begrenzen, auf dem wir leben, können wir nicht wirklich von Ewigkeit sprechen. Die Erde ist nur einer von einer ganzen Anzahl von Trabanten, und sie umkreist einen vergleichsweise kleinen Stern, den wir Sonne nennen. In der Galaxie der Milchstraße gibt es unzählige ähnliche Gestirne, und die Galaxie selbst ist nur eine unter ungezählten anderen galaktischen Inseln in dem uns bekannten Universum.

Die Erde ist vermutlich mehr als vier Milliarden Jahre alt. Die Sonne muß älter sein, aber um wieviel älter ist nicht gewiß. Was hingegen festzustehen scheint, ist, daß beide letztlich sterben werden – entweder bei einer gigantischen Explosion der Sonne oder durch innerlichen Zerfall oder durch irgendeinen anderen Vorgang. Strenggenommen existieren jedenfalls weder die Sonne noch die Erde ewig; selbst das Leben der Milchstraße ist mutmaßlich begrenzt verglichen mit dem des Universums. Die wahrnehmbare Tatsache, daß alle Himmelskörper einer unaufhörlichen Wandlung unterliegen, kann als spektakuläre physikalische Verkörperung der buddhistischen Lehre angesehen werden, daß alle Phänomene nicht von Dauer sind.

Vom Standpunkt der Astronomen aus ähnelt die Milchstraße anderen Galaxien, und die Sonne gleicht anderen Gestirnen. Ist es dann nicht möglich, daß es in der unermeßlichen Weite des Universums Sonnensysteme wie unser eigenes mit lebenserhaltenden Planeten wie unserer Erde gibt? Heute, da einfache organische Stoffe in Laboratorien produziert werden können, erscheint die Existenz von Leben in anderen Teilen des Universums bei weitem wahrscheinlicher als in den Zeiten, in denen man annahm, daß organische Materie nicht aus anorganischen Bestandteilen künstlich hergestellt werden kann.

Vor einigen Jahren berichtete Cyril A. Ponnamperuma, ein bekannter Biochemiker und Professor an der Universität von Maryland, von der Entdeckung eines Pyrimidin-Typs, den das Fragment eines Meteors enthielt. Zuvor fanden Ponnamperuma und sein Team Aminosäuren in einem anderen Meteoriten. In beiden Fällen waren die herausgelösten Substanzen so verschieden von ihren Gegenstücken, die man in lebenden Dingen auf der Erde findet, daß sie zusammen mit den Meteoriten aus dem Weltraum gekommen sein müssen. Da Pyrimidin eine Zusammensetzung von Nukleinsäuren ist, also ein Bestandteil lebender Materie, und Aminosäuren Komponenten von Proteinen sind, legt Ponnamperumas Entdeckung nahe, daß Grundbausteine des Lebens außerhalb unseres Planeten existieren. Und weil nur ein Bruchteil der Meteorstücke, die auf die Erde auftrafen, untersucht wurde und noch unzählige Meteore im Weltraum herumfliegen, ist man versucht zu glauben, daß Nuklein- und Aminosäuren im Universum weit verbreitet sind.

Die bloße Anwesenheit dieser Materialien bedeutet jedoch nicht notwendigerweise, daß Leben entstanden ist oder entstehen wird. Bestimmte Bedingungen müssen erfüllt sein: Es ist schwer vorstellbar, daß Leben in den Formen, die wir kennen, unter Umständen existieren könnte, die sich von denen auf unserem Planeten stark unterscheiden. Erstens sind alle Gestirne, die wir beobachten können und der Sonne ähnlich sind, zu heiß, um Lebewesen auf den Planeten, die sie begleiten, zuzulassen. Ein solcher Planet müßte sich auch in einem gleichbleibenden Orbit bewegen, weder zu nah noch zu weit entfernt vom Sonnen-Gestirn, sonst wären die Temperaturunterschiede zu groß für lebende Existenzen. Eine dritte Bedingung wäre, daß der Planet groß genug sein müßte, um ein Gravitationsfeld

aufzubauen, das Sauerstoff, Wasserdampf und andere lebens-
notwendige Gase festhält.

Weil Planeten kein eigenes Licht abstrahlen, können wir diejenigen außerhalb unseres Sonnensystems nicht sehen. Theoretisch sollte es möglich sein, die Anwesenheit von Planeten
aufzuspüren, indem man die Unregelmäßigkeit in der Bewegung der Gestirne mißt, aber diese Unregelmäßigkeiten sind
ziemlich gering, und eine Messung ist sehr kompliziert. Trotzdem wird angenommen, daß das Gestirn, das der amerikanische
Astronom Edward E. Barnard 1916 entdeckte und als sechs
Lichtjahre von der Erde entfernt lokalisierte, einen Planeten in
der Größe des Jupiters hat. Eine Anzahl von anderen Gestirnen
in der Nachbarschaft unseres Sonnensystems haben, so wird
angenommen, auch Planeten.

Die enorme Anzahl von Gestirnen macht es unwahrscheinlich,
daß unser Sonnensystem das einzige in seiner Art ist, das
existiert. Und wenn es zwei gibt, warum sollte es dann nicht auch
drei, vier oder fünfzig oder hundert oder tausend mehr geben?
Die meisten heutigen Astronomen glauben, daß das Universum
Hunderte von Millionen Planeten mit mehr oder weniger ähnlichen Bedingungen wie die Erde enthält.

Es bleibt eine Frage der Wahrscheinlichkeit. Unter den günsti-
gen Bedingungen dauert es eine lange Zeit, bis das Lebenspotential Früchte trägt. In dem einzigen Fall, von dem wir wissen,
nämlich dem Leben auf der Erde, entstand organisches Leben
erst zwei Milliarden Jahre nach der Formierung des Planeten.

Wenn wir uns einen Würfel anschauen, sehen wir sechs Flächen,
und folglich stehen die Chancen eins zu sechs, daß man eine
bestimmte Zahl würfelt. Das heißt jedoch nicht, daß die Zahlen
in einer gewissen Reihenfolge und die einzelne Zahl jedes
sechste Mal erscheint, und es ist auch nicht voraussehbar, wie oft
man würfeln muß, um die gewünschte Zahl zu erhalten. Die
Bedingungen für die Entwicklung von Leben sind wie eine Seite
eines Würfels, und die Wissenschaftler wissen noch nicht ein-

mal, wie viele dieser Seiten es überhaupt gibt – es könnten Dutzende, aber auch Milliarden sein.

Mehr mit religiösem als mit wissenschaftlichem Verständnis haben die buddhistischen Philosophen schon vor langer Zeit die Idee von einem Universum mit einer unendlichen Anzahl von Buddha-Ländern entwickelt, die sich in alle Richtungen ausdehnen und alle Zeit von der unendlichen Vergangenheit bis zur unendlichen Zukunft umfassen. Sie sprachen von *sanze*, das drei zeitliche Bereiche (Vergangenheit, Gegenwart und Zukunft) bezeichnet, und von *jippō*, was zehn (oder alle) Richtungen heißt – all das ist Teil des universalen Lebens. In seiner *Antwort an Tayū-no-sakan* schrieb Nichiren Daishonin: »Eine Welt *(shitenge)* besteht aus dem Berg Sumeru und den vier umliegenden Kontinenten und anderen Planeten. Zehn Milliarden Welten bilden ein Kleines Weltsystem, tausend Kleine Weltsysteme machen ein Mittleres Weltsystem aus, und tausend Mittlere Weltsysteme bilden ein Großes Weltsystem.« Einfacher ausgedrückt heißt das, daß es eine unendliche Anzahl von Welten gibt, die Leben ermöglichen, und jede hat ihren eigenen Buddha. Der Buddhismus ist demnach weder in sich geschlossen noch an unsere kleine Welt gebunden. Er erstreckt sich in die Unendlichkeit und umfaßt alle Phänomene und Gesetze, sowohl im Mikrokosmos als auch im Makrokosmos.

Es erscheint unwahrscheinlich, daß wir Erdbewohner in voraussehbarer Zukunft in der Lage sein werden, mit extraterrestrischen Wesen Kontakt aufzunehmen, weil uns eine zu große Entfernung von den anderen Gestirnen und Planeten trennt. Unsere Science-fiction-Schriftsteller haben somit die Freiheit, kleine grüne Männchen vom Mars und unförmige Monster zu erfinden, die von fremden Planeten kommen und über die Erde herfallen. Es ist gut möglich, daß lebende Wesen auf anderen Himmelskörpern so ganz anders als wir aussehen, daß selbst die Schriftsteller sie sich nicht vorstellen können. Hinsichtlich der nahezu unglaublichen Vielfalt der lebenden Dinge auf unserem eigenen Planeten gibt es nur wenig Grund zu der Annahme, daß Wesen in anderen Welten eine physische Ähnlichkeit mit den Erdbewohnern aufweisen. Alles, was wir in dieser Hinsicht sagen können, ist, daß sich die menschliche Art als geeignet erwiesen hat, geistige Fähigkeiten zu entwickeln, und Sinnesorgane besitzt, um Töne, Licht und Geruch wahrzunehmen. Folglich kann man doch vermuten, daß wenigstens einige Lebensformen auf anderen Planeten uns in gewisser Weise ähnlich sind.

Andererseits mag es, selbst wenn eine Ähnlichkeit da sein sollte, einige drastische Unterschiede geben, die zum Beispiel auf ein schwächeres oder stärkeres Gravitationsfeld zurückzuführen sein könnten. Auf dem Mars, wo die Gravitation beinahe um zwei Drittel geringer ist als auf der Erde, müßte man sich menschenähnliche Wesen viel größer und dünner vorstellen; auf dem Jupiter, dessen Schwerkraft um 2,65mal stärker als unsere ist, würden sich vermutlich stämmigere und kräftigere Menschen entwickeln. Extraterrestrische Menschen würden sich wahrscheinlich auch in der Farbe von uns unterscheiden, und ihre Sinnesorgane könnten mehr oder weniger leistungsfähig als unsere sein.

Wir müssen auch die Möglichkeit eines chemischen Unterschiedes in Erwägung ziehen. Tierisches Leben auf der Erde, einschließlich der Menschen, basiert auf der Tatsache, daß Proteinmoleküle in Wasser aktiv sind. Unser Körper setzt sich aus Proteinen zusammen und wird von Wasser und seinen Komponenten erhalten. Es muß jedoch erwähnt werden, daß Fette und fetthaltige Stoffe, im allgemeinen Lipide genannt, unter geeigneten Umständen als Hauptsubstanz der lebenden Zellen dienen könnten. Lipide besitzen eine ausreichende Wachstumskapazität, was heißen soll, genügend Instabilität, um Leben zu erhalten, und sie sind weit im Universum verbreitet. Sie sind in der Lage, makromolekulare Gruppierungen zu bilden, und haben deshalb das Potential, zu hoch entwickelten Lebewesen zu werden. Isaac Asimov, ein bekannter amerikanischer Biochemiker, glaubt, daß Flourkohlenstoff und Siliziumflourid auch Makromoleküle bilden und Bestandteile von lebenden Körpern sein könnten.

Proteine sind nicht nur im Wasser aktiv, sondern auch in flüssigem Ammoniak. Da sich Ammoniak bei einer Temperatur von minus 50°C bis minus 70°C verflüssigt, wäre auf Proteinen basierendes Leben bei diesen niederen Temperaturen möglich. Lipide wären in der Lage, in Methan mit Wasserstoff zu leben. Flourkohlenstoff und Siliziumflourid könnten Makromoleküle in einem Medium von flüssigem Schwefel bilden. Asimov hat sechs Verbindungen aufgelistet, die bei der Entwicklung von Leben erfolgreich sein könnten: (1) Lipide in Wasserstoff, (2) Lipide in Methan, (3) Protein in Ammoniak, (4) Protein in Wasser, (5) Flourkohlenstoff in Schwefel und (6) Siliziumflourid in Schwefel.

Da sich Wasserstoff bei etwa minus 240°C verflüssigt und Schwefel bei mehr als 100°C schmilzt, ist Leben, das auf diesen Stoffen basiert, bei Temperaturen möglich, die das Leben auf der Erde zerstören würden. Das birgt die Möglichkeit, daß eine andere Art von Leben in anderen Teilen unseres eigenen Sonnensystems gefunden werden könnte. Jedenfalls ist die Wahrscheinlichkeit, daß Leben in anderen Teilen des Universums existiert, bei weitem höher, wenn man andere Stoffe als Protein als Hauptsubstanz annimmt.

Silizium, ein Bestandteil des Siliziumflourids, unterscheidet sich stark von Kohlenstoff, der eine wichtige Komponente von Proteinen ist. Wir assoziieren Silizium mit Gestein, aber wenn sich ein Typus von organischer Substanz aus Silizium entwickeln würde, hätte er wahrscheinlich eine ähnliche Konsistenz wie Gummi. Vermutlich könnte ein Körper, der aus diesem Stoff besteht, Ähnlichkeit mit Gestein haben, während er wie ein Organismus funktioniert.

Ob es uns möglich wäre, mit Lebewesen, die nicht aus Proteinen bestehen, in Kommunikation zu treten oder Gedanken auszutauschen, steht auf einem anderen Blatt. Sicherlich wären Sinneswahrnehmung und Denkweise dieser Wesen vollkommen anders als unsere. Vom physikalischen und chemischen Standpunkt aus gesehen, könnte die Luft, die wir atmen, ein bösartiges Gift sein für Wesen, die aus nicht-proteinhaltigem »Fleisch« bestehen. Selbst wenn man annehmen würde, daß diese Wesen dieselbe geistige Kapazität wie wir hätten, gäbe es überhaupt ein Thema, über das wir uns mit ihnen austauschen könnten? Es erscheint möglich, daß Wesen mit höherer Intelligenz zu ähnlichen Konzepten in der Mathematik, Physik und Chemie gelangt sind wie wir. Mitarbeiter eines amerikanischen Weltraumprogramms mit dem Namen Projekt Ozma haben versucht, Kontakt mit Wesen aus dem Weltraum aufzunehmen, indem sie mathematische Formeln funkten. Andererseits erscheint es kaum denkbar, daß diese Wesen, selbst wenn sie uns ähnlich wären, mit uns über die Bereiche Literatur, Sozialwissenschaft und Kunst kommunizieren können.

Leben auf der Erde

In bezug auf extraterrestrisches Leben ist es nicht möglich, schlüssige Folgerungen zu ziehen, deshalb wollen wir unsere Aufmerksamkeit wieder dem Leben zuwenden, wie es sich hier auf der Erde entwickelt hat und bei dem wechselseitige Kommunikation und Verständigung möglich sind. Die Tatsache bleibt bestehen, daß das »Raumschiff Erde« das einzige Leben enthält, von dem wir definitiv Kenntnis haben. Bei der Entwicklung einer Philosophie vom Leben müssen wir uns fragen, wie es geschehen kann, daß Lebewesen, einschließlich Tiere, Pflanzen und unzählige Mikroorganismen, auf diesem Planeten geboren werden.
Generell gibt es zwei Theorien. Nach der einen ist das Leben aus dem Weltraum auf die Erde gekommen; nach der anderen hat es

sich auf unserem Planeten entwickelt. Die erste Theorie konfrontiert uns mit der Frage, wie es irgendwo anders entstanden sein könnte.

Teils aus diesem Grund, teils weil die Idee, daß die Erde nicht der Mittelpunkt einer Schöpfung ist, verhältnismäßig neu ist, wird das Denken der Menschen in diesem Punkt von der zweiten Theorie beherrscht. Das Alte Testament beschreibt, wie Gott das Universum und alles, was in ihm existiert, innerhalb von sechs Tagen erschaffen hat und daß er am siebten Tage ruhte. Christliche Theologen rechneten vor langer Zeit aus, daß die Erschaffung der Welt etwa viertausend Jahre vor Christi Geburt stattgefunden hat. Der Gedanke, daß eine Gottheit die Welt erschaffen hat, findet sich in den Mythologien fast aller Völker, und diese Erklärung wurde bis zum Zeitalter der Wissenschaft allgemein anerkannt. Als sich das Wissen vergrößerte, gab es jedoch mehr und mehr Menschen, die an der wahren Existenz von Göttern zweifelten, ganz zu schweigen von der Idee, daß einer von ihnen die Welt erschaffen hat.

Wenn die Welt nicht von einer Gottheit erschaffen wurde, bleibt nicht viel anderes, als das Leben als spontane Entwicklung im Laufe der Evolution der Erde anzusehen. Die Idee an sich ist nicht neu. Aristoteles glaubte, daß Aale aus heißem Schlamm und Bienen aus Tau geboren würden. Die Vorstellung, daß lebende Wesen aus der Luft entstehen, blieb bestehen, bis Pasteur den Gegenbeweis lieferte und zeigte, daß die Organismen die Gärungsprozesse in Gang setzen, von ähnlichen Organismen produziert werden, die in der Luft schweben. Heute glauben Wissenschaftler, daß primitives Leben das Ergebnis gewisser physikalischer und chemischer Reaktionen ist, die vor 2,5 oder drei Milliarden Jahren stattgefunden haben.

Wegen der Entdeckung von organischer Materie in Meteoriten können wir die Möglichkeit nicht gänzlich ausschließen, daß einige Lebensformen aus dem Weltraum auf unsere Erde kamen, aber da wir noch weniger über die Bedingungen dort als über die auf der Erde wissen, können wir genausogut annehmen, daß das Leben auf unserem Planeten begann.

Um in Erfahrung zu bringen, wie das vor sich ging, müssen wir uns vor Augen führen, wie die Erde im frühen Stadium ihrer Entwicklung aussah. Soweit die Wissenschaftler berichten können, war der Planet vor ungefähr drei Milliarden Jahren mit Wolkenmassen bedeckt. Vulkanische Eruptionen ereigneten sich unablässig, und geschmolzenes Gestein breitete sich über den größten Teil der Erdoberfläche aus. Rauch und Flammen züngelten und quollen aus Erdspalten und Ritzen; Dampf zischte empor, und dabei strömte Regen auf die Erde. Allmählich kühlte die Erdoberfläche ab, und eine Kruste bildete sich. Wasser sammelte sich und bildete Ozeane. Die Atmosphäre bestand aus vulkanischem Qualm, das heißt Dampf, Methan, Stickstoff, Ammoniak, Wasserstoffsulfid und Kohlensäure. Es gab nur wenig oder gar keinen ungebundenen Sauerstoff und folglich keine schützende Ozonschicht wie heute. Die ultravioletten Sonnenstrahlen brannten erbarmungslos auf die Erdoberfläche hernieder.

Paradoxerweise war diese höllische Umgebung, von der man annehmen müßte, daß sie jedes Leben von außen vernichtet, die Voraussetzung dafür, daß das Leben tatsächlich entstand. Nur in dieser Hitze konnten sich die Amino- und Nukleinsäuren in Proteine umwandeln.

Die populärste Erklärung dafür, was als nächstes geschah, bot der russische Biochemiker Alexander I. Oparin im Jahre 1922. Er behauptete, daß Leben in zwei Etappen entstand. Zuerst wurden mit Hilfe der ultravioletten Strahlen oder durch Blitze atmosphärische Bestandteile wie Methan und Amoniak zu Aminosäuren und Adenin (ein Basisstoff der Nukleinsäure) umgewandelt. Die daraus resultierenden organischen Verbindungen wurden durch den Regen in den Ozean geschwemmt, der nach und nach zu einer Art nährenden »Suppe« wurde. In diesem Milieu führten wiederholte chemische Reaktionen schließlich zu einer neuen Stufe, der Erschaffung der ersten primitiven lebenden Zellen, die Oparin die »Koazervaten« nannte. Über dieses Thema gibt es bemerkenswert unterschiedliche Ansichten. John D. Bernal (1901–1971) von der Londoner Universität zum Beispiel stellte die Theorie auf, daß sich Leben eher auf der Oberfläche von feuchtem Lehm an den Küsten entwickelte als im Meer selbst.

Theorien dieser Art sind zwei Punkte gemeinsam. Der eine ist, daß die ursprüngliche Erdoberfläche Bedingungen bot, die die Entwicklung von Leben möglich machten. Der zweite ist, daß das so geformte Leben auf der Erde spontan in Erscheinung trat. Es wurde weder von einer von außen wirkenden Wesenheit erschaffen, noch entsprang es irgendeiner außerirdischen Quelle.

Einige Wissenschaftler und Philosophen, die diese grundlegenden Schlußfolgerungen akzeptierten, stellten die Hypothese auf, daß das Erscheinen von Leben auf der Erde ein rein zufälliges Ereignis war – ein Vorfall, der sich nie irgendwo anders oder zu einer anderen Zeit ereignet hätte. Die Folge davon ist, daß Leben, so wie wir es kennen, einzigartig ist und nur auf der Erde vorkommt. Unter den Tatsachen, die diese Idee stützen, steht die wichtigste mit dem Chemiehaushalt lebender Körper in Zusammenhang.

Proteinmoleküle bestehen aus Hunderten von Aminosäuren. Diese kommen in zwei bekannten Formen vor: L-Aminosäuren und D-Aminosäuren, die im geometrischen Sinne gegenseitige Spiegelbilder sind. Wenn man Aminosäuren in Laboratorien herstellt, dann werden L-Aminosäure-Arten und D-Aminosäure-Arten im gleichen Verhältnis produziert. Merkwürdigerweise bestehen alle lebenden Dinge auf der Erde ausschließlich aus L-Aminosäuren. Vertreter der oben erwähnten Ansicht meinen, daß nur ein kompletter Zufall zu Reaktionen mit diesem Ergebnis geführt haben kann.

Als Erwiderung darauf wurde behauptet, daß Lebensformen der D-Aminosäuren einst existiert haben könnten, aber im Lauf der späteren Evolution der Erde vernichtet wurden. Diese und vielleicht verschiedene andere Theorien sind denkbar, aber angenommen, daß von Anfang an nur L-Aminosäuren existierten, müssen wir uns dann mit der Erklärung, alles sei bloßer Zufall gewesen, zufriedengeben? Ich denke nicht.

Ein zufälliger Ursprung würde der Wahrscheinlichkeit widersprechen. Unter den vielen Argumenten gegen den Zufall fesselt mich besonders eines, das von Haruhiko Noda von der Universität von Tokio in *Seimei no Kigen* (Ursprünge des Lebens) angeführt wurde. Diese Schrift erscheint mir einleuchtend und leicht verständlich.

Man hat tatsächlich nur zwanzig verschiedene Aminosäuren im Aufbau der Proteine gefunden, und wir müssen annehmen, daß sie alle schon zu einem sehr frühen Zeitpunkt auf unserem Planeten vorhanden waren. (Es wäre unlogisch zu vermuten, daß auch nur eine von ihnen fehlte, weil sie alle lebenswichtig sind.) Diese Säuren schließen sich zu Ketten zusammen, die Proteinmoleküle bilden.

Haruhiko Noda beginnt mit der Überlegung, daß sich ein Proteinmolekül aus Aminosäureketten mit hundert Gliedern zusammensetzt. Nach seiner Wahrscheinlichkeitsberechnung wäre die Möglichkeit, daß dieses bestimmte Molekül durch bloßen Zufall entstanden ist, eine unter 10^{130} anderen Möglichkeiten. Selbst wenn man ein Maximum an Ergebnissen erzielen würde, wären immer noch 10^{100} Ereignisse erforderlich, um ein einziges Molekül dieses bestimmten Typs entstehen zu lassen. Hypothetisch würde man 10^{75} Tonnen Materie brauchen, um in einem Experiment dieses eine Molekül herstellen zu können, aber tatsächlich vermutet man, daß all die Materie, die es im bekannten Universum gibt, nur ein Gewicht von 10^{49} Tonnen hat. Selbst wenn das ganze Universum aus Aminosäuren bestünde, was nicht der Fall ist, gäbe es demnach nicht genügend Materie in ihm, um die erforderlichen Voraussetzungen dafür zu erfüllen, daß ein spezielles Proteinmolekül durch Zufall entsteht.

Das heißt: Auch wenn sich das gesamte Universum aus den ursprünglichen Bestandteilen von Nukleinsäuren zusammensetzen würde, wäre es immer noch nicht sicher, daß sich die einfachste Nukleinsäure in einer Milliarde Jahren fortwährender Reaktionen bilden würde.

Wahrscheinlichkeit ist eben nur Wahrscheinlichkeit. Wir können nicht vollkommen ausschließen, daß das Leben auf der Erde nicht doch durch ein bis in die Ewigkeit einzigartiges Ereignis in Erscheinung trat. Trotzdem ist es viel vernünftiger, anzunehmen, daß das Universum selbst eine Tendenz in sich birgt, Leben zu entwickeln. Oder, um es bildlich auszudrücken, daß das Universum ein großer Mutterleib ist und ständig mit dem Wunder des Lebens schwanger ist. Wie Haruhiko Noda sagte: »Sollte sich das ›Unmögliche‹ ereignet haben, zum ersten und letzten Mal, ohne jeden Grund, dann bleibt kein Platz für weitere Argumente. Aber es ist unangenehm, keinerlei Antworten zu haben. Es bleibt die Möglichkeit, daß alle Materie in der natürlichen Welt den inneren Drang enthält, Leben hervorzubringen.«

Wenn wir diese Alternative akzeptieren – daß die Natur immer darauf vorbereitet ist, Leben zu schaffen, daß die Neigung zum Leben dem Universum selbst innewohnt –, dann folgt daraus, daß makrokosmisches Leben eine integrale Kraft besitzen muß, die es befähigt, alle existierenden Lebensformen hervorzubringen, zu nähren und dazu zu bewegen, sich selbst fortzupflanzen. Haruhiko Noda sagt, daß selbst anorganische Materie auf Leben ausgerichtet ist.

Teilhard de Chardin scheint ähnlich zu denken. Er vergleicht Leben mit einer Art verdichtetem Gas, das stets bereit ist, aus jeder winzigen Ritze des Universums hervorzuströmen. Die Erde an sich hat vor etwa fünf Milliarden Jahren Gestalt angenommen und existierte über zwei Milliarden Jahre, ehe schließlich Leben in Erscheinung trat. Chardin sah diese zwei Milliarden Jahre als Zeit der Vorbereitung an, während der die Voraussetzungen für die Umwandlung von anorganischer Materie in organische Materie geschaffen wurden.

In gewissem Sinne ist der Unterschied zwischen Leben und Nicht-Leben nicht so deutlich, wie wir im allgemeinen annehmen. Oberflächlich betrachtet sind organische Verbindungen wie Methan und Ammoniak ebenso leblos wie anorganische Substanzen. Trotzdem gehen die organischen Chemikalien in ein Stadium über, das zu ursprünglichem Leben führt, sobald sie sich zu einem Komplex von Aminosäuren, Nukleinsäuren und Proteinen verbinden. Auch wenn ihre Theorien unterschiedlich sind, gelangen sowohl Noda als auch Chardin zu einer einzigen Schlußfolgerung: Selbst vor der Entstehung des Lebens war die Erde eine gigantische Masse von Lebenspotential und fähig, all die Myriaden von Lebensformen hervorzubringen, die letztendlich in Erscheinung traten.

Viele Wissenschaftler glauben, daß all die Substanzen und die Umweltbedingungen, die für Leben erforderlich sind, schon im frühesten Entwicklungsstadium der Erde vorhanden waren. Ich würde noch einen Schritt weitergehen und sagen, daß auch eine essentielle Lebenskraft da war, die dem Universum als Ganzem inhärent sein muß. Im Grunde ist es ebenso schwierig zu erklären, warum ein Planet oder ein Sonnensystem allein die ganze Entwicklungsmöglichkeit enthalten sollte, wie die Annahme, daß das Leben durch einen reinen Zufall auf der Erde entstanden ist.

Zumindest können wir sagen, daß die Wahrscheinlichkeit von Leben durch eine auf Leben ausgerichtete Kraft im Universum festgelegt ist, die verursacht, daß auf gewissen Planeten Basisstoffe vorkommen und Bedingungen herrschen, die Leben in irgendeiner Form ermöglichen. Eine scheinbar perfekte Umwelt bringt nicht notwendigerweise Leben hervor. Wir müssen annehmen, daß in einigen Fällen die Evolution von Leben durch gewisse äußerliche Kräfte behindert wird. Die Formel oder die Formeln, die die Entstehung von Leben steuern, kennen wir nicht – vielleicht werden wir sie nie kennen. Viele Faktoren wie Zufälligkeit von Zeit und Ort mögen zusammenwirken – und üben mit großer Wahrscheinlichkeit eine Wirkung aus. So wie ich es sehe, muß es möglich sein, daß an jenem Ort, an dem vom kosmischen Leben geeignete Voraussetzungen geschaffen werden, neue Lebensmanifestationen in Erscheinung treten, deren Eigenschaften den spezifischen Bedingungen angepaßt sind. Das Universum ist eine grenzenlose Ausdehnung von Raum, und es existiert ein grenzenloser Fluß von Aktivität. Es gibt gute Gründe anzunehmen, daß die Rohstoffe des Lebens in vielen Teilen des Universums vorkommen genau wie manigfaltige Typen von Lebewesen oder potentiellen Lebewesen.

Mit dem zu erwartenden Verfall des Sonnensystems und der Erde wird das Leben, so wie wir es kennen, vermutlich vernichtet. Wenn jedoch bewiesen werden kann, daß andere Bereiche im Universum Lebensmöglichkeiten und -bedingungen bieten, werden wir den wissenschaftlichen Nachweis für die Möglichkeit erhalten, daß Geburt und Tod im ewigwährenden Kreislauf das Universum durchfließen. Doch auch ohne wissenschaftliche Bestätigung gibt es nichts, was uns davon abhalten könnte, diese Glaubensvorstellung zu akzeptieren.

10 Der Ursprung des Menschen

Menschliche Evolution

Allgemein wird vermutet, daß zwischen der Bildung von organischem Leben auf unserem Planeten und dem Auftreten menschlicher Wesen etwa drei Milliarden Jahre verstrichen sind. Während dieser Zeit entstanden zahllose Lebensformen und starben später aus. Nicht weniger als eine Million Tierspezies und eine Viertelmillion Pflanzentypen haben bis heute überlebt. Um die Evolution als Ganzes darzustellen, müßte man all die ausgestorbenen und die noch lebenden Organismen miteinbeziehen. Da dies praktisch unmöglich ist, wird dieses Thema gewöhnlich auf spezielle Typen beschränkt, von denen der wichtigste der Mensch selbst ist.

Der amerikanische Genetiker Theodosius Dobzhansky legte drei grundlegende Stadien in der Entwicklung der menschlichen Rasse fest. Das erste, das wir im vorherigen Kapitel besprochen haben, umfaßt die Periode, in der ursprüngliches Leben bei der Umwandlung von anorganischer Materie in organische entstand. Das zweite ist das Zeitalter, in dem das entstand, was wir normalerweise als Lebewesen ansehen. Das dritte ist die verhältnismäßig kurze Periode, in der die Vorfahren des Menschen Unterschiede zu den restlichen lebenden Wesen entwickelten.

Die meisten aktuellen Evolutionstheorien beschäftigen sich mit dem zweiten und dem dritten Stadium. Die Basis bildet natürlich Charles Darwins Schrift *Die Entstehung der Arten*, in der der Autor bescheiden anmerkt: »Licht wird auf den Ursprung des Menschen und seine Geschichte geworfen werden.« Obwohl noch viele Punkte im dunkeln bleiben, was die Evolution von Lebewesen im allgemeinen und vom Menschen im besonderen betrifft, setzt Darwins Buch die grundlegenden Richtlinien für alle spätere Forschung auf diesem Gebiet fest. Seine Grundsätze werden heute in so großem Maße anerkannt, daß es schwierig ist, sich den Aufruhr vorzustellen, den die Veröffentlichung des Buches im Jahre 1859 verursacht hat.

Zu dieser Zeit glaubte nahezu jeder in der christlichen Welt an die Schöpfungsgeschichte, die in der Bibel nachzulesen ist. Das Buch der Genesis, in dem erzählt wird, wie Gott Himmel und Erde erschuf, berichtet, daß er am fünften Tag sagte: »Es errege sich das Wasser mit webenden und lebendigen Tieren«, und am sechsten Tag sprach er: »Lasset uns Menschen machen, ein Bild, das uns gleich sei.« Gelehrte Theologen hatten schon lange vorher errechnet, daß diese Ereignisse im Jahre 4004 v. Chr. stattgefunden haben mußten; nur Agnostiker waren bereit, zuzugeben, daß das Alte Testament nicht wörtlich verstanden werden sollte. Selbst Thomas H. Huxley, der große Biologe, stand Darwins Lehre skeptisch gegenüber, bis er eine Rezension über *Die Entstehung der Arten* für die Londoner *Times* schrieb und sie mit dem Satz beendete: »Wie töricht, nicht vorher daran gedacht zu haben!«

Die Kontroversen über den Darwinismus erreichten ihren Höhepunkt bei der Konferenz der Britischen Gesellschaft für die Förderung der Wissenschaften im Jahre 1860 in Oxford. Damals fand ein berühmt gewordenes Streitgespräch zwischen dem zum damaligen Zeitpunkt bereits überzeugten Huxley und Bischof Samuel Wilberforce statt. Als Huxley eine Lanze für Darwin brach und siegreich zu sein schien, erhob sich der Bischof und sagte sarkastisch: »Man erzählte mir, daß Sie behaupten, vom Affen abzustammen – von seiten Ihres Großvaters oder von seiten Ihrer Großmutter?« Inmitten des Gelächters entgegnete Huxley ernst und vielsagend: »Wenn ich gezwungen wäre, mir meine Vorfahren selbst auszusuchen, und die Wahl hätte zwischen dem bemitleidenswerten Affen, auf den Sie verweisen, und einem Menschen, der, obwohl er mit hervorragendem Talent und großem Einfluß gesegnet ist, seine Kräfte darauf verschwendet, einen ernsthaften Sucher nach der Wahrheit zu demütigen – würde ich ohne im geringsten zu zögern den Affen bevorzugen.«

Weder Bischof Wilberforce noch viele andere waren in der Lage zu verstehen, was Darwin wirklich meinte. Abgesehen von der Frage nach der biblischen Wahrheit, war das christliche Europa verschreckt durch die Idee, daß der Mensch nicht einzigartig, sondern viel eher ein entfernter Verwandter niederer Lebensformen sein sollte. Wie die Bemerkung des Bischofs zeigt, kannten die meisten Darwins Theorie nur in groben Zügen und oberflächlich, und sie dachten, daß sie bedeutete, der Mensch würde von denselben Affenarten abstammen, die heute auf der Welt vorkommen.

Tatsächlich halten die modernen Wissenschaftler im allgemeinen ein Wesen namens *Dryopithecus fontani* für den Vorfahren sowohl des Menschen als auch des Affen. Der *Dryopithecus fontani* trat vor etwa vierzig Millionen Jahren in Erscheinung und bewohnte etwa dreißig Millionen Jahre lang die Erde. Während dieser Zeitspanne müssen die entferntesten Verwandten des Menschen begonnen haben, einen eigenen Pfad der Evolution – einen anderen als die Affen – einzuschlagen. Seit Darwin ist es unmöglich geworden, die Existenz des Menschen als vollkommen unabhängig vom Tierreich anzusehen. Mensch und Tier gehören zu einem lebenden Kontinuum, es gibt animalische Eigenschaften bei Menschen und menschliche Eigenschaften bei Tieren. Instinkt und primitive Impulse, die das Leben niederer Wesen steuern, sind auch wichtige Faktoren in der Psyche des Menschen; umgekehrt finden wir zum Beispiel Parallelen zu den Menschen in der Elternliebe bei vielen Vögeln und Tieren. Wissenschaftler haben entdeckt, daß einige Tiere Kommunikationsmittel besitzen, die denen der Menschen im Anfangsstadium der Sprachentwicklung ähnlich sind. Sicher erklärt die Überschneidung, warum viele Menschen den Gedanken akzeptieren, daß Menschen als Tiere wiedergeboren werden können und umgekehrt. Dennoch unterscheiden sich menschliche Wesen zweifellos sehr stark von den Tieren, und der entscheidende Punkt in der Evolutionstheorie ist die Frage, wann und wie dieser Unterschied zustande kam. Bei der Erörterung dieses Themas müssen wir zwangsläufig versuchen, das Wesentliche der Menschlichkeit zu definieren – die Eigenschaft oder Eigenschaften, die nur den Menschen zu eigen sind.

Eines der Wesen, die direkte Ahnen des modernen Menschen sein könnten, ist der *Australopithecus*, der etwa vor zwei Millionen Jahren lebte und als »Menschenaffe« oder als »menschenähnlich« bezeichnet wurde. Dieses Wesen ist vermutlich mit dem *Pithecanthropus* verwandt, der vor 400.000 oder 500.000 Jahren lebte, mit dem *Homo erectus*, der nicht weiter zurückgeht als 100.000 Jahre, und dem *Homo sapiens*, der vor 50.000 Jahren in Erscheinung trat. Heute sind alle Hominoiden außer dem *Homo sapiens* ausgestorben. Diese früheren Typen waren Ahnen des *Homo sapiens*, wie man aus Überresten von Schädeln, Zähnen und Beckenknochen schließen kann. Weitere Funde machen deutlich, daß sie zu den aufrechtgehenden Zweibeinern gehörten, die Werkzeuge herstellten, Feuer kannten und sich mit Sprache verständigen konnten.

Es wird angenommen, daß einige affenähnliche Arten nicht lange nach der Zeit des *Dryopithecus* begannen, sich aufzurichten und auf den Hinterbeinen zu gehen. Spuren von rohbehauenen Steingeräten wurden in Verbindung mit dem *Australopithecus* gefunden, und der spätere *Sinanthropus pekinensis* hinterließ Überreste von Feuern, die von ihm entfacht wurden. Neandertaler, die zur *Homo-erectus*-Gruppe zählen, begründeten das Steinzeitalter oder Moustérien, während der Cro-Magnon-Mensch – eine frühe Species des *Homo sapiens* – eindrucksvolle Höhlenkunst hinterließ. Verbale Kommunikation reicht vermutlich Millionen von Jahren zurück.

Unsere einzigen Informationsquellen über Hominiden oder frühe Menschen sind Fossilien, Steingeräte und ein paar andere Überreste. Neue Entdeckungen in dieser Richtung werden zweifellos unser Wissen erweitern und möglicherweise zeigen, daß es noch viele andere inzwischen ausgestorbene hominide Typen gab. Trotz der Bedeutung der Ausgrabungen können die Erkenntnisse, die wir daraus gewinnen, nur einen kleinen Bruchteil des prähistorischen Lebens abdecken. Viel wichtiger ist die Tatsache, daß eine gewisse ursprüngliche Eigenschaft der frühen Vorfahren des Menschen ihn dazu inspirierte, Geräte, Waffen und (später) Kunstgegenstände herzustellen. Diese Eigenschaft wurde von Philosophen Intelligenz, Denkfähigkeit, Bewußtsein oder Geist genannt. Bergson bezeichnete die Eigenschaft als »intellektuelles Bewußtsein« und sagte, daß es in den Gerätschaften des Menschen zu erkennen sei.

Was den Menschen befähigte, in einer feindseligen Umwelt zu überleben, waren dennoch nicht die Steinwerkzeuge oder Waffen, sondern die Intelligenz, die ihn dazu bewog, diese Gerätschaften herzustellen. Dieselbe geistige Kraft drängte ihn dazu, sich Sprache und verschiedene technische Fertigkeiten anzueignen. Noch bedeutsamer ist, daß sie ihm das Selbstbewußtsein und Kenntnisse über eine innere Welt im Selbst verlieh.

Immanuel Kant macht eindrucksvoll klar, daß moralische Gesetze, die von praktischer Vernunft herrühren, ein lebensnotwendiges Element im menschlichen Dasein sind. In *Kritik der praktischen Vernunft* schrieb er: »Zwei Dinge erfüllen den Verstand mit immer größerer Bewunderung und Ehrfurcht, je länger wir über sie nachdenken: der Sternenhimmel über mir und das moralische Gesetz in mir.« Er fährt fort: »Das zweite (das moralische Gesetz) erhebt im Gegensatz dazu unendlich meinen Wert als eine *Intelligenz* durch meine Persönlichkeit, indem mir das moralische Gesetz ein von den Tieren und sogar von der ganzen fühlenden Welt unabhängiges Leben offenbart...« Eine Veranlagung zur Vernunft und ein angeborenes moralisches Gesetz nährten offensichtlich im primitiven Menschen die geistigen Eigenschaften, die es ihm ermöglichten, sich als Einheit mit seinen Gefährten zu empfinden. Ohne dies wäre die Entwicklung der menschlichen Rasse unmöglich gewesen. Das latente Potential für die Entwicklung von Intelligenz und Selbstbewußtsein muß im frühesten Stadium der Evolution in allen lebenden Dingen existiert haben, aber bis der Mensch in Erscheinung trat, war der höchste Ausdruck dieses Potentials der Instinkt. Das Licht der Vernunft war, so wie die Dinge lagen, innerhalb der Grenzen des animalischen Gehirns verborgen. Erst als der Mensch sich entwickelte, wurde dieses Licht sichtbar und wirksam. Danach war es dem Menschen möglich, sich von den Affen abzusondern und einen eigenen Weg der Evolution einzuschlagen.

Besaß der *Dryopithecus* das, was wir Intelligenz und Vernunft nennen? Diese Frage ist schwer zu beantworten. Sogar der spätere *Australopithecus* und der Neandertaler schienen nicht sehr intelligent gewesen zu sein, wenn man nach den Rekonstruktionen geht. Doch ist diese Vorgehensweise vielleicht irreführend. Ein amerikanischer Anthropologe, Earnest A. Hooton (1887–1954) bemerkte, als er den Schädel eines Neandertalers sah, daß er sich der Form nach entweder das Gesicht eines Schimpansen oder das eines Philosophen vorstellen könne. Intelligenz erscheint offensichtlich nicht immer an der Oberfläche.

In diesem Zusammenhang sollte erwähnt werden, daß das Gehirn des *Australopithecus* erheblich größer als das eines Schimpansen ist – 500 Kubikzentimeter im Vergleich zu 300–400 Kubikzentimeter. Das Gehirn des *Homo erectus* erreichte eine Größe von 1.000 Kubikzentimetern und bei einigen Neandertalern vielleicht 1.500 Kubikzentimeter – dieselbe Größe wie beim modernen Menschen.

Selbst wenn unsere Vorfahren vor zehn Millionen Jahren weit weniger geistige Kapazitäten besaßen als der moderne Mensch, hatten sie doch das »Feuer der menschlichen Intelligenz«. Durch den Gebrauch von rohbehauenen Steinwerkzeugen erhoben sie sich in der geistigen Entwicklung weit über die Vorfahren der Affen hinaus. Obwohl das spätere Wachstum des Intellekts Millionen von Jahre in Anspruch nahm, verlief es weit schneller, als die Entwicklung von der frühesten Lebensform bis zum ersten Auftauchen der Hominiden. Intelligenz erzeugte mehr Intelligenz: Der Besitz von gewissen geistigen Fähigkeiten führte zum rapiden Wachstum des vorderen Hirnlappens, in dem alle höheren geistigen Aktivitäten stattfinden.

Wenn wir den Intellekt eines Menschenbabys mit dem eines Schimpansen vergleichen, finden wir nicht viele Unterschiede. Der Säugling kann weder laufen noch sprechen, und er scheint nur nach seinen Instinkten zu leben. Im Gegensatz zu dem des Schimpansen beinhaltet jedoch das Gehirn des Säuglings all die potentiellen geistigen Kräfte, die er für seine Zukunft als menschliches Wesen braucht. Obwohl unentwickelt, besitzt er die wesentlichen, notwendigen Eigenschaften, die nötig sind, um zu einem menschlichen Wesen heranzuwachsen. Das trifft nicht auf ein Schimpansenbaby zu.

Um es anders auszudrücken: Gleichgültig wie unreif oder wild ein menschliches Wesen sein mag, es ist im vollen Umfang mit den menschlichen Eigenschaften ausgestattet, zumindest in potentieller Form. Das Licht der Intelligenz und der Moral trat schon beim *Australopithecus* in Erscheining. Es mag sein, daß seine Gehirnstruktur das Aufblühen des Intellekts verhinderte, aber sein Potential war vielleicht ebenso groß wie das unsere. Die Verwertung dieses Potentials bewirkte das Wachstum der geistigen Kapazität, die die Entstehung einer menschlichen Kultur möglich machte.

Die Natur der menschlichen Entwicklung

Seit Darwin sprechen die Wissenschaftler, die sich mit der Evolution befassen, von Mutation, natürlicher Auslese und Anpassung. Mutation bezeichnet verschiedene zufällige Erscheinungen im Vererbungsprozeß, die im allgemeinen von ungewöhnlichen Genkombinationen verursacht werden. Angenommen, daß unter einer Gruppe von Lebewesen ein Typus geboren wird, der spezielle Eigenschaften hat. Wenn diese Eigenschaften der Umwelt nicht angepaßt sind, stirbt der Typus aus; wenn jedoch die Eigenschaften besser auf die Umwelt abgestimmt sind als die bisherigen »normalen« Eigenschaften der Spezies, wird der Typus überleben und seine »Veranlagungen« an spätere Generationen weitergeben, bis sie die früheren Normen ersetzt haben. Beim Vorgang der natürlichen Auslese und der Anpassung gleichen sich solche Typen am besten den Umständen an, die anderen gehen zugrunde.

Im traditionellen Darwininsmus wird dieser Prozeß als mehr oder weniger zufällig betrachtet. Höchste Bedeutung wird der Umwelt beigemessen, und man nimmt an, daß die anpassungsfähigsten Individuen überleben. Der Darwinismus beschäftigt sich nicht wirklich mit dem, was in den Lebewesen selbst vor sich geht.

Der Franzose Lamarck (1744–1829) legte besondere Betonung auf die unabhängigen, spontanen Aktivitäten der lebenden Dinge. Er meinte, daß Evolution stattfindet, wenn Lebewesen versuchen, sich ihrer Umgebung anzupassen, und die Eigenschaften, die sie sich angeeignet haben, absichtlich an die nächste Generation weitergeben. Wenn ein neues Umfeld neue Eigenschaften erfordert, versuchen lebende Wesen, sie auf jede ihnen mögliche Weise zu entwickeln. Veränderungen der Spezies werden demnach durch einen inneren Willen hervorgerufen, sich anzupassen. Um es dramatisch auszudrücken: Das bedeutet, daß Lebewesen ihre eigenen Geschicke beherrschen.

Mutation ist kein bloßer Zufall, sondern zumindest bis zu einem gewissen Ausmaß gesteuert.

Ein bekannter japanischer Biologe, Kinji Imanishi, glaubt, daß Lamarck in mancher Hinsicht der Wahrheit näher kam als Darwin. Bei der Erörterung seiner eigenen Theorie über die »häufig vorkommende Mutation« schrieb Imanishi: »Als Reaktion auf Umweltveränderungen steigert eine Spezies die Häufigkeit der Mutationen. Also können die Lebewesen die Mutationen bestärken, sich in der günstigsten Weise zu entwickeln. Da es eine große Anzahl von Individuen in einer Spezies gibt, liegen zufällige Veränderungen im Bereich des Möglichen, und einige Mutationen führen nicht in die richtige Richtung. Aber nach und nach setzen sich die Mutationen in der passenden Weise fort bis zu dem Punkt, an dem die gutangepaßten Typen der Spezies überwiegen. Die Geschwindigkeit dieser Veränderungen variieren zweifellos mit den verschiedenen Spezies.« Ich glaube, daß dieser Gedanke auf die gesamte Evolution zutrifft. Genau wie andere Spezies häufige Mutationen erzielten, um sich in eine bestimmte Richtung zu bewegen, machte der Mensch mehr und mehr Mutationen durch, um eine größere geistige Kraft und andere menschliche Eigenschaften zu entwickeln.

Ich erinnere mich an Yuichi Okamuras sehr interessantes Buch *Homo sapiens?* (das Fragezeichen drückt die Zweifel des Autors aus, ob *sapiens* – weise oder wissend – wirklich zutreffend ist), in dem die Divergenz zwischen der Evolution des Menschen und der des Affen erörtert wird. Laut Okamura entstanden die menschlichen Wesen erst, als die Temperaturen auf der Erde so weit gesunken waren, daß sich die Wälder, die von den gemeinsamen Vorfahren der Menschen und Affen bewohnt wurden, drastisch reduzierten. Verlust von Wäldern bedeutete Verlust von Nahrung, doch verspürten zumindest einige der Menschenaffen den Drang, von den Bäumen herunterzukommen und sich auf dem Boden anzusiedeln. Diese Arten wurden die Vorfahren des Menschen.

Obwohl einige Wissenschaftler Okamura in speziellen Punkten widersprechen, stimmen die meisten zu, daß die Ahnen des Menschen wegen der Klimaveränderungen und der daraus resultierenden Nahrungsknappheit die Bäume verlassen haben. Dies kann als Anpassung an die globale Umweltveränderung angesehen werden. Es war ein gefährlicher Schritt, die sicheren Bäume zu verlassen, da der Boden von allen möglichen wilden Tieren bevölkert war.

Wenn die Hominiden in den Wäldern geblieben wären, wären sie entweder verhungert oder zahlenmäßig stark reduziert worden. Ihr Aufbruch erleichterte es denen, die den Schritt nicht wagten, sich zu den Affen, Orang-Utans oder Schimpansen von heute zu entwickeln, aber es bleibt eine Tatsache, daß die Vorfahren des Menschen die einzigen Wesen sind, die das Problem ihrer Umwelt durch einen Willensakt gelöst haben. Vom biologischen Standpunkt aus gesehen war ihr »Moment der Entscheidung« eine Mutation, die zur Entwicklung des Menschen führte. Diese erfolgreiche Mutation setzte sich mehr und mehr in der Entwicklung menschlicher Eigenschaften fort, und schließlich zeigte sich das Licht der menschlichen Intelligenz. Obwohl wir den ersten Schritt als Ergebnis häufig aufeinanderfolgender Mutationen betrachten könnten, dürfen wir nicht außer acht lassen, daß sich die Lebensaktivität, die zur menschlichen Evolution geführt hat, von der Lebensaktivität zahlreicher anderer Spezies unterscheidet, die während der Evolution in Erscheinung traten und wieder verschwanden. Physische Impulse oder Instinkte veranlaßten andere Wesen dazu, eine Spezies nach der anderen hervorzubringen, doch war der Übergang vom Tier zum Menschen keine unbewußte Entwicklung. Er beinhaltet die Auswirkung einer gewissen inneren Intelligenz – eines Lichts, das nicht in anderen Spezies leuchtet. Teilhard de Chardin sprach von einer *noösphere* oder einer geistigen Sphäre, die die Vorfahren des Menschen humanisierte und von anderen Wesen unterschied. Ich bezeichne es als ursprünglichen »Grenzgeist« oder »Vorderste-Reihe-Geist«, was einer der Begriffe ist, die Okamura gebraucht, um den verborgenen »Verstand« im Leben des Urmenschen zu beschreiben. Interessant ist, daß Okamura es auch »Wahnsinn des Genies« nennt, wenn er anmerkt, daß »der Entschluß unserer Vorfahren, abzuwandern (von den Bäumen) auf eine Erde, auf der es von Mördern wimmelte, einem objektiven Beobachter wie Wahnsinn erschienen wäre«.

Laut Okamura verwandten die Vorgänger des Menschen ihre Energien und ihre außergewöhnliche Fähigkeit auf die Erfindung und Herstellung von Waffen – die einzigen Mittel, mit denen sie sich gegen die scharfen Zähne und Klauen der Tiere wehren konnten. Diese Kampfgeräte waren in gewissem Sinne die Werkzeuge, die primitive Menschen brauchten, um den Überlebenskampf zu bestehen. Nachdenken und Einsicht – die Eigenart der Gattung – brachten sie dazu, Stöcke und Steine zum Selbstschutz zu nutzen, und der Gebrauch dieser Geräte öffnete wiederum die Tür für größeres intellektuelles Wachstum. Um die Waffen effektiver einsetzen zu können, unternahmen unsere Vorfahren den äußerst schwierigen Versuch – der ihnen schließlich auch gelang –, sich aufzurichten und auf zwei Beinen zu gehen. Okamura wertet das als eine »welterschütternde Idee – reine Genialität«.

Klimatische Veränderungen und Umweltbedrohungen stellten also die notwendigen Reize dar, die die Entwicklung zum Menschen in Gang setzte. Wenn die ursprünglichen Wälder bewohnbar geblieben wären, hätte sich der Wille, sich darüber hinaus zu begeben, vielleicht niemals Bahn gebrochen. Dennoch bleibt immer die Frage, was den Menschen dazu veranlaßte, andere Bedingungen zu suchen, während Affen und ähnliche Wesen nichts unternahmen. Angenommen, daß es eine Art »Grenzgeist« war, wie kam es dazu, daß nur der Mensch ihn besaß?

Es gibt kaum Hinweise auf das Innenleben dieser frühen Formen des hominiden Lebens wie das vom *Dryopithecus* und vom

Australopithecus. Und wir können nur einige Vermutungen anstellen, die sich auf Informationen gründen, die wir von viel späteren Typen haben, vom Neandertaler und dem Cro-Magnon-Menschen. Selbst hier sind unsere Kenntnisse nur wenig mehr als Annahmen.

Wie ich schon erwähnte, entdeckte der amerikanische Anthropologe R. S. Solecki bei der Ausgrabung von Neandertaler-Grabstätten im Irak Blütenpollen und vermutete, daß diese Neandertaler ihre Toten ehrten und bestimmte Vorstellungen vom Tod hatten. Nur der Mensch als einziges der vielen Wesen auf der Erde besitzt die geistige Kraft, solche Ideen hervorzubringen. Tiere leben nur nach dem Instinkt und scheinen sich auch nicht des eigenen Todes bewußt zu sein.

Als der primitive Mensch die Fähigkeit entwickelte, über den Tod nachzudenken, muß er sehr beunruhigt gewesen sein. Für ihn in seiner feindseligen Umgebung bedeutete eine achtlose Bewegung unter Umständen die plötzliche Vernichtung. Er war den Naturkatastrophen praktisch ausgeliefert, denen sicher oft ganze Gruppen zum Opfer fielen. Sogar noch die Neandertaler schienen eine durchschnittliche Lebenserwartung von weniger als dreißig Jahren gehabt zu haben. Folglich war der Tod eine weitaus unmittelbarere Realität als für den modernen Menschen. Die Furcht vor der Vernichtung war möglicherweise Teil des täglichen Lebens, da die Todesgefahr allgegenwärtig war.

Als sich die intellektuelle Stärke entwickelte, muß der »Urmensch« angefangen haben, sich zu fragen, ob der Tod einfach nur die Existenz beendet oder ob er zu einer anderen Welt jenseits der Wahrnehmungsmöglichkeit der Lebenden führt. Neandertaler scheinen an ein Leben nach dem Tod geglaubt zu haben, auch wenn es für sie eine Art ewigen Schlaf darstellen mochte. In der Nähe von Le Moustier in Südfrankreich wurden Überreste aus der Moustérien-Kultur der Neandertaler gefunden, und bei den Ausgrabungen entdeckte man das Grab eines etwa achtzehnjährigen Jungen, der mit angezogenen Knien auf der Seite lag, sein Kopf ruhte auf einem Stapel Feuersteine. In anderen Gräbern wurden die Überreste von zwei Erwachsenen und vier Kindern in derselben Stellung gefunden. Die Köpfe waren nach Osten ausgerichtet. Steinwerkzeuge und Tierknochen waren den Gräbern beigegeben, vermutlich, damit die Toten sie benutzen konnten, wenn sie wieder erwachten. Unter Soleckis interessanteren Entdeckungen befand sich ein Skelett von einem etwa vierzigjährigen Mann, dessen Unterarm amputiert war. Dies legt nicht nur nahe, daß die Neandertaler eine primitive Art der Chirurgie beherrschten, sondern, was noch bedeutsamer ist, daß sie wenigstens bei bestimmten Gelegenheiten für die Alten sorgten – in diesen Zeiten muß ein Mann von vierzig Jahren zu alt gewesen sein, um allein leben zu können. Obwohl eine Art Elternliebe bei Tieren beobachtet werden kann, wäre kooperatives Verhalten, das auf den Schutz von Alten und Schwachen abzielt, nicht möglich gewesen, wenn der frühe Mensch nicht etwas in der Art von Kants »innerem moralischen Gesetz« besessen hätte.

Ich glaube, daß die primitiven Menschen über die Mysterien des Lebens und über den Tod nachgedacht haben. Die Überlegungen führten sie zu einem Glauben an eine Existenz nach dem Tod und auch zu der Suche nach den innersten Tiefen des eigenen Lebens. Solecki benutzte das Wort »Himmel«, um zu beschreiben, wie die Neandertaler die Realität von menschlichem Leben und Tod verstanden. »Himmel« bedeutet in diesem Zusammenhang eine höhere Existenz, die alles Lebende im Universum unterstützt und ihm zugrunde liegt und alle natürlichen Erscheinungen beherrscht. Kurz gesagt: Dies ist das kosmische Leben. Selbst in der entfernten Vergangenheit hielten die Vorfahren der Menschen diese fundamentale Realität in Ehren, da sie ihnen die Kraft gab, Schwierigkeiten, mit denen sie konfrontiert wurden – einschließlich der gewaltigen Umwälzungen in der Natur –, zu überwinden. Das Nachdenken über den Tod muß in den Neandertalern ein intuitives Wissen um die

Essenz ihres eigenen Lebens und um die ständigen Veränderungen in der Natur geweckt haben. Der Drang nach Wissen war Trotz des Mangels an Wissenschaft und Logik keineswegs geringer als der unsere.

Die Blumen auf der Grabstätte mögen Ausdruck der Zuneigung und des Respekts gewesen sein, aber diese Beigaben könnten genauso der Idee von einer universellen Präsenz entspringen, die alle Phasen des Lebens und des Todes unterstützt. Vielleicht waren diese frühen Menschen überzeugt, daß der Tod eine Rückkehr zum ewigen Fluß des Lebens ist – eine Vereinigung mit der fundamentalen Realität, die allen Erscheinungen zugrunde liegt. Sie mögen begriffen haben, daß diese fundamentale Realität in allen lebenden Wesen existiert und sie zu einem Teil der vier kosmischen Stadien von Geburt, Entwicklung, Tod und Latenz macht.

Der Gedanke, daß eine Verbindung mit einer größeren Realität bestehen kann, die dauerhafter ist als individuelles Leben, ist im wesentlichen religiös, und ich halte es für wahrscheinlich, daß Neandertaler starke religiöse Regungen empfunden haben, wie eine Anzahl von Gelehrten vermuten. Von den Cro-Magnon-Menschen, die als direkte Vorfahren des modernen Menschen angesehen werden, sind wunderschöne Kunstwerke erhalten geblieben, die als Ausdruck religiöser Empfindung oder von Gebeten betrachtet werden. Werke wie die berühmten Wandmalereien in einer Höhle bei Altamira bezeugen nicht nur künstlerische Fähigkeiten, sondern auch ein komplexes spirituelles Leben.

Im allgemeinen scheint diese Höhlenkunst rituelle Bedeutung gehabt zu haben. Die Cro-Magnon-Menschen könnten zum Beispiel die Malereien während einer Zeremonie geschaffen haben, die ihren für das Überleben der ganzen Gemeinschaft wichtigen Jagdexpeditionen Erfolg bringen sollte. Wir können uns Rituale vorstellen, die singende Zauberer vollführen, um Glück und Fruchtbarkeit für den Stamm heraufzubeschwören.

Auch wenn wir solche Zeremonien für primitiv halten, weisen sie auf den Wunsch der altsteinzeitlichen Jäger hin, ihrer Verehrung für die großartige Kraft der Natur Ausdruck zu verleihen. Cro-Magnon-Menschen waren möglicherweise auf der Suche nach einer Verbindung oder Identifikation mit den universellen Kräften des Lebens.

Was auf die Neandertaler und Cro-Magnon-Menschen zutrifft, mag auf den *Australopithecus*, der zwei Millionen Jahre früher gelebt hat, nicht zutreffen, aber ich denke, daß selbst die frühen Vormenschen wenigstens unbewußt etwas wie kosmisches Leben wahrgenommen haben mußten. Sobald ein Funke menschlicher Intelligenz aufblitzt, wird unweigerlich das Bewußtsein vom Tod erwachen. Wenn noch das einfachste moralische Gesetz und praktische Vernunft entstehen, beginnt die menschliche Weisheit die Suche nach ihrer Quelle.

Religiöse Gefühle sind ein unablässiges Element für Menschlichkeit. Sie erschienen gleichzeitig mit der Intelligenz und der Bestrebung, mit der höchsten Wahrheit eins zu sein. Intelligenz und Moral teilen sich durch so konkrete Mittel wie die Sprache und die Herstellung von Werkzeug mit und hinterlassen Spuren; religiöse Regungen sind jedoch für spätere Beobachter schwer zu ergründen, weil sie auf das Innere beschränkt sind.

Religiöse Empfindung entwickelte sich gleichzeitig mit Intelligenz und anderen inneren Energien. Aber da der Fluß des kosmischen Lebens eine ewigwährende Realität ist, müssen die religiösen Gefühle des individuellen Menschen – zusammen mit der Sehnsucht, eins zu werden mit dem Höchsten – der Ursprung der Intelligenz und der Moral sein. Religion ist tatsächlich ein wesentlicherer Aspekt menschlichen Lebens als Intelligenz, Moral oder Bewußtsein. Weder Intelligenz noch Bewußtsein können die große Tür des Lebens aufschließen; der Schlüssel zur menschlichen Existenz ist die angeborene religiöse Regung, die dem essentiellen kosmischen Leben entspringt und danach strebt, zu ihm zurückzukehren. Das ist heute ebenso wahr wie während der gesamten menschlichen Geschichte. Hominiden hätten ohne Intelligenz nicht zu Menschen werden können, aber nur die religiöse Empfindung konnte sie dazu befähigen, Intelligenz und andere spirituelle oder geistige Kapazitäten zu entwickeln.

Die Lebensenergie ist allgegenwärtig, ihre Auswirkungen liegen dem Kreislauf von Geburt und Tod allen Lebens zugrunde. Universelles Leben wirkte während des drei Milliarden Jahre dauernden Prozesses, der für die Entwicklung lebender Wesen notwendig war, und wo es universelles Leben gibt, da muß es auch religiöse Empfindung und eine fortdauernde Evolution geben.

Die dynamische Wirkung des kosmischen Lebens hat ihren Zenit mit der Erscheinung des Menschen erreicht. Indem sie Anpassung und Reaktion auf eine enorme Bandbreite äußerlicher Bedingungen möglich machte, lenkte die essentielle Energie die Evolution der menschlichen Art. Das heißt, daß jedes menschliche Wesen eine tiefe und intensive Verbindung mit der unendlichen, ewigen Wesenheit hat, welche die Essenz des universellen Lebens bildet. Der elementare Plan der Evolution des Lebens als Ganzes und des Menschen im besonderen muß überall im Makrokosmos gewirkt haben, auch auf Planeten, die wir nicht beobachten können. Obwohl religiöse Empfindungen mit vielen anderen menschlichen Eigenschaften untrennbar verbunden sind, sind sie der Hauptimpuls, der die Entwicklung von Intelligenz und Moral bewirkt. Es ist der Impuls, der verursachte, daß der Mensch in dieser Welt in Erscheinung trat.

11 Die Ewigkeit des Lebens

Vom Fühlenden zum Nicht-Fühlenden

Die erste erfolgreiche Herztransplantation, die Christiaan Barnard 1967 durchführte, richtete die Aufmerksamkeit auf die Frage, wann genau ein menschliches Wesen als tot gilt. Die Idee, ein fehlerhaftes Herz gegen ein gesundes auszutauschen, ist nur die logische Folge von den Grundsätzen, nach denen die Hornhaut des Auges oder die Nieren von einer Person auf die andere übertragen werden, aber es besteht ein entscheidender Unterschied: Eine Herztransplantation kann nur auf Kosten des Lebens des Spenders durchgeführt werden. Die Absicht dieser Operation ist in gewissem Sinn, den Tod einer Person in das Leben einer anderen umzuwandeln. Da das Herz noch leben muß, ist es erforderlich, es dem Spender zum frühestmöglichen Zeitpunkt zu entnehmen. Und wenn es dem Spender entnommen wird, bevor dieser tot ist, macht sich der Arzt eines Mordes schuldig. Es ist also wichtig, zu wissen, zu welchem Zeitpunkt genau man sagen kann, daß der Spender tot ist.

Es ist seltsam genug, daß medizinische Autoritäten nicht vollkommen darin übereinstimmen, wann der Tod eingetreten ist, oder welches Phänomen das Ende des Lebens kennzeichnet. Gewöhnlich kann man sagen, daß ein Patient als tot gilt, wenn sein Herz aufhört zu schlagen, seine Pupillen nicht mehr auf Licht reagieren und die Atmung aussetzt. Zu diesem Zeitpunkt jedoch ist der Patient »zu tot«, um noch Herzspender sein zu können. Barnard stützte sich daher auf das Kriterium, daß ein Mensch tot ist, wenn die Gehirnwellen nicht mehr vorhanden sind. Auf diese Weise akzeptierte er den »Hirntod« im Gegensatz zum »Herztod«.

Obwohl ich das Verhalten des Arztes verstehe, der es für besser hält, das Herz eines seiner Meinung nach hoffnungslos Kranken einem anderen Patienten einzupflanzen, als beide sterben zu lassen, bin ich mißtrauisch, was die Anwendung des Grundsatzes vom »Hirntod« angeht. Tatsache ist, daß das Fehlen von Hirnwellen in der Großhirnrinde nicht bedeutet, daß der Patient absolut keine Hoffnung auf Gesundung hat. Besonders Spezialisten für Enzephalographie bestreiten die Richtigkeit des »Hirntodes«, weil sie Fälle kennen, bei denen das Elektroenzephalogramm (EEG) stundenlang keinerlei Kurven aufzeigte, sich die Patienten aber dennoch erholt haben. Ein Bericht vom Toranomon Hospital in Tokio sagt aus, daß von fünfzehn registrierten Patienten ohne EEG-Aktivität zehn starben, aber bei fünf die Gehirnfunktion wieder einsetzte. Zwei von den fünf Patienten konnten später sogar wieder arbeiten.

Selbst wenn die Wahrscheinlichkeit des Überlebens gering ist und eins zu hundert steht, ist es nicht richtig, zu entscheiden, daß ein Patient gar keine Hoffnung mehr hat. Offensichtlich basiert die Idee vom »Hirntod« auf einem unvollkommenen Verständnis vom Tod selbst.

»Hirntod« bedeutet Tod der Zellen im Gehirn. Aber tatsächlich sterben unsere Körperzellen ständig und werden durch neue ersetzt. Zellen der Haut beispielsweise erneuern sich täglich, und die Zellen im Magen-Darm-Trakt und Atmungssystem unterliegen einem laufenden Stoffwechsel. Zehn Millionen Zellen in unserem Körper sterben jeden Tag, und zehn Millionen Zellen entstehen jeden Tag neu, um sie zu ersetzen. Wie früher erwähnt, enthält der Körper etwa 60 Billionen Zellen, und alle sind an dem fortwährenden Kreislauf von Geburt und Tod beteiligt. Ohne die ständige Auflösung und Erneuerung könnte sich menschliches Leben nicht selbst aufrechterhalten. Wir können also sagen, daß der Tod einer bestimmten Anzahl von Zellen einer der Faktoren ist, der Leben möglich macht. Leben und Tod eines menschlichen Wesens unterliegen einer höheren Ordnung als Leben und Tod der Zellen. Leben ist ein Prozeß der

Harmonisierung, Integration und Systematisierung des Lebens und des Todes von verschiedenen Zellen und Organen. Es ist ein Zustand, in dem vitale Energie, die uns in Hülle und Fülle durchströmt, all die komplizierten Funktionen des Körpers in jedem Augenblick vereint. Und ein lebender Organismus, der als ausgeglichene, vollständige Einheit physische und geistige Phasen durchläuft, ist in der Lage, Einfluß nach außen auszuüben.

Menschliches Leben drückt sich durch den Körper und durch den Verstand aus. Wenn unsere geistigen und physischen Elemente in Harmonie und im Gleichgewicht zusammenwirken, bilden sie unser Wesen, während sie gleichzeitig in unserem äußeren Umfeld aktiv werden. Der Buddhismus betrachtet das Leben als aus den Drei Körpern gebildet: dem offenbaren Körper oder *ōjin*, dem Körper der Belohnung oder *hōshin* und dem Körper des Gesetzes, *hosshin*.

Die Funktionen, die die Bildung und Vernichtung der Zellen harmonisieren und den Stoffwechsel steuern, entsprechen dem *ōjin*. Doch ist *ōjin* nicht nur der Körper; es ist der ganze Mechanismus, der den physischen Aspekt des Lebens bildet und kontrolliert. Wie sich Zellen und Organe zusammenschließen, um den Körper zu bilden, während sie gleichzeitig einen eigenen Lebenszyklus besitzen, so schließen sich die verschiedenen Teile unseres physischen Lebens zusammen, um *ōjin* zu bilden.

Ähnlich besteht *hōshin* nicht nur aus Wissen, Philosophie und Gedächtnis, sondern umfaßt alle geistigen Aktivitäten, durch die Wissen angesammelt, Informationen gespeichert und Gefühle oder Impulse kontrolliert werden.

Hosshin ist die essentielle motivierende Lebenskraft, die nur in den Aktivitäten von *ōjin* und *hōshin* erkennbar wird. *Hosshin* ist der Kern des Lebens oder das Selbst.

In *Große Konzentration und Einsicht (Maka Shikan)* sagt Chih-i: »Leben als die Wahrheit ist *hosshin*, Leben als Weisheit ist *hōshin*, und Leben in seinen Funktionen ist *ōjin*.« *Hosshin* ist das, was wir sehen würden, wenn wir das Leben mit völliger Objektivität betrachten und seine fundamentale Natur begreifen könnten. Es ist der Kern oder die erzeugende Kraft und bringt die Tätigkeit des Körpers und des Geistes hervor. *Hōshin* ist die Weisheit und andere Elemente, die dem Geist innewohnen, während *ōjin* die körperliche Tätigkeit ist, die den physischen Aspekt des Lebens bildet. In unserem Leben sind die drei eins und untrennbar; jedes enthält notwendigerweise die anderen zwei.

Lassen Sie uns dieses Thema für den Moment beiseite legen und zu den Menschen zurückkehren, deren Gehirn inaktiv geworden ist, deren andere Lebensorgane jedoch noch funktionieren. Man sagt oft, daß diese Menschen »nur noch dahinvegetieren«. Gelten sie als lebendig oder als tot?

In Situationen wie diesen ist das Großhirn vermutlich tot, aber der Körper lebt noch. Man könnte sagen, daß der Übergang vom Leben zum Tod unterbrochen wurde. Solange er nicht ganz vollzogen ist, gibt es immer noch Leben. Es ist wichtig, daran zu denken, daß der Tod nicht etwas Augenblickliches ist. Obwohl er manchmal sehr schnell einzutreten scheint, ist er immer eine allmähliche Veränderung, ein Prozeß, in dessen Verlauf die Kräfte des Todes die Lebensfunktionen nach und nach ausschalten. Man kann unzählige Pendants zu diesem Vorgang in der Natur finden, zum Beispiel eine Oase in der Wüste. Ihre Quelle liefert lebensspendendes Wasser, und das Leben nimmt in der Umgebung in grünen Bäumen, blühenden Pflanzen und Kleinlebewesen Gestalt an. Aber wenn die Quelle versiegt, verdorren die Pflanzen nach und nach, die Tiere sterben, und die Oase selbst wird wieder zur Wüste und ist nicht mehr von der endlosen Weite der Sandfläche zu unterscheiden.

Die Oase ist eine Form von Leben. Solange sauberes Wasser aus der Erde sprudelt, verändern sich die Pflanzen mit den Jahreszeiten, und die Bewohner leben fort von Generation zu Generation. Die einzelnen Pflanzen, Tiere und menschlichen Wesen sind alle Teil des gesamten Lebens der Oase. Sie entsprechen den Zellen und Organen im menschlichen Körper. Die Quelle ist der Kern des Lebens – *hosshin*. Das Wasser ist die Essenz, die physische und geistige Tätigkeiten möglich macht. Wenn das Wasser versiegt, folgt der Tod.

Menschen, die »nur noch dahinvegetieren«, haben ein EEG ohne Kurven, was die Abwesenheit von Leben im Gehirn beweist. Die Großhirnrinde, der Sitz von Vernunft und Emotionen, hat die Funktion eingestellt. Das heißt jedoch nicht, daß alle Gehirnzellen tot sind. Eine große Anzahl könnten noch am Leben sein, obwohl die Energie oder die Kapazität, ihre Funktionen zu koordinieren, fehlt. Die Kraft von *ōjin* ist verschwunden, soweit es die Großhirnrinde betrifft. Im normalen Leben durchströmt die verbindende Kraft von *ōjin* nicht nur den Stirnlappen, sondern das ganze Großhirn; in »dahinvegetierenden« Menschen ist die verbindende und motivierende Energie von *ōjin* zu schwach, um das Großhirn zu beeinflussen. Das Leben eines Menschen in diesem Zustand ist wie eine austrocknende Oase. Sowie sich der Strom der Quelle verringert, erreicht er immer weniger Orte. Die Fläche verdorrt von den Rändern her.

Das noch lebende Selbst versucht verzweifelt, genügend Energie zu bewahren, um die physischen und geistigen Elemente aufrechtzuerhalten, aber die Kraft erreicht nur das Stammhirn, wo sie die Atmung und Blutzirkulation kontrollieren, aber nicht mehr das gesamte System einbeziehen kann. Sogar in diesem Zustand tut irgend etwas im Inneren des menschlichen Wesens alles, was in seiner Macht steht, um die Lebenskraft zurückzugewinnen. Ich glaube nicht, daß es richtig ist, diese Bemühungen von außen zu beenden. Dieses »Irgend etwas im Inneren« ist, nach der buddhistischen Lehre, die verbindende Kraft von *ōjin* und *hōshin* – beide kämpfen darum, den Tod abzuwenden.

Wenn ein Mensch »dahinvegetiert«, ist er nicht in der Lage, Emotionen auszudrücken, aber *hōshin* ist immer noch da. Sehnsucht, Regungen, Gefühle, Intelligenz und andere geistige Fähigkeiten haben sich aus dem Bewußtsein zurückgezogen, aber sie bleiben weiterhin im Unbewußten lebendig. Sie fließen zusammen mit anderen geistigen Strömungen in die Tiefen des Lebens. Gleichgültig, wie ernst der Zustand eines Patienten ist – der Drang, am Leben zu bleiben, existiert weiter. Dies trifft auch noch zu, nachdem die ganze Wirkung von *hōshin* mit dem universellen Leben verschmolzen ist. Der Wunsch, am Leben zu bleiben, manifestiert sich als die fundamentale Energie, die das Leben selbst ist.

Einige Individuen erfahren eine stärkere Begierde nach Existenz, als sie es je für möglich gehalten hätten, während andere voller Reue sind, wenn sie dem Tod näher kommen und mit den Realitäten ihres Lebens konfrontiert werden. Manchmal empfindet das lebende Selbst den intensiven Drang zu überleben und hält krampfhaft sogar lieber an einer Existenz unter schrecklichen Schmerzen fest, als dem Unbekannten nachzugeben.

Es kann aber auch das Gegenteil der Fall sein: Manche Menschen genießen ein Gefühl der Ruhe und der Erfüllung, nachdem die brandenden Wogen der Emotionen und Impulse verloschen sind; manche gewinnen eine Überzeugung, durch die sie die Angst vor dem Tod überwinden. Solche Erlebnisse gehören zu einer anderen Dimension als physischer Schmerz, geistige Not oder die bewußten Gefühle von Sorgen oder Haß. Sie treten auf, nachdem alle bewußten Aktivitäten in den Bereich des Unbewußten übergegangen sind. Während sich das Leben in den Tod verwandelt, reguliert das tiefere Selbst die Auswirkungen von *ōjin* und *hōshin*. Es hat ein Lebensgefühl, das vollkommen unberührt von äußeren Einflüssen ist und das wir als das Lebensgefühl des *hosshin* selbst bezeichnen können.

In einer Essay-Sammlung über den Tod, die Michio Matsuda zusammengestellt hat, fesselte mich besonders ein Essay mit dem Titel *Shi no gen'ei* (Phantom des Todes) von Masaru

Kobayashi. Kobayashi ist von Beruf Schriftsteller, und sein Bericht über seine eigene Berührung mit dem Tod ist außergewöhnlich ausdrucksstark und realistisch. »Ich lag auf einem Operationstisch«, erzählt er. »Sobald der Schmerz absolut unerträglich wurde, fühlte ich, wie ich mich loslöste und begann, wegzufliegen. Ich wurde mit enormer Geschwindigkeit durch die unermeßliche Weite des Raumes befördert.« Er spürte, wie er die warme Erde verließ und in eine kältere Atmosphäre eintrat. Der Raum um ihn herum wechselte allmählich von Helligkeit in ein tiefes Blau und dann nach und nach zu einem undurchdringlichen Schwarz. Er ahnte, daß der Tod das Ende der totalen Schwärze war.

Kobayashis Erfahrung mag von seinem Wissen über Astronomie beeinflußt gewesen sein. Für andere kann die Erfahrung der Todesnähe anders sein. In den alten asiatischen Traditionen müssen die Seelen der Toten einen mythischen Fluß überqueren, der zu den Drei Bösen Welten führt. Diese Vorstellung mag auf den Empfindungen der Menschen basieren, die dem Tod nahegekommen zu sein schienen. Kobayashis Bericht ist, wie mir scheint, der eines modernen Individuums und annehmbarer als die alte Kunde. Er hat viel mit Lord Geddes' Beschreibung seiner Gefühle gemein, die er empfand, als er bei einem Gastroenteritis-Anfall beinahe gestorben wäre. Wie früher erwähnt, nahm Geddes wahr, wie das Bewußtsein, das mit seinem Gehirn verbunden war, aufzubrechen begann, und das Bewußtsein seines Herzens, der Nieren und anderer Organe sich beinahe aufgelöst hat. In diesem Fall war das Selbst des Lebens Zeuge vom Verlust der verbindenden Kraft von *ōjin*. Kobayashi, das sei noch einmal betont, sagte, daß er fühlte, wie »er sich loslöste«.

Wenn das Wirken von *ōjin* nachläßt, trennt sich das Bewußtsein der Zellen und Organe ab und taucht in den Fluß der Erde und des Universums ein. Es ist so, als würde die Quelle in unserer Oase den Kontakt zur Außenwelt verlieren und sich zu den unterirdischen Strömungen der Wüste zurückziehen – genau wie *ōjin* und *hōshin* nachlassen und zusammen mit *hosshin* mit dem großen Fluß des kosmischen Lebens verschmelzen.

Kobayashis Wahrnehmung vom Flug durch den Raum könnte den Beginn der Vereinigung des individuellen Selbst mit dem kosmischen Wesen dargestellt haben. Denn der Tod ist nicht das Verlöschen von Leben, sondern ein Verschmelzen des individuellen Lebens mit dem größeren, dauerhaften Leben des Universums.

Wir können uns den Vergleich vom Leben eines Menschen mit einem Eisberg wieder ins Gedächtnis rufen. Das Bewußtsein und die physischen Aktivitäten eines menschlichen Wesens entsprechen dem über dem Wasser sichtbaren Teil des Eisbergs. Darunter liegt der weite Bereich des Unbewußten. Der Tod ist wie das Schmelzen des Eisbergs im grenzenlosen Meer. Wenn der Tod kommt, schmilzt sowohl die Spitze als auch das massive Fundament des Eisberges, also des menschlichen Lebens, im Meer des universellen Lebens. Aber das menschliche Leben ist nicht zerstört: Wie der Eisberg ein integraler, potentieller Bestandteil des Ozeans wird, so wird das menschliche Leben ein integraler, potentieller Bestandteil des kosmischen Lebens.

Kobayashis Gefühl, daß alles kälter und kälter wurde, mag damit zusammenhängen, daß er die Welt der Fühlenden verlassen hatte und in die Welt der Nicht-Fühlenden eingetreten war. Fühlende Wesen besitzen, wie wir wissen, Emotionen, Empfindungen, Gefühle und bewußte Gedanken – der Mensch ist der Archetypus. Nicht-fühlende Wesen sind andererseits lebende Wesen, in denen emotionale und bewußte Kräfte inaktiv oder ruhend sind. Bäume, Felsen, Steine und ähnliches sind Beispiele für nicht-fühlende Wesen. Vermutlich empfand Kobayashis tieferes Selbst, als sein Leben zwischen dem fühlenden und nicht-fühlenden Zustand schwebte, die Nähe der letzteren als stärker werdende Kälte.

Wenn unser Leben den Übergang vom Manifesten zum Latenten – vom Fühlenden zum Nicht-Fühlenden – vollzogen hat, sind seine physischen und geistigen Aspekte mit dem physikalischen Universum verbunden, das selbst nicht-fühlend ist. Kobayashis tiefe Kälte muß also der Weite des physikalischen Raums entsprochen haben. Interessant ist, daß Kobayashi nicht von Emotionen berichtet – er fühlte keine Einsamkeit, keinen Schmerz, keine Trauer. Die einzige unauslöschliche Wahrnehmung schien ein unbeschreibliches Gefühl des Verdrusses gewesen zu sein. Ich deute das als das Lebensgefühl von *hosshin*, das um so klarer wird, wenn jedes andere Gefühl verschwindet. Kobayashi schrieb, daß es die allergrößte Verzweiflung sein müsse, mit diesem Gefühl des Ärgers zu sterben. Daß er keine Sorgen oder Trauer empfand, könnte durchaus bedeuten, daß er ein erfülltes Leben hatte. Bevor er dieses Erlebnis hatte, sah Kobayashi den Tod als völlige Auslöschung, als das absolute Ende eines menschlichen Lebens an. Selbst ein Mensch, der ein lohnendes Leben gelebt hat, muß am Ende Ärger und Reue empfinden, wenn er denkt, daß sein Leben vollkommen aufhört. Hätte Kobayashi an ein ewiges Leben geglaubt, hätte er durchaus Hoffnung statt Ärger erfahren können.

Wenn die Menschen nur erkennen würden, daß Leben eine unaufhörliche Wiederholung von Geburt und Tod ist – wenn dieser Glaube nicht nur eine Philosophie wäre, sondern zum integralen Bestandteil des Lebens würde –, dann könnte dieser Glaube die Kraft bereitstellen, die Furcht vor dem Tod und die damit einhergehende Verzweiflung zu überwinden. Doch selbst wenn die Philosophie des einzelnen ziemlich tief geht, wird sie sich bei dem Übergang vom fühlenden zum nicht-fühlenden Sein auflösen. Kobayashi selbst gestand ein, daß es ihm nicht helfen konnte, sich der erschreckenden Realität der eigenen physischen Zerstörung zu stellen, solange die Philosophie, die er als geistiges Fundament seines Lebens betrachtete, nur eine geborgte Idee war.

Wenn es uns glückt, das Konzept vom ewigen Leben anzunehmen und es nicht nur als intellektuelle Idee anzusehen, wenn wir es im Laufe der Jahre zum integralen Bestandteil unseres Lebens machen, dann wird es uns als machtvolle Waffe dienen, sobald es Zeit wird, sich dem Tod zu stellen. Ich hoffe nur, daß das, was ich geschrieben habe, meinen Lesern hilft, eine stärkere und positivere Einstellung zur Ewigkeit des Lebens zu gewinnen.

Das permanente Selbst

In seinem Werk mit dem Titel *Über die letztendliche Lehre, die alle Buddhas bestätigen (Sanze Shobutsu Sōkammon Kyōsō Hairyū)* sagte Nichiren Daishonin: »Der Buddha, der vollkommen Erleuchtete in den Drei Körpern, nimmt das ganze Universum als seinen wahren Körper an, nimmt das ganze Universum als seine geistige Natur an, nimmt das ganze Universum als seine physische Existenz an.« Aus diesen Lehren wird deutlich, daß der »Buddha, der vollkommen Erleuchtete in den Drei Körpern«, sich auf uns selbst in einem erleuchteten Zustand bezieht. Da Nichiren Daishonin lehrte, daß Leben und Tod die beiden Aspekte des ewigen Lebens sind, folgt daraus, daß die Drei Körper sowohl im Leben als auch im Tod zu finden sind, da sie dem kosmischen Leben selbst innewohnen, ob nun im fühlenden oder im nicht-fühlenden Zustand. *Ōjin* ist vereint mit dem physikalischen Universum, *hōshin* ist vereint mit dem spirituellen Universum, und *hosshin* ist das kosmische Leben selbst. Man darf nicht vergessen, daß im kosmischen Leben das Spirituelle und das Physikalische eins sind.

Zum Zeitpunkt des Todes werden die Drei Körper eins mit dem ewigen Fluß des Universums. Aus diesem Grunde kann man sagen, daß der Tod dem Leben inhärent ist. Nach dem Tod sind die Auswirkungen von *ōjin* und *hōshin* vom Ganzen nicht mehr zu unterscheiden, weil sie sich im Zustand von *kū* befinden.

318

Hosshin, das Selbst, wird auch ins kosmische Ganze aufgenommen. Anders als gewisse andere Religionen nimmt der authentische Buddhismus nicht an, daß das Selbst des Individuums im Himmel wohnt oder in der unsichtbaren Welt von einem Ort zum anderen wandert. Im buddhistischen Glauben ist es vereint mit dem universellen Leben.

In *Man's Concern with Death* spricht Arnold Toynbee von einem »unsterblichen Meer«, das in einem Gedicht von Wordsworth erwähnt ist. Er schreibt darüber: »Wir könnten eine menschliche Person – die die einzige Art von Person ist, die wir kennen – für eine Welle halten, die sich erhebt auf der Oberfläche des ›unsterblichen Meeres‹ und senkt, oder für eine Blase, die sich dort bildet und platzt. Wie eine Welle oder eine Blase ist ein Mensch in sich vergänglich ... Wer in einem psychosomatischen Organismus auf dieser Erde lebt und stirbt, mag eine Manifestation der Ewigen Spirituellen Realität sein.«

An anderer Stelle sagt Toynbee: »... daraus scheint sich die Folgerung zu ergeben, daß zum Zeitpunkt des Todes der Aspekt des menschlichen Seins, den wir Geist oder Seele nennen, aufhört, die vergängliche, abgesonderte Persönlichkeit zu sein, die sie während der nun beendeten menschlichen Lebensspanne gewesen war, aber daß dieser Aspekt in der höchsten spirituellen Realität weiter existiert, mit der sie nie, auch nicht während des körperlichen Lebens auf der Erde, aufgehört hat, identisch zu sein in der geistigen Sicht der Beobachter, die das innere Auge haben, zu sehen.«

Toynbees »höchste spirituelle Realität«, die er als das Universum durchdringend beschreibt, gleicht in etwa dem buddhistischen kosmischen Leben, und sein Vergleich mit der sich »im unsterblichen Meer« erhebenden und senkenden Welle ist dem Eisberg ähnlich, von dem ich gesprochen habe. Toynbee scheint zu vermuten, daß die Verbindung vom individuellen mit dem universellen Leben, die mit dem Tod stattfindet, das völlige Auslöschen der menschlichen Individualität bedeutet, während wir glauben, daß die Individualität in ruhendem Zustand weiter existiert. Auf die Frage, ob ein menschliches Leben im Zustand des Todes existent oder nicht-existent ist, würden wir antworten: Weder noch, da es sich im Zustand von *kū* befindet, der Existenz und Nicht-Existenz überschreitet. Zum Zeitpunkt des Todes wechselt das individuelle Leben von der wahrnehmbaren Existenz in Latenz über, aber da *kū* an sich nicht gänzlich definiert werden kann, sind wir nicht in der Lage, eine komplette Beschreibung abzugeben, wie genau das Selbst in diesem Zustand fortbesteht.

In den *Mündlich übertragenen Lehren (Ongi Kuden)* sagt Nichiren Daishonin: »*Kū* bedeutet Nichts, aber nicht das absolute Nichts. Dieses Nichts überschreitet, was existent zu sein scheint.« Ich interpretiere das so: *Kū* ist die potentiell leere Verbindung der sichtbaren Wahrnehmung, der Wahrnehmung des Verborgenen und der Wahrnehmung des Mittleren Weges. Nach dem Tod verschmilzt unser *ōjin* mit der sichtbaren Wahrnehmung *(ketai)*, unser *hōshin* mit der Wahrnehmung des Verborgenen *(kūtai)* und unser *hosshin* mit der Wahrnehmung des Mittleren Weges *(chūtai)*. Alle sind eins, und alle sind identisch mit dem Leben des Kosmos, aber das Leben, das sich aus den Drei Körpern zusammensetzt, besitzt auch in diesem Zustand weiterhin seine Individualität.

Man ist versucht zu denken, daß das Selbst einen bestimmten Raum wie im normalen Leben einnehmen müsse, wenn es seine Individualität bewahrt. Es ist jedoch unmöglich, *kū* als von räumlichen Dimensionen begrenzt anzusehen. Der deutlichste Hinweis darauf, wie ein Individuum nach dem Tode existiert, ist vermutlich die letzte Wahrnehmung von *hossin*, die auftaucht, wenn der Tod sich nähert. Diese Wahrnehmung wird meiner Meinung nach von dem grundlegenden Zustand des individuellen Lebens gesteuert.

Das führt uns zu den Zehn Zuständen des Seins zurück, die wir ziemlich detailliert erörtert haben. Im Leben bewegen wir uns ständig von einem Zustand zum anderen, aber über die Jahre hinweg entwickelt jeder Mensch eine grundlegende Tendenz für einen bestimmten Zustand. Außer wenn er seine menschliche Revolution erlebt hat, die bewirkt, daß er ein Bodhisattwa oder ein Buddha wird, kehrt er immer wieder zu einem der niederen Zustände des Seins zurück. Es gibt zum Beispiel menschliche Wesen, die grundlegend zum Zustand der Hölle tendieren. Selbst wenn sie von Zeit zu Zeit andere Zustände erleben, fallen sie ständig in diesen Zustand der extremen Qual zurück. Andere Menschen sind ähnlich gebunden an die Zustände des Hungers, der Animalität, des Ärgers, der Menschlichkeit oder des Entzückens.

Einem fühlenden Wesen ist es möglich, die grundlegende Tendenz zu verändern. Der Pfad zur Selbst-Reformation und der Schaffung einer neuen Lebenstendenz ist offen. Aber mit dem Übergang vom fühlenden zum nicht-fühlenden Sein verliert das Individuum die Fähigkeit, in andere Bereiche einzutreten, und bleibt in dem einen, der zu seiner Basis geworden ist. Indem es nicht-fühlend wird, verliert es die Kraft, auf äußere Reize zu reagieren.

Im Leben werden Wünsche und Emotionen in der Regel von äußeren Faktoren bewirkt. Ein Mensch, der an einer Krankheit leidet, erfährt Erleichterung, wenn er eine wirksame Medizin einnimmt – mit anderen Worten: Er kann den Zustand der Hölle verlassen und durch den Einfluß eines äußerlichen Faktors in den der Menschlichkeit eintreten. Eine nach Liebe hungernde Person kann Erfüllung finden, und jemand, der wissensbegierig ist, kann Informationen sammeln, die ihn in den Zustand des Lernens führen.

Wenn der Tod naht, fallen die äußerlichen Mittel, den Zustand zu wechseln, allmählich ab. Geld, Macht, gesellschaftlicher Stand, sogar Liebe können keine Änderung des grundlegenden Zustandes mehr bewirken. Wenn die drei Phasen des Lebens den Wechsel vom Fühlenden zum Nicht-Fühlenden durchmachen, geht die Kraft verloren, die Umwelt zu beeinflussen oder von ihr beeinflußt zu werden. Der grundlegende Zustand, den man im Leben erfahren hat, wird demnach zum beständigen. Jemand, dessen Leben auf die Hölle ausgerichtet war, fällt nach dem Tod tiefer in den Abgrund der Qual. Jemand, der unaufhörlich seinen Begierden nachgibt, wird nur noch mehr von Enttäuschungen gepeinigt. Jemand, der zur Animalität neigt, erfährt einen permanenten Zustand des furchtbaren Entsetzens. Andererseits überwindet ein Mensch, dessen elementare Neigung auf Menschlichkeit oder Entzücken ausgerichtet ist, den physischen Schmerz des Todes und wird erfüllt von Befriedigung oder einer Hochstimmung. Ein Mensch, dessen Basis die Erkenntnis ist, erfährt geistige Zufriedenheit auch nach dem Tod. Noch wichtiger ist, daß sich ein Leben, das auf dem Mitgefühl und dem Altruismus des Bodhisattwa beruht, diese Gefühle während der Todeserfahrung und danach bewahrt. So ein Mensch wird selbst noch in der Nähe des Todes buchstäblich sein Leben opfern, um die Lebenden zu führen. Das Selbst, das von Mitgefühl durchdrungen ist, sieht den Tod als eine ebensolche Herausforderung an wie das Leben. Für ihn mag der Tod eine seltene Gelegenheit darstellen, Gutes für die Menschheit zu tun. Das höhere Verständnis, das er erlangt hat, kann bewirken, daß er seinen eigenen Tod als Ausdruck des Mitgefühls des kosmischen Lebens ansieht.

Buddhaschaft ist die Urquelle des Mitgefühls, des Mutes und der Weisheit. Nur diejenigen, denen es geglückt ist, den höchsten Zustand der Buddhaschaft als zentrale Basis ihres Lebens zu errichten, können die Furcht vor dem Tod bis zu einem Grad bezwingen, an dem sie ihn direkt in die Errettung anderer umkehren. Die Zustände des Bodhisattwa und der Buddhaschaft können nicht vorgetäuscht werden. Wenn das augenscheinliche Mitgefühl eines Menschen im Leben nichts anderes war als Täuschung, dann wird der Tod es enthüllen.

Der Tod ist der große Entlarver. Der Schmerz und die Furcht, die er mit sich bringt, setzen der irrigen Philosophie und falschen Religion ein Ende. Davor werden unaufrichtige Gefühle offenbart und niedrige Begierden aufgedeckt. Der Tod enthüllt unausweichlich eine böse Natur, selbst wenn sie ein Leben lang erfolgreich verborgen wurde. Nur ein echtes, gutes Leben kann sicherstellen, daß der Tod eine Quelle der Kraft und der Wahrheit für die wird, die überleben.

Wenn wir gestorben sind, verlieren wir alle die Kraft, uns selbst zu ändern. Sich aus eigenem Antrieb zu wandeln ist nicht mehr möglich, da die Kräfte, die die Drei Körper – *ōjin*, *hōshin* und *hosshin* – gespeist haben, alle ruhend sind. Wenn ein Mensch allerdings im Zustand des Bodhisattwa und der Buddhaschaft ist, besteht keine Notwendigkeit zur Veränderung. Aber für jemanden, der sich in einem der Bösen Zustände befindet, wird das Leiden noch intensiver als im Leben. Statt noch von einem Zustand in den anderen übergehen zu können, bleibt er in dem gefangen, auf den sein Leben ausgerichtet war. Wenn es die Hölle war, erfährt er nicht die persönliche, sondern die universelle Hölle; wenn er im Zustand des Hungers war, erfährt er nicht nur gelegentlichen, sondern unaufhörlichen Hunger. Im Kosmos existieren die Zehn Welten miteinander wie im Leben, aber die Toten, die nicht-fühlenden Wesen, können nur den einen erfahren, in dem sie ihr Leben zugebracht haben.

In seiner »Antwort an Soya« schrieb Nichiren Daishonin: »Menschen im Zustand des Hungers sehen den Fluß Ganges als Feuer; Menschen im Zustand der Menschlichkeit betrachten ihn als Wasser; Menschen im Zustand des Entzückens halten ihn für Nektar.« Das tote Selbst erfährt das, was es in diesem Leben an Erfahrung vorbereitet hat.

Menschen in den sechs niederen Bereichen der Existenz werden eher von außen gedrängt, als daß sie selbst handeln. Daraus folgt konsequenterweise, daß sie den Bedingungen des Bereichs, den sie bewohnen, vollkommen ausgeliefert sind, wenn ihnen der Tod alle Mittel für positive Aktionen entzogen hat.

Anders ist die Situation für diejenigen, die in den vier höheren Zuständen wohnen, da sie diesen Zustand nicht durch äußerlichen Einfluß, sondern durch eigene Bemühungen erreicht haben. Wenn sie sterben, werden sie auch nicht-fühlend, aber die Welten, die sie bevölkern, sind von Natur aus mit der kosmischen Lebensenergie ausgestattet.

Das Selbst im Zustand des Lernens oder dem der Erkenntnis verfügt nicht mehr wie vor dem Tod über die Kraft, das Gesetz zu suchen und auszuüben, aber es kann immer noch Freude erfahren, da es die Ursachen dafür während der Lebensspanne geschaffen hat. Im Falle des Lebens, das sich im Zustand der Bodhisattwa-Natur befindet, wird jeder Bereich, den das Selbst bewohnt, zu einem Ort, an dem Mitgefühl ausgeübt wird. Das Leben des Bodhisattwas verbindet sich mit der kosmischen Bodhisattwa-Welt – es wird ein integraler Bestandteil des unendlichen Mitgefühls, das wirkt, um die Menschen vom Leiden zu befreien und ihnen Frieden zu bescheren. Auf dieselbe Weise wird das Selbst im Zustand der Buddhaschaft eins mit der ursprünglichen Quelle des kosmischen Lebens, es geht auf in der höchsten Realität des Universums, sieht alle Phänomene als Aktivitäten des Buddhas und wird identisch mit dem ewigen Land der Erleuchtung.

Selbst im Tod besitzt das Leben im Zustand der Buddhaschaft die grenzenlose Weisheit des kosmischen Lebens und die Kraft, unendliches Mitgefühl auszuüben, ob in den glühenden Tiefen der Erde oder im kältesten Eisberg, mitten in der aufgewühlten See, im ständigen Wechsel der Jahreszeiten oder in der komplexen Wechselbeziehung von Ego und Begierden in der menschlichen Gesellschaft. Buddhaschaft ist grenzenlos und ewig – sowohl im Leben als auch im Tod.

Bedingungen für die Wiedergeburt

Sophokles schrieb: »Das Allerbeste wäre, niemals geboren zu werden, und mit Abstand das Zweitbeste – wenn man in dieser Welt erschienen ist –, so schnell wie möglich dorthin zurückzugehen, woher man kommt – das heißt, jung zu sterben.« Diese Ansicht mag vielen Pessimisten von heute entgegenkommen, und sie ist nicht weit entfernt vom Glauben der Hinayana-Buddhisten, daß man nur ins Nirvana eingehen kann, wenn man dem Kreislauf der Wiedergeburt entkommt.

Das Lotos-Sutra, die Essenz der Wahrheit, macht uns klar, daß die ständige Wiederholung von Geburt und Tod ein wesentliches Prinzip des Lebens ist. Das Erreichen des vollkommenen Friedens liegt nicht im Tod, sondern in der Verwirklichung der Buddhaschaft in diesem Leben. Der Tod bietet auch keine Erlösung vom Leiden, da derjenige, der nicht die höheren Zustände erreicht hat, wahrscheinlich dazu bestimmt ist, im Tod weit größere Qualen zu erleiden als im Leben. Wenn Sophokles ein Mahayana-Buddhist gewesen wäre, hätte er sich das Gegenteil gewünscht: Er hätte sich danach gesehnt, überhaupt nicht zu sterben oder, wenn das unerreichbar ist, so kurze Zeit wie möglich im Zustand des Todes zu bleiben.

In der Schrift *Kenhōbō-shō* (Die Enthüllung der Verleumdung) sagte Nichiren Daishonin, daß ein Mensch, der im Zustand äußerster Qual stirbt, dazu verurteilt ist, die Flammen der niedrigsten Hölle eintausend Kalpas oder länger zu erdulden. Ein Kalpa wird gewöhnlich als acht oder sechzehn Millionen Jahre angesehen – das ist wahrhaftig eine lange Zeit, obwohl wir, wie ich schon früher ausgeführt habe, in diesem Fall eher die subjektive Zeit zugrunde legen als die herkömmliche. Wenn der Tod das Selbst auf einen der bösen Zustände beschränkt, wird die Qual, die es darin erleidet, um so größer, da es ihr nicht entfliehen kann. Auch wenn die dort verbrachte Zeit im objektiven Sinne kurz ist, mag sie für das Selbst, das sie subjektiv empfindet, zahllose Äonen dauern.

Da der Zustand im Tod jener, die sich in höheren Bereichen der Existenz befinden, ein glücklicher ist, kann man vermuten, daß das Selbst im Zustand der Bodhisattwa-Natur oder das Selbst im Zustand der Buddhaschaft willens wäre, eine unbegrenzt lange Zeit tot zu bleiben. Aber das Gegenteil trifft zu; das Verantwortungsgefühl für andere – das unendliche Mitgefühl für andere – veranlaßt den Bodhisattwa oder den Buddha dazu, sofort wieder in der Welt der Lebenden zu erscheinen. Ein Leben, dessen Haupttendenz auf Buddhaschaft ausgerichtet ist, läßt nie davon ab, vom Leben zum Tod und gleich wieder zurück zu wechseln.

In *Über die letztendliche Lehre, die alle Buddhas bestätigen (Sanze Shobutsu Sōkammon Kyōsō Hairyū)* sagt Nichiren Daishonin: »Der Gläubige Nichirens wird im Land der ewigen Erleuchtung wiedergeboren, doch in einem Augenblick kehrt er zurück in diese traumähnliche Welt von Geburt und Tod in den Neun Welten, sein Körper wird eins mit allen Ländern im unbegrenzten Kosmos, und sein Geist erreicht alle fühlenden Wesen. Somit wird er sie von innen her inspirieren und von außen führen. Während sich innerliche und äußerliche Ursachen in Harmonie verbinden, breitet sich die allmächtige, mystische Stärke des Mitgefühls aus und bringt allen fühlenden Wesen Nutzen.« Wir können den Ausdruck »wiedergeboren im Land der ewigen Erleuchtung« als den Tod einer Person verstehen, die Buddhaschaft als grundlegende Richtung für ihr Leben festgelegt hat. Nichiren Daishonin macht uns klar, daß ein Mensch im Zustand der Buddhaschaft im selben Augenblick, da er stirbt, zur sichtbaren Welt mit ihrem Kreislauf von Leben und Tod zurückkehrt. So ein Mensch muß sein Wiedererscheinen in der Welt als direkt nach dem Tod stattfindendes Ereignis empfinden. Für ihn ist das subjektive Zeitintervall gleich Null, und selbst in diesem kurzen Augenblick des Übergangs erfährt sie unbegrenzte Kalpas reiner Glückseligkeit.

Ich wurde gefragt, warum ein so großer Unterschied besteht zwischen dem Todesintervall derer, die im Zustand der Hölle leiden, und dem derer, die sich der Buddhaschaft erfreuen. Um das zu beantworten, müssen wir über die Verbindung zwischen Leben-Tod und dem Übergang, den wir Wiedergeburt nennen, nachdenken. Wie und weshalb findet dieser Übergang statt? Ein wertvoller Hinweis taucht in einem Abschnitt der *Mündlich übertragenen Lehren (Ongi Kuden)* auf, in denen Nichiren Daishonin sagt: »Kommen und Verlassen sind Geburt und Tod gleich ... Kommen ist Verdichtung des Kosmos in ein Herz hinein; Verlassen bedeutet Öffnung ins Universum hinein.« Mit anderen Worten: Geburt heißt die Aufnahme des universellen Lebens in sich selbst, während der Tod Verteilung oder Wiederverteilung des Selbst in das universelle Kontinuum ist.

Bei der Beschreibung von *kū* habe ich den Vergleich mit Radiowellen im Raum benutzt, die potentielle Bilder, Töne und Daten enthalten, die nur mit Hilfe eines geeigneten Empfängers in die Wirklichkeit übersetzt werden können. Zum Zeitpunkt des Todes tritt das Selbst in den Zustand von *kū*, in dem es mit allen Arten der potentiellen Kräfte vereint ist, genau wie die Radiowellen im Raum miteinander verbunden sind. Wenn das geeignete »Empfangsgerät« verfügbar ist, kann das Selbst als wahrnehmbare Wesenheit in der normalen Welt wieder erscheinen.

Josei Toda, der zweite Präsident der Soka Gakkai, verglich die Beziehung zwischen Leben und Tod mit einem *Go*-Spiel von zwei Experten. Oft ist es nötig, das Spiel über Nacht zu unterbrechen und es erst am nächsten Morgen wieder aufzunehmen. Dann nehmen die Spieler die schwarzen und weißen Steine vom Brett und legen sie in ihre Kästchen. Am nächsten Morgen setzen sie die Steine wieder genau so auf das Brett, wie sie am Abend zuvor standen. Die Experten prägen sich das Spiel so ein, daß sie beim Wiederaufbauen keine Fehler machen.

Toda sagte, daß der Tod wie das Aufräumen des Bretts zur

Schlafenszeit ist, während das Leben mit dem laufenden Spiel zu vergleichen wäre. In der Nacht ziehen sich die Steine vom Ort des Geschehens zurück, aber das Spiel an sich bleibt im Gedächtnis der Spieler am Leben. Dies ist eine andere Art, Nichiren Daishonins Aussage über das Kommen und Verlassen auszudrücken. Genau wie die *Go*-Steine über Nacht abtreten und am Morgen zurückkehren, so öffnet sich das sterbende Selbst in das Universum hinein, um in einer Zusammenstellung wiederzukehren, die mit der früheren Lebenstendenz in Einklang ist. Das Wesen des Lebens durchläuft also die Phasen von Zerstreuung und Verdichtung.

Wenn ein Leben im Zustand der Hölle in dieser Welt wieder in Erscheinung tritt, behalten seine Aktivitäten dieselbe Tendenz bei. Das gleiche trifft auf Leben im Zustand des Hungers, der Animalität oder auf jeden anderen Zustand des Seins zu. Es gibt natürlich keine Garantie, daß eine Person in einem der niederen Zustände nicht als Tier, als Amöbe oder als seltsames Wesen auf einem anderen Planeten wiedergeboren wird.

Wenn wir annehmen, das Selbst wird als menschliches Wesen wiedergeboren, dann sollten wir darüber nachdenken, woher das kommt, denn in gewisser Weise veranschaulicht das Phänomen Geburt das Prinzip des Werdens und Vergehens, wie Nichiren Daishonin es bezeichnete.

Ein menschliches Leben wird empfangen, wenn sich eine Samenzelle (Spermatozoon) mit einer Eizelle (Ovum) vereinigt. Die Samenzelle erinnert an eine Kaulquappe – sie besteht aus einem Kopf und einem langen Schwanz, der sie zum Schwimmen befähigt. Sobald die Samenzelle auf die Eizelle trifft, bricht der Schwanz ab, und nur der Kopf dringt zum Kern der Eizelle vor. Wenn sich die beiden im Verlauf der Befruchtung vereinigen, bilden sie eine diploide Zelle (Zygote), die kleinste Form des menschlichen Lebens. Die diploide Zelle beginnt den Prozeß der Zellteilung und wächst zu einem Embryo heran. Die beiden Prinzipien, Sperma und Ovum, sind unabhängige, hochentwickelte Lebenszellen. Die diploide Zelle ist auch eine einzige Zelle, die sich stofflich nicht vom viel größeren, unbefruchteten Ovum unterscheidet. Trotzdem wirkt die diploide Zelle, die aus der Verbindung entstanden ist, ganz anders als einer ihrer Komponenten, da die diploide Zelle menschliches Leben ist, das alle grundlegenden Informationen enthält, die den Charakter des menschlichen Wesens bestimmen, zu dem sie heranwächst. Nachdem sie die potentiellen Elemente von Sperma und Ovum in sich vereint hat, beginnt sie eine neue Tätigkeit als eigenständiges fühlendes Wesen.

Bis zur Vereinigung von Samen- und Eizelle ist das Wesen des menschlichen Lebens noch im potentiellen oder »toten« Zustand und wartet auf die Gelegenheit, sich zu manifestieren. Die Befruchtung ist der Prozeß, bei dem sich das individuelle Lebewesen von *kū* in einen lebenden Organismus verwandelt. Die diploide Zelle ist mit den Drei Körpern, *ōjin*, *hōshin* und *hosshin*, ausgestattet und ist *gekommen*, in dem Sinne, in dem Nichiren dieses Wort gebraucht: Sie mag als »Verdichtung des Kosmos ins Herz hinein« angesehen werden.

Wie alle anderen Lebewesen ist die diploide Zelle aus universeller Materie zusammengesetzt und hat eine unlösbare Beziehung zu ihrer Umwelt. Ihre Atome und Moleküle stammen vom Ovum und der Samenzelle, die physische Teile der Eltern sind. Die Empfängnis findet im Mutterleib statt. Die Mutter steht auf mannigfaltige Art mit ihrer Umwelt in Verbindung. Von Anfang an hat also die diploide Zelle eine Beziehung zum natürlichen und sozialen Umfeld, in dem die Mutter lebt.

Die Befruchtung kann als äußere Ursache der Wiedergeburt angesehen werden. Die innere Ursache ist das Potential, das dem Selbst innewohnt und im Zustand von *kū* war. Die Kraft der inneren Ursache – das heißt die Stärke des Potentials für die Wiedergeburt – hängt vom Zustand des Seins ab, in dem das Selbst angesiedelt ist. Die Energie eines Selbst, das sich in den Sechs niederen Zuständen befindet, ist relativ schwach; aber im

Zustand der Buddhaschaft ist die Energie des Selbst der des Universums gleich. Das begründet den enormen Unterschied zwischen der Zeitspanne, die eine tote Person in der Hölle bleibt, und dem beinahe nicht-existenten Zeitraum, in dem ein Bodhisattwa oder ein Buddha tot ist. Das Selbst in der Hölle ist fast zu schwach, um überhaupt wieder zu erscheinen, aber im Falle der Buddhaschaft kommt »die allmächtige, mystische Stärke des Mitgefühls« ins Spiel.

In einem Werk mit dem Titel *Jihi-ron* (Über Mitgefühl) sagte Josei Toda: »Um damit zu beginnen – das ganze Universum ist der wahre Körper des Buddhas, und die Phänomene, die im Universum stattfinden, sind alle Werke des Mitgefühls... Da das Universum selbst Mitgefühl ist, ist das, was wir täglich tun, natürlich das Werk des Mitgefühls. Als menschliche Wesen dürfen wir uns jedoch nicht damit zufriedengeben, wie gewöhnliche Tiere oder Pflanzen zu sein. Wir müssen statt dessen versuchen, höherwertige Taten zu vollbringen, um dem Buddha besser zu dienen.« Mitgefühl ist wesentlich für den Glauben, und es ist auch die ursprüngliche Quelle der Energie. Während wir leben, bringt es uns mit dem Kosmos zusammen und lenkt unsere Handlungen. Während wir tot sind, wird es zu der Energie, die uns schließlich zur Wiedergeburt führt. Die Energie des Mitgefühls im ruhenden Selbst führt zur Annahme einer Lebensform, in der es Mitgefühl am besten ausdrücken kann. Wie Josei Toda andeutete, ist das menschliche Wesen ein passenderes Instrument, Mitgefühl auszudrücken, als das von Pflanzen oder Tieren.

Viele Menschen fragen mich, ob eine tote Person etwas tun kann, um ihr nächstes Leben zu beeinflussen. Ich fürchte, die Antwort lautet nein. Das Selbst im Zustand des Todes (von *kū*) ist vollkommen unfähig, selbständig zu handeln. Der tote Mensch muß auf die Kraft des Mitgefühls vertrauen, die in ihm ist.

Dennoch kennt der Buddhismus einen, nur einen einzigen Weg,

wie die Bedingungen einer Person im Zustand des Todes verbessert werden können, und zwar durch die Handlungen der Lebenden. Auch wenn wir nicht mit den Toten kommunizieren oder sie durch Magie ins Leben zurückholen können, ist es möglich, durch die Ausübung des Buddhismus aus der kosmischen Lebensenergie zu schöpfen und sie auf unsere lieben Verstorbenen zu übertragen. Diese Möglichkeit wurde schon früher bei der Diskussion über die Zehn Zustände des Seins erwähnt.

In einer Schrift, dem *Ubasokukai*-Sutra, heißt es: »Selbst wenn ein Vater stirbt und in die Welt des Hungers hinabsteigt, wird er, sobald sein Kind ihm Glück schickt, dieses empfangen.« Das heißt: Das Energiegeschenk des Sohnes, das er aus dem höchsten kosmischen Mitgefühl geschöpft hat, wird dem toten Vater zuteil, und dadurch verbessert sich sein ruhendes Selbst beträchtlich. Je mehr Energie ein ruhendes Leben auf diese Art empfängt, desto größer wird das Potential für eine erneute Manifestation als Lebewesen, vielleicht sogar in einem höheren Zustand der Existenz als vorher. Wir können sagen, daß buddhistische Gedenkfeiern ein Mittel zur Rettung darstellen, die der Buddha auch für jene Unglücklichen bereitstellt, die in einem der niederen Zustände des Seins in den Tod übergegangen sind. Die dazu nötige Energie kann jedoch nur von Lebenden hervorgerufen werden.

Folgerungen für unser gegenwärtiges Leben

Ich habe ausführlich über die buddhistische Anschauung vom ewigen Leben im Vergleich zu der Idee, daß der Tod das Ende darstellt, und zu anderen Doktrinen der Unsterblichkeit geschrieben. Mir bleibt also nur noch, auf die Bedeutung dieser Theorien für die Lebenden hinzuweisen. Wenn unsere Ideen den Tod betreffend keine Auswirkungen auf das Verhalten in unserem Leben haben, stellen sie kaum mehr als eine müßige Spekulation über ein Gebiet dar, das seiner Natur nach nie voll erfaßt werden kann.

Unter denen, die das Leben als einmalige Angelegenheit ansehen, sind sowohl Hedonisten als auch Pessimisten zu finden. Generell meinen die Hedonisten, daß wir so viel Vergnügen wie möglich genießen sollten, bevor der so endgültige Tod eintritt. Die Pessimisten halten häufig dagegen, daß selbst die Vergnügungen des Lebens zu flüchtig sind, um Befriedigung zu verschaffen, und folglich sei der Tod dem Leben bei weitem vorzuziehen. Diese beiden Denkweisen scheinen mir in der modernen Welt allgemein üblich zu sein. Eine spezielle Form des Pessimismus, der man heute begegnet, stellt die Opposition gegen das *System* oder das *Establishment* dar, das für alles Elend in diesem Leben verantwortlich gemacht wird. Meistens entsteht so etwas aus einem Gefühl der Leere heraus, das dann einen Makel des sozialen Systems erfaßt und zur Ursache oder zum Symbol für die Bedeutungslosigkeit des Lebens macht. Es mag schon ein Zeichen sein, aber nicht so sehr für einen rebellierenden Geist als vielmehr für den Mangel an geistigen Wurzeln.

Es gibt natürlich auch jene, die den Gedanken an ein Leben nach dem Tod zurückweisen, in dem Versuch, ihr gegenwärtiges Leben so lohnend und erhaben wie möglich zu machen. Solche Menschen opfern sich oft bei der Arbeit auf, die, wie sie annehmen, zum Wohle der Menschheit beiträgt. Andere überwinden bewußt die Furcht vor dem Tod, in dem sie Werke schaffen, die sie selbst überdauern werden. Diese Art Einstellung finden wir bei einer ganzen Anzahl von Philosophen, die ihr Leben der Suche nach der Wahrheit gewidmet haben, und bei Ärzten, die sich voll einsetzen, um das Leiden in der Welt zu lindern. Ich erinnere mich in diesem Zusammenhang an eine Aussage von Hideo Kishimoto, einem Professor für Religionswissenschaften, als er seinen eigenen Kampf gegen den Krebs schilderte: »In diesem Zustand, wenn man sich von der Welt, den Menschen und der Zeit vollkommen vergessen fühlt, spürt man, wie sich reiche und besondere Erfahrungen in den Tiefen des Geistes eröffnen. Dies muß die Wahrnehmung der Ewigkeit, der Transzendenz und der Absolutheit sein. Wenn diese leuchtende Erfahrung die ganze Psyche durchdringt, fühlt man die Ewigkeit in jedem einzelnen Moment. Die Realität der Ewigkeit ist jetzt, im gegenwärtigen Augenblick.«

In einem etwas anderen Zusammenhang denke ich an den Schriftsteller der Meiji-Periode Chogyū Takayaa, der glaubte, daß er selbst in seinem literarischen Werk weiterleben würde, und sein Leben zu dessen Vollendung einsetzte. Man muß Menschen wirklich bewundern, die ein mutiges und großartiges Leben führen, obwohl sie nicht an ein Leben nach dem Tod glauben. Trotzdem fällt es, wie Josei Toda betont, der Mehrheit der Menschen schwer, sich so zu verhalten. Eine Handvoll Menschen mögen ohne Glauben an die Ewigkeit besondere geistige Ziele verfolgen, aber von Normalsterblichen ist das zuviel verlangt, da sie entweder dazu neigen, die Angst vor dem Tod aus ihrem Kopf zu verbannen oder sich jedem möglichen Ausweg zuwenden, um ihr vorzubeugen. In diesem Sinne sind diejenigen Menschen im Zustand des Lernens oder der Teilerleuchtung nicht in der Lage, anderen Hilfe zu bieten. Jede Philosophie, die einer Person ein erfülltes und bedeutsames Leben in der Gegenwart verspricht, ist wertzuschätzen, selbst wenn der Glaube vorherrscht, daß es kein weiteres Leben mehr gibt, aber sie kann gewöhnlich nicht viel für Menschen tun, die von der Angst vor dem Tod beherrscht werden.

Wer an die Endgültigkeit des Todes glaubt, fühlt sich auf seltsame Weise von ihm angezogen. Der Hang zum Selbstmord ist offenbar besonders ausgeprägt bei literarischen Figuren. Wie es scheint, fürchten nicht wenige Menschen die Aussicht, alt und häßlich zu werden, und zwar in einem Ausmaß, daß sie sich selbst umbringen, ehe sie dieses Stadium erreichen. Tatsächlich trägt der Egoismus des Selbstmordes mehr dazu bei, den Wert ihrer Existenz zu schmälern, als es das Alter je vermag.

Was den relativ weitverbreiteten Glauben betrifft, Unsterblichkeit bedeute, in einem himmlischen »Reich« wiedergeboren zu werden, erscheint es mir zweifelhaft, daß irgendein solcher Glaube das Leben eines Menschen auf dieser Erde wirklich bereichern kann. Ich vermute eher, daß häufiger das Gegenteil der Fall ist, weil die Hoffnung auf ein zukünftiges Paradies ein Gefühl der Resignation angesichts der Schwierigkeiten im Leben hervorzurufen scheint.

Ein Beispiel dafür ist die Doktrin von dem Reinen Land, die besagt, daß Gläubige nach dem Tod in einem westlichen Paradies wiedergeboren werden. In Japan hat dieser Glaube letztendlich keine Hoffnung hervorgerufen, sondern den Verzicht auf Erwartung des Glücks in dieser mühseligen, »unreinen« Welt. Die Gläubigen endeten als eine Art Wirklichkeitsflüchtlinge, die eine Utopie nur nach dem Tod suchten. Es ist bedeutsam, wie ich finde, daß die Selbstmordrate extrem hoch war in der Zeit, in der die Reine-Land-Sekte erfolgreich war.

Eine Lebensansicht, die vom Buddhismus teilweise abgelehnt wird, ist die Idee, daß alle lebenden Dinge einem bis in die Ewigkeit festgelegten Kreislauf der Wiederkehr unterliegen. Mit anderen Worten: Ein Mensch wird immer als Mensch wiedergeboren, ein Hund als Hund, eine Weizenähre als Weizenähre. Egal was ein Mensch tut, er kann seine fundamentale Bestimmung nicht verändern. Die buddhistische Theorie von Ursache und Wirkung, die eine Basis des buddhistischen Glaubens darstellt, ist die Verneinung dieser Gedankenrichtung.

Für Nietzsche war Ewigkeit in gewissem Sinne ein Kreis; er benutzte den Begriff »ewige Wiederkunft« in bezug auf den fortwährenden Ablauf derselben Ereignisse in gigantischen Zeiträumen. Und er behauptete, daß man versuchen könne, sich selbst in diesem Leben zu vervollkommnen – eine Anschauung, die in vielerlei Hinsicht inkonsequent ist.

Es ist ein Irrtum, die Wiedergeburt als geschlossenen Kreis oder als Ebene zu beschreiben. Wir müssen uns einen dreidimensionalen, offenen Zyklus vorstellen – eine Spirale, die nach unten oder nach oben führen kann. Während das Leben die ewige Wiederholung von Geburt und Tod durchläuft, erweitert es sich frei und dynamisch und ist immer mit dem grenzenlosen Potential ausgestattet, sich selbst zu verbessern. Diese Ansicht vom ewigen Leben ist im Einklang mit der buddhistischen Philosophie der Kausalität.

Lebende Organismen wechseln ewig zwischen Leben und Tod, die lediglich zwei Phasen derselben Existenz sind. Die Ursachen, die eine Person in der Gegenwart schafft, manifestieren sich als Wirkungen in der Zukunft. Wenn Menschen dieses einfache Gesetz in ihrem Leben anwenden, wird es ihnen möglich, eine konstruktive, hoffnungsvolle Einstellung zu ihren täglichen Tätigkeiten zu entwickeln und den wahren Wert des Lebens in dieser Welt zu erkennen. Die Zukunft existiert nicht getrennt von der Gegenwart, und sie wird auch nicht in einer einzigen Ebene festgelegt bleiben. Was und wie wir in kommenden Leben sein werden, hängt davon ab, was wir jetzt tun. Jede einzelne Handlung und jeder Gedanke spielen bei der Gestaltung unserer zukünftigen Existenz eine Rolle – sowohl im Leben als auch im Tod. Das Kausalitätsgesetz gilt für jedes Leben, weil es den großen, ewigen Fluß des kosmischen Lebens durchdringt und formt.

Was also ist die praktische Auswirkung dieser Philosophie? Wie sollte sie unser Verhalten und unsere Einstellung beeinflussen?

Erstens ermutigt sie uns, uns den Herausforderungen des Lebens und des Todes zu stellen. Sie läßt uns den Tod nicht als etwas Schreckliches und Unbekanntes ansehen, sondern als eine normale Phase der Existenz, die sich mit dem Leben in einem ewigen Kreislauf abwechselt.

Zweitens lehrt sie uns, das Leben, das wir jetzt führen, zu schätzen und zu versuchen, es so lohnend wie möglich zu gestalten. Wenn wir in unserem Herzen glauben, daß unser gegenwärtiges Verhalten unsere zukünftigen Existenzen schafft und bestimmt, dann werden wir uns bemühen, uns selbst zu kultivieren und das meiste aus dem zu machen, was jeder Tag uns bietet.

Drittens lehrt sie uns, daß der einzige Weg, die Möglichkeiten der menschlichen Rasse voll auszuschöpfen, ein rechtschaffenes, freundliches, mildtätiges und mitfühlendes Leben ist. Wir werden darin unterstützt, uns bewußt zu werden, daß jedes persönliche Engagement zur Quelle für Wachstum und Selbst-Reformation werden kann. Es ist tröstlich zu wissen, daß das Glück, das wir mit Hilfe unseres Verhaltens anhäufen, vom Tod nicht vermindert wird. Es ist ein Teil des Lebens selbst und erhöht unser ewiges Selbst.

Schließlich befähigt uns diese Denkart, unsere instinktiven Begierden zu kontrollieren, zu überwinden und sie so umzuleiten, daß sie unseren Zustand des Seins erhöhen. Wir lernen, die Fallstricke des Hedonismus und des Pessimismus zu meiden und Freude und die Wahrheit im Mitgefühl zu finden, statt in der flüchtigen Hoffnung auf eine Wiedergeburt im Paradies.

Manche Menschen, die den Hinayana- oder Reine-Land-Ideen nahestehen, halten den Buddhismus für pessimistisch oder nihilistisch – für etwas, das nur dazu dient, die Menschen auf den Tod vorzubereiten. Tatsächlich jedoch zielt der Mahayana-Buddhismus darauf ab, alle menschlichen Wesen zu lehren, wie sie sich des Lebens im wahrsten Sinne des Wortes erfreuen können. Ein Satz im Lotos-Sutra lautet schlicht: »In dieser Welt können die Menschen in Glück und Frieden leben.« Weit davon entfernt, negativ zu sein, bestätigt und erhöht der wahre Buddhismus das Leben. Die buddhistische Philosophie vom ewigen Leben ist kein Hilfsmittel, die Menschen dazu zu überreden, ihre Sterblichkeit zu akzeptieren; sie ist eine realistische und zuverlässige Ansicht vom Leben, begründet durch Myriaden von Kämpfen gegen die Leiden von Geburt, Alter, Krankheit und Tod. Sie lehrt uns, den rauhen Realitäten des Lebens mit Überzeugung und Hoffnung zu begegnen; sie beauftragt uns, all unsere Handlungen und Gedanken dem Wohl anderer zu widmen, weil Mitgefühl die höchste Quelle des kosmischen Lebens ist.

Wenn wir diese Philosophie in Ehren halten, können wir jede Schwierigkeit in eine Quelle der Kraft umwandeln, die Freude in unser Leben bringt. Die Prüfungen, denen wir uns stellen, werden zu Bausteinen für unseren Charakter. Schwierigkeit wird zum fruchtbaren Boden, in dem kleine neue Schößlinge wachsen und gedeihen. Jede Schweißperle, die bei dem Kampf um Wachsen und Gedeihen, jede Schweißperle, die bei dem Kampf um Selbstschutz und die Verbesserung unserer Gesellschaft vergossen wurde, wird zum Samen für stärkere Energie.

Die einzige wirksame Medizin für die Krankheiten, die die moderne Zivilisation heimsuchen, ist, die buddhistischen Lehren im Herzen aller Individuen zu verfestigen. Dies ist die Lösung für das einundzwanzigste Jahrhundert – der Weg, auf dem wir den höchsten Sieg für die Menschlichkeit erlangen.

Bibliographie

1 Körper und Geist

15. *The Physics and Chemistry of Life*, hrsg. von: *Scientific American Magazine*, New York, 1956.
20. Carrel, Alexis: *Man, the Unknown*, New York, 1935.
26. Nichiren Daishonin: *Mündlich übertragene Lehren (Ongi Kuden)*, in: *Gosho Zenshū*, Tokio, 1952.
31. Nichiren Daishonin: *Jūnyoze-ji* (Die Zehn Faktoren), in: *Gosho Zenshū*, Tokio, 1952.
35. Nichiren Daishonin: *Mündlich übertragene Lehren* – siehe Seite 26.

2 Mensch und Natur

47. Makiguchi, Tsunesabaro: *Geography of Human Life*, in: *Makiguchu Tsunesabaro Zenshū*, Bde. III und IV, Tokio, 1965.
48. Nichiren Daishonin: *Zuisō-gosho* (Gute Vorzeichen). in: *Gosho Zenshū*, Tokio, 1952.
55. Ebenda
58. Nichiren Daishonin: *Shohō Jissō-shō* (Das wahre Wesen des Lebens), in: *The Major Writings of Nichiren Daishonin*.

3 Augen, die das Leben sehen können

67. Natsume, Sōseki, *Ten Nights of Dreams*, Tokio, 1974.
70. Nichiren Daishonin: *Jūnyoze-ji* – siehe Seite 31.
82. *Sutra der grenzenlosen Bedeutung (Muryōgi-kyō)*, in: *Myōhō-renge-kyō*, Tokio, 1961.

83. Doi, Takeo: *Seishin Bunseki* (Psychoanalysis), Tokio, 1956.

4 Das Rätsel der Zeit

104. Hatano, Seiichi: *Toki to Eien* (Zeit und Ewigkeit), Tokio, 1943.
106. Frankl, Viktor E.: *Nacht und Nebel*, Wien, 1947.
107. Nichiren Daishonin: *Mündlich übertragene Lehren* – siehe Seite 26.

5 Der Kern des Kosmos

117. *Ninnō-kyō* (Sutra vom Gütigen König), in: *Gosho Zenshū*, Tokio, 1952.
119. Nichiren Daishonin: *Das Wahre Objekt der Verehrung (Kanjin no Honzon-shō)*, in: *Die Gosho Nichiren Daishonins*, Frankfurt a. M., 1986.
120. Pascal, Blaise: *Pensées*, Paris, 1950.
127. Nichiren Daishonin: *Über die Verwirklichung der Buddhaschaft in diesem Leben (Issho Jobutsu-shō)*, in: *Die Gosho Nichiren Daishonins*, Frankfurt a. M., 1986.

6 Die Zehn Zustände des Seins

134. Nichiren Daishonin: *Neujahrsbrief (Mushimochi Gosho)*, in: *Die Gosho Nichiren Daishonins*, Frankfurt a. M., 1986.
135. Nichiren Daishonin. *Das Wahre Objekt der Verehrung* – siehe Seite 119.
140. Ōta, Yōko: *Shikabane no Machi*, Tokio, 1972.
142. Solschenizyn, Alexander: *Krebsstation*, Neuwied, 1968/1969.

143. Nichiren Daishonin: *Kenhōbō-shō* (Die Enthüllung der Verleumdung), in: *Gosho Zenshū*, Tokio, 1952.

145. Nichiren Daishonin: *Urabon Gosho*, (Über das Fest der Verstorbenen), in: *Gosho Zenshū*, Tokio, 1952.

146/147. *Risse Abidon-ron*, in: *Kokuyaku Issaikyō*, Tokio, 1933.

148. Nichiren Daishonin: *Brief an Niike (Niike Gosho)*, in: *Die Gosho Nichiren Daishonins*, Frankfurt a. M., 1986.

149. Nichiren Daishonin: *Brief von Sado (Sado Gosho)*, in: *Die Gosho Nichiren Daishonins*, Frankfurt a. M., 1986.

151. Nichiren Daishonin, *Gosho Zenshū*, Tokio, 1952.

153. Nichikan Shonin: *Dreifältige Geheime Lehren (Sanjū Hiden-shō)*, Frankfurt a. M.

154. Nichiren Daishonin: *Brief von Sado* – siehe Seite 149.

155. *Risse Abidon-ron* – siehe Seite 146.

158. Ebenda.

158. Nichikan Shonin: *Dreifältige Geheime Lehren* – siehe S. 153.

160. Ebenda.

160. Nichiren Daishonin: *Das Wahre Objekt der Verehrung* – siehe Seite 119.

162. Nichikan Shonin: *Dreifältige Geheime Lehren* – siehe Seite 153.

168. Nichiren Daishonin: *Die Behandlung von Krankheit (Jibyō-shō)*, in: *Die Gosho Nichiren Daishonins*, Mörfelden-Walldorf, 1993.

171. Nichiren Daishonin: *Das Wahre Objekt der Verehrung* – siehe Seite 119.

178. Nichiren Daishonin: *Das Öffnen der Augen (Kaimokushō)*, in: *Die Gosho Nichiren Daishonins*, Mörfelden-Walldorf, 1993.

181. Yukawa, Hideki; Ichikawa, Kikuya und Umehara, Takeshi: *Ningen no Saihakken*, Tokio, 1971.

183. Nichiren Daishonin: *Mündlich übertragene Lehren* – siehe Seite 26.

183. Nichiren Daishonin: *Das Wahre Objekt der Verehrung* – siehe Seite 119.

184. Nichiren Daishonin: *Jippōkai Myōin-ga-shō* (Kausalität in den Zehn Lebenszuständen), in: *Gosho Zenshū*, Tokio, 1952.

187. Nichiren Daishonin: *Mündlich übertragene Lehren* – siehe Seite 26.

187. Nichiren Daishonin: *Das Wahre Objekt der Verehrung* – siehe Seite 119.

191. Nichiren Daishonin: *Mündlich übertragene Lehren* – siehe Seite 26.

7 Wechselbeziehungen in den Zehn Welten

201. Nichiren Daishonin: *Das Wahre Objekt der Verehrung* – siehe Seite 119.

213. Trumbo, Dalton: *Johnny Got His Gun*, New York, 1970.

216. Lotos-Sutra, *Myōhō-renge-kyō*, Tokio, Soka Gakkai, 1961.

217. Nichiren Daishonin: *Ichinen sanzen-riji*, in: *Gosho Zenshū*, Tokio, 1952.

217. Nichiren Daishonin: *Jūnyoze-ji*, in: *Gosho Zenshū*, Tokio, 1952.

219/220. Nichiren Daishonin: *Ichinen sanzen-riji* – siehe Seite 217.

221/222. Nichikan Shonin: *Dreifältige Geheime Lehren* – siehe Seite 153.

222/223. Nichiren Daishonin: *Ichinen sanzen-riji* – siehe Seite 217.

224. Nichikan Shonin: *Dreifältige Geheime Lehren* – siehe Seite 153.

224. *Shinjikan-Sutra*, in: *Gosho Zenshū*, Tokio, 1952.

228. Nichikan Shonin: *Dreifältige Geheime Lehren* – siehe Seite 153.

230. Ebenda.
234. Nichiren Daishonin: *Ichinen sanzen-riji* – siehe Seite 217.
236–243. Nichikan Shonin: *Dreifältige Geheime Lehren* – siehe Seite 153.

8 Die Natur des Todes

251. Nichiren Daishonin: *Myōhō-ama Goze Gohenji*, in: *Gosho Zenshū*, Tokio, 1952.
259. Tanaka, Michitarō: *Jinseiron-funi*, Tokio, 1968.
261. Nakano, Yoshio: *Ningen no Shinikata*, Tokio, 1969.
262. Takeyama, Michio: *Ningen ni tsuite*, Tokio, 1966.
263. Heywood, Rosalind u. a.: *Man's Concern with Death*, London, 1968.
264. Bergson, Henri: *Geist und Körper*, Vortrag, in: *L'Energie spirituelle*, Paris, 1919.
266. Okabe, Kinjirō: *Ningen wa Shindara dō Naru Ka* (Was geschieht nach dem Tod mit den Menschen?), Tokio, 1974.
272. Nichiren Daishonin: *Mündlich übertragene Lehren* – siehe Seite 26.
276. Nichiren Daishonin: *Sanze Shobutsu Sōkammon Kyōsō Hairyū* (Über die letztendliche Lehre, die von allen Buddhas bestätigt wird), in: *Gosho Zenshū*, Tokio, 1952.

9 Leben im Weltraum

282. Nichiren Daishonin: *Tayū-no-skan Dono Gohenij* (Antwort an Tayū-no-sakan), in: *Gosho Zenshū*, Tokio, 1952.
289. Noda, Haruhiko: *Seimei no Kigen* (Ursprünge des Lebens), Tokio, 1966.

10 Der Ursprung des Menschen

293/294. Darwin, Charles: *Die Entstehung der Arten*, Stuttgart 1974.

297. Kant, Immanuel: *Kritik der reinen Vernunft*, Leipzig, 1869.

301. Imanishi, Kinij: *Watakushi no Shinkaron*, Tokio, 1970.

301. Okamura, Yuichi: *Homo sapiens?*, Tokio, 1972.

11 Die Ewigkeit des Lebens

314. Matsuda, Michio: *Shi no gen'ei* (Phantom des Todes), in: Matsuda, Michio (Hrsg.), *Watakushi no Anthology 7*, To-kio, 1972.

318. Nichiren Daishonin: *Sanze Shobutsu Sōkammon Kyōsō Hairyū* – siehe Seite 276.

319. Heywood, Rosalind u. a.: *Man's Concern with Death* – siehe Seite 263.

319. Toynbee, Arnold: *Experiences*, London, 1969.

320. Nichiren Daishonin: *Mündlich übertragene Lehren* – siehe Seite 26.

323. Nichiren Daishonin: *Soya Nyudō Dono Gohenji* (Antwort an Soya), in: *Gosho Zenshū*, Tokio, 1952.

325. Nichiren Daishonin: *Kenhōbō-shō* – siehe Seite 143.

326. Nichiren Daishonin: *Sanze Shobutsu Sōkammon Kyōsō Hairyū* – siehe Seite 276.

327. Nichiren Daishonin: *Mündlich übertragene Lehren* – siehe Seite 26.

330. Toda, Josei: *Jihi-ron* (Über Mitgefühl), in: *Toda Josei Sensei Shidō Shū*, Tokio, 1976.

332. Kishimoto, Hideo: *Shi o Mitsumeru Kokoro*, Tokio, 1973.

Glossar

Animalität: (jap. *chikushō)* dritter der Zehn Zustände des
Seins. In diesem Zustand ist man Instinkten und Begierden
ausgesetzt und denkt nur an Selbsterhaltung und sofortigen
Profit. Die Weisheit der Selbstkontrolle fehlt.
Anryūgyū: *siehe* Bodhisattwas der Erde.
Ärger: (jap. *shura*) vierter der Zehn Zustände des Seins. In
diesem Zustand gibt es ein Bewußtsein vom Selbst, und man
wird von der Begierde getrieben, andere zu beherrschen.
Ashura: (jap. *shura*) repräsentiert den Zustand des Ärgers. In
der indischen Mythologie sind Ashuras Teufel, die ständig
gegen den Gott Taishaku kämpfen.

Bodhisattwa: (jap. *bosatsu*) ein Mensch im neunten der Zehn
Zustände des Seins. Mitgefühl *(jihi)* charakterisiert diesen Zustand. Bodhisattwas suchen Erleuchtung für sich selbst und für
andere.
Bodhisattwas der Erde: (jap. *jiyu no bosatsu*) Bodhisattwas
erscheinen im *Yujutsu* (fünfzehnten) Kapitel des Lotos-Sutras.
Sie allein sind mit der Aufgabe betraut, das Mystische Gesetz im
späten Tag des Gesetzes zu verbreiten. Vier wichtige Bodhisattwas sind Jōgyō, Muhengyō, Jōgyō und Anryūgyō.
Brief von Sado: Diese *Gosho* ist nach der Insel Sado benannt,
wo Nichiren Daishonin im Exil war, als er den Brief 1272
schrieb.
Buddha: der Erleuchtete.
Buddha-Land: die Welt, in der ein Buddha lebt. Es bedeutet
auch absolutes Glück, aber nicht ein Paradies oder Land, das
vom Leiden der Sterblichen frei ist.
Buddhaschaft: der höchste der Zehn Zustände des Seins. In
diesem Zustand hat man die höchste Stufe von Weisheit und

Mitgefühl erlangt und ist in vollkommener Harmonie mit dem Universum. Im täglichen Leben manifestiert sich Buddhaschaft in den Handlungen des Bodhisattwa.

Buddhismus: die Lehren Shakyamunis, überliefert von seinen Schülern.

Chih-i (538–597): (T'ien-t'ai; Tendai Daishi) chinesischer Priester, der die T'ien-t'ai (Tendai)Sekte gründete. Seine drei Hauptwerke basieren auf dem Lotos-Sutra und sind: *Hokke Gengi, Hokko Mongu* und *Maka Shikan.* In *Maka Shikan* offenbarte er das Prinzip von *ichinen sanzen.*

chūtai: *siehe* Drei Wahrnehmungen.

Daichido-ron: ein hundertbändiger Kommentar des *Mahaprajnaparamita*-Sutras, Nagarjuna (Ryūju) zugeschrieben und ins Chinesische übersetzt von Kumarajiva (344–413).

Daishonin: Titel vom Buddha des späten Tages des Gesetzes, der erscheint, um die ganze Menschheit zu retten.

Drei Körper: (jap. *sanjin*) *ōjin*, der sichtbare Körper – die mildtätigen Handlungen eines Buddhas, der die Menschen rettet, und der physische Körper eines Buddhas in dieser Welt. *Hōshin*, der Körper der Belohnung – die Weisheit, die Wahrheit zu erkennen. *Hosshin*, der Körper des Gesetzes – die Wahrheit des Lebens eines Buddhas.

Drei Böse Pfade: Hölle, Hunger und Animalität; die drei niedrigsten Zustände des Seins.

Drei Prinzipien der Individualität: (jap. *sanseken*). Sie manifestieren sich in den Fünf Komponenten des Lebens *(go-on seken)* im Bereich der Lebewesen *(shujō-seken)* und in der Welt des Umfeldes *(kokudo-seken).*

Drei Wahrnehmungen: (jap. *santai*) *ketai* ist die sichtbare Wahrnehmung und bezieht sich auf das Erkennen aller Phänomene des Lebens. *Kūtai* ist die Wahrnehmung des Verborgenen und bedeutet, die geistigen oder qualitativen Aspekte des Lebens zu

beobachten. *Chūtai* ist der Mittlere Weg und die Erkenntnis der ewigen und unveränderlichen Essenz des Universums.
Dreitausend mögliche Welten in jedem Lebensaugenblick: (jap. *ichinen sanzen*) das Prinzip, daß jeder der Zehn Zustände des Seins das Potential für alle zehn besitzt. *Ichinen* deutet auf die Lebensessenz, *sanzen*, hin, auf die manifesten Phänomene.

ehō: objektive Umwelt. *Siehe auch* eshō funi, shōhō.
engaku: selbst erlangte Erkenntnis. Einer, der die Zwölf Glieder der abhängigen Verursachung wahrgenommen und somit eine Art der Erleuchtung erfahren hat.
Entzücken: (jap. *engaku*) achter der Zehn Zustände des Seins. In diesem Zustand empfindet man Befriedigung und Freude, wenn eine Ursache des Leidens beseitigt, eine Begierde erfüllt oder ein Ziel erreicht ist.
en'yū santai: einheitliche Harmonie der drei Wahrnehmungen.
Erkenntnis: (jap. *engaku*) achter Zustand des Seins. In diesem Zustand erkennt man den Weg zur Selbstreformation bei dem bewußten Versuch, die höchste Wahrheit des Lebens zu verstehen.
eshō funi: Untrennbarkeit von subjektiver Existenz *(shōhō)* und objektiver Umwelt *(ehō)*.

Fünf Komponenten: (jap. *go-on*) Eine Analyse, auf welche Art Lebensfunktionen die Umwelt beeinflussen und angleichen. Die Fünf Komponenten sind: Form *(shiki)*, Wahrnehmung *(ju)*, Vorstellung *(sō)*, Willen *(gyō)* und Bewußtsein *(shiki)*.
Fugen: ein Führer der Bodhisattwas der theoretischen Lehre. Er repräsentiert Vernunft und Lernen.

go-on: *siehe* Fünf Komponenten.
Gosho: die einzelnen und gesammelten Schriften von Nichiren Daishonin. Schließt Briefe der persönlichen Ermutigung, buddhistische Abhandlungen und mündlich überlieferte Lehren mit ein. Das gesamte Werk wird *Gosho Zenshū* genannt.

Hinayana: wörtlich »das kleine Fahrzeug«, wird auch Theravada-Schule genannt und ist eine der beiden Hauptströmungen des Buddhismus. Diese konservative Doktrin war Ergebnis einer Spaltung in der Gemeinschaft der Mönche, etwa hundert Jahre nach Shakyamunis Tod. Angenommen wird, daß die Erlösung bei einer strikten Befolgung der Übungen erlangt wird, die ursprünglich von dem Buddha formuliert wurden. Ist hauptsächlich verbreitet in Burma, Kambodscha, Laos, Sri Lanka und Thailand. *Siehe auch* Mahayana.

Höben-Kapitel: »Hilfsmittel« – dieses zweite Kapitel des Lotos-Sutra ist ein Schlüssel zu den theoretischen Lehren. Shakyamuni offenbarte, daß die Zehn Faktoren allen Zuständen des Lebens von der Hölle bis zur Buddhaschaft gemein sind. Demnach ist Buddhaschaft nicht losgelöst von den neun niedrigeren Welten, und Buddhas erscheinen einzig und allein in der Welt, um anderen Menschen zu ermöglichen, die Buddhaschaft zu erreichen.

Hokke Gengi: »Grundlegende Bedeutung des Lotos-Sutra« – dieser Kommentar von Chih-i erklärt die Tiefsinnigkeit des Titels des Lotos-Sutra *Myōhō-renge-kyō*.

Hölle: (jap. *jigoku*) erster der Zehn Zustände des Seins. Dieser Zustand wird von Leiden, Verzweiflung und dem Drang, sich selbst und andere zu zerstören, geprägt.

hōshin: *siehe* Drei Körper.

hosshin: *siehe* Drei Körper.

Hunger: (jap. *gaki*) zweiter der Zehn Zustände des Seins. Ein Zustand der Instabilität, in dem man von selbstsüchtigen Wünschen nach Wohlstand, nach Ruhm oder Vergnügungen beherrscht wird.

ichinen sanzen: Dreitausend mögliche Welten in jedem Lebensaugenblick.

Ichinen Sanzen-riji: »Über Dreitausend mögliche Welten in jedem Lebensmoment.« Ein *Gosho*, geschrieben von Nichiren

Daishonin im Jahre 1258. Die drei Teile sind: *Jūni-innen* (die Zwölf Glieder der abhängigen Verursachung), *Ichinen Sanzenriji* und *Sanjin Shaku* (Kommentare über die Drei Körper des Lebens).

jihi: Mitgefühl. Die höchste Eigenschaft in der Buddhaschaft, die Fähigkeit, von Leiden zu befreien und Glück zu schenken.

Jikkai: Zehn Welten. Zehn Zustände des Seins.

Jikkai Goku: Wechselseitiges Besitztum der Zehn Welten.

Jōgyō: (Sanskrit, Viśiṣṭacārita) Bodhisattwa, der das Selbst repräsentiert. Im *Yujutsu* (fünfzehnten) Kapitel des Lotos-Sutra heißt es, daß Jōgyō gelobte, *Myōhō-renge-kyō* im späten Tag des Gesetzes zu verbreiten. Im *Jinriki* (einundzwanzigsten) Kapitel überliefert Shakyamuni all seine Lehren an den Bodhisattwa Jōgyō. *Siehe auch* Bodhisattwas der Erde.

Jōgyō: (Sanskrit, Viśuddhacārita) Bodhisattwa, der Reinheit repräsentiert. *Siehe auch* Bodhisattwas der Erde.

Jūjūbibasha-ron: ein fünfzehn Bände und fünfunddreißig Kapitel umfassender Kommentar über die ersten zwei der Zehn Stufen der Bodhisattwa-Übungen. Zusammengestellt von Nagarjuna und von Kumarajiva (344–413) übersetzt.

Jūnyoze: Zehn Faktoren des Lebens.

Jūnyoze-ji: »Über die Zehn Faktoren« – eine *Gosho*, geschrieben 1258 von Nichiren Daishonin an seine Schüler. Er lehrt, daß Menschen im späten Tag des Gesetzes Erleuchtung nur durch das Chanten von *Nam-myōhō-renge-kyō* erlangen können.

Juryō Kapitel: »Lebensspanne des Nyorai« – dieses sechzehnte Kapitel, das Schlüsselkapitel des Lotos-Sutras, erörtert Shakyamunis Buddhaschaft hinsichtlich der Ursache, der Wirkung und des Landes. Shakyamuni offenbart, daß er die Buddhaschaft in entfernter Vergangenheit erreicht und sich seither in der irdischen Welt aufgehalten hat; demnach ist der Buddha ein gewöhnlicher Sterblicher, der mit den neun Welten ausgestattet ist.

Kalpa: ein äußerst langer Zeitraum. Sutras und andere Abhandlungen beschreiben es als eine in zwei Kategorien fallende, nämlich in eine meßbare und eine unmeßbare Dauer. Es gibt drei Arten von meßbaren Kalpas: gering, mittel und groß. Ein geringes Kalpa dauert in etwa sechzehn Millionen Jahre.

Kanjin no Honzon-shō: »Das wahre Objekt der Verehrung« – eine der zehn Hauptschriften Nichiren Daishonins, geschrieben imJahre 1273. Sie offenbart die höchsten Ziele der Verehrung im Buddhismus.

Kannon: laut dem *Fumon* (dem fünfundzwanzigsten) Kapitel des Lotos-Sutra nimmt der Bodhisattwa Kannon dreiunddreißig verschiedene Formen an, die Menschen zu erretten.

ketai: *siehe* Drei Wahrnehmungen.

kū: der Zustand der Latenz. Im Leben ist kū ein geistiger oder qualitativer Bereich und kann nicht mit den Begriffen existent oder nicht-existent begrenzt werden.

Kusha-ron: Zusammenfassung der höchsten Wahrheit, verfaßt von Vasubandhu.

kūtai: *Siehe* Drei Wahrnehmungen.

Lernen: (jap. *shōmon*) siebter der Zehn Zustände des Seins. Jemand in diesem Zustand ist bestrebt, durch Selbstreformation und Entwicklung eine dauerhafte Welt der Zufriedenheit und Stabilität zu erreichen.

Lotos-Sutra: (jap. *Hokekyō*) *Myōhō-renge-kyō*, Shakyamunis höchste Lehre, die er in den letzten acht Jahren seines Lebens erläutert hat. Es ist im allgemeinen in achtundzwanzig Kapitel unterteilt.

Mahayana: wörtlich »das große Fahrzeug«. Eine der beiden Hauptströmungen des Buddhismus. Der Schwerpunkt der Mahyana-Lehren liegt nicht einfach auf der individuellen Erlösung, sondern betont die Wichtigkeit, die ganze Menschheit zur Erleuchtung führen. Der Mahayana Buddhismus ist hauptsächlich in Zentralasien, China und Japan verbreitet. *Siehe auch* Hinayana.

Maka Shikan: »Große Zusammenfassung und Einsicht« – dieses Hauptwerk von Chih-i wurde von seinem Schüler, Chang-an zusammengestellt und offenbart das Prinzip der Dreitausend Welten in jedem Lebensmoment.

Makiguchi, Tsunesaburo (1871–1944): Er wurde 1928 zu Nichiren Daishonins Buddhismus bekehrt. Er begründete 1930 die Soka Kyōiku Gakkai, die später zur Soka Gakkai wurde.

Maudgalyayana: (jap. *Mokuren*) einer von Shakyamunis zehn Hauptschülern; es heißt, er sei besonders geschickt in okkulten Übungen gewesen.

menschliche Revolution: die völlige Reformation eines Individuums in Gedanken, Worten und Taten, die zur Erfüllung des Charakters und zur Verbesserung des Karmas führt.

Miao-lo (711–782): (jap. *Myōraku*) neunter Nachfolger in der T'ien-t'ai-Sekte in China. Er wird als Restaurator der Sekte und Autor grundlegender Kommentare zu Chih-is Werken verehrt – die Hauptwerke sind *Hokke Gengi Shakusen, Hokke Mongu Ki* und *Maka Shikan Bugyōden Guketsu*.

Miroku: (Sanskrit, Mautreya) ein Bodhisattwa, dessen beharrliche Fragen Shakyamuni dazu veranlaßten, das *Jūryo* Kapitel zu erläutern. Er starb vor Shakyamuni. Im *Bosatsu Shotai*-Sutra wird gesagt, daß er 5670 Millionen Jahre nach dem Buddha wieder auf dieser Welt erscheinen wird, um das Gesetz zu lehren.

Mittlerer Weg: (jap. *chūdō*) das Gesetz von *Nam-myōhō-renge-kyō*. Die höchste Realität, der alle Phänomene unterliegen.

Monju: ein Bodhisattwa, der die Tugend der Weisheit repräsentiert, Anführer der Bodhisattwas der theoretischen Lehren.

Muhengyō: ein Bodhisattwa, der die Ewigkeit repräsentiert. *Siehe auch* Bodhisattwas der Erde.

Munetchi-See: wörtlich »See ohne Wärme«. Dieser See wird vom Drachenkönig Anavatapta bewohnt, und sein kaltes, klares Wasser macht Jambudvipa fruchtbar, den Kontinent südlich des Sumeru-Berges.

Muryōgi-Sutra: »Das Sutra der unbegrenzten Bedeutung.« In dieser einführenden Lehre zum Lotos-Sutra erklärt Shakyamuni, daß alle Prinzipien und Bedeutungen *(muryōgi)* vom Gesetz abgeleitet sind und deutet an, daß das Gesetz im Lotos-Sutra offenbart wird.

Myōhō-renge-kyō: Titel des Lotos-Sutras. Wahres Wesen des Lebens, das Gesetz von *Nam-myōhō-rebge-kyō.*

Myōon: laut *Myōon* Kapitel des Lotos-Sutras verbreitet dieser Bodhisattwa das Lotos-Sutra, indem er sich selbst in vierunddreißig Gestalten manifestiert.

Mystisches Gesetz: (jap. *myōhō*) das Gesetz von *Nam-myōhō-renge-kyō*, das höchste Gesetz des Lebens und des Universums.

Nagarjuna: (jap. *Ryūju*) großer indischer Philosoph des dritten Jahrhunderts. Nach dem Studium der Hinayana-Tradition widmete er sich den Studien und der Verbreitung des Mahayana Buddhismus. Die *Daichido-ron* ist eine der vielen von ihm verfaßten Abhandlungen, die einen bedeutsamen Beitrag zur buddhistischen Philosophie geleistet haben.

Nam-myōhō-renge-kyō: Nichiren Daishonin definierte es als das fundamentale Prinzip des Universums, und es ist die Anrufung im Buddhismus Nichiren Daishonins.

Nichikan Shonin (1665–1726): der sechsundzwanzigste Hohepriester der Nichiren Soshu. In *Rokkan-sho* (den sechsbändigen Schriften) und seinen Auslegungen des *Gosho* machte er die Korrektheit und die Orthodoxie der Nichiren-Shoshu-Doktrin deutlich.

Nichiren Daishonin (1222–1282): der Buddha des späten Tages des Gesetzes. Als Sohn eines Fischers wurde er Zennichimaro genannt. Er begann seine Studien des Buddhismus im Jahre 1233 und wurde im Alter von sechzehn Jahren Mönch. Nachdem er die Erleuchtung erlangt und alle buddhistischen Sutras und die Literatur gemeistert hatte, nahm er 1253 den Namen Nichiren (Sonnen-Lotos) an und verkündete einen neuen Buddhismus. 1279 schrieb er den Dai-Gohonzon, das grundlegende Objekt der Verehrung, für den Frieden und das Glück der ganzen Menschheit ein.

Ninnō-kyō: »Das Sutra vom wohltätigen König« – ein Vor-Lotos Mahayana-Sutra. *Ninnō* bezeichnet einen wohltätigen König, der sein Land und sein Volk beschützt.

Nirvana: laut Hinayana-Sutras erlangt man die Erleuchtung, indem man irdische Begierden überwindet und so dem Kreislauf von Geburt und Tod entkommt. Im Buddhismus Nichiren Daishonins bedeutet Nirvana ein erleuchtetes Leben in der realen Welt, das auf dem Glauben an den Gohonzon basiert.

Nirvana-Sutra: (jap. *Nehan-gyō*) In diesen Lehren, die er in den letzten Tagen vor seinem Tod äußerte, bestätigte Shakyamuni die Hauptprinzipien des Lotos-Sutra.

Nyorai: einer, der das wahre Wesen des Lebens versteht. Nyorai ist einer der zehn Ehrentitel des Buddha.

ōjin: *siehe* Drei Körper.

Reines Land: traditionell das reine, weit von der irdischen Welt entfernte Land, in dem ein Buddha wohnt.

sanjin: Drei Körper, *ōjin, hōshin, hosshin.*
Sanju Hiden-shō: »Dreifache geheime Lehren.« Das Werk Nichikan Shonins – es enthält Vergleiche zwischen eigentlichem Mahayana (Lotos-Sutra) und dem einstweiligen Mahayana (die anderen Sutras), zwischen der ersten Hälfte des Lotos-Sutras und der zweiten Hälfte, zwischen dem Buddhismus Shakyamunis und dem Nichiren Daishonins.

santai: Drei Wahrnehmungen *chūtai, ketai, kūtai.*

Sanze Shobutsu Sōkammon Kyōsō Hairyū: »Über die höchste Lehre, bestätigt von allen Buddhas.« Ein Hauptwerk Nichiren Daishonins (1279). Die Offenbarung der Lebensphilosophie von Nichiren Daishonin. Sie erklärt auch, daß die Vor-Lotos-Schriften einstweilig sind und daß das Lotos-Sutra die höchste unter den Lehren Shakyamunis ist.

Sechs niedere Zustände: Hölle, Hunger, Animalität, Ärger, Menschlichkeit und Entzücken. Diese Zustände sind die der Täuschung oder des Leidens und der Gegensatz zu den Vier edlen Zuständen.

Shakyamuni: der historische Buddha, er lebte im sechsten und fünften Jahrhundert vor Christus in Indien. Als Prinz des Shakya-Volkes verzichtete er im Alter von neunzehn (oder einundzwanzig) Jahren auf den Thron und machte sich auf den Weg, um die Rätsel der vier Leiden – Geburt, Alter, Krankheit und Tod – zu lösen. Nach tiefer Meditation erlangte er im Alter von dreißig (oder fünfunddreißig) Jahren die Erleuchtung und lebte noch weitere fünfzig Jahre. Er strebte danach, allen Menschen diese Erleuchtung zu ermöglichen, und seine Lehren sind so umfangreich, daß sie die »achtzigtausend Lehren« genannt werden.

shikishin funi: Untrennbarkeit des physikalischen Gesetzes des Lebens *(shikihō)* vom spirituellen Gesetz des Lebens *(shimpō).*

Shinjikan-Sutra: acht Bände und dreißig Kapitel, übersetzt von Prajna und anderen zwischen 785 und 810.

shōhō: das Selbst; subjektive Existenz.

Shohō Jissō-shō: »Das wahre Wesen des Lebens.« Ein Brief, den Nichiren Daishonin 1273 an seinen Schüler, Sairen-bo Nichjio, geschrieben hat.

shōmon: lernende Menschen. Schüler des Buddhas, die seine Lehren hörten.

shujō: lebende Wesen. *Siehe* drei Prinzipien der Individualität.

Sumeru-Berg: der höchste aller Berge. In der alten indischen

Kosmologie war die Welt in vier Kontinente eingeteilt, der Sumeru-Berg stand in der Mitte der Welt.

Taishaku: Ein wichtiger Schutzgott des Buddhismus. Ursprünglich der Gott des Donners; er wurde als beschützende Gottheit angesehen.

Tendai-Sekte: der japanische Name der T'ien-t'ai-Sekte, die von Chih-i im frühen neunten Jahrhundert gegründet wurde.

Teufel des sechsten Himmels: (jap. *Dairokuten no Ma-ō*) der mächtigste aller Teufel. Er wohnt in den höchsten Bereichen der Welt der Begierden und vergnügt sich damit, anderen die Lebensenergie zu entziehen.

Toda Josei (1900–1958): Er wurde 1920 Anhänger des Buddhismus Nichiren Daishonins und unterstützte Tsunesaburo Makiguchi bei der Gründung der Soka Kyōiku Gakkai. Während des Zweiten Weltkriegs wurde er von der Militärregierung gemeinsam mit Makiguchi inhaftiert. 1945 baute er die Gesellschaft neu auf und wurde ihr zweiter Präsident. Die Gesellschaft wurde in Soka Gakkai umbenannt.

Vasubandhu: (jap. *Tenjin* oder *Seshin*) buddhistischer Gelehrter, lebte im fünften Jahrhundert in Indien und schrieb das *Kusha-ron*. Er studierte ursprünglich Hinayana. Anfänglich stand er dem Mahayana kritisch gegenüber, wurde aber von seinem älteren Bruder Asanga bekehrt und schrieb in der Folge viele Abhandlungen, die die Mahayana Lehren verdeutlichen.

Vier Böse Pfade: Die niedrigsten der Zehn Zustände des Seins: Hölle, Hunger, Animalität und Ärger. Die Menschen durchlaufen diese Welten des Leidens wegen ihres schlechten Karmas.

Vier edle Zustände: die höchsten der Zustände des Seins: Lernen, Erkenntnis, die Bodhisattva-Natur und Buddhaschaft. In diesen Zuständen erkennt man die Unbeständigkeit aller

Phänomene und überschreitet die Schwankungen in den Sechs niederen Zuständen.

Wechselseitiges Besitztum in den Zehn Welten: (jap. *Jikkai Gogu*) das Prinzip, daß jede der Zehn Welten das Potential aller Zehn Welten enthält. Die Hauptbedeutung ist, daß man seine grundlegende Lebensbedingung ändern kann und daß Normalsterbliche in sich das Potential zur Buddhaschaft bergen.

Yakuō: ein Bodhisattwa, der den Menschen dient, indem er sie mit Heilmitteln versorgt, um körperliche und geistige Krankheiten zu kurieren.

yujun: ein Längenmaß. Es gibt verschiedene Meinungen, aber man nimmt an, daß ein *yujin* etwa dreißig Kilometern entspricht.

Zehn Faktoren des Lebens: die Zehn Faktoren, die alle Zehn Welten gemeinsam haben: Erscheinung *(nyoze-sō)*, Natur *(nyoze-shō)*, Wesen *(nyoze-tai)*, Stärke *(nyoze-riki)*, Einfluß *(nyoze-sa)*, innere Ursache *(nyoze-in)*, äußere Ursache *(nyoze-en)*, verborgene Wirkung *(nyoze-ka)*, sichtbare Wirkung *(nyoze-hō)* und Beständigkeit von Anfang bis zum Ende *(nyoze-hommatsu-kukyōtō)*. Sie klären das Wesen des Lebens und seine Funktionen.

Zehn Welten: die Zehn Zustände des Seins.

Zehn Zustände des Seins: (jap. *Jikkai*) die Zustände, die dem Leben inhärent sind und sich in physischen und geistigen Aspekten aller menschlichen Tätigkeiten manifestieren: Hölle, Hunger, Animalität, Ärger, Menschlichkeit, Entzücken, Lernen, Erkenntnis, die Bodhisattwa-Natur und die Buddhaschaft. Sie werden auch die Zehn Welten genannt. *Siehe auch* unter den Bezeichnungen der einzelnen Zustände.

zwei Fahrzeuge: (jap. *nijō*) zwei Arten der Lehre, ver-kündet für Menschen des Lernens und für Menschen der Er-kenntnis. *Siehe auch* engaku und shōmon.

Zweiundfünfzig Stufen der Bodhisattwa-Übung: Sie sind: zehn Stufen des Glaubens, zehn Stufen der Sicherheit, zehn Stufen der Ausübung, zehn Stufen der Hingabe, zehn Stufen der Entwicklung, *tōgaku* (eine Stufe, die beinahe der Erleuchtung gleichkommt), und die Erleuchtung. Die Bodhisattwas durchlaufen diese Stufen, um Buddhaschaft zu erlangen.

Register

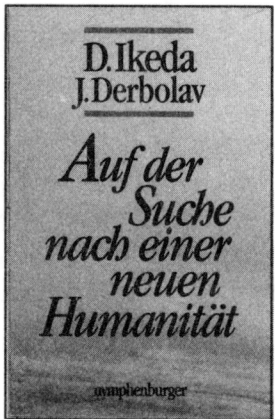